# ¿QUÉ ES LA DIGNIDAD HUMANA?

Francesc Torralba Roselló

# ¿QUÉ ES LA DIGNIDAD HUMANA?

Ensayo sobre Peter Singer, Hugo Tristram Engelhardt y John Harris

Herder

*Diseño de la cubierta:* Morivati

© 2005, Francesc Torralba Rosselló
© 2005, Herder Editorial, S.L., Barcelona

1ª edición, 4ª impresión, 2020

ISBN: 978-84-254-2407-6

Cualquier forma de reproducción, distribución, comunicación pública o transformación de esta obra solo puede ser realizada con la autorización de sus titulares, salvo excepción prevista por la ley. Diríjase a CEDRO (**Centro de Derechos Reprográficos**) si necesita reproducir algún fragmento de esta obra (www.conlicencia.com)

*Imprenta:* Prodigitalk
*Depósito legal:* B-8.630-2005
*Printed in Spain – Impreso en España*

**Herder**
www.herdereditorial.com

# ÍNDICE

I. INTRODUCCIÓN: EL LABERINTO DE LA DIGNIDAD . . . . . . . . 11
  1. El debate sobre la dignidad . . . . . . . . . . . . . . . . . . . . . 11
  2. Antropología filosófica y ética . . . . . . . . . . . . . . . . . . 25
     2.1. Sentidos de la ética . . . . . . . . . . . . . . . . . . . . . . . 25
     2.2. De los fundamentos a los acuerdos pragmáticos . . 33
     2.3. Las preconcepciones latentes en la bioética . . . . . . 37
  3. Dignidad y polisemia . . . . . . . . . . . . . . . . . . . . . . . . 44
     3.1. Una urdimbre de significados . . . . . . . . . . . . . . . 44
     3.2. ¿Qué significa la expresión *morir con dignidad*? . . 48
     3.3. La dignidad, ¿una palabra vacía? . . . . . . . . . . . . 53
  4. Discursos de la dignidad . . . . . . . . . . . . . . . . . . . . . . 59
     4.1. La dignidad del *anthropos*. De Aristóteles
          a los estoicos . . . . . . . . . . . . . . . . . . . . . . . . . . . 61
     4.2. La dignidad del *homo*. Santo Tomás de Aquino . . 63
     4.3. La dignidad del *uomo*. Pico della Mirandola . . . . . 66
     4.4. La dignidad como fin en sí mismo.
          Immanuel Kant . . . . . . . . . . . . . . . . . . . . . . . . 68
     4.5. La dignidad como autodominio.
          Friederich Schiller . . . . . . . . . . . . . . . . . . . . . . 74
     4.6. La dignidad como orden y relación.
          Johan Gottlieb Fichte . . . . . . . . . . . . . . . . . . . . 78
     4.7. Dignidad humana y biotecnología. Habermas
          frente a Slöterdijk . . . . . . . . . . . . . . . . . . . . . . . 81
  5. Tres sentidos de dignidad . . . . . . . . . . . . . . . . . . . . . 84
     5.1. Dignidad ontológica . . . . . . . . . . . . . . . . . . . . . 85
     5.2. Dignidad ética . . . . . . . . . . . . . . . . . . . . . . . . . 87
     5.3. Dignidad teológica . . . . . . . . . . . . . . . . . . . . . . 90

II. El concepto de persona en la obra de Peter Singer .. 97
   1. Alegato contra las deontologías clásicas ............ 97
   2. Seres humanos y animales ...................... 98
   3. La perspectiva de la ontología simétrica ............ 102
   4. Peter Singer, Charles Darwin y Teilhard de Chardin .. 104
   5. Seres humanos y animales tienen intereses ......... 111
   6. Racionalidad y dignidad ...................... 114
   7. El imperativo de reducir el sufrimiento. Lectura
      de Jeremy Bentham .......................... 118
   8. El racismo y los intereses de especie ............... 128
   9. La experimentación: animales humanos y no humanos 136
   10. Crítica a la sacralidad de la vida humana ........... 140
   11. Deconstruir el antropocentrismo occidental ........ 148
   12. ¿Qué significa ser persona? ..................... 151
   13. Peter Singer y Michael Tooley. Afinidades y diferencias 157
   14. Consideraciones críticas ....................... 162
      14.1. Las premisas singerianas a examen ........... 162
      14.2. La falacia naturalista en Singer .............. 169
      14.3. Crítica de la recepción de Darwin ........... 172
      14.4. Crítica desde la antropología fenomenológica .. 175
      14.5. La capacidad de ser un yo ................. 181
      14.6. El especieísmo a examen .................. 184
      14.7. Crítica desde la teología de los animales ....... 186
      14.8. ¿Tiene derechos la tierra? .................. 191
      14.9. ¿Afinidades entre Singer y la Iglesia Católica? ... 193

III. El concepto de persona en la obra de H.T. Engelhardt 197
   1. La ética en un mundo secular y postmoderno ....... 197
   2. La propuesta principialista de Engelhardt .......... 205
      2.1. El principio de permiso .................... 206
      2.2. El principio de beneficencia ................. 208
      2.3. El principio de propiedad .................. 211
      2.4. El principio de autoridad política ............ 212

| | |
|---|---|
| 3. La recepción del pensamiento de Robert Nozick | 213 |
| 4. Personas en sentido estricto | 222 |
| 5. Personas humanas y personas no humanas | 230 |
| 6. Personas en sentido lato | 236 |
| 7. Personas dormidas y corporeidad | 240 |
| 8. La bioética cristiana según Engelhardt | 242 |
| 9. Consideraciones críticas | 246 |
|    9.1. Rasgos de la persona | 246 |
|    9.2. La persona como nudo de relaciones | 248 |
|    9.3. El embrión y el adulto que duerme | 252 |
|    9.4. El riesgo de inhumanidad | 255 |
|    9.5. Deconstrucción de los apriorís engelhardtianos | 257 |
|    9.6. La persona como singularidad abierta | 261 |
|    9.7. El beneficio de la duda | 267 |
|    9.8. La persona como entidad nouménica | 269 |
|    9.9. Crítica del imperativo tecnológico | 272 |
|    9.10. Crítica al principialismo engelhardtiano | 273 |
|    9.11. Anotaciones desde el personalismo ontológico | 276 |
|    9.12. La tensión entre beneficencia y principio de permiso | 279 |
| IV. EL CONCEPTO DE PERSONA EN LA OBRA DE JOHN HARRIS | 285 |
| 1. ¡Ser o no ser persona! Ésta es la cuestión | 285 |
| 2. ¿Qué significa valorar la propia existencia? | 290 |
| 3. La vida humana es un *continuum* | 298 |
| 4. El argumento de la potencialidad | 301 |
| 5. Prepersonas, personas y expersonas | 303 |
| 6. La recepción del utilitarismo | 308 |
| 7. La identidad personal es relación | 311 |
| 8. Consideraciones críticas | 313 |
| V. EL CONCEPTO DE PERSONA. SÍNTESIS HISTÓRICA | 317 |
| 1. Elementos para una historia del concepto | 317 |

    2. Perspectiva teológica. La persona como *imagen de Dios*   322
        2.1. El ser con forma divina . . . . . . . . . . . . . . . . . . . .   322
        2.2. Interpretaciones de la imagen . . . . . . . . . . . . . . .   326
        2.3. Expresiones antropológicas de la *imagen de Dios* . . .   332
    3. Perspectiva ontológica. La persona como *substantia* . . .   341
        3.1. Idea de sustancia como esencia . . . . . . . . . . . . . .   345
        3.2. Idea de individualidad . . . . . . . . . . . . . . . . . . . .   349
        3.3. Idea de racionalidad . . . . . . . . . . . . . . . . . . . . . .   353
        3.4. Idea de potencialidad . . . . . . . . . . . . . . . . . . . . .   355
        3.5. Idea de alma . . . . . . . . . . . . . . . . . . . . . . . . . . . .   359
    4. Perspectiva personalista. La persona como *relación* . . .   361
        4.1. Los antecedentes filosóficos . . . . . . . . . . . . . . . . .   362
        4.2. La persona como relación *ad intra* . . . . . . . . . . . .   366
            4.2.1. Soeren Kierkegaard: la persona es relación
                  consigo misma . . . . . . . . . . . . . . . . . . . . . . .   366
            4.2.2. Ludwig Feuerbach: la persona es conciencia
                  del infinito . . . . . . . . . . . . . . . . . . . . . . . . . .   369
        4.3. La persona como relación *ad extra* . . . . . . . . . . . .   374
        4.3.1. Martin Buber: la persona como encuentro yo-tú .   375
        4.4. La persona como *tendencia hacia* . . . . . . . . . . . . .   378
    5. Nuevas articulaciones filosóficas . . . . . . . . . . . . . . . . .   381
        5.1. Xabier Zubiri: personeidad y personalidad . . . . . .   381
        5.2. María Zambrano: persona como horizonte
            del ser humano . . . . . . . . . . . . . . . . . . . . . . . . . .   388
        5.3. Adela Cortina: persona como *interlocutor válido* . . .   391

*Epílogo:* Hacia un concepto inclusivo de persona . . . . . . . . . . .   397

*Bibliografía* . . . . . . . . . . . . . . . . . . . . . . . . . . . . . . . . . . . . .   405

Capítulo I

# INTRODUCCIÓN: EL LABERINTO DE LA DIGNIDAD

## 1. El debate sobre la dignidad

Quizás lo más pedagógico para mostrar la preocupación central de este libro sea empezar con una anécdota de clase. En una ocasión pregunté a mis alumnos de *Antropología Filosófica* si podíamos considerar a un ser humano más digno que a una lechuga. Naturalmente, como era de esperar, todos contestaron que sí. Inmediatamente después, les invité a que argumentaran racionalmente su postura. Traté de hacerles ver que su argumentación debía ser lo más objetiva posible, que tenían que evitar consideraciones de tipo gremial o afectivo. Es decir, debían mostrar, con argumentos sólidos, que, realmente, el ser humano tiene más valor ontológico que una lechuga, o dicho de otra manera que la pérdida de un ser humano –de *cualquier* ser humano– significa una pérdida muy superior, incomparablemente superior, a la pérdida de una lechuga –de *cualquier* lechuga.

Aceptaron gustosamente el reto, aunque muchos pensaron que la pregunta era de perogrullo. Luego, a través del diálogo que se generó posteriormente, se dieron cuenta de que la cuestión no era tan banal como parecía ser a priori y que no era nada fácil hallar argumentos objetivos sin caer en consideraciones antropocéntricas. Un alumno se levantó y trató de convencer al resto de la clase de que el ejercicio era imposible, pues según su argumentación toda consideración sobre la temática estaba preñada de subjetivismo y que, por ello, era imposible hablar neutralmente de la diferencia óntica entre persona y lechuga. «Para poder contestar correctamente a la pregunta del profesor –decía– tendríamos que saber lo que es una lechuga por dentro, deberíamos ponernos en su perspectiva, y eso es materialmente imposible.»

A partir de esa intervención, se generó un fecundo diálogo en torno a las capacidades de conocimiento del ser humano y las posibilidades de explorar el tema sin apriorismos. Una vez más se puso de manifiesto que las preguntas más inocentes se convierten, a menudo, en las preguntas más arduas y que en ellas están en juego conceptos fundamentales que raramente ponemos en cuestión en la vida cotidiana. También les pedí que no argumentaran a partir de precomprensiones de tipo religioso, sino que en su argumentación hicieran el esfuerzo de no aludir a la autoridad de ningún texto considerado sagrado o revelado en el conjunto de una determinada tradición, y que hurgarán en su racionalidad y buscaran argumentos concluyentes de carácter racional. Se trataba, pues, de buscar una argumentación de tipo objetivo y lo más universalmente compartida.

Les propuse que dedicaran unos minutos a pensar los argumentos y así lo hicieron. Se reunieron por grupos y fueron apuntando las razones de la dignidad superior de la persona. La mayoría de ellos se refirió a la naturaleza racional del ser humano como ingrediente esencial de la *condición humana* y como argumento decisivo para mostrar que la vida humana es más válida y más digna de respeto que la de una lechuga. Alguno, en su argumentación, citó a Aristóteles para dar más consistencia a su tesis: «Como decía Aristóteles –dijo un alumno "cultivado"– el ser humano es un animal que tiene *logos*». Otros aludieron a René Descartes. «Como decía el padre del racionalismo moderno –proclamó otro– el ser humano es un *être de raison*.»

La argumentación que a grandes rasgos plantearon rezaba de esta manera: primero, el ser humano es un ser viviente y racional. Segundo:

la lechuga es un ser viviente, pero no es racional. Tercero: la racionalidad representa un elemento de calidad en la vida de todo ente vivo. Conclusión: el hecho de que la lechuga no lo tenga la sitúa en un plano de inferioridad respecto al ser humano, que sí que tiene esta nota esencial.

Desde un punto de vista lógico, la argumentación resultaba ser impecable. Sin embargo, empezó una discusión que se refería a la primera y a la tercera constatación. Algunos pusieron en tela de juicio la pretendida racionalidad del ser humano. Se refirieron a muchos hechos humanos donde la racionalidad está ausente o, cuando menos, parece oculta: fanatismos, violencia, crueldad, resentimiento, oscurantismo, sectarismo... Otros pusieron en entredicho que el *hecho* de la razón tuviera que ser considerado un elemento de calidad en la vida de un ente. «¿Por qué —decía uno— debe ser más respetado un ser racional que un ser irracional? ¿Por qué —decía otro— debe ser más digna de respeto una vida racional que una vida vegetativa? ¿No será —añadía un tercero— que nos interesa que sea de esta manera?».

Otro alumno se levantó y dijo, en la línea del primero, que no podíamos responder a la pregunta, porque en tanto que humanos estábamos demasiado implicados en la cuestión. «Lo ideal —añadía— debía ser que la respondiera un agente imparcial, alguien que no fuera humano ni vegetal y que pudiera ponderar las razones sin tomar partido.» La mayoría asintió con la cabeza. En aquel instante me percaté de que, en pocos momentos, esa idea clara, distinta y evidente, la de la superioridad de la persona respecto a la de la lechuga, se convertía en algo problemático. Se había cumplido mi objetivo.

Según estas observaciones, la pretendida superioridad ontológica del ser humano en relación con la lechuga era una consideración de tipo antropocéntrico. Si una lechuga hubiera argumentado, quizás hubiera dicho que el hecho de tener el color verde es un elemento de calidad superior al hecho de ser racional. Naturalmente no lo hubiera podido hacer, por ser carente de racionalidad. De lo que se trataba era de buscar argumentos objetivos y no meros pretextos para justificar la superioridad de la especie humana.

En el decurso del diálogo, no se cuestionó el concepto de racionalidad, pero sí que fue discutida la primera aseveración, a saber, la de si el ser humano puede ser considerado, *stricto sensu*, como un ser racional. Algunos alumnos consideraron que era excesivo suponer que el ser humano es racional a la luz de los comportamientos irracionales, sectarios y fundamentalistas que abundan por doquier. Se prodigaron en ejemplos de irracionalidad, tanto de épocas pasadas como del presente. Se hizo el silencio por unos momentos, pero los defensores del argumento de la racionalidad afirmaron que el hecho de que el ser humano tenga eso que se denomina racionalidad no significa, ni mucho menos, que siempre la utilice en su vida práctica. Aceptaron que en el ser humano hay también mucha irracionalidad, oscurantismo e infamia, pero no por ello debía negarse la dosis de racionalidad que hay en él. «La ciencia, las artes, la literatura y las instituciones —decían— son expresiones de la racionalidad humana y, sin ella, éstas no existirían.»

Otros argumentaron a partir de la noción de libertad. «El ser humano es libre —decían—, puesto que tiene capacidad para orientar su futuro, para decidir lo que desea hacer, creer y pensar, mientras que la lechuga, al carecer de voluntad y de razón, es incapaz de vivir libremente.» A raíz del argumento de la libertad, se generó un improvisado debate en torno al determinismo e indeterminismo. Algunos que defendían, al principio, el argumento de la libertad tuvieron que echarse atrás frente a las observaciones de tipo determinista que les hacían sus compañeros de clase. Al final, consideraron que la libertad humana no era infinita, ni absoluta, sino relativa y circunstancial, pero aun así defendieron que en el ser humano se podía detectar una cierta libertad, un *yo* capaz de decidir, cosa que era imposible observar en la lechuga, pues ésta vivía completamente determinada por las directrices de su especie.

Otros se refirieron a la cuestión de la vida emocional. «El ser humano —decían— es un ente capaz de amar y de odiar, de enamorarse, de desesperarse, de sentir emociones intensas o débiles, de establecer relaciones con los otros y vínculos emocionales y, por ello, tiene más valor y es más digno de respeto que una lechuga.» Según esta línea argumental, el hecho emocional, la posibilidad de sentir y de expresar emociones, debía considerarse como un plus de la especie humana, como un valor en sí en el conjunto de la naturaleza. De ahí se deducía la idea de que la pérdida de un ente *capax amoris* era mucho más grave que la pérdida de un ente vivo, pero incapaz de sentimientos.

El argumento también fue objeto de una larga discusión, pues algunos consideraron que determinadas emociones del ser humano no eran precisamente positivas, sino todo lo contrario, y que de ninguna manera podían considerarse las emociones como argumento de superioridad ontológica. «El ser humano –decían– es capaz de amar, pero también puede sentir odio, ira, resentimiento y deseo de venganza, y ello, cuando no hay límites en la expresividad, tiene manifestaciones muy graves en relación con los otros seres, no sólo humanos, sino también no humanos. Una lechuga –concluyeron– no puede amar, pero tampoco puede odiar, ni sentir ira.» A partir de ahí, mostraron cómo el ser humano es capaz de generar una magnitud de mal muy superior a la que puede generar una lechuga a lo largo de toda su vida, o un campo de miles de lechugas.

Al escuchar esta objeción, tuvieron que modificar algunos de sus planteamientos, pero afirmaron que el ser humano es emocional, aunque ello no significase, necesariamente, que las emociones sean, *per se*, positivas, y que, en cualquier caso, la posibilidad de sentir, fuere lo que fuere, debía considerarse como un valor superior y un dato objetivo para argumentar a favor de la primacía ontológica y ética de la especie humana en relación con la vida vegetativa.

Traté de hacer de abogado del diablo y mostrar la debilidad de algunas de estas argumentaciones. Les hice ver que había seres humanos que, por razones de orden patológico, eran ya incapaces de ejercer su facultad racional, es decir, de pensar y actuar conforme a la razón. También les mostré que había seres humanos incapaces de autodeterminarse y vivir conforme a sus directrices racionales. Les puse ejemplos reales de seres humanos que son incapaces de expresar sus sentimientos, de mostrar su afectividad, que, de hecho, son incapaces de vida emotiva.

Algunos consideraron que estos seres humanos ya no debían ser considerados, propiamente, como seres humanos, puesto que no desarrollaban las funciones propias de un ser humano tal y como las habían considerado. Otros dijeron que esos seres humanos no podían ser considerados, *stricto sensu*, como personas. Finalmente, hubo un grupo que defendió la idea de que todo ser humano debe ser objeto de respeto, aunque su forma de vida no sea muy distinta de la vida vegetativa. ¡El debate estaba servido!

Cuando les pregunté a estos últimos por qué debían ser respetados, a pesar de no realizar ninguna de las funciones propias de lo que sus compañeros denominaban una persona, *stricto sensu*, se callaron. Sólo uno se refirió al argumento teológico. Dijo: «También son seres creados a imagen y semejanza de Dios». Entonces le recordé que el ejercicio filosófico que les estaba proponiendo sólo podía desarrollarse con argumentos «estrictamente» racionales («en el caso de que los hubiere», pensé en mis adentros). El caso es que la mayoría no estaba de acuerdo en considerar a esos seres humanos como pura vida vegetativa, pero no tenía argumentos para defender la pretendida superioridad ontológica y ética de dichos seres humanos. Hasta aquí el ejercicio.

Unos días después del debate, pensé que era el momento de plantear otra cuestión todavía más difícil. Les propuse una interrogación muy directa: «¿Por qué eres más digno tú que un chimpancé?» Algunos se rieron y se acordaron de la lechuga, otros pensaron que esta pregunta era más compleja que la primera. Se dieron cuenta de que ya no había tanta distancia entre la vida de un chimpancé y la vida de un ser humano. Algunos llegaron a decir que no estaban de acuerdo con la formulación de la pregunta, pues consideraban que no era más digno un ser humano que un chimpancé, sino igualmente digno de respeto.

Los que aceptaron el reto trataron de argumentar, otra vez, a partir de la racionalidad, pero algún estudiante lúcido mostró al resto de sus compañeros que el chimpancé también es capaz de una cierta vida inteligente, de un cierto ejercicio de la razón, y que la racionalidad no debía considerarse un patrimonio exclusivo de la especie humana, sino que también había otros mamíferos que participaban de ella. Además, afirmó que había seres humanos incapaces de pensar, de razonar y de argumentar. También les hizo ver que algunos mamíferos superiores tenían más capacidad mental que algunos seres humanos vulnerables. En aquel momento me pareció estar escuchando a Peter Singer o Hugo Tristram Engelhardt en el aula. Aquel estudiante no había leído a ninguno de estos pensadores contemporáneos, pero se ubicaba, sin saberlo, en una línea discursiva muy similar.

También se desencadenó una larga discusión en torno a la vida emocional del chimpancé. La mayoría reconoció que también en los mamíferos superiores puede detectarse una cierta vida emotiva y que, por lo tanto, la emocionalidad tampoco tenía que ser considerada un atributo exclusivo del ser humano, sino un rasgo que compartían otros seres. Algunos trataron de mostrar cómo el modo de sentir en el ser humano no es el mismo que en otros mamíferos, y que ello debía considerarse como elemento de superioridad.

Con la pregunta sobre el chimpancé, muchos empezaron a cuestionarse, seriamente, si de hecho había o no diferencia cualitativa entre aquel mamífero y un ser humano. Pocos habían leído *El origen de las especies* de Charles Darwin, muy pocos tenían conocimiento de la teoría sintética de la evolución y prácticamente ninguno estaba al corriente de las reveladoras aportaciones del Proyecto Genoma Humano. Les hice ver que, si no había una diferencia cualitativa entre ambos, tampoco tenía sentido mantener una diferencia de dignidad ontológica entre uno y otro. O dicho de otra manera, que defender la superioridad humana sin razones de peso podía ser el resultado de un interés gremial, de un corporativismo de especie mal entendido y, además, injustificado racionalmente.

Les intenté hacer ver que sólo tenía sentido afirmar que el ser humano era más digno de respeto que un chimpancé si, realmente, había argumentos objetivos y patentes de que la vida de un ser humano –del que fuere– tiene más valor intrínseco, *en sí* y *por sí mismo*, que la vida de un chimpancé, de la subespecie que fuere. Si no era así, ¿por qué debíamos considerar a un ser humano más digno de respeto que a un chimpancé?

A través de estos ejemplos, tratamos de introducir la cuestión central del libro que el lector tiene en sus manos. Lo que proponemos llevar a cabo en las páginas que siguen es explorar el concepto de *dignidad humana* y de *persona* de un modo exhaustivo. Desde hace ya algún tiempo, se nos plantean una serie de interrogantes que no podemos dejar de formular y tratar de responder de una manera racional. Es posible que no tenga la respuesta adecuada y pertinente a algunas de estas preguntas que laten en mi fuero interior, pero me siento llamado, por honestidad intelectual, a plantearlas racionalmente y a pensarlas abiertamente. Quizás de este modo, se pueda iniciar un diálogo filosófico con otros interlocutores que padecen el mismo tipo de inquietudes.

Algunas de las afirmaciones clásicas de la antropología filosófica deben ser repensadas y reformuladas de nuevo a la luz de los logros de la biología, la primatología, la genética y la embriología. Con demasiada frecuencia, la antropología filosófica se ha desarrollado al margen de los avances de las otras ciencias humanas y ello, naturalmente, ha tenido y sigue teniendo consecuencias muy graves. No se trata de elaborar una antropología filosófica a imagen y semejanza de la ciencia, es decir, dependiente de la última revelación científica, porque entonces carecería de una mínima autonomía disciplinar, pero sí que es necesario pensar la consistencia intelectual de determinadas tesis antropológicas a la luz de los últimos desarrollos científicos que atañen directamente a la condición humana, la *materia prima* de la antropología filosófica.

Algunas de las tesis de esta disciplina se siguen fundamentando en el paradigma occidental, es decir, en la filosofía del mundo grecorromano y en la tradición de corte judeocristiano, pero desde hace algunos lustros estas tesis, que jamás habían sido formalmente cuestionadas, son objeto de discusión por parte de pensadores, bioeticistas y científicos muy relevantes de nuestro mundo.

Frente a este desafío, el filósofo no puede permanecer indiferente, como si dichas objeciones no existieran, sino todo lo contrario. Santo Tomás, en la *Suma Teológica*, analiza en cada *cuestión* las objeciones a su tesis fundamental. En el *Videtur Quod*, la primera parte de la *Cuestión*, introduce de un modo ordenado y sistemático las dificultades que se le plantean a la hora de defender una determinada tesis. Posteriormente, en el *Respondeo dicendum*, expone su tesis lógicamente y responde una a una a las objeciones planteadas. El esquema que subyace en este libro es el de una *cuestión disputada*, pues, primero se exponen ordenadamente las objeciones y, posteriormente, se intenta dar respuesta a ellas. La *cuestión* central de este libro podría sintetizarse en un par de interrogantes: ¿por qué la persona es el ser más digno de la realidad natural? O dicho de otra manera: ¿Por qué la persona tiene una dignidad intrínseca?

En la actualidad, detectamos planteamientos filosóficos que cuestionan esta tesis y no sólo la tesis, sino las nociones implícitas en la tesis: la misma idea de persona y de dignidad. El filósofo trata de enfrentarse a estas dificultades y responder, si es capaz, a cada una de estas interrogaciones. Sólo enfrentándose a ellas, puede ir más allá de los límites de su pensamiento y sopesar la hondura de su perspectiva intelectual y la solidez de sus argumentos. También el bioeticista debe cuestionar la antropología latente en su discurso y en el discurso ajeno y debe ser capaz de suficiente autocrítica como para poder ponderar la base racional de sus fundamentos filosóficos. Este libro pretende ser, humildemente, una contribución al análisis crítico de las nociones de persona y de dignidad.

Se trata en el fondo de pensar lo que ya damos por pensado. Muy frecuentemente, lo que ya damos por pensado resulta ser lo más difícil de pensar, de argumentar y de justificar. Damos por pensado, por ejemplo, que el mundo exterior es tal como lo vemos y, sin embargo, como se ha puesto de relieve a lo largo de la teoría del conocimiento occidental, el mundo exterior puede no ser idéntico al mundo tal y como lo captamos a través de los sentidos externos, sino algo (la cosa en sí) distinto, o incluso radicalmente diferente de cómo lo vemos, lo apreciamos y lo sentimos. El debate en torno al realismo y al idealismo y sus múltiples ramificaciones (idealismo trascendental, idealismo absoluto...) se generó, precisamente, al poner en tela de juicio lo que ya dábamos por pensado y resuelto, a saber, que el mundo era tal como lo veíamos.

Damos por supuesto, también, que el ser humano es un ser dotado de una dignidad intrínseca, que es un ser autorreflexivo, racional, libre y social; pero estas ideas tan claras y meridianas sobre el ser humano son muy discutidas por algunos filósofos actuales. Y no sólo por pensadores de hoy, sino que en otras tradiciones culturales, lejanas del paradigma occidental, también son objeto de múltiples críticas. Esta tarea de la interrogación es consustancial al ejercicio filosófico. Difícilmente puede existir algo así como la filosofía sin esta actitud interrogativa, que pone en tela de juicio el sistema de preconcepciones y prejuicios de una determinada época. Esta tarea se relaciona estrechamente con la práctica socrática de la interrogación en el ágora ateniense.

«La filosofía –dice Peter Singer– debe cuestionar los supuestos básicos de la época. Pensar en hondura, crítica y cuidadosamente, lo que la mayoría de nosotros da por sentado constituye, creo yo, la tarea principal de esta disciplina y lo que la convierte en una actividad valiosa. Lamentablemente, la filosofía no siempre está a la altura de su papel histórico. La defensa de la esclavitud de Aristóteles estará siempre ahí para recordarnos todos los prejuicios de la sociedad a la que pertenecen. A veces, logran librarse de la ideología prevaleciente, pero más a menudo se convierten en sus defensores más sofisticados.»[1]

Desde hace algún tiempo, se nos plantean una serie de preguntas que, a través de este libro, deseamos compartir con el lector y que, de hecho, anticipan ya la batería de interrogaciones que se irán desarrollando a lo largo del volumen que el lector tiene en sus manos. ¿Tiene alguna razón de ser el antropocentrismo? ¿Cuál es la razón última de la sublime dignidad del ser humano? ¿Se puede defender la dignidad del

---

1. P. SINGER, *Liberación animal*, Trotta, Madrid, 1999, p. 287.

ser humano después de la «muerte de Dios»? ¿Y después de la «muerte del hombre»? ¿Qué significa *ser* persona? ¿Cuándo empieza un ser humano a ser considerado como una *persona*? ¿Es lo mismo una persona y un ser humano? ¿Es una persona el embrión humano? ¿Y el enfermo de Alzheimer?

En los tratados de antropología filosófica de corte tradicional, fácilmente se afirma, por ejemplo, que el ser humano tiene una dignidad sublime, que es el más digno de la creación, que entre él y los otros seres hay una diferencia cualitativa o, inclusive, un abismo. Sin embargo, algunos pensadores contemporáneos, que ya no se ubican en los cánones de la filosofía tradicional, ponen en entredicho la validez racional de dichas aseveraciones. El intérprete puede minimizar estas consideraciones críticas o, inclusive, las puede considerar una *boutade*, pero no nos parece correcto este planteamiento, sobre todo si las críticas han sido formuladas desde la honestidad intelectual y la competencia científica.

Este tipo de consideraciones y otras similares deben ser repensadas seriamente y sometidas a una *epojé* al estilo husserliano. No se trata de negar las tesis tradicionales por el hecho de ser tradicionales, sino de repensarlas a la luz de nuestro presente, considerando con seriedad las no pocas objeciones que plantean algunos filósofos a estas ideas. Se trata, para decirlo con la expresión del padre de la fenomenología, de poner entre paréntesis lo que ya considerábamos claro, distinto y evidente.

Para desarrollar esta temática, se propone el estudio de la obra de tres autores contemporáneos muy relevantes en el campo de la bioética fundamental. Nos estamos refiriendo a Peter Singer, Hugo Tristram Engelhardt y John Harris. Los tres han sido objeto de críticas oportunas e inoportunas. A veces se les ha considerado *les enfants terribles* de la bioética o, simplemente, se ha creído innecesario responder a sus objeciones. Otras veces, se han producido críticas de tipo visceral. Estas críticas viscerales no invalidan las tesis de dichos pensadores, sino que se pone de relieve, a través de ellas, la incapacidad analítica, reflexiva y crítica de quienes, a priori, ejercen la crítica.

El concepto de dignidad es, en sí mismo, problemático, pero también lo es el de persona. Ambos están mutuamente implicados. A lo largo de esta obra, trataré de explorar, primeramente, la idea de dignidad y mostrar las múltiples acepciones que alberga el significante *dignidad* y, posteriormente, me referiré al concepto de *persona* tal y como es contemplado en las obras de los tres autores mentados más arriba. Al final, se replanteará el concepto de persona desde tres perspectivas: la ontológica, la personalista y la teológica.

La pregunta por la dignidad de la *condición humana* es consustancial en mi producción filosófica. Me he dedicado a pensar esta cuestión en otros textos anteriores como en la *Antropología del cuidar* (1998). También el tema de la dignidad forma parte de mis intereses intelectuales desde hace ya casi una década. Nos detuvimos a explorar este concepto en los siguientes textos: *Ser o no ser persona: ¡ésta es la cuestión!*, en *Acontecimiento* 41 (1996) 10-11; en *Dignidad y diferencia*, en *El Ciervo* 512-513 (1993) 13-14 y en *Morir dignamente*, en *Selecciones de Teología* 148 (1998) 309-314. Desde entonces, no hemos dejado de pensar en esta cuestión, aunque no siempre hemos obtenido resultados satisfactorios.

A pesar de que el ámbito de investigación de este libro está circunscrito en el campo de la antropología filosófica, el texto tiene orientación claramente bioética. Algún autor ha escrito que la bioética ha salvado a la ética. También se puede afirmar que la bioética da que pensar a la antropología filosófica. Desde el diálogo bioético, se plantean unas interrogaciones que obligan al filósofo a considerar sus puntos de vista, los cimientos de su idea de persona, y ello es enormemente fecundo para la antropología filosófica.

El concepto de *persona* constituye uno de los *presupuestos* de la bioética, pero este *presupuesto* es, como se ha dicho, problemático. Muchos debates de la bioética fundamental y clínica tienen su raíz última en el concepto de persona. Uno percibe que algunos de estos debates resultan materialmente insolubles y no sólo en el presente, sino también en el futuro, porque los interlocutores que participan en ellos parten de conceptos de *persona* radicalmente distintos y hasta inconciliables entre sí.

¿Es posible llegar a formular un concepto transversal de persona? ¿Es posible una definición de persona más allá de los «intereses creados»? ¿Es pensable una idea de persona donde converjan la visión metafísica-sustancialista, la personalista-relacional, la pragmático-empirista y la bíblico-teológica? ¿Por qué resulta tan difícil definir al ser personal? ¿No sería más adecuado olvidarse del concepto y argumentar a partir de otras categorías? ¿Pero no significaría esto el olvido de una de las categorías fundamentales del pensamiento occidental?

Observamos que las discrepancias entre bioeticistas en determinadas cuestiones como el origen y el final de la vida humana tienen su razón de ser en la problematicidad del concepto de *persona*. Para algunos bioeticistas, por ejemplo, el embrión humano debe ser tenido en cuenta como si fuese una persona, aunque, *materialiter*, no se pueda considerar así. Para otros bioeticistas, en cambio, el embrión humano es *ya* una persona y, por lo tanto, debe ser tratado como tal, lo que significa que se tiene que respetar sus derechos fundamentales.

Para otros bioeticistas, en cambio, el embrión no es una persona, sino un proyecto de ella o lo que también se ha denominado una persona-en-potencia y, por lo tanto, no tiene el mismo *status* ético y jurídico que una persona propiamente dicha, pero tampoco se puede ubicar en el plano jurídico de la cosa o el animal. Finalmente, los hay que consideran que, en sentido estricto, el embrión no es una persona, ni siquiera un proyecto de ella, pues todavía le faltan estructuras básicas para poder ser considerado, con propiedad, un *proyecto* de persona.

El debate en torno al origen o a la genealogía de la persona constituye uno de los escollos de la bioética fundamental desde sus albores hasta el presente. También es uno de los debates más apasionantes. A pesar de que algunos autores ya dan por concluida la polémica, el hecho es que no hay consenso respecto a esta cuestión, ni hay una determinación unánime en cuanto al valor ontológico, ético y jurídico del *nasciturus*.

La adscripción del concepto de persona al *nasciturus* plantea una constelación de problemas, pero también los plantea la adscripción a los seres humanos que sufren estados carenciales muy agudos: enfermos mentales o dementes, por ejemplo. En el debate en torno al final de la vida, la idea de persona vuelve a ser utilizada de un modo problemático. Hay bioeticistas, por ejemplo, que creen que el ser humano en estado vegetativo crónico e irreversible no puede ser considerado *stricto sensu* una persona, pues no desarrolla ninguna o, prácticamente, ninguna de las funciones y actividades propias de lo que denominamos habitualmente un ser personal.

Otros bioeticistas, en cambio, consideran que, a pesar de que no pueda ejercer estas funciones, debe ser tratado *como* si fuera una persona, porque, según esta perspectiva, sigue siendo una persona. Finalmente, los hay que ven en estos seres humanos el recuerdo de una persona, pero ya no les consideran personas en sentido estricto. Según estos autores, estos seres carenciales deben ser tratados como personas a pesar de no ser tenidos ontológicamente como tales.

Sobre esta polémica cuestión trata el presente libro. Somos conscientes de que la temática trasciende con mucho el alcance de este texto y que resulta una tarea titánica intentar asumir y sintetizar toda la bibliografía publicada sobre tamaña cuestión en los últimos lustros. Hemos tratado de desarrollar sistemáticamente la idea de persona latente en la bioética fundamental de Singer, Engelhardt y Harris, para someterla a un riguroso examen intelectual desde la perspectiva sustancialista, relacional y teológica.

Esta reflexión ha sido elaborada íntegramente en el marco del Institut Borja de Bioètica de la Universidad Ramon Llull (Barcelona). Agradezco al Dr. Francesc Abel los diálogos que hemos mantenido a lo largo de la elaboración de este texto y sus sugerentes interrogantes que han resultado ser un auténtico estímulo intelectual.

## 2. Antropología filosófica y ética

### 2.1. Sentidos de la ética

Existe una íntima relación entre la antropología filosófica, la ética y la bioética.[2] Para comprender adecuadamente la relación entre estas tres áreas temáticas, es fundamental indagar, primero, el vínculo entre antropología filosófica y ética. De hecho, son dos disciplinas formalmente distintas, la primera de carácter eminentemente descriptivo, aunque no sólo descriptivo, y la segunda de carácter fundamentalmente prescriptivo, aunque también incluye lenguaje desiderativo y descriptivo. Entre ambas existe un hiato que afecta directamente el diálogo bioético. Uno de los ámbitos de la ética que algunos denominan *ética* alude, de entrada, a ese conjunto de temas y de problemas que están más allá *(meta)* de la ética fundamental y clínica en sí mismas consideradas.[3]

En el orden de la fundamentación de la bioética, la ética ocupa el primer lugar. Se la podría definir como el *subsuelo* donde arraiga la bioética fundamental y desde donde, posteriormente, se eleva visiblemente la bioética clínica. Siguiendo el símil del árbol, se podría afirmar que la ética actúa como la tierra, que aporta los materiales y las sustancias necesarias para el sustento del árbol. Las raíces recogen estos materiales y los transforman en la energía que hace crecer el árbol. La bioética fun-

---

2. Sobre esta relación, ver: VV. AA., *Bioetica quale antropologia?*, Istituto Internazionale di Teologia Pastorale Sanitaria, Roma, 1994; P. COLOMBO, *La bioetica e il processo di formazione dell'essere humano. Riflessione filosofiche*, en KOS 8/74 (1991) 53-63; A. OROZCO DELCLÓS, *Fundamentos antropológicos de ética racional: qué es la persona y cuál su dignidad*, en Cuadernos de Bioética 13 (1993) 40-51; P. GÓMEZ BOSQUE, *La naturaleza espiritual del ser humano como fundamento de la conducta ética*, en Folia Humanística 34 (1996) 469-490, y R. WISSER, *La antropología filosófica como problema*, en Folia Humanística 33 (1995) 61-83.

3. Cf. G. RUSSO, *Fondamenti di metabioetica cattolica*, Edizioni Dehoniane, Roma, 1993.

damental se nutre de estos elementos y las raíces sostienen el tronco, que es la parte más visible de la bioética.

La bioética clínica se estructura a partir de la bioética fundamental, pero se abre a horizontes nuevos como consecuencia de los desarrollos que tienen lugar en la sociedad. Las respuestas a los dilemas que conlleva el desarrollo humano se nutren de la bioética fundamental que, a su vez, se alimenta de la ética. En este sentido, la bioética clínica tiene una identidad fronteriza, porque, por un lado, recaba ideas de la bioética fundamental que están en las raíces, pero, por otro lado, proyecta hipótesis que tienen que ver con las preguntas que emergen en el contexto social, asistencial y médico.

La bioética fundamental aporta a la bioética clínica materiales de cimentación, herramientas conceptuales para dirimir los dilemas que se presentan en cada circunstancia, pero la bioética fundamental parte, asimismo, de un conjunto de categorías, de axiomas y de *principios* que conforman, precisamente, la ética. En toda bioética fundamental, subsiste una determinada *imago mundi*, está latente una determinada visión del hombre y de la mujer, una precomprensión de lo que es la ciencia y el progreso humano, una idea, no articulada, del sentido de la historia e, inclusive, una visión de Dios. También en las bioéticas fundamentales de corte estrictamente secular, subsiste una *imagen de Dios*, una imagen del mundo y una imagen del hombre.

Cuando se afirma, por ejemplo, que la elección del sexo del *nasciturus* contribuye al progreso humano, se parte, implícitamente, de una idea de progreso. Cuando se afirma, por lo contrario, que la manipulación del cromosoma X o Y representa una amenaza para el avance de la humanidad, se parte de una idea latente de progreso que tiene poco que ver con la que se esgrimía en el ejemplo anterior. Lo mismo ocurre cuando uno considera que la interrupción voluntaria del embarazo representa un bien para la humanidad o que la eutanasia significa un salto en el desarrollo de la sociedad. En estas afirmaciones, se parte implícitamente de una idea de bien, de humanidad y de progreso que no ha sido previamente discutida. Para comprender por qué un interlocutor defiende estas u otras ideas resulta ineludible explorar su ética, aunque, muy a menudo, él mismo no la haya formulado explícitamente.

Estas imágenes del mundo, del hombre, de la mujer, de la historia o de la naturaleza no siempre son explícitas, pero condicionan la forma y el contenido de la bioética fundamental y ésta, asimismo, el desarrollo de la bioética clínica. La discusión en torno a lo ético es muy iluminadora para poder comprender las posiciones que defienden los interlocutores en cuestiones muy particulares.

Si, como dice el profesor Francesc Abel, la bioética es, constitutivamente, un diálogo,[4] este diálogo no sólo tiene que desenvolverse en el plano de la superficie, es decir, de los dilemas que nos plantean el desarrollo de las ciencias y de las tecnologías aplicadas a la vida y que nos exigen, de manera imperativa, unas respuestas, aunque sólo sean provisionales; sino también en el plano más hondo, en el nivel fundamental, donde se yuxtaponen imágenes del mundo que, en ocasiones, aparecen como totalmente inconciliables.

Se tienen que indagar las condiciones de posibilidad del diálogo bioético, pues, muy frecuentemente, éste se frustra porque los interlocutores que toman parte en él no cumplen unos mínimos requisitos para la práctica dialógica. Francesc Abel sintetiza las condiciones de posibilidad de este diálogo cuando en su libro se refiere a las actitudes esenciales del diálogo bioético. En primer lugar, destaca la competencia profesional y considera que es esencial para desbloquear el diálogo de sordos que tan habitualmente se produce y superar la visión cientista de la ciencia y la visión moralista de la ética. Igualmente, considera que se requieren una serie de actitudes y conductas como son «el respeto hacia el otro, la tolerancia, la fidelidad a los propios valores, la escucha atenta, una actitud interna de humildad y el reconocimiento de que nadie puede adjudicarse el derecho a monopolizar la verdad y

---

4. Cf. F. ABEL, *Bioética: orígenes, presente y futuro*, Mapfre Medicina-Institut Borja de Bioètica, Barcelona, 2001.

que todos hemos de cuestionar las propias convicciones desde otras posiciones».[5] En definitiva, dice que son necesarias «la escucha recíproca, la valoración del enriquecimiento que nos aporta la competencia profesional interdisciplinaria y la autenticidad en los acuerdos».[6]

Muy habitualmente, las diferencias de criterios en bioética clínica tienen su raíz en las distintas propuestas de bioética fundamental y, éstas, a su vez, se explican por diferentes posiciones éticas. En algunas ocasiones, interlocutores que difieren en lo fundamental son capaces de llegar a acuerdos mínimos en lo superficial. Esto significa que no siempre es verdad que cuando se parte de perspectivas éticas muy dispares resulte imposible llegar a acuerdos. La defensa de la dignidad humana, por ejemplo, es un axioma que está presente en la bioética fundamental de corte cristiano, pero también en bioéticas fundamentales de corte secular[7] e inspiradas en otras tradiciones religiosas.[8] Las propuestas éticas de P. Singer, H. T. Engelhardt y J. Harris difieren de las éticas mentadas en lo relativo al concepto de dignidad humana, pero coinciden con ellas en otros aspectos.

En algunas ocasiones, puede ocurrir lo contrario. Existen propuestas de bioética fundamental que parten de una misma tradición, de un mismo poso de ideas, pero sus conclusiones en el ámbito de la bioética clínica son distintas e, inclusive, contradictorias. Esto es particularmente visible en las bioéticas fundamentales de corte cristiano. Todas ellas se inspiran en un conjunto de referentes éticos que configuran la imagen del mundo, del hombre y de la naturaleza según la tradición judeocristiana y, sin embargo, en la dilucidación de aspectos asistenciales, clínicos y biotecnológicos, se puede detectar múltiples diferen-

---

5. F. ABEL, *Bioética: orígenes, presente y futuro*, op. cit., p. 205.
6. Ibídem.
7. Como, por ejemplo, L. SÈVE, *Critique de la raison bioéthique*, Le Cerf, París, 1996.
8. Cf. M. ABE, *Dignidad y respeto de la vida humana en la religión budista*, en Dolentium Hominum 28 (1995) 179-180.

cias. La postura del teólogo católico Hans Küng respecto de la eutanasia difiere sustantivamente de la postura del moralista católico Elio Sgreccia.

Todo ello indica que el hecho de partir de una ética común no excluye la pluralidad de bioéticas fundamentales y clínicas, sino todo lo contrario, abre la posibilidad a hermenéuticas y campos de aplicación variados y distintos. E igualmente, el hecho de partir de éticas dispares no imposibilita, necesariamente, acuerdos pragmáticos y concretos en determinados campos. Si esto fuera imposible, la bioética entendida como diálogo y no como *mono-logos* sería, simplemente, una quimera, una utopía irrealizable.

En cualquier caso, la bioética se nutre de algo que no está en ella, de una ética que debe ser objeto de análisis por parte del filósofo. El filósofo no siempre es capaz de comprender adecuadamente los desafíos que plantean las ciencias de la vida, el mundo asistencial y clínico o las biotecnologías, pero sí que se le supone la capacidad para explorar los cimientos de la bioética fundamental, esa constelación de principios que, de un modo inconsciente, operan en el interlocutor a la hora de argumentar y de defender sus tesis.

Según el profesor Francesc Abel, la participación del filósofo en el diálogo bioético se mueve en dos coordenadas: la de la ética y la de la lógica. «Los conceptos fundamentales –dice– que se utilizan en bioética (dignidad, libertad, persona, justicia, equidad…) tienen una larga tradición filosófica y se relacionan directamente con la ética o la filosofía práctica. Desde esta perspectiva existe una relación íntima entre el discurso ético de la filosofía y el discurso de la bioética. En el trasfondo de toda bioética hay una determinada cosmovisión ética de la realidad, y ésta se relaciona con una metafísica. Este trasfondo puede permanecer en un plano sólo implícito cuando se va al fondo de los problemas, pero no llega a salir a la superficie en el momento en que se quiere ir a las raíces del debate».[9]

---
9. F. ABEL, *Bioética: orígenes, presente y futuro*, op. cit., p. 207.

Veámoslo con un ejemplo: el concepto de persona no es, *stricto sensu*, un tema de la bioética, sino que está más allá de ésta o, si se quiere, más acá de ella, dado que es anterior. No constituye, directamente, un tema de la bioética, sino más propiamente de la teología, de la antropología filosófica o de la ética general. Sin embargo, la dilucidación del concepto de *persona* es esencial en los debates bioéticos respecto a la dignidad del ser humano en las primeras fases de su desarrollo ontogenético o en las postrimerías de su vida biológica.[10]

Tampoco el concepto de *familia* pertenece, en sentido estricto, al dominio de la bioética fundamental, sino más bien al campo de la sociología, de la filosofía, de la teología o de la psicología. Cuando un teórico está criticando la posibilidad de que una mujer sola pueda dar a luz un hijo sin la presencia y el vínculo afectivo con un padre biológico, porque esta posibilidad atenta contra la familia, está invocando un concepto de familia que está latente en su ética, pero que no ha explicitado en ningún lugar. Otros, en cambio, considerarán que una pareja homosexual, en la que uno de sus miembros ha adoptado un niño y los tres forman una comunidad de mutuo afecto y de benevolencia, constituye una familia en el sentido más pleno de la palabra. En esta segunda afirmación, se exterioriza un concepto de familia muy distinto al que se extrae en el primer supuesto.

La ética es un tipo de reflexión que analiza el discurso moral constituyendo un metalenguaje de carácter pretendidamente neutral o no normativo. En sentido técnico o analítico, la ética es un capítulo muy oportuno, dada la diversidad de discursos éticos sobre la biomedicina. Pero, además, en un sentido filosófico general, la ética es la tematización de la bioética como disciplina académica y profesión de la salud, tematización que está a la orden por el debate revisionista fundacional.

Según el bioeticista italiano Giovanni Russo, lo que él denomina metabioético y nosotros incluimos, simplemente, en el campo de la éti-

---

10. Cf. J. M. PARENT, *La dignidad del ser humano, presupuesto bioético*, en Medicina y Ética XI/1 (2000) 21-42.

ca es anterior y fundante en el desarrollo de la bioética clínica.[11] Esta parte de la ética, que él denomina metabioética, se refiere, primariamente, a una visión del «significado semántico de la persona, de la verdad sobre su naturaleza e identidad».[12] La tarea de la bioética no consiste únicamente en verificar el momento de aplicación de una serie de principios, sino en plantear hipótesis provisionales para resolver los conflictos que emergen en el mundo asistencial y clínico.

Esta búsqueda de la verdad sobre la naturaleza de la persona y su identidad debe comprenderse como un horizonte de sentido y no como patrimonio de la ética. En toda bioética fundamental, se parte de una idea de lo que es la persona y su identidad. Cuestionar esta idea previa, arraigada en la ética, constituye un ejercicio fundamental para desentrañar su consistencia, su peso específico, su auténtico valor. Hay autores especialmente proclives para desarrollar esta tarea de pensar lo que ya dábamos por pensado. Es pertinente prestarles atención, aunque nos lleguen a incomodar profundamente.

También las pretendidas bioéticas seculares que dicen fundarse en principios contrastados científicamente parten de unas premisas éticas que no siempre se someten a análisis. T. S. Kuhn y, después de él, Feyerabend y Lakatos, han puesto de relieve que la ciencia también parte de un trasfondo metacientífico, inclusive, irracional, que se convierte en su condición de posibilidad.[13]

La bioética, en tanto que diálogo, entra en contacto con las ciencias médicas y humanas, pero, en tanto que ética, se mueve en un plano prescriptivo que no puede fundamentarse, en último término, en los lenguajes de la ciencia que son, básicamente, descriptivos. Para com-

---

11. G. RUSSO, *Fondamenti...*, op. cit., p. 12. Lo expresa así: «La metabioetica è pertanto alla base della genesi; della giustificazione epistemologica e del futuro della storia della disciplina».

12. Ibídem.

13. Sobre esta cuestión: M. GARCÍA DONCEL, *Filosofía de la ciencia hoy*, Cristianisme i Justícia, Barcelona, 1994 e Idem, *Lo irracional de las ciencias en su proceso genético*, en A. DOU, *Ciencias y humanismo*, EAPSA, Madrid, 1975.

prender adecuadamente el sentido de una prescripción en bioética fundamental y clínica, se debe indagar el trasfondo ético de una determinada propuesta.

Los problemas bioéticos que se vislumbran en los albores del siglo XXI son tan variados y urgentes a la vez que no pueden esperar un acuerdo fundamental en ética, en el caso de que este acuerdo fuere posible. Los problemas que tenemos pendientes exigen soluciones éticas, políticas efectivas, resoluciones competentes, claras, pero prudentes y ponderadas simultáneamente.

Quizás para poder alcanzar esta meta sea necesario poner entre paréntesis algunos de los principios que configuran nuestra ética personal. Esto no significa negar las propias convicciones, ni luchar contra uno mismo, sino que significa valorar jerárquicamente qué es lo que fundamenta y qué lo adyacente a lo que creemos. Ello no implica, por lo tanto, que debamos dejar de pensar estos principios, pero no podemos demorar las propuestas resolutivas a la espera de una total conformidad en el plano ético.

En esta encrucijada, me parecen muy convincentes las reflexiones de Francesc Abel cuando afirma: «Con los principios bioéticos no tenemos en absoluto resueltos los problemas de la bioética, ni siquiera los de la bioética clínica. Por esto sería necesario que pudiésemos estar de acuerdo en los valores a transmitir en su jerarquización y, en definitiva, en la concepción que tenemos del hombre, de la sociedad, del sentido de la vida y de la muerte de la postura ante la trascendencia. Como esto no es posible, hemos de intentar llegar lo más cerca posible, que quiere decir aceptar de entrada la posibilidad de que individuos con diferentes concepciones éticas, hasta dentro del mismo sistema ético, lleguen a conclusiones éticas diferentes, y que esto requiere en el diálogo respeto, tolerancia y fidelidad a las propias convicciones».[14] Fidelidad a las convicciones y voluntad de diálogo: equilibrio difícil, sin lugar a dudas, pero no, por ello, imposible.

---

14. F. ABEL, *Bioética: orígenes, presente y futuro*, op. cit., p. 212.

## 2.2. De los fundamentos a los acuerdos pragmáticos

¿Es posible hallar una ética común a las distintas formulaciones bioéticas que se manifiestan en la sociedad secular? ¿Puede haber una *ética* compartida? La ética incluye una visión de fondo *(Weltanschauung)* del hombre, del significado de la vida, de su historia y de su naturaleza. A pesar de que el profesor italiano Giovanni Russo cree en la posibilidad de abarcar una ética «que supere las divergencias de las bioéticas ideológicas, laicas o seculares en una convergencia en la idea de hombre»,[15] el autor de este libro adopta una actitud escéptica en este punto en particular.

Este escepticismo no debe confundirse con el cinismo, sino que debe ser entendido en el sentido más genuinamente griego de la expresión *skeptomai*, que significa *buscar*. No creemos que exista, *per se*, un lugar común donde converjan las distintas éticas que subyacen en el debate bioético actual, sino que pensamos que debe buscarse. El escéptico es, precisamente, el que busca. Contrariamente a lo que puede suscitar este vocablo en el lenguaje coloquial, el escéptico es el que busca la verdad y no el que parte de la idea de que la verdad es imposible de ser buscada.[16]

Algunos autores consideran que es posible llegar a acuerdos provisionales y meramente pragmáticos si somos capaces de superar nuestros puntos de vista, nuestras respectivas éticas. Esta idea se expresa firmemente en la propuesta filosófica de Gilbert Hottois. Desde el punto de vista pragmático, la bioética debe desarrollarse sin referencia a un *fundamentum*. Hottois rehúye cualquier fundamento de tipo trascenden-

---

15. G. Russo, *Fondamenti di metabioetica cattolica*, op. cit., p. 12.
16. El filósofo y ensayista catalán Joan Fuster distinguía en su *Diccionari per ociosos* (voz *escepticisme*) (Destino, Barcelona, 1986, p. 211) dos tipos de escepticismo: el de ida y el de vuelta. El primero es el escepticismo del que busca la verdad, pero sabe que no la tiene en posesión, mientras que el segundo es el escepticismo del que sabe que no hay verdad y que toda búsqueda es estéril. Nosotros nos situamos en el primer tipo de escepticismo.

te, pero también niega la posibilidad de llegar a consensos en el terreno de lo fundamental. Por ello es partidario de llegar a acuerdos mínimos y pragmáticos en el terreno de lo práctico.[17]

Desde su ángulo de análisis, en la cuestión de los fundamentos se produce un *impasse*. Mientras la comunidad filosófica se concentra en la solución de este *impasse*, los problemas relacionados con la vida, humana o no humana, se multiplican y requieren de una respuesta. De ahí, deduce que debemos contentarnos con buscar un tipo de regulación práctica, prudente y siempre provisional.

El *Informe Belmont* de 1978 es un ejemplo paradigmático de que es posible llegar a acuerdos concretos, partiendo de posturas ideológicas muy dispares y lejanas.[18] «El *Informe Belmont* —constata Francesc Abel— fue el feliz resultado de posturas ideológicamente confrontadas, si no irreconciliables, de diferentes sistemas éticos, cuando sus representantes discutían no de los principios más generales, sino de los principios intermedios necesarios en la aplicación de casos concretos. Sólo cuando los firmantes del *Informe Belmont* analizaron los casos concretos, encontraron que en ellos coincidían, para la mayoría de los casos, los diferentes sistemas éticos. La conclusión de que los principios básicos de autonomía del paciente, beneficencia, no maleficencia y justicia, eran los principios bioéticos por excelencia para la resolución de casos, se debe considerar un gran progreso.»[19]

---

17. Cf. G. HOTTOIS, *Pour une éthique dans un univers technicien*, Éditions de l'Université de Bruxelles, Bruxelles, 1984; *Le paradigme bioéthique: une éthique pour la tecnoscience*, De Boeck Université, Bruxelles, 1990; *Essais de philosophie bioéthique et biopolitique*, Vrin, París, 1999, y *Aux fondements d'une éthique contemporaine*, Vrin, París, 1993.

18. El *Informe Belmont* es un documento donde se exponen los principios éticos y orientaciones para la protección de sujetos humanos en la experimentación que elaboró *The National Commission for the Protection of Human Subjects of Biomedical and Behavioral Research* y que se publicó el día 30 de septiembre de 1978.

19. F. ABEL, *Bioética: orígenes, presente y futuro*, op. cit., p. 212.

El profesor de ética del Quebec Guy Bourgeault llega a las mismas conclusiones que Hottois, pero por una vía ligeramente distinta.[20] Mientras que Hottois centra su argumentación en la ausencia de un consenso asumible sobre el *fundamentum*, Bourgeault defiende que no hay fundamento posible en la ética. Desde su punto de vista, todas las denominadas éticas tradicionales, aunque hayan vivido un proceso de *aggiornamento*, tienen que ser calificadas de obsoletas y anacrónicas.

Según su punto de vista, la ética sólo puede existir sin fundamento, sin referencia a ninguna ley natural, a ninguna verdad objetiva, sin certidumbre. Esta *nouvelle éthique* que propone Bourgeault no se desarrolla bajo el sino de la sumisión y de la normatividad, sino que se trata de una ética que se desarrolla a partir de la interrogación, la discusión democrática y la regulación provisional. Se trata de una ética que se ubica bajo el paradigma de la responsabilidad solidaria, que se manifiesta en la búsqueda *con* los otros (no *contra* los otros) de lo que puede ser permitido –siempre provisionalmente– y que debe tener como reglas mínimas la prudencia, la previsión y la vigilancia.

Desde el punto de vista de Gilbert Hottois, no hay ningún discurso ético universalmente convincente. A su juicio, todas las tentativas, todos los discursos filosóficos o religiosos elaborados a lo largo de la historia fracasan cuando se les somete a examen. El autor analiza cuatro perspectivas éticas: la ontoteología, el humanismo marxista, el cientismo y el imperativo tecnicista, y después de un exhaustivo análisis llega a la conclusión de que todas estas tentativas fracasan, porque la cuestión de los fundamentos se sitúa en el nivel de la metafísica, se refiere a una trascendencia, mientras que, según él, nuestra civilización, desde Descartes hasta el momento presente, está instalada en la inmanencia, hace experiencia de su radical inmanencia.

Se debe considerar, muy seriamente, este alegato contra cualquier intento de construir racionalmente un *fundamentum* para la bioética,

---

20. Sobre su propuesta ética, ver: G. DURAND, *La bioética*, DDB, Bilbao, 1992.

pues si ello no es constitutivamente posible, no sólo la bioética de corte cristiano está en una precaria situación, sino también las bioéticas que se sostienen sobre un fundamento que consideran fuerte.

La ética se funda, según Russo, en la verdad del hombre y de la naturaleza.[21] Desde su punto de vista, la exigencia fundamental de la ética consiste en indagar los presupuestos filosóficos, biológicos y lingüísticos de fondo que permitan justificar la igualdad en el género humano. De ahí que la ética esté referida tanto a la realidad *macro* (cosmología), como a la realidad *micro*: el ser humano (antropología). El moralista italiano cree que es posible una ética construida sobre un trasfondo humano único y distinto que pueda favorecer una convergencia de fondo en torno al hombre, a su lugar en la historia, su puesto en la naturaleza, su génesis y desarrollo.[22]

Aunque no compartimos el optimismo de Giovanni Russo, tampoco nos parece ideal la perspectiva que defiende Gilbert Hottois. Es necesario aprender a cuestionar los propios presupuestos filosóficos (y teológicos),[23] pero este ejercicio tiene como objetivo final la búsqueda de la verdad, de una verdad sobre el hombre, el mundo, la historia y la naturaleza que trasciende a todo ser humano en concreto, pero que *in statu* germinal se halla presente en toda consciencia. Debemos apren-

---

21. G. Russo, *Fondamenti di metabioetica cattolica*, op. cit., p. 44.
22. Cf. Ibídem, p. 162. Lo expresa así: «Da qui l'esigenza di una *meta-bioetica* fondata sulla *verità*, che indaghi cioè i presupposti filosofici, biologici e linguistici di fondo dell'eguaglianza del genere umano, il riferimento a una determinata *concezione della realtà* (cosmologia) e dell'uomo (antropologia), che delinei l'orizzonte nel quale si configura l'orientamento etico generale, la *metaetica* (o riflessione sull'etica). Una metabioetica su fondamento rigorosamente razionale, che accomuni tutti in quanto fondata oggettivamente sulla natural dell'esser umano *unico e diverso* contemporaneamente, e quindi sulla sua verità, svolgerebbe l'adequata funzione di mediazione tanto lacunosa nell'attuale epistemologia bioetica, favorendo *una convergenza di fondo circa l'uomo*, il suo posto nella storia, il suo collocamento nella natura, la genesi e lo svolgimento della sua evoluzione e aiutandolo a liberarsi dalle strutturazioni del pensiero ideologico, a partire da quello personale inconscio».
23. En el caso de que se dieran.

der a llegar a acuerdos mínimos y operativos para resolver, aunque sólo fuera provisionalmente, lo que nos ocupa y *pre-ocupa*, pero no podemos dejar de considerar el universo de principios que vertebran, en el fondo, nuestro pensar.

2.3. Las preconcepciones latentes en la bioética

No estamos seguros de que sea posible fundar una ética desde un punto de vista estricta y únicamente racional, puesto que en el plano de lo fundante no sólo se hallan principios racionales, sino también intuiciones, ideas y visiones que tienen una génesis afectiva o emocional. Tampoco estamos convencidos de que sea posible vertebrar una ética a partir de una visión objetiva de la naturaleza humana. La aproximación a la *esencia* de la condición humana siempre es subjetiva. A pesar de ello, uno puede sustraerse, en parte, a la caída en el total y absoluto subjetivismo, si es capaz de escuchar al otro y de atender a su perspectiva.

La dificultad que tiene el ser humano de precisar su puesto en la naturaleza es un síntoma evidente de la disparidad de éticas. Desde los inicios de la antropología filosófica contemporánea hasta el presente, esta cuestión ha sido constantemente objeto de múltiples exploraciones y no se ha alcanzado un punto de encuentro entre las distintas posturas. Desde los planteamientos fenomenológicos de Karl Jaspers y Edith Stein hasta las elucubraciones filosóficas de Peter Singer o de Peter Sloterdijk, la cuestión del puesto del hombre en el cosmos, para decirlo al modo de Max Scheler, no resulta nada fácil de aclarar.

Tampoco estamos convencidos, como sostiene Giovanni Russo, de que pueda haber una ética católica pura y estrictamente racional. Por supuesto que puede existir una ética católica, fundada en una concepción católica del hombre, la naturaleza y la historia, pero lo que no se puede admitir, sin más, es que esta fundamentación sea *estricta y pura-*

*mente* racional, sino más bien el resultado de la interrelación dialéctica entre fe y razón.[24]

Giovanni Russo describe la ética católica en estos términos: «La metabioética católica, sobre el fundamento de que Cristo ha revelado la verdad del hombre, de la creación y de la historia, propone una metodología que es la más adecuada a la epistemología de la bioética, que se refiere al principio de contradicción por excelencia: la verdad del *ethos* del hombre en cuanto hombre».[25] A pesar de que la bioética católica se inspire en la Revelación de Dios en la historia a través de la Segunda Persona de la Trinidad, ello no significa que se pueda afirmar que posea la verdad del hombre como patrimonio, porque la exploración de esta Revelación abre múltiples caminos de interpretación y análisis.

Creemos que resulta sumamente estimulante investigar los presupuestos éticos que subyacen en las propuestas bioéticas de Singer, Engelhardt y Harris, pues ponen en cuestión los presupuestos que han vertebrado la bioética de raíz cristiana. Pero no sólo ésta, sino que también ponen en entredicho los fundamentos de ciertas bioéticas seculares que igualmente se estructuran a partir de la idea de la dignidad de la persona humana y de su superioridad, si no ontológica, sí ética y jurídica, respecto a los otros seres del cosmos. Las bioéticas fundadas en la tradición kantiana o en la tradición aristotélica también parten de estos *presupuestos* éticos de carácter antropocéntrico, aunque por motivos distintos.

«La bioética –afirma Peter Singer– es una disciplina que conduce a cuestionar valores y doctrinas éticas que hasta entonces habían tenido un carácter sacrosanto. Esas doctrinas están a menudo conectadas con

---

24. La mejor obra de bioética cristiana escrita en lengua castellana es, a nuestro juicio, la de Javier Gafo. Cf. J. GAFO, *Bioética teológica*, Desclée de Brouwer, Madrid, 2002.

25. G. RUSSO, *Fondamenti...*, op. cit., p. 162: «La metabioetica cattolica, sul fondamento di quanto Cristo ha rivelato circa la verità dell'uomo della creazione e della storia, propone una metodologia che è più adeguata all'epistemologia bioetica, riferendola al principio di contraddizione per eccellenza: la verità dell'*ethos* dell'uomo in quanto uomo».

creencias religiosas, y no necesitamos ningún Jomeini que nos recuerde que el fundamentalismo religioso suele ser intolerante con la libertad de expresión.»[26] Compartimos, muy hondamente, la visión que tiene Peter Singer de lo que supone el diálogo bioético, aunque, desde nuestra modesta perspectiva, no creemos que se pueda definir la bioética como disciplina, sino que pensamos, con Francesc Abel, que, en esencia, es diálogo interdisciplinar. Más allá de esta consideración puntual, sí que es verdad que el ejercicio de este diálogo nos lleva a cuestionarnos valores y doctrinas, no sólo de tipo religioso, que están en la entraña de nuestra facultad de pensar. Esto no significa, necesariamente, negarlas, pero sí, cuando menos, ponerlas entre paréntesis y estar dispuestos a examinarlas.

El mero ejercicio de considerar los argumentos racionales de la ética de Singer, Harris y Engelhardt, constituye, de por sí, una labor intelectual muy fecunda para el que se ubica en otros planteamientos éticos, pues ello le obliga a considerar la consistencia intelectual de sus propios cimientos.

En toda exploración bioética subyacen un conjunto de creencias y de intuiciones. Hace ya mucho tiempo, José Ortega y Gasset distinguía entre ideas y creencias. Decía el autor de *La rebelión de las masas* que las ideas *se tienen*, mientras que en las creencias *se está*.[27] Esto significa que la ética no es algo que se tenga de un modo consciente y racional, sino que uno está *en* ella y *desde* ella, piensa, razona, argumenta y critica tesis ajenas.

El profesor Eusebi Colomer, conocido especialmente por su magna obra *El pensamiento alemán de Kant a Heidegger*, lo expresa de esta manera: «La razón no es nunca pura o absoluta, sino que siempre está históricamente condicionada. Aquello en lo que uno está, las creencias, precede siempre, de algún modo, en el ejercicio racional del pensamiento. En este sentido, se debe decir que los grandes desacuerdos entre

---

26. P. SINGER, *Desacralizar la vida humana. Ensayo de ética*, Cátedra, Madrid, 2003, pp. 103-104.
27. Cf. J. ORTEGA Y GASSET, *Ideas y creencias*, Austral, Madrid, 1987.

los filósofos son desacuerdos pre-filosóficos. No se puede ocupar voluntariamente un lugar en el mundo del espíritu. Dicho de otro modo: no se puede prescindir de la propia cosmovisión».[28]

Y prosigue Colomer: «La honradez intelectual consiste en reconocerlo y explicitarlo. En el mundo del espíritu no se dan actitudes neutras o vírgenes. No se da, como pensaba Husserl, una filosofía pura y sin presupuestos, pues el primer presupuesto de la filosofía es el hombre concreto, distintamente condicionado, que filosofa. Tampoco el pensador no creyente está inmune a determinados presupuestos prefilosóficos; tampoco él no existe, como pensador, en la *épokhé* o suspensión continua de las propias convicciones. La pretensión de empezar de cero es una de las grandes ilusiones que reaparece de modo recurrente a lo largo de la historia de la filosofía. Descartes, Kant y Husserl nos parecen ejemplos ilustres de ello. Ninguno de ellos empezó de cero».[29]

Finalmente, concluye que la «verdad es que "siempre estamos embarcados" y que sólo podemos reparar el barco en alta mar y no con calma en las atarazanas. Y esto vale tanto para el creyente como para el que no lo es. Es falso pensar que la actitud del no creyente es más virgen y neutral que la del creyente, que este último está *marcado*, mientras que el primero no lo está. Todos estamos marcados, cada cual por su propia creencia. También el filósofo no creyente parte de su propia cosmovisión, tan objeto de creencia como la cosmovisión del creyente. En ambos casos se da una inextinguible heteronomía. Pensar consiste siempre en *repensar* y, por lo tanto, pensar desde una situación determinada. No se trata, pues, de pretender empezar sin presupuestos, sino de reconocerlos y explicitarlos».[30]

Nos preguntamos, siguiendo las lúcidas consideraciones de Colomer, si es posible dar razón de nuestras preconcepciones o si, de otro

---

28. E. COLOMER, *Tres pensadors enfront de la qüestió de Déu*, Universitat Ramon Llull, Barcelona, 2002, pp. 48-49.
29. Ibídem.
30. Ibídem.

modo, no hay manera alguna de justificar por qué creemos en lo que creemos. Nos preguntamos si todas las creencias prefilosóficas son igualmente aceptables, si no es posible distinguir racionalmente una ética más excelente y valiosa que las otras. En el caso de que esto fuera posible, esta jerarquización se realizaría desde otros sistemas de creencias que, a su vez, deberían ser cuestionados.

El filósofo alemán Hans Albert, unos de los egregios representantes del racionalismo crítico, sostiene que todos los intentos de fundamentación ética conducen al denominado trilema de Fries o de Münchhausen.[31] El primer cuerno del trilema consiste en caer en un regreso al infinito en la serie de premisas presuntamente fundamentadoras, el segundo consiste en recurrir a premisas que a su vez anteriormente necesitaron de fundamentación y el tercer cuerno es la opción más usual y consiste en interrumpir el proceso de fundamentación en alguna de las premisas, alegando que ya no precisa ser fundamentada por ser evidente, por haberla revelado alguna autoridad o, como diría la profesora Adela Cortina, por tratarse de una cualidad, como la dignidad, irrefutable por no falsable con hechos.[32]

Contrariamente a lo que supone la profesora Adela Cortina, la dignidad humana, en los planteamientos éticos de Peter Singer, Hugo Tristram Engelhardt y John Harris, no se trata de una cualidad irrefutable, sino todo lo contrario. De hecho, los tres la someten a una dura discusión. Esta dignidad no formaría parte de esa *minima moralia* exigible a todo *interlocutor válido* de la comunidad de agentes morales.[33] Lo que ponen de manifiesto estos autores es que la fundamentación de la ética no puede arrancar del concepto de dignidad. No alcanzan a

---

31. Cf. H. ALBERT, *Traktat über kritische Vernunft*, Mohr, Tübingen, 1988.
32. Se ocupa de esta cuestión en *Ética mínima*, Tecnos, Madrid, 1986, cap. 4.
33. *Interlocutor válido* constituye un concepto renovado de persona según la propuesta de Adela Cortina. Cf. F. ABEL, C. CAÑÓN (eds.), *La mediación de la filosofía en la construcción de la bioética*, Universidad Pontificia de Comillas, Madrid, 1993. Exploramos este concepto en la última parte de este libro.

comprender por qué se interrumpe el proceso de fundamentación en la noción de dignidad humana.

Quizás para salir de este atolladero, sea relevante considerar que todo intento de fundamentación es, como sostiene, lúcidamente, el profesor Diego Gracia, un intento de explicación y nada más que esto. Esta explicación llega a ciertas esferas de la realidad, pero más allá de ellas choca el misterio de la experiencia ética que, como tal, no puede explicarse totalmente desde la mera razón *(blosse Vernunft)*, como diría Kant. Quizás se podría decir, con Ludwig Wittgenstein, que la experiencia ética pertenece al ámbito de lo místico *(das Mystische)* y que, en cuanto tal, no puede ser totalmente narrada. Particularmente interesante es traer a colación su diferencia entre el decir *(sagen)* y el mostrar *(zeigen)*. La experiencia ética, como la estética, no puede ser dicha, pero sí que puede mostrarse. Como reza la séptima proposición del *Tractatus*: «De lo que no se puede hablar, se debe guardar silencio».

La experiencia ética se puede tratar de explicar de distintos modos, pero no se puede acabar de fundamentar *totaliter*. La experiencia del deber (I. Kant), la búsqueda de la felicidad (Aristóteles), el deseo de bien (san Agustín), la vivencia de la culpabilidad (Soeren Kierkegaard), la llamada imperativa del rostro del otro (Emmanuel Levinas), el sentido del respeto hacia lo intangible de la persona (Emmanuel Mounier) el milagro de la compasión (Arthur Schopenhauer) son expresiones que aluden, imperfectamente, a esta experiencia matriz que denominamos la ética.

Uno puede y debe preguntarse por qué cree lo que cree, por qué piensa como piensa, cuáles son los fundamentos, las razones de sus posiciones morales, pero no debe esperar una fundamentación última, es decir, concluyente, cuando menos en el plano racional. De hecho, como dice muy bien Hans Albert, el proceso de fundamentación se acostumbra a interrumpir en un *principium* que se considera claro y evidente *an sich und für sich;* sin embargo, la experiencia histórica demuestra que lo que era evidente y claro para un autor se convierte en problemático para otros. El caso de la dignidad humana es un ejemplo paradigmático de ello.

«La ética –dice Gracia– se fundamenta a sí misma. No necesita que nadie le eche una mano. Lo que hacen los especialistas, quienes se dedican profesionalmente al estudio de la ética, no es propiamente fundamentar, sino explicar. Si tuvieran que fundamentar, la ética sería sencillamente imposible. Nadie tiene la capacidad para hacer tal cosa. En el fondo no podemos ni explicarla. La conducta moral, el hecho de que los seres humanos nos creamos obligados a hacer ciertas cosas y a evitar otras, pende sobre el misterio. Se trata de un hecho original e irreductible a cualquier otro. Es una experiencia primaria. Se tiene o no se tiene. Nada más.»[34]

En efecto, la experiencia ética pende sobre un misterio, como la noción de dignidad ontológica. La cadena de interrogantes en el orden de la fundamentación puede prolongarse indefinidamente y, aunque la interrumpamos en un determinado trance, ese *principium* puede, a su vez, ser cuestionado. A pesar de reconocer con Diego Gracia ese carácter enigmático y misterioso de la experiencia ética, no podemos dejar de pensar y de preguntarnos por qué afirmamos lo que afirmamos, por qué sostenemos que la persona tiene una dignidad intrínseca, qué plausibilidad racional tiene esta experiencia que, en algunos casos, está profundamente arraigada a la estructura moral de la persona.

Según Gracia, «no fundamentamos, sólo explicamos o, mejor, intentamos explicar, y ello muy imperfectamente. Tanto, que las explicaciones se suceden unas a otras, sin que parezca fácil albergar la esperanza de que alguna acabe siendo la definitiva. Todo el que construye una teoría nueva proclama, explícita o implícitamente, la insuficiencia de las anteriores. A la vez que construye su propia tesis, firma el certificado de defunción de todas las precedentes. Muchas veces se ha comparado esto

---

34. Prólogo de Diego Gracia, en J. J. FERRER, J. C. ÁLVAREZ, *Para fundamentar la bioética*, Desclée de Brouwer, Madrid, 2003, p. 9.

con el martirio de Sísifo, que elevaba la piedra del mundo hasta lo alto de una montaña tantas veces cuantas ésta rodaba hacia abajo, que era siempre».[35]

En toda propuesta de bioética fundamental subyace un conjunto de preconcepciones o de creencias latentes. La tarea de pensar este magma prefilosófico no es una empresa espúrea, sino todo lo contrario. Esta tarea es consustancial al filósofo y en ella radica su gran aportación al diálogo bioético. «La filosofía –dice, con acierto, Singer– debe cuestionarse los supuestos básicos de su época. Meditar crítica y escrupulosamente sobre lo que la gente da por garantizado es, creo yo, la tarea principal de la filosofía, y esta tarea hace de la filosofía una actividad valiosa. Desgraciadamente, la filosofía no asume siempre su papel histórico. Los filósofos son seres humanos y están sujetos a todas las presuposiciones de la sociedad a la que pertenecen. A veces consiguen liberarse de la ideología reinante, pero más a menudo se tornan en sus más sofisticados defensores.»[36]

Cuando desde perspectivas filosóficas ajenas, se cuestiona ese magma ético, nos sentimos profundamente llamados a pensar las razones de nuestra experiencia ética. Pensar es preguntar y ésta es, entre otras, una de las tareas inevitables del quehacer filosófico.

## 3. Dignidad y polisemia

### 3.1. Una urdimbre de significados

La palabra *dignidad* es polisémica y, a lo largo de la tradición filosófica y teológica occidental, ha sido objeto de múltiples interpreta-

---

35. Ibídem, p. 10.
36. P. SINGER, *Desacralizar la vida humana*, op. cit., p. 120.

ciones.³⁷ Un mero recorrido histórico por el pensamiento occidental, desde sus orígenes griegos hasta la filosofía contemporánea, revela el carácter plural que adquiere la expresión *dignidad humana*.

La dignidad se define en el diccionario como «la calidad o el estado de ser valorado, honrado o respetado». Según esta concepción, es algo que podemos tener o algo que podemos percibir en otro o en uno mismo. El ser percibido como alguien que recibe consideración menor de la que merece es *sufrir una indignidad*. Se percibe que tratarse o tratar a otros con menor respeto que el merecido es comportarse de manera *indigna*.

El pensador francés Patrick Verspieren, después de desarrollar un recorrido histórico donde constata esta pluralidad de significados, afirma: «Este esbozo histórico puede suscitar cierta perplejidad. Lo que sonaba como un claro recordatorio hecho al hombre de su especificidad, y de la barbarie a la cual podría llevar el olvido de dicha especificidad, se ha vuelto ambiguo y causa de confusión».³⁸

En efecto, el prólogo a la *Declaración Universal de los Derechos del Hombre* (1948) está escrito desde la experiencia inmediata de un pasado atroz y humillante para el ser humano. En el segundo considerando se afirma que «la subestimación y el menosprecio de los derechos humanos han originado actos de barbarie que ultrajan la conciencia de la humanidad; y que se ha proclamado como la aspiración más elevada del hombre la construcción de un mundo en el que todos los hombres

---

37. Sobre esta cuestión, ver: P. VERSPIEREN, *Dignité, perte de dignité, déchéance*, en Laennec 41 (1993) 9-11; *Le combat por la dignité*, Laennec 148 (1993) 27-28; J. MARDOMINGO SIERRA, *La doble dimensión natural de la dignidad humana*, en Cuadernos de Bioética 17/18 (1994) 80-87; F-X., DUMORTIER, *Penser la dignité de tout humain*, en Laennec 41 (1993) 20-23, y T. MELENDO, *Dignidad humana y libertad en la bioética*, en Cuadernos de Bioética 17/18 (1994) 63-79.

38. P. VERSPIEREN, *La dignidad en los debates políticos y bioéticos*, en Concilium 300 (2003) 198. De la producción de P. Verspieren, resultan interesantes los siguientes textos: P. VERSPIEREN (ed.), *Biologie, médecine et éthique*, Centurion, París, 1987; *Essor de la génétique et dignité humaine*, Le Cerf, París, 1998, y *Face à celui qui meurt*, Desclée de Brouwer, París, 1984.

gocen de la libertad de palabra y de creencias y se vean libres del miedo y de la miseria».

La defensa de la dignidad se hace por relación a ese pasado, más aún, con el objetivo de que ese pasado (la Primera y la Segunda Guerra Mundial) no vuelva a repetirse nunca jamás. La idea de la dignidad se convierte, por lo tanto, en un recordatorio, en una llamada de atención, casi se podría decir, en una palabra profética. El prólogo parece sugerir que cuando los seres humanos pierden el sentido de la dignidad, que merece todo miembro de la especie humana, la caída en la barbarie, en la sinrazón, en la noche del terror, es una posibilidad más que viable.

Después de esa idea de dignidad, claramente manifestada en 1948, la palabra va adquiriendo significados distintos y algunos muy ambiguos. También los usos habituales que en la actualidad se vinculan a esta palabra tienen significados no exactamente simétricos.

Verspieren se refiere a dos casos concretos y reales que son muy ilustrativos para mostrar esta polisemia. Cuenta que, en un determinado local de entretenimiento, se llevaba a cabo una actividad de «ocio» que consistía en lanzar a un enano por los aires, de tal modo que ganaba la competición el que conseguía lanzarlo más lejos. No cabe duda de que, frente a esta actividad supuestamente «entretenida», uno afirma que este juego es indigno o que, a través de él, se vulnera la dignidad del enano, pues, para decirlo al modo kantiano, se le trata como a un instrumento y no como a un fin. Se puede afirmar, con razones de peso, que tratar a una persona como a un saco es tratarla indignamente.

Verspieren cuenta que, después de algunas denuncias de organizaciones humanitarias, se prohibió el citado espectáculo por indigno y degradante. Como consecuencia de ello, la persona implicada se quedó sin trabajo e interpretó que la prohibición del espectáculo representaba un atentado contra su dignidad como artista. Él no interpretaba esa tarea profesional como un atentado a su dignidad, sino todo lo contrario. Gracias a aquella actividad, tenía un empleo, podía alimentar a su familia y hasta ahorrar para vacaciones. Él consideraba que lo que era indigno era que le quitaran el empleo sin ofrecerle ninguna alternativa. Lo que los denunciantes pretendían alcanzar con su oposición al espectáculo resultó contraproducente para el «artista» en cuestión.

Verspieren anota otro caso de ambigüedad más relacionado con la vida asistencial. Un paciente reclama a su médico que desea morir con dignidad. Desde su punto de vista, morir con dignidad significa determinar autónomamente el momento final de la muerte, es decir, determinarlo en función de sus propios parámetros éticos; mientras que, para el médico que le atiende, morir dignamente significa morir sin sufrimiento, es decir, tratando de controlar todos los síntomas de dolor que pueda padecer el paciente en la última fase.

En el citado ejemplo, observamos que en la mente del paciente, la idea de *dignidad* se relaciona con la de autonomía, autodeterminación o libertad *(latu sensu);* mientras que en la mente del médico la idea de dignidad se relaciona estrechamente con la de no-maleficencia o con el imperativo de reducir todas las formas de dolor.

Ambas formas de entender la dignidad no son necesariamente excluyentes, pero pueden llevar a consecuencias incompatibles en el terreno de la *praxis* asistencial. De hecho, puede ocurrir que el temor a padecer sufrimientos insoportables en la fase final lleve al paciente a decidir querer morir antes de que esta posibilidad sea una realidad. También puede ocurrir que el médico, por un celo terapéutico malentendido, no tenga en cuenta la libertad del paciente, su derecho a la autodeterminación, y le mantenga en un estado de vida que el paciente jamás hubiera deseado para sí.

Todavía se puede incluir otro ejemplo. Una madre le comenta a su hija que se vista dignamente. La hija entra en su habitación y se pone una prenda de ropa muy ceñida al cuerpo dos tallas por debajo de su talla real, se cuelga un anillo gigante en la oreja y luce un *pearcing* en el ombligo. La madre, al verla, se molesta, porque considera que así no puede salir a la calle. Dice que es una forma indigna de vestirse.

La expresión *vestirse dignamente* es, pues, ambigua. Según la madre, esta expresión significa ponerse un determinado tipo de indumentaria afín a sus patrones estéticos, mientras que, para la hija, vestirse dignamente significa vestirse *à la mode*, según unos cánones estéticos generacionales que no son, precisamente, los de su madre. Esta tensión se produce en el seno de un hogar occidental, moderno y secularizado. La tensión es mucho más intensa cuando se produce en un hogar donde la hija opta por una indumentaria contraria a los principios religiosos de sus padres, y éstos viven su opción como una vergüenza pública.

En este ejemplo, la noción de dignidad tiene que ver con las palabras *decoro, decencia* y *pudor*. Cuando la madre le hace ver a su hija que va vestida indignamente, se refiere a que muestra determinadas zonas de su corporeidad que no deberían *ex-ponerse*, ponerse hacia fuera. Como la hija tiene otro sentido de la intimidad y del pudor personal, no interpreta que su vestir sea indigno, sino todo lo contrario.

A partir de estos tres ejemplos, observamos que la expresión *dignidad* es profundamente ambigua y es utilizada, tanto en contextos clínicos como en el mundo de la vida cotidiana, de maneras muy distintas. Esta relatividad de la noción de dignidad tiene que ver con la relatividad de la noción de bien. Nos preguntamos si es posible jerarquizar significados o si es más pertinente dejar de utilizar esta palabra dada su relatividad. Antes de responder a este interrogante, merece la pena ahondar en una expresión que se ha convertido en paradigma de esta ambigüedad: *morir dignamente*.[39]

### 3.2. ¿Qué significa la expresión *morir con dignidad?*

La expresión *morir con dignidad* puede todavía albergar significados distintos a los enunciados aquí.[40] Para determinados pacientes *morir dignamente* significa morir conscientemente, es decir, sabiendo intencionalmente el trance que se está pasando, con lucidez; mientras que,

---

39. Estudié esta expresión en F. TORRALBA, *Morir dignamente*, en Selecciones de Teología 148 (1998) 309-314.
40. Sobre este debate, ver: *A right to die?: the debate over «mercy killing» and «death with dignity»*, en Newsweek March 14 (1988) 46-52.

para otros, significa todo lo contrario, es decir, morir sin consciencia de ello, sin saber que uno se está muriendo.

Para determinados pacientes, en cambio, morir dignamente significa morir rodeado de las personas que uno ama, pudiendo elaborar una despedida serena y grata, al modo como Sócrates se despidió de sus amigos, según cuenta Platón en el *Fedón;* en cambio, para otros, tiene que ver con el proceso de reconciliación o con la vivencia de ritos simbólicos que, desde su particular concepción religiosa del mundo, tienen un valor esencial para *morir dignamente*. Estos significados, además, no son excluyentes.

El profesor Elizari sintetiza, en un artículo, seis modos de comprender la expresión *morir dignamente*.[41] A su juicio, puede significar, en primer lugar, la no prolongación artificial de la vida cuando ese hecho carece de sentido, dicho en otros términos, el rechazo de la obstinación o «encarnizamiento» terapéutico. En segundo lugar, puede indicar el recurso a las terapias del dolor y del tratamiento de los síntomas molestos. Todo ello incide en la calidad de la vida del enfermo, en sus relaciones, y puede ser incluido, de alguna forma, como exigencia de la dignidad.

En tercer lugar, *morir dignamente* puede entenderse como el alivio de los sufrimientos cuyos orígenes pueden ser muy variados y, por lo tanto, también diferentes las vías de solución. En cuarto lugar, puede comprenderse como una expresión muy unida al punto anterior, es decir, como la exigencia de ser acompañado, de la presencia cercana de las personas amadas. En quinto lugar, puede entenderse del siguiente modo: Siendo la muerte un acto tan importante en la vida de las personas, se pide frecuentemente en nombre de la dignidad favorecer que el paciente la pueda asumir con la mayor consciencia posible, lejos del sistemático ocultamiento. Y en último lugar, morir dignamente puede exigir al profesional y a los familiares ayudar al paciente a tener la vivencia religiosa de la muerte, en el caso de que éste la deseara.

---

41. Cf. F. J. ELIZARI, *Dignidad en el morir*, en Moralia XXV (2002) 410-411.

Dicho llanamente, la expresión *morir dignamente* se ha vuelto confusa y ambigua.[42] Ahí radica, paradójicamente, el éxito de la misma. Si fuera una expresión clara y distinta, difícilmente sería utilizada de maneras tan equívocas y no tendría el éxito social del que goza. Es evidente que todos deseamos morir dignamente, pero debemos reconocer que no sabemos *exactamente* qué queremos decir cuando lo afirmamos. Para decirlo de un modo más claro: no sabemos exactamente qué quiere indicar nuestro interlocutor cuando emplea esta expresión. La ambigüedad se convierte en nota fundamental de la misma.

Quizás, por aproximación negativa, se pueda aclarar algo más. Podemos decir, por ejemplo, que morir indignamente es morir solo, abandonado en un espacio inhóspito y anónimo, en un no-lugar (siguiendo la expresión de Marc Augé).[43] Podemos afirmar que morir indignamente es morir sufriendo innecesariamente, morir atado a un artefacto técnico que acaba convirtiéndose en el soberano de los últimos días. Podemos también imaginar que morir indignamente es algo así como morir incomunicado, rodeado de personas insensibles, especialistas sin alma, burócratas que desarrollan mecánicamente su función profesional. Pero, ¿acaso esto nos permite aclarar, formalmente, lo que significa «morir dignamente» en la sociedad tecnológica? Creemos, realmente, que no.

La expresión se utiliza en foros distintos y con propósitos muy variados. «El éxito obtenido por el concepto –afirma lúcidamente Patrick Verspieren– explica en parte las ambigüedades de las que más

---

42. Sobre esta cuestión, ver: L. KASS, *Eutanasia y autonomía de la persona: vivir y morir con dignidad*, en Cuadernos de Bioética 4 (1990) 24-29; F. ÁLVAREZ et al., *Morir con dignidad: acercamiento a la muerte y al moribundo*, Marova, Madrid, 1976; J. P. SOULIER, *Morir con dignidad: una cuestión médica, una cuestión ética*, Temas de Hoy, Madrid, 1995; VV. AA., *Morir con dignidad*, en Razón y Fe 219 (1989), y VV.AA., *Morir con dignidad: dilemas éticos en el final de la vida*, Fundación Ciencias de la Salud, Madrid, 1996.

43. Cf. M. AUGÉ, *Los no-lugares. Los espacios del anonimato*, Gedisa, Barcelona, 2000.

tarde se convirtió en portador. Al haberse convertido el respeto a la dignidad humana en un argumento importante, se ha invocado para legitimar causas opuestas. Una expresión, en particular, se ha difundido en todas las sociedades occidentales, la de la *muerte con dignidad*. El respeto a las personas implica, evidentemente, que dicho respeto se mantenga en la proximidad de la muerte. Pero, en la expresión que acabamos de mencionar, el empleo del término *dignidad* es signo de otra lógica. No se trata ya de afirmar el valor que se debe reconocer en toda persona, independientemente de sus particularidades, sino, al contrario, de establecer un vínculo entre la grandeza humana y ciertas capacidades y condiciones de vida. *Dignidad* viene de designar las capacidades de decidir y de obrar por sí mismo, lo que podemos llamar autonomía e independencia, y la calidad de la imagen que se ofrece de sí a los demás.»[44]

En el debate en torno al sentido que puede albergar la expresión «morir dignamente», no puede olvidarse un texto fundamental del Consejo de Europa dedicado explícitamente a esta cuestión. La Asamblea Parlamentaria del Consejo de Europa aprobó una recomendación a los 41 Estados miembros –entre los que figura España– sobre la protección de los enfermos en la etapa final de su vida. El texto aboga por la definición de los cuidados paliativos como un derecho subjetivo y una prestación más de la asistencia sanitaria. Por otra parte, subraya que el deseo de morir no genera un derecho legal del paciente ni una justificación jurídica para que un tercero practique la eutanasia. En el texto, se utiliza la palabra dignidad en un sentido muy distinto al de autonomía.

Se puede leer en él: «La Convención Europea para la Protección de los Derechos Humanos y la Dignidad del Ser Humano en relación con la Aplicación de la Biología y la Medicina ha sentado principios importantes y afirmado el camino, aun cuando no se refiera explícitamente a las necesidades específicas de los enfermos terminales o moribundos. La

---

44. P. Verspieren, *Face à celui qui meurt*, pp. 196-197.

obligación de respetar y proteger la dignidad de estas personas deriva de la inviolabilidad de la dignidad humana en todas las etapas de la vida. El respeto y la protección encuentran su expresión en proporcionar un medio adecuado que permita al ser humano morir con dignidad. Esta tarea debe llevarse a cabo especialmente en beneficio de los miembros más vulnerables de la sociedad, tal y como demuestran muchas experiencias de sufrimiento del presente y del pasado más próximo. De la misma forma que el ser humano comienza su vida en la debilidad y dependencia, necesita protección y apoyo en el morir».[45]

En este texto, se invoca una idea de dignidad que, como veremos posteriormente, está muy próxima a la idea de dignidad intrínseca u ontológica. Se reconoce en la persona una dignidad que es permanente a lo largo de todo el periplo vital, ello tiene como consecuencia una atención respetuosa y un cuidado integral. Esta idea de dignidad nada tiene que ver con la reivindicación de la autonomía, puesto que, tal y como se afirma en la recomendación del Consejo de Europa, es una dignidad que permanece a lo largo de toda la vida, especialmente en las etapas de máxima debilidad del ser humano.

Todo ello nos lleva a pensar que, probablemente, la palabra *dignidad* se está convirtiendo en un pretexto, en una excusa, casi se podría decir, en una palabra-vacía. En muchas ocasiones, se la utiliza con finalidades estéticas, puramente decorativas, para embellecer formalmente un determinado discurso político, social, religioso o académico; se la emplea porque es políticamente correcto emplearla, porque, cuando aparece, el receptor cree estar frente a un interlocutor sensible éticamente. El uso ambiguo de esta palabra manifiesta que se está convirtiendo en un vocablo que casi sirve para todo, que es lo mismo que decir que prácticamente ya no sirve para nada.

---

45. *Protección de los derechos humanos y la dignidad de los enfermos terminales y moribundos* de la Asamblea Parlamentaria del Consejo de Europa, recomendación 1418 (1999), adoptada el 25 de junio de 1999.

## 3.3. La dignidad, ¿una palabra vacía?

Roberto Andorno, uno de los bioeticistas actuales que más ha ahondado en la idea de dignidad,[46] constata el carácter vago e impreciso de este vocablo, pero afirma que la idea de dignidad puede considerarse como uno de los valores troncales de las sociedades pluralistas. Defiende la idea de dignidad como un gran valor adquirido y asumido en nuestro mundo ultramoderno.

«Aun siendo una noción aparentemente vaga y difícil de definir con precisión –dice–, la idea de dignidad constituye uno de los pocos valores comunes de las sociedades pluralistas en que vivimos... En efecto, el principio de dignidad es comúnmente aceptado como la base de la democracia y su razonabilidad permanece indiscutida a nivel jurídico y político. La inmensa mayoría de las personas consideran como un dato empírico, que no requiere ser demostrado, que todo individuo es titular de los derechos fundamentales por su sola pertenencia a la humanidad, sin que ningún requisito adicional sea exigible. Esta intuición común constituye lo que un autor denomina la actitud standard, compartida por personas de las más diversas orientaciones filosóficas, culturales y religiosas.»[47]

El juicio de Roberto Andorno es verdadero en algunos aspectos, pero quizás resulte ingenuamente optimista. Es verdad que la expresión *dignidad* es muy empleada en contextos y textos jurídicos y políticos, también es cierto que constituye uno de los valores fundantes o principios éticos de la democracia tal y como es concebida en la actualidad, pero no está nada claro que esta intuición –de la que habla Adorno más arriba– constituya una actitud standard, compartida por personas de las más diversas orientaciones, culturales y religiosas.[48]

---

46. Ver, por ejemplo, R. ANDORNO, *Bioética y dignidad de la persona*, Tecnos, Madrid, 1998.
47. R. ANDORNO, *La dignidad humana como noción clave en la Declaración UNESCO sobre el genoma humano*, en Revista de Derecho y Genoma Humano 14 (2001) 41.
48. Cf., R. ANDORNO, *Bioética y dignidad de la persona*, op. cit., p. 4.

De hecho, a lo largo de este estudio, tendremos ocasión de constatar cómo tres grandes bioeticistas actuales de proyección internacional discuten el concepto de dignidad humana y no comparten esta «intuición común» a la que se refiere Roberto Andorno. Además, si ampliamos el ámbito de reflexión sobre la dignidad más allá de los límites del pensamiento occidental, nos damos cuenta también de que la supuesta dignidad sublime de la persona humana es muy discutida en otras esferas de pensamiento.

En las sabidurías del Extremo Oriente, en determinadas formas de budismo y de hinduismo, por ejemplo, se desconoce el mismo concepto de persona, al menos tal y como ha sido formulado históricamente en la civilización occidental, y no se postula necesariamente como imperativo ético la sublime dignidad de lo humano, sino que se declara digno todo ser de la realidad, indistintamente de su pertenencia a la familia humana.

Sería deseable, al menos desde nuestro punto de vista, que hubiere una «intuición común» respecto a la dignidad humana, pero no creemos que pueda constatarse, sin más, esta pretendida intuición común. A juzgar por la bibliografía, se detectan serias críticas a la idea de dignidad humana y más particularmente a la idea de dignidad ontológica que posteriormente desarrollaremos.

Según Andorno, aunque no exista consenso acerca del fundamento último de la dignidad humana, puede afirmarse que con este concepto nos referimos habitualmente al valor único e incondicional que reconocemos en la existencia de todo individuo, independientemente de cualquier cualidad accesoria que pudiera corresponderle. Es su sola pertenencia al género humano lo que genera un deber de respeto hacia su persona. El reconocimiento de este rasgo incondicional y único de todo individuo también es cuestionable desde determinadas éticas. O mejor dicho, algunos planteamientos bioéticos ponen en tela de juicio que este algo incondicional y único sea patrimonio exclusivo de la especie humana.

Tal y como se ha dicho anteriormente, un modo de mostrar, *via negationis*, el valor de la dignidad humana consiste en exponer las trágicas consecuencias que tiene el olvido de ésta en el plano de la vida social y política. Como en el caso de la expresión «morir con dignidad», el acercamiento por la vía negativa no aclara el sentido de la palabra *dignidad*, pero ayuda a delimitarlo parcialmente.

La indignidad, esto es, lo opuesto a la dignidad, se identifica, según Andorno, con la instrumentalización, la tortura, la privación de libertad, la vulneración de la intimidad, la cosificación, la injusticia, la explotación mecánica de seres humanos, la crueldad, la guerra, el hambre, la humillación o la vejación. Todos estos *facta* de la vida son indignos o pueden situarse bajo la expresión de *indignidad*. Si consideramos que son intolerables, es porque creemos que el ser humano es creedor de un respeto, es merecedor de una consideración que en estas prácticas se vulnera. Ello nos lleva a justificar el porqué de este respeto, lo que significa que la fundamentación de su valor y de su superioridad axiológica en el orden cósmico debe desarrollarse de un modo afirmativo e intencional.

Puede haber acuerdo entre los grandes bioeticistas de nuestro tiempo respecto a lo que es la indignidad, pero es muy improbable que se alcance un consenso en cuanto a lo que es la dignidad. Podríamos decir que los grandes teóricos de la bioética estarían conformes en afirmar que estos hechos reseñados son indignos o que no deberían suceder jamás, pero este supuesto acuerdo de mínimos no resuelve problemas de orden práctico de la bioética clínica. Además, algunos bioeticistas considerarían que estos hechos no sólo son indignos porque atañen a seres humanos, sino que también lo serían si sólo afectaran a animales.

Según algunos autores muy calificados, la dignidad no es, en sí misma, un derecho, sino que es una noción *pre*jurídica o *meta*jurídica, aunque sea un concepto muy usado en los textos de naturaleza jurídica. Como dice Noëlle Lenoir, la dignidad es la fuente de todos los derechos,[49] por ello, es un concepto *pre-jurídico*. En efecto, puede con-

---

49. Cf. N. Lenoir, B. Mathieu, *Les normes internationales de la bioéthique*, PUF, París, 1998, p. 110.

siderarse como el *fundamentum* sobre el que se sustentan los derechos del ser humano. Cuando afirmamos que el ser humano debe ser tratado dignamente o que es un ser digno de respeto, estamos afirmando que se deben respetar sus derechos fundamentales.

Esta idea de dignidad también se manifiesta en la obra del teólogo protestante Jürgen Moltmann. «La raíz y el lazo común de los diversos derechos humanos es –según el autor de la *Teología de la esperanza*– la *dignidad humana*. *Derechos humanos* hay en plural, pero dignidad humana sólo hay en singular. La dignidad humana es una e indivisible. No se da más o menos, sino sólo por completo, o no se da en absoluto. Con ella se designa la cualidad del ser humano, como quiera que las diversas religiones y filosofías conciban su contenido. La dignidad del hombre –prosigue el teólogo– excluye en todo caso exponer al hombre a tratos que su *cualidad de sujeto* cuestiona por principio (I. Kant). Puesto que la dignidad del hombre es una e indivisible, también los derechos del hombre son una totalidad y no pueden ser añadidos o sustraídos según convenga.»[50]

Frente a esta pluralidad de significados que alberga la palabra *dignidad*, uno puede tener distintas reacciones. Por un lado, puede acabar pensando que se trata de una noción puramente retórica, que resulta demasiado abstracta para jugar un rol específico en bioética. El mismo Peter Singer se lamenta en uno de sus artículos del uso puramente retórico que tiene la palabra dignidad en las discusiones bioéticas. «Los filósofos –dice– tienden a refugiarse en la retórica de una pura palabrería. Recurren a frases grandilocuentes como "la dignidad intrínseca del individuo humano"; hablan del "valor intrínseco de todos los hombres" como si los hombres poseyeran algún valor que los otros seres no tuvieran, o dice que los humanos, y sólo los humanos, son "fines en sí mismos", mientras que "toda otra cosa que no sea una persona sólo puede tener valor para una persona".»[51]

---

50. J. MOLTMANN, *Hombre, humanidad, naturaleza*, en Concilium 228 (1990) 313.
51. P. SINGER, *Desacralizar la vida humana*, op. cit., p. 122.

Desde este punto de vista, la dignidad sería una fórmula vacía, una palabra-ornamento en la prosa política, que se emplearía como un instrumento con el cual criticar fácilmente algunas prácticas biomédicas cuando se carece de argumentos racionales. Lo expresa J. P. Wils en su artículo ¿*Fin de la «dignidad del hombre» en la ética?*: «Dada la multiplicidad de aspectos que aparecen cuando se examina de cerca el concepto de *dignidad humana*, puede surgir el escepticismo respecto a la viabilidad de su empleo para la ética en general».[52]

También el profesor Javier Sádaba constata esta objeción a la idea de dignidad. «Contra el concepto de dignidad –dice– no han cesado de acumularse objeciones en los últimos tiempos (...) Suele aducirse contra la dignidad el hecho de ser una vieja idea tradicional convertida en residual en nuestros días. Que, además, es una cualidad espúrea, metafísica o teológica. O que, en fin, no hay modo de definir con cierta sustancia la dignidad, quedando reducida, por tanto, a un adjetivo intercambiable con otros muchos y, en consecuencia, simplemente metafórico.»[53]

La multiplicación de significados puede conducirnos a otra conclusión muy distinta: al reconocimiento de la complejidad de la noción. Esta segunda reacción nos parece más ponderada y adecuada que la primera. Partimos de la idea de que no es una palabra vacía, ni un concepto vacuo al que se puede dar arbitrariamente un sentido u otro, sino que es un vocablo que alberga una pluralidad de significados y esto indica que no puede ser tratado de un modo unidimensional. Como dice Jürgen Simon, «la dignidad humana no puede decaer en una *fórmula vacía*, por la cual se pueda justificar o declarar improcedente cualquier medida. Es decir, su contenido tiene que seguir manteniéndose *sensible* para poder desempeñar su función como regulador».[54]

---

52. J. P. WILS, ¿*Fin de la «dignidad del hombre» en la ética?*, en Concilium 223 (1989) 426.
53. J. SÁDABA, *Diccionario de ética*, Planeta, Barcelona, 1997, pp. 88-89.
54. J. SIMON, *La dignidad del hombre como principio regulador en la bioética*, en Revista de Derecho y Genoma Humano 13 (2000) 29.

En este sentido, estamos completamente de acuerdo con Elizari cuando afirma que «a pesar de que la dignidad humana no pueda utilizarse frecuentemente como un argumento claro y preciso en relación con las normas éticas, esto no la convierte en una categoría puramente decorativa. Es una piedra angular de la ética de Occidente. Y no sólo de ella. Hoy se acepta que toda persona, por su condición de tal, posee una dignidad inalienable, en la cual todos los seres humanos somos iguales».[55]

Como se puede deducir de un simple cotejo bibliográfico, se contemplan distintos itinerarios de fundamentación de la dignidad humana. Unos se mueven en el orden inmanente, mientras que otros se mueven en el orden trascendente. También hay propuestas de extender la idea de dignidad intrínseca a los seres no humanos. De todo ello, se deduce que la dignidad no es un dato común, ni directamente universal, sino una idea compleja que invita a pensar. Sobre todo, invita a pensar.

Como expresa adecuadamente Roberto Andorno, además del problema de la definición conceptual, está el de la concretización en la bioética. De hecho, son dos problemas íntimamente relacionados. Dado que, en términos generales, no se parte de una definición clara y nítida de lo que es la dignidad, su aplicación en los dilemas bioéticos tampoco puede ser clara y concisa. Según él, «deberá hacerse un esfuerzo particular en los próximos años a fin de mejorar la caracterización de este concepto en relación a los nuevos problemas generados por el desarrollo biomédico».[56]

Nos parece una perspectiva un tanto ingenua, pues en la elaboración del concepto de *dignidad* subsisten, ineludiblemente, «intereses creados». No estamos convencidos de que el concepto de *dignidad* pueda ser el lugar de encuentro de las propuestas bioéticas seculares. Cuando menos, en las tres propuestas bioéticas estudiadas en este libro, esta

---

55. F. J. ELIZARI, *Dignidad en el morir*, op. cit., p. 401.
56. R. ANDORNO, *Bioética y dignidad de la persona*, op. cit., p. 6.

posibilidad se discute seriamente. Roberto Andorno está en lo cierto al decir que la noción de dignidad requiere de una mejor caracterización con respecto a los nuevos problemas bioéticos, pero quizás sea esperar mucho que haya un acuerdo real y concreto sobre su contenido semántico.

## 4. Discursos de la dignidad

Tal y como se ha visto a lo largo de los capítulos anteriores, el concepto de dignidad es, *en sí y por sí mismo*, problemático. Eso significa que, a priori, no resulta nada fácil definirlo.

«Hay que reconocer –según Andorno– que no resulta nada fácil definir este concepto, que carga con el peso de una larguísima tradición en la historia del pensamiento. Desde las épocas más remotas, si bien de distintos modos, los hombres han intuido que en todo individuo hay un *algo* incondicional que impone el respeto. Es cierto que esta intuición, que fue desarrollada en los planos filosófico y religioso, no siempre se tradujo en la realidad de la vida política. El proceso de puesta en práctica del principio de dignidad y la abolición legal de prácticas inhumanas será el fruto de una larga evolución, que recién se concretará de un modo en los dos últimos siglos.»[57]

Siguiendo estas intuiciones, se deben distinguir dos planos: el de la formulación teórica y el del respeto práctico a la dignidad. Entre estos dos planos no hay relación de causa y efecto. Contrariamente a lo que sostiene Andorno, no creemos que se pueda afirmar que la concreción práctica de este principio ético se convierta en una realidad a partir de los dos últimos siglos, el XIX y el XX.

---

57. R. Andorno, *La dignidad como noción clave...*, op. cit., p. 5.

Una atenta lectura de la historia del siglo XX, no sólo en Europa, sino en el conjunto del planeta, pone en tela de juicio esta idea. No en vano el filósofo francés Alain Finkielkraut describe el siglo XX como el siglo de la inhumanidad o de la *pérdida de dignidad*. Se puede afirmar que, realmente, en el plano jurídico y educativo la idea de dignidad se ha hecho omnipresente, pero ello no se ha traducido, según nuestra percepción, en un respeto activo por la persona humana. No es necesario citar los informes anuales de Amnistía Internacional, de Unicef o de Médicos Sin Fronteras para percatarse de que no existe una relación causal entre el discurso teórico sobre la dignidad y la asunción de este protovalor.[58] El abismo es, en algunos casos, infinito.

Estas consideraciones podrían tener como consecuencia la caída en el pesimismo, el desaliento y el fatalismo. No forma parte de nuestra intención generar este estado de ánimo, pero creemos que, por respeto a la verdad, no se puede afirmar que la asunción de la dignidad sea ya un hecho en los siglos XIX y XX. Se podría elaborar un extenso repertorio de situaciones, donde la dignidad de la persona no sólo ha sido puesta en tela de juicio, sino manifiestamente humillada y vejada.

Dada la imposibilidad de realizar aquí y ahora un recorrido histórico completo, nos limitamos conscientemente a señalar algunos momentos y rasgos de la reflexión teológico-moral a fin de mostrar algunas de las razones históricas que se han esgrimido para justificar la dignidad humana.

En este breve recorrido, abordaremos la idea de dignidad en seis autores fundamentales de la historia del pensamiento occidental y, finalmente, mostraremos la actualidad de dicho debate a partir de la discusión intelectual entre dos filósofos de nuestro momento histórico, Jürgen Habermas y Peter Sloterdijk.

---

58. Léanse, por ejemplo, los siguientes informes: Amnistía Internacional, *Honduras. Persistencia de las violaciones de derechos humanos*, EDAI, Madrid, 1991; ídem, *México. Tortura e impunidad*, EDAI, Madrid, 1991; ídem, *Estados Unidos. Menores condenados a muerte*, EDAI, Madrid, 1991, e ídem, *Perú. Derechos humanos en un clima de terror*, EDAI, Madrid, 1991.

4.1. La dignidad del *anthropos*. De Aristóteles a los estoicos.

La noción de dignidad tiene una larga historia en el pensamiento occidental. Los filósofos griegos se refieren ya a la dignidad del hombre *(anthropos)* y la fundamentan a partir de la idea del alma racional. Según el punto de vista de Platón y, posteriormente, de su discípulo Aristóteles, el ser humano se eleva por encima de las otras entidades del mundo, por el hecho de tener *alma racional*. También en el pensamiento de raíz judía, el ser humano se alza por encima de todas las criaturas, por el hecho de ser imagen y semejanza de Dios.

Según Aristóteles, todo ser capaz de automovimiento, de moverse por sí mismo, es un ser dotado de alma *(psique)*. El alma es el principio vital y, en cuanto tal, no es patrimonio exclusivo de la condición humana, sino que todo ser vivo está dotado de él. En este sentido, Aristóteles distingue tres tipos de alma: el alma vegetativa, el irracional y el racional. El ser humano, el *anthropos*, está dotado del alma racional y ésta le faculta para pensar, razonar, elaborar ciencia y filosofía. El ser humano, por lo tanto, comparte, con las otras entidades vivas del cosmos, el hecho de tener alma, pero su alma tiene un rasgo de excelencia que le sitúa en un plano jerárquicamente superior respecto a los otros seres y le hace más digno de consideración y de respeto.

Como señala atinadamente el profesor Javier Elizari en el artículo reseñado, para Aristóteles existen niveles de excelencia: el de la naturaleza, según el cual unos individuos poseen más talentos o méritos que otros, y el de la ciudadanía, por el que los ciudadanos griegos tienen entre sí igual dignidad, no atribuida a los demás.[59] «En la filosofía de la Antigüedad –dice Jürgen Simon– el concepto de dignidad tenía un doble significado. Por una parte, la dignidad era dentro de la sociedad el distintivo de la posición social, en virtud de la cual unos individuos poseían más dignidad que otros. Por otro lado, la dignidad

---

59. Cf. F. J. ELIZARI, *Dignidad en el morir*, op. cit., p. 399.

era la distinción de cada ser humano con respecto a las criaturas no humanas.»[60]

Con los estoicos se da un paso muy importante en la extensión del concepto de dignidad a todo ser humano, por estar dotado de racionalidad y, por ello, ser capaz de penetrar en el orden cósmico y lograr el dominio de sí mismo.

Los dos conceptos de precio y de valor ya se hallan en la filosofía estoica. En ella se distingue entre el *axion akhonta,* que es lo que tiene valor, del conjunto de los bienes, *agatha*, que Séneca traduce como lo que tiene dignidad. Antes de la emergencia del cristianismo, desde la filosofía estoica se considera que todo ser humano es un bien cuyo valor no puede cifrarse, porque no tiene precio. Este reconocimiento universal del valor, de la dignidad de todo ser humano se manifiesta políticamente en la crítica de los estoicos a cualquier forma de esclavitud.

Desde la perspectiva platónica, aristotélica y estoica, la razón de la dignidad o de la excelencia humana se entiende a partir del hecho de que el ser humano está dotado de un alma racional. Esta forma de argumentar que, a lo largo de la historia de Occidente, se detecta en muchos autores y corrientes de pensamiento presupone dos tesis latentes que Peter Singer, junto con otros bioeticistas, pondrá en tela de juicio. La primera de ellas es la existencia del alma.

Según la perspectiva griega, tanto platónica como aristotélica o estoica, el alma, en tanto que principio vital, es algo cuya existencia se da por supuesto, a pesar de que no puede ser contrastada empíricamente, ni demostrada científicamente. Desde determinados planteamientos materialistas, positivistas, utilitaristas y cientistas, la afirmación del alma ya es, en sí misma, cuestionable y, en algunos casos, rehusable. La segunda tesis parte de la idea de que el pensar es una actividad propia y exclusiva de la condición humana. Sin embargo, algunos autores del siglo XX, entre ellos Peter Singer y Tom Regan, y muchos otros,

---

60. J. SIMON, *La dignidad del hombre como principio regulador de la bioética*, op. cit., p. 27.

muestran su disconformidad respecto a esta particular tesis. Según sus puntos de vista, la diferencia entre el ser humano y el animal no reside en el acto de pensar, sino en el modo de desarrollar esta actividad, pues el pensar no es, a su juicio, propio y exclusivo del *anthropos*, sino una actividad que también se da en algunos animales superiores, aunque de un modo distinto.

La idea de dignidad en el universo griego se sostiene sobre estas dos tesis que, si no resisten las críticas que han sido formuladas en el último tramo del siglo XX, difícilmente pueden mantenerse intelectualmente. En la comprensión aristotélica del ser humano, el hombre es un animal capaz de pensar, porque tiene alma racional, y capaz de vivir en la *polis*, porque es, por naturaleza, un ser social que se abre constitutivamente a los otros y crea comunidades. Lo que debemos indagar es si estos dos rasgos son razones suficientes para sostener una jerarquía ontológica en el orden del ser o, por otro lado, ya no hay argumentos de peso para defender una asimetría ontológica, ética y jurídica entre el ser humano y el resto de los animales.

4.2. La dignidad del *homo*. Santo Tomás de Aquino.

La comprensión de la persona como centro de los valores morales pertenece a la cosmovisión bíblica y a la tradición teológica. Como botón de muestra, basta rememorar aquí la doctrina formulada con toda nitidez por santo Tomás de Aquino en el capítulo 112 del libro tercero de la *Suma contra los gentiles:* «Las criaturas racionales son gobernadas por ellas, y las demás para ellas». En este capítulo, santo Tomás hace las siguientes afirmaciones de tipo axiológico: «Dios ha dispuesto las criaturas racionales como para atenderlas por ellas mismas, y las demás como ordenadas a ellas».

También afirma el Aquinate que «únicamente la criatura intelectual es buscada por ella misma, y las demás para ella». Igualmente afirma que «es evidente que las partes se ordenan en su totalidad a la perfección del todo; porque no es el todo para las partes, sino éstas para él. Ahora bien, las naturalezas intelectuales tienen mayor afinidad con el todo que las restantes naturalezas, porque cualquier sustancia intelectual es, de alguna manera, todo *(est quomodo omnia)*, ya que con su entendimiento abarca la totalidad del ser». También afirma: «Si faltara lo que la sustancia intelectual requiere para su perfección, el universo no sería completo».

Esta doctrina de santo Tomás, que coloca a la persona como centro del universo y como lugar de los valores morales, puede ser la concreción del significado que encierra la comprensión del hombre como ser personal al ser utilizada como categoría moral para asumir la dimensión ética de la persona.

No se puede dejar de ver en la obra de santo Tomás de Aquino una gran sensibilidad hacia la dignidad humana, fundada en la condición de *imagen de Dios*, expresada en el principio interior de la acción responsable y culminada mediante la consecución del fin último. La comprensión teológica del hombre es, al mismo tiempo, el punto de arranque, el contenido y la meta de la reflexión tomista sobre la dimensión moral de la existencia humana. Con sensibilidad bíblica y con fidelidad a la tradición patrística, el Aquinate enraíza la teología moral en el hombre entendido con la categoría bíblico-teológica de «imagen» de Dios.

Partiendo del esquema aristotélico que había aprendido de su maestro san Alberto Magno, santo Tomás va más allá de las bases aristotélicas y desarrolla una visión del ser humano teniendo en cuenta las aportaciones de la Revelación histórica de Dios. Aristóteles no afirma, en ningún lugar de su obra, que el ser humano es imagen y semejanza de Dios, sin embargo, santo Tomás, a partir del dato bíblico, trata de unir sintéticamente las aportaciones de la antropología aristotélica y las afirmaciones de la antropología teológica que están latentes en el texto revelado. Ello tiene como resultado una elaboración nueva, singular en aquel momento histórico, que trasciende el marco genuinamente griego.

En el prólogo de su teología moral, afirma: «Como escribe el Damasceno, el hombre se dice hecho a imagen de Dios, en cuanto significa "un ser intelectual, con libre albedrío y potestad propia". Por eso, después de haber tratado del ejemplar, a saber, de Dios y de las cosas que el poder divino produjo según su voluntad, resta que estudiemos su imagen, que es el hombre en cuanto es principio de sus obras por estar dotado de libre albedrío sobre sus actos».[61]

Santo Tomás afirma que Dios ha dado a los humanos la razón que es el instrumento que les permite discernir y seguir las leyes naturales y universales, es lo que les confiere un estatuto particular en el conjunto de las criaturas de Dios y una situación superior a la de los animales. Según esta tradición cristiana, el amor de Dios se extiende a todos los seres humanos, entendido individualmente, a pesar de su comportamiento a menudo corrompido por el pecado. El valor que Dios les confiere es un don, y no algo que sea fruto del mérito.

Esta doctrina de santo Tomás sobre la persona ha tenido un influjo decisivo en la historia de la teología moral y, en particular, en el magisterio de la Iglesia desde León XIII hasta el pontificado actual. La tesis de la dignidad de la persona se sustenta en un diálogo abierto entre fe y razón. El Aquinate afirma que la persona es lo más perfecto que subsiste en la creación y esta afirmación no es una pura tesis fideísta, sino que se sustenta en un conjunto de razones fundadas en el conocimiento de la naturaleza humana. También afirma, siguiendo el *Génesis*, que la persona es imagen y semejanza de Dios y que, por lo tanto, ocupa un lugar privilegiado, desde el punto de vista ontológico y axiológico, en el conjunto de la creación.

La doctrina antropológica fundada en la Revelación histórica de Dios no niega la doctrina filosófica, sino que, siguiendo la tesis de santo Tomás, la perfecciona y la lleva a su máxima plenitud. Desde este punto de vista, santo Tomás de Aquino afirma que la dignidad del ser humano, de todo ser humano, no es algo que sólo se pueda deducir racionalmente, sino que está plenamente conforme con los contenidos de la fe.

---

61. Santo Tomás de Aquino, *Suma Teológica*, I-II, prólogo.

Los autores que pretendemos estudiar en este libro se sitúan en un plano intelectual muy distinto de las premisas de santo Tomás. En primer lugar, discuten la naturaleza espiritual del ser humano. En segundo lugar, cuestionan que los rasgos de excelencia que santo Tomás detecta en el ser humano sean sólo propios del ser humano. Y, en tercer lugar, ponen en tela de juicio el carácter revelado del texto bíblico y, consiguientemente, su autoridad moral.

### 4.3. La dignidad del *uomo*. Pico della Mirandola

El Renacimiento del siglo XV, inspirándose en la orientación de santo Tomás y en el pensamiento de los griegos, va a conducir la reflexión teológica hacia la causa del hombre, en cuanto promoción histórica de su dignidad. La expresión *dignidad del hombre* se puede hallar en las portadas de libros como el de Pico della Mirandola (1486) o el de Fernán Pérez de Oliva (1546). De Francisco Petrarca a Juan Luis Vives, pasando por Nicolás de Cusa, Marsilio Ficino, Erasmo de Rotterdam y otros pensadores, corre una honda corriente de humanidad, sin desalojar por ello el espíritu del cristianismo.

El Renacimiento pone la atención en la individualidad del hombre y hace descansar la dignidad sobre la libertad y sobre la capacidad de los hombres. Es lo que se llama el retorno a la *humanitas* del mundo grecorromano. Según Pico della Mirandola, autor de *De hominis dignitate* (1488), el hombre supera todo lo que hay en el mundo. Las otras criaturas tan sólo pueden desarrollarse a partir de itinerarios prescritos en su especie, mientras que el hombre es perfectamente capaz de transgredir los límites fijados a la suya. Es el animal sin límites, totipotencial, pues, para él, todo es posible, no hay frontera insuperable. Puede, según su voluntad, fijar los límites de su propia vida. Él es el escultor de sí mismo y el arquitecto de su mundo, puede rebajarse hasta la bestialidad, pero puede también elevarse hasta la vida angelical.

«En el Renacimiento –afirma Jürgen Simon–, Pico della Mirandola contemplaba al hombre como un conjunto de posibilidades, entre las que éste podía escoger la de la dignidad. El hombre se fija a sí mismo sus metas. En virtud de su sentido común e inteligencia es capaz de determinar su voluntad. La dignidad que distingue al hombre es su libertad.»[62] El animal está fijado, mientras que el hombre trasciende las directrices de la especie. El hombre es capaz de transgredir los límites de la naturaleza y crear un mundo propio.

Para Pico della Mirandola, el hombre es el intermediario de todas las criaturas, es el rey de las inferiores por la perspicacia de sus sentidos, por la penetración inquisitiva de su razón y por la luz de su inteligencia. También concibe al ser humano como intérprete de la naturaleza, como cruce de la eternidad estable con el tiempo fluyente. En este punto, Pico está muy cerca de Tomás de Aquino, sin embargo, tiene una concepción radicalmente optimista del ser humano, de tal modo que le define como el animal no fijado, como aquel ente que puede llegar a ser lo que se proponga, porque no hay límites para él. Santo Tomás, en cambio, parte de un visión del ser humano como ser contingente, creado a imagen de Dios, llamado a establecer una relación con Dios, pero mortal por definición.

Según Pico, Dios creó al hombre libre, capaz de desarrollar sus objetivos y de ser lo que realmente desee ser. Los otros seres, en cambio, fueron creados de tal modo que tienen una naturaleza contraída dentro de ciertas leyes que les hemos prescrito. Ni celeste, ni terrestre hizo al hombre, ni mortal, ni inmortal, sino modelador y escultor de sí mismo, para que se forje como quiera.

En la exposición de Pico della Mirandola sobre la dignidad del hombre se entrecruzan distintas tradiciones. Por un lado, se puede detectar la presencia de la tradición judeocristiana: el hombre es creado por Dios y es creado a su imagen y semejanza. Por otro lado, se observa una res-

---

62. J. SIMON, *La dignidad del hombre como principio regulador en la bioética*, op. cit., p. 27.

tauración de la cultura griega y romana, pero en un contexto que tiene un substrato eminentemente cristiano. El ser humano es un ser racional, capaz de inventarse a sí mismo, de superar la naturaleza, de crear un mundo de arte y de cultura. Se observa, en estas ideas, una visión optimista y esperanzada del ser humano.

Desde algunas posiciones actuales, esta comprensión de la dignidad humana también resulta, sumamente, discutible. Este carácter omnipotente del ser humano, rasgo atribuido históricamente a Dios, es muy cuestionado en determinadas filosofías de la finitud.[63] Contra lo que Pico sostiene, los autores finitistas parten de una visión indigente y vulnerable de la condición humana. Esta visión tan optimista y positiva respecto a las capacidades del ser humano es discutida y, aunque pudiera decirse de algunos seres humanos, no podría extenderse al conjunto de la humanidad.

Otros autores discuten que este germen de creatividad que, según Pico, reside en todo ser humano, realmente subsista en la *condición humana*. Si el argumento de la dignidad se esgrime a partir de esta capacidad, determinados sujetos muy vulnerables que pertenecen, *de facto*, a la especie humana, pero que jamás podrán desarrollar esta potencia, en el caso de que la tuvieran, difícilmente serían acreedores de esta dignidad. Finalmente, algunos autores consideran que el abismo que Pico dibuja entre los *animalia* y los *homines* no puede sostenerse a partir de los conocimientos de primatología y etología que ofrecen los más grandes especialistas de estas disciplinas.

4.4. La dignidad como fin en sí mismo. Immanuel Kant.

La filosofía moral de Immanuel Kant (1724-1804) constituye, indiscutiblemente, un hito en la reflexión ética sobre la noción de dignidad. Desde múltiples perspectivas, se le cita y se le invoca para defender la

---

63. Cf. J. C. MÈLICH, *Filosofía de la finitud*, Herder, Barcelona, 2002.

idea de dignidad humana, aunque no siempre desde la orientación filosófica que el filósofo de Königsberg quiso conferir a esta expresión.

Kant reconoce, para empezar, que la noción común de dignidad se refiere a un *status* honorable, que otro debe reconocer y que impone ciertas actitudes y un comportamiento adecuado hacia las personas que gozan de este estado. En las sociedades europeas aristocráticas y socialmente estratificadas, la dignidad era habitualmente reconocida a los individuos en virtud de la función pública que desarrollaban, por causa de su pertenencia a la nobleza o su rango eclesiástico.

Sin negar que pueda ser apropiado, en ciertas circunstancias y dentro de ciertos límites, tener esta alta estima por una posición social particular, Kant sostiene que cada ser humano está dotado de dignidad *(Würde)* en virtud de su naturaleza racional.[64] A pesar de que Kant no es el primero en formular esta idea, el autor de la *Crítica de la razón pura* (1781) la sitúa en el corazón de su teoría política y moral, defiende su carácter racional e independiente del poder religioso, y contribuye a hacer respetar la noción de dignidad, limitando seriamente el pensamiento consecuencialista.

Kant elabora esta concepción de dignidad inspirándose en muchas fuentes, entre las que deben destacarse el pensamiento estoico, el cristiano y la obra de Jean Jacques Rousseau. Independientemente de los factores externos, el hombre puede y debe siempre llevar una vida digna y de dominio de sí mismo, una vida digna de su situación de ser humano viviente en un universo natural. La dignidad es un ideal y no algo dado, pero es un ideal que trasciende las distinciones sociales convencionales.

La doctrina kantiana de la dignidad se inscribe dentro de la tradición cristiana que atribuye a cada ser humano un valor primordial, independientemente de sus méritos individuales y de su posición social; pero Kant trata de fundamentar esta idea de forma que no tenga ya presupuestos teológicos. Kant sostiene que la fe religiosa debe basarse en el conocimiento moral y no a la inversa.

---

64. Cf. I. KANT, *Fundamentos de la metafísica de las costumbres,* II, Ak. IV, 434-435.

En los *Fundamentos de la metafísica de las costumbres*, el filósofo de Königsberg afirma que la dignidad descansa sobre la autonomía. A pesar de que esta afirmación está sujeta a múltiples controversias, implica, como mínimo, que la dignidad supone la presencia de una voluntad legalizadora o de una consciencia. Esto significa que la dignidad exige que uno se pueda considerar a sí mismo como sometido a exigencias morales que sean razonables para todos y que sean sentidas interiormente.

En ciertos párrafos, Kant parece sugerir que sólo una persona dotada de una buena voluntad puede tener dignidad, pero el punto de vista que domina la mayor parte de los escritos éticos kantianos preside la idea de que la dignidad debe atribuirse a todos los agentes morales, inclusive a aquéllos que cometen acciones indignas. Según Kant, cada individuo considera necesariamente que su existencia en tanto que agente racional es un fin en sí misma.

«Si suponemos –dice Kant– que hay algo cuya existencia en sí misma posee un *valor absoluto*, algo que como fin en sí mismo puede ser fundamento de determinadas leyes, entonces en ello y sólo en ello estaría el fundamento de un posible imperativo categórico, es decir, de una ley práctica. Ahora, yo digo que el hombre y, en general, todo ser racional existe como fin en sí mismo y no sólo como medio para cualesquiera usos de esta o aquella voluntad... Los seres racionales se llaman *personas*, porque su naturaleza los distingue como fines en sí mismos, o sea, como algo que no puede ser usado meramente como medio.»[65]

Kant opone el valor especial de este fin en sí mismo que denomina *dignidad* al valor común de fines relativos que denomina *precio*. La dignidad es un tipo de valor invariable atribuido a las personas o a la «humanidad realizada en las personas».[66] El precio es un tipo de valor fluctuante que se atribuye a objetos materiales, mientras que la dignidad es un «valor incondicional e incomparable». El precio es un valor con-

---

65. Ibídem.
66. Ibídem.

dicionado y comparativo. Esto implica, por ejemplo, que la dignidad de una persona es independiente de su status social, de su popularidad y de su «utilidad» social, puesto que estos factores pueden variar si las circunstancias cambian.

Por el hecho de que la dignidad es incomparable, no se puede decir que una persona tiene más dignidad humana que otra, como por ejemplo se puede decir del precio. El valor de lo que tiene dignidad es superior a todo lo que tiene precio. Kant sostiene que la dignidad no admite paralelo; deja entender que lo que está dotado de dignidad no puede ser intercambiado o sacrificado bajo el pretexto de que será reemplazado por un bien de una dignidad igual o superior. Esto implica que, contrariamente a lo que tiene precio, la dignidad no puede ser entendida en términos cuantitativos. Las cosas que están dotadas de ella son irreemplazables y no tienen precio, tienen un valor inconmensurable en el sentido de que no se puede valorar su excelencia.

En su *Metafísica de las Costumbres*, Kant atribuye un rol determinante a la noción de dignidad humana o de humanidad, entendida como fin en sí. Por ejemplo, aunque él afirma que una persona puede perder su estatuto cívico o su dignidad de ciudadano cometiendo delitos graves, Kant sostiene que esta dignidad no puede privarse a ningún ser humano. Añade que practicando la mentira y la calumnia la persona obra de tal modo que ofende la dignidad de los otros.[67]

La forma de respeto moral más fundamental consiste, según Kant, en el respeto a la ley moral. El respeto moral de los individuos es, pues, una forma de respeto de la moral. Respetamos a los individuos cuando reconocemos adecuadamente sus derechos y responsabilidades en tanto que agentes morales dotados de dignidad.

Kant distingue dos componentes del respeto fundamental: el reconocimiento racional de la autoridad de la ley moral y un sentimiento de reverencia y de humildad que nos inspira inevitablemente este reconocimiento. El deber consiste en obrar en cualquier circunstancia confor-

---

67. Cf., I. Kant, *Metafísica de las costumbres,* II, 7; Ak. IV, pp. 424-428.

me a lo que exige este respeto fundamental. En efecto, la exigencia moral consiste en regular la propia conducta por el reconocimiento completo y consecuente de la dignidad humana, lo que es un ideal y que nosotros, en calidad de agentes morales racionales, debemos respetar.

Según Kant, el ser humano es insustituible. Tiene un valor interior, porque, además de formar parte del mundo sensible, vive en el mundo moral. Peter Kemp sintetiza la propuesta kantiana en torno a la idea de dignidad de este modo: «La dignidad humana consiste en reconocer que cada hombre es irreemplazable».[68] La dignidad del hombre radica en el hecho de que es el maestro de la naturaleza.

El hombre es y debe ser tratado siempre como un fin y nunca únicamente como un medio. La ética kantiana descansa sobre esta consideración axiológica del hombre. Para Kant, la bondad moral reside en la actitud coherente con la realidad de la persona. Ahora bien, esa actitud se expresa con la categoría de fin/medio. En efecto, la segunda fórmula del imperativo categórico suena de este modo: «Obra de tal modo que siempre tomes a la humanidad, tanto en tu persona como en la de cualquier otro, como fin y nunca únicamente como puro medio».

El hombre es, según esta perspectiva, una realidad absoluta y no relativa. La persona tiene una dimensión moral, porque no es un ser que se constituya en cuanto tal por referencia a otro ser, es como un universo de carácter absoluto. Lo que genera la condición para que algo sea fin en sí mismo no tiene meramente valor relativo o precio, sino un valor interno, esto es, dignidad. En la ética de Kant, la dignidad humana descansa en la autonomía, es decir, en la capacidad de dominio moral del ser humano y ocupa un lugar central.

El concepto moderno de la dignidad humana está estrechamente unido a Kant y a su filosofía. Según ésta, la imagen del hombre está caracterizada por la idea de su autonomía moral y de su calidad como sujeto, destacando aquí la unicidad y la no-repetibilidad de cada indi-

---

68. Cf. P. KEMP, *L'irremplaçable*, Le Cerf, París, 1991, p. 33. Lo dice así: «La dignité humaine, ainsi, porterait sur le fait que chaque homme est irremplaçable».

viduo. La libertad humana se manifiesta en la capacidad de la voluntad de adherirse exclusivamente a la idea de razón pura. Según ésta, la autonomía de la voluntad como fundamento de la dignidad de la naturaleza humana o de cualquier otra naturaleza racional se basa en la facultad de la voluntad de darse a sí misma las reglas, independientemente de argumentos prescriptivos empíricos. Kant traslada lo objetivamente correcto a la no contradicción formal de una voluntad subjetiva, apta para ser generalizada. El ser humano es, por su naturaleza, persona y posee un valor absoluto. Esta naturaleza como persona lo diferencia a la vez de los seres sin razón, a los cuales, por ser semejantes a objetos, «sólo les corresponde un valor mínimo».

En la obra de Kant, la dignidad no significa valorabilidad, sino que es el criterio de todas las valoraciones singulares. Esta clase de dignidad ha de ser entendida de manera trascendental, o sea, no vinculada a las cualidades empíricas. Por eso dice una fórmula kantiana: «Respeta la humanidad de cada hombre». Es decir, dignidad es un concepto de humanidad. Allí donde alguien pertenece a la humanidad, por ser un ser vivo humano, allí está presente esta dignidad. También Jürgen Habermas se refiere a una ética del género humano. Según su punto de vista, la pertenencia al género del hombre cae desde el principio bajo el concepto de dignidad.

Según el teólogo alemán Dietmar Mieth, esta comprensión kantiana de la dignidad ha quedado expresada en la constitución alemana.[69] En ella, la dignidad es entendida como una cualidad trascendental, es decir, como un atributo aplicable a cada miembro del género humano, independientemente de condiciones empíricas.

Los autores abordados en este ensayo, Peter Singer, Hugo Tristram Engelhardt y John Harris discuten el planteamiento kantiano por dis-

---

69. Cf. D. MIETH, *Imagen del hombre y dignidad humana en el progreso de la biotecnia*, en VV.AA., *La ética cristiana hoy. Horizonte de sentido*, Instituto de Ciencias Morales, Madrid, 2004, pp. 579-597. El teólogo alemán también ha tratado esta cuestión en *La dittadura dei geni. La biotecnia tra fattibilità e dignità umana*, Queriniana, Brescia, 2003.

tintos motivos que, posteriormente, tendremos ocasión de ver. En términos generales, no aceptan la distinción entre el hombre nouménico y el hombre fenoménico, ni tampoco la argumentación kantiana según la cual el ser humano es un fin en sí mismo, mientras que todos los otros seres, incluidos los animales superiores, deben ser consideraciones como medios al servicio del ser humano. Consideran que Kant es también un exponente del antropocentrismo occidental de corte cristiano, aunque articulado en un lenguaje plenamente ilustrado.

### 4.5. La dignidad como autodominio. Friederich Schiller

Posteriormente a Kant, un pensador romántico que reflexiona intensamente sobre la noción de dignidad es Friederich Schiller en su conocido obra *De la gracia y de la dignidad* (1793). La meditación de Schiller no debe ubicarse, en sentido estricto, en el plano ontológico ni axiológico, sino en el marco de la estética y de la creatividad.

Friederich Schiller pertenece, por un lado, al clasicismo y, por otro lado, al *Sturm und Drang*, la corriente literaria iniciada alrededor de Goethe y su cenáculo en Estrasburgo hacia 1770. Contra la frialdad racionalista de las Luces opone el culto de las pasiones vehementes. Le atraen los contrastes inmensos, los motivos que ya contienen en sí lo extremo, las intrigas fuertes y palpables. No abandona nunca su lucha contra la Aufklärung, especialmente, contra su optimismo, pero jamás cae en el pesimismo, sino que anhela, por el contrario, un mundo mejor y más bello. El tratado *De la gracia y de la dignidad* es un fruto maduro de la filosofía kantiana, en la cual aplica su definición de la belleza a la figura humana.

En la obra *De la gracia y de la dignidad*, aparece la célebre figura del «alma bella» *(die schöne Seele)*, que tanto éxito tendría en la época romántica. El alma bella es la que, superando la antítesis kantiana entre inclinación sensible y deber moral, logra cumplir su deber con espontánea naturalidad, estimulada por la belleza. Por lo tanto, el alma bella es el alma dotada de aquella gracia que armoniza el instinto con la ley moral.

La clave espiritual de Schiller está constituida por el amor a la libertad, en todas sus formas esenciales: la libertad política, la libertad social y la libertad moral. La Revolución Francesa y sus consecuencias persuadieron a Schiller de que el hombre todavía no se hallaba preparado para la libertad y de que la verdadera libertad es aquélla que tiene su sede en la consciencia.

Según este filósofo, pueden existir tres relaciones entre la parte sensible y la racional del ser humano: A. El hombre suprime los postulados de su naturaleza sensible para conducirse de acuerdo con los de su naturaleza racional, B. Hace lo contrario y sigue el impulso de la necesidad física de la misma manera que los otros fenómenos y C. Los instintos de la naturaleza física se avienen con las leyes de la racional y el hombre está en armonía consigo mismo. Según Schiller, solamente cuando la razón y la moralidad, el deber y la inclinación concuerdan, puede haber belleza de juego. Y así la belleza se encuentra justamente entre la dignidad, como expresión del espíritu dominante, y la sensibilidad, como expresión del instinto dominante.

Friederich Schiller relaciona la noción de dignidad con la idea de fuerza moral, con la capacidad que tiene el ser humano de dominar su naturaleza instintiva y elevarse en la esfera espiritual. El hombre no es un animal fijado, ni determinado por el universo de la ciega necesidad, sino que tiene capacidad para distanciarse de dicho mundo y actuar libremente. Dice Schiller: «En el animal y en la planta la naturaleza no sólo fija el destino, sino que, además, lo ejecuta ella sola. Pero al hombre no hace sino señalarle su destino y le confía a él mismo su cumplimiento. Esto es lo único que le hace ser hombre. Sólo el hombre, entre todos los seres conocidos, tiene, en cuanto persona, el privilegio de intervenir por voluntad suya en la cadena de la necesidad, irrompible para los seres meramente naturales, y hacer partir de sí mismo una serie totalmente nueva de fenómenos. El acto por el cual lo lleva a cabo se llama, de preferencia, una acción, y únicamente aquéllas de sus realizaciones que resultan de una de esas acciones se llaman obras suyas. Así, pues, sólo por sus obras puede el hombre demostrar que es una persona».[70]

Esta capacidad de autodominio frente a los instintos eleva la persona a un plano superior que el resto de los animales y le confiere dignidad. «Así como la gracia —escribe Schiller— es la expresión de un alma bella, la dignidad lo es de un carácter sublime.»[71] Y añade: «La dominación de los instintos por la fuerza moral es libertad de espíritu, y dignidad se llama su expresión en lo fenoménico».[72]

Lo que, realmente, confiere dignidad a la persona es, según Schiller, esta capacidad de elevarse por encima de la materia, de abrirse al horizonte de la gracia, de limitar las inclinaciones de la naturaleza instintiva y alzarse al reino del espíritu. «La dignidad surge por sí misma en la virtud, ya que por su contenido presupone el dominio del hombre sobre los instintos.»[73] La dignidad consiste en el dominio de los movimientos involuntarios, en la capacidad que tiene el espíritu de someter a la naturaleza. «En la dignidad —dice Schiller— el espíritu se conduce frente al cuerpo como soberano, porque tiene que afirmar su autonomía contra el instinto imperioso que, prescindiendo de él, obra directamente y trata de sustraerse a su yugo.»[74]

«En la dignidad —afirma Schiller— se nos ofrece un ejemplo de la subordinación de lo sensible a lo moral, ejemplo cuya imitación es para nosotros ley, pero al mismo tiempo sobrepasa nuestra capacidad física. El conflicto entre la necesidad de la naturaleza y la exigencia de la ley, cuya validez sin embargo admitimos, pone en tensión la sensibilidad y despierta el sentimiento que se llama respeto y que es inseparable de la dignidad.»[75]

---

70. F. SCHILLER, *De la gracia y de la dignidad*, Editorial Nova, Buenos Aires, 1962, p. 50.
71. Ibídem, p. 66.
72. Ibídem, pp. 71-72.
73. Ibídem, p. 75.
74. Ibídem, p. 74.
75. Ibídem, p. 79.

En este punto en particular, está muy próximo a las posiciones de Kant, puesto que también para él el ser humano es capaz de vivir conforme al imperativo categórico, que como ley moral impera en el seno de la razón práctica, y superar la resistencia de las inclinaciones. Siguiendo la terminología kantiana, Schiller distingue entre el hombre fenoménico y el hombre nouménico. La dignidad del hombre no depende de la belleza de la estructura humana, de lo fenoménico, sino de lo nouménico.

A partir de lo que se ha dicho, se comprende que para Schiller la dignidad es la expresión de un carácter sublime, y consiste en la supresión de los movimientos involuntarios. Según Schiller, la inclinación y el deber no pueden coincidir y el alma bella tiene que convertirse en un alma sublime. Su expresión en el fenómeno es la dignidad. La dignidad despierta el sentimiento del respeto, impide que el amor se pervierta en deseo.

«El dominio de los instintos mediante la fuerza moral es –según Schiller– la libertad del espíritu y la expresión de la libertad del espíritu en el fenómeno que se llama dignidad.»[76] El autor de *Guillermo Tell* considera esta segunda dimensión: la dignidad existencial. También relaciona íntimamente el concepto de dignidad con la idea de libertad. La libertad, en la filosofía romántica de Schiller, no puede identificarse con el libre albedrío, con la capacidad de optar entre dos o más alternativas, sino con la posibilidad de liberarse de esas barreras que hay en la naturaleza humana. El ser humano puede elevarse al reino divino, al ámbito de la gracia, a través de sus obras, de sus creaciones, de la música, del arte, de la poesía, pero también puede vivir como una bestia, bajo la esclavitud de los sentidos más elementales. La dignidad es la libertad que confiere el espíritu, es el dominio sobre los instintos.

Según Schiller, la dignidad se exige y se demuestra en el padecer *(pathos)*. En este punto, el pensador romántico no sólo se aproxima a la filosofía moral de Kant, sino también a la propuesta ética de los estoi-

---

76. Ibídem, p. 45.

cos. «La dignidad –dice– es expresión de la resistencia que el espíritu autónomo ofrece al instinto natural.»[77]

A lo largo de su ensayo, Schiller distingue diferentes gradaciones de dignidad. Para Schiller, la dignidad no es un atributo que se diga intrínseco de todo ser humano, no tiene un valor ontológico, sino que es algo que se conquista a través del obrar y, por lo tanto, que está sujeto al mérito. «La dignidad –dice– tiene sus distintas gradaciones.»[78] En el grado supremo está lo majestuoso, que se puede decir de aquel ser humano capaz de controlar sus actos involuntarios, de padecer con serenidad, de elevarse por encima del reino de la necesidad y de las inclinaciones.

4.6. La dignidad como orden y relación. Johan Gottlieb Fichte

Uno de los autores que junto con Friederich Schiller explora el concepto de dignidad humana siguiendo, en parte, la herencia kantiana es Johan Gottlieb Fichte. En la historia del concepto de dignidad se olvida, con frecuencia, su aportación, así como también la de Schiller.

Fichte es, sin lugar a dudas, uno de los más grandes hitos del Idealismo alemán. En una alocución que llevó a cabo al final de su *Curso filosófico* de 1794, titulada *Sobre la dignidad del hombre*, Fichte expone, de un modo claro y bello a la vez, su visión del hombre y las razones de su dignidad en el conjunto de la naturaleza.

Su concepción de la dignidad humana está íntimamente relacionada con su filosofía del yo *(Ich)*. El yo es el auténtico principio de todo. El yo no es simplemente un observador de la realidad (el no-yo), sino un actor. Lo que dignifica al ser humano es el actuar en el mundo. A juicio de Fichte, el peor de los males es la inactividad o la inercia, de la que proceden los demás vicios, como, por ejemplo, la vileza o la false-

---

77. Ibídem, p. 75.
78. Ibídem, p. 83.

dad. La inactividad hace que el hombre quede en el plano de la cosa, de la naturaleza, del «no-yo», y por lo tanto en cierto sentido constituye una negación de la esencia y del destino del hombre mismo.

Según el pensador alemán, el hombre realiza en plenitud su dignidad cuando entra en relación con los demás hombres. Para convertirse plenamente en hombre, cada individuo necesita de las demás personas. La necesidad de que existan otros se basa, según Fichte, en la consideración de que el hombre tiene el deber de ser plenamente hombre, y esto sólo se realiza si existen otros hombres.

La multiplicidad de individuos también implica el surgimiento del derecho y del Estado. En la medida en que el hombre no está solo, sino que forma parte de una comunidad, es un ser libre junto a otros seres libres también y, en consecuencia, debe limitar su propia libertad a través del reconocimiento de la libertad de los otros. De manera más específica, cada hombre debe limitar su propia libertad de modo que todos y cada uno puedan ejercer igualmente la libertad que les es propia.

El yo es, pues, según Fichte, el fundamento de la dignidad humana, lo que convierte al ser humano en un ser radicalmente distinto de la naturaleza, de lo que Fichte denomina el «no-yo». Dice en la citada alocución: «Sólo a través del Yo se produce orden y armonía en la masa muerta y sin forma. Sólo a partir del hombre se expande regularidad en torno a él hasta el límite de su observación».

Según Fichte, el yo introduce orden, regularidad y armonía en la naturaleza, introduce unidad en la infinita pluralidad de los seres. En el «yo hay la garantía segura de que orden y armonía se difundirán a partir de él hasta el infinito». En definitiva, «todo lo que ahora es todavía amorfo y sin orden se disolverá gracias al hombre en un orden más bello, y lo que ahora ya es armónico llegará a ser todavía más armónico, según leyes no desarrolladas hasta ahora». Para Fichte, el hombre introduce orden en el caos y un plan en la destrucción general. Gracias a su intervención activa, la descomposición dará forma y la muerte llamará a una nueva vida llena de esplendor.

Según Fichte, el hombre es el ser más espiritualizado de la creación. «Su cuerpo –dice– es el más espiritualizado que podía formarse de la materia que le rodea; en su entorno el aire es más dulce, el clima más suave, y la naturaleza se alegra por la esperanza de ser transformada por él en un lugar habitado y en una protectora de los seres vivos.» Según Fichte, el hombre actúa en el mundo como demiurgo, es decir, como un principio ordenador y ahí es donde reside, precisamente, su dignidad especial en el conjunto del cosmos. Su intervención tiene beneficios para la naturaleza. «En su entorno se ennoblecen los animales, bajo su mirada de temor abandonan el estado salvaje y reciben una alimentación más sana de la mano de su señor.»

El hombre, según el filósofo idealista, es totalmente independiente de la naturaleza, «él es simplemente para sí mismo». El ser humano subsiste más allá de la materia, tiene un principio de eternidad. «Es eternamente, gracias a sí mismo y a su propia fuerza.» En sus últimos textos, Fichte concibe al ser humano como expresión de la razón eterna, como vida y voluntad eterna. En *Misión del hombre*, afirma: «Sólo la razón existe; la infinita, en sí misma, y la finita, en ésta y mediante ésta. Ella es la única que crea un mundo en nuestros ánimos, o por lo menos crea aquello de lo cual lo desarrollamos y aquello a través de lo cual lo desarrollamos: la llamada del deber; y crea además sentimientos coincidentes, intuición y leyes del pensamiento. Mediante su luz captamos su luz y todo lo que se nos muestra con esta luz. Ella realiza este mundo en nuestro ánimos y penetra en él, en la medida en que penetra en nuestros ánimos con la llamada del deber, apenas otro ser libre modifica alguna cosa de él. Ella mantiene en nuestro ánimos ese mundo y, de este modo, nuestra existencia finita, la única de la que somos capaces, en la medida en que hace surgir continuamente otros estados de nuestros estados. Después de habernos probado, de habernos probado hasta la saciedad para la que será nuestra próxima misión, siguiendo su objetivo supremo, y después de que nos hayamos preparado para dicha misión, destruirá nuestra existencia mediante lo que llamamos muerte y nos introducirá en una nueva misión que será producto de nuestro actuar conforme al deber en la presente existencia. Toda nuestra vida es su vida. Estamos en sus manos y allí permanecemos, y nadie puede arrancarnos de allí. Somos eternos porque ella es eterna».

### 4.7. Dignidad humana y biotecnología. Habermas frente a Slöterdijk

Uno de los filósofos actuales que más ha ahondado en el concepto de dignidad es el conocido filósofo alemán Jürgen Habermas,[79] el autor de la *Teoría de la acción comunicativa* (1981). No es pertinente, en este espacio, recorrer la extensa obra de Habermas, pero sí, cuando menos, resaltar algunos de sus pensamientos más significativos en torno a la dignidad humana.

El planteamiento de Habermas puede calificarse de racional, pragmático y procedimental. Rehúye el pensamiento metafísico y se ubica en el plano de la razón dialógica. Su modo de entender la dignidad se aleja de posturas teológico-religiosas y se aproxima a la noción de autonomía tal y como la manifiesta Immanuel Kant.

El filósofo alemán parte de la idea de que es la comunidad de diálogo la que debe discernir el valor o la dignidad que tienen los seres humanos, los animales y las plantas. No parte de una visión de la dignidad como un atributo intrínseco u ontológico, como algo que se diga del ser, sino como un valor que se atribuye a una vida en particular por determinadas razones. Admite que la discusión en torno a la dignidad humana es una discusión abierta, donde no hay consenso explícito, pero, desde su punto de vista, toda vida humana, tanto la emergente como la gravemente dañada o erosionada, es merecedora de respeto, es acreedora de dignidad.

---

79. Véanse las siguientes obras de Jürgen Habermas: *Teoría de la acción comunicativa*, Taurus, Madrid, 1987; *La constelación posnacional*, Paidós, Barcelona, 2000; *Textos y contextos*, Ariel, Barcelona, 1996, y *La ciencia y la tecnología como ideología*, Alianza, Madrid, 1980.

En su libro *El futuro de la naturaleza humana*, el filósofo alemán se adentra en la cuestión de la manipulación genética y de los retos que puede conllevar esta posibilidad tecnológica en un futuro inmediato y lejano. Desde una perspectiva originariamente kantiana, pero fundada en la idea de la comunidad de diálogo, Habermas se manifiesta muy crítico respecto de la tesis del filósofo alemán Peter Sloterdijk.

Ambos pensadores defienden ideas de dignidad humana distintas. Para Sloterdijk la dignidad humana está amenazada por los medios de comunicación social que embrutecen al hombre y por la incapacidad de domesticar que padecen los maestros, los sabios y los educadores.

Habermas plantea la cuestión desde otra perspectiva. Se muestra muy cauto y prudente respecto al valor que se debe otorgar a toda vida humana y, contrariamente a las tesis del autor de *Esferas*, Habermas defiende la necesidad de considerar esa vida como ya dotada de dignidad, aunque reconoce que, en sentido estrictamente filosófico, resulta sumamente arduo sostener que esa vida humana emergente deba ser considerada del mismo modo como la vida de un interlocutor en la comunidad de diálogo.

«La vida humana —afirma Habermas— goza de *dignidad* y exige *honoración* también en sus formas anónimas. La expresión *dignidad* se impone porque cubre un espectro semánticamente amplio y contiene un eco del concepto de *dignidad humana*, más específico. Las connotaciones que lleva implícitas el concepto de *honor* surgen todavía más claramente de la historia de los usos premodernos de éste, y también han dejado huellas en la semántica de *dignidad*, a saber, la connotación de un *ethos* dependiente del estatus social. La dignidad del rey se encarnaba en un estilo de pensar y actuar diferente al de la mujer casada, el soltero, el artesano y el carnicero. De estas acepciones concretas de una dignidad determinada en cada caso se abstrae la *dignidad humana* universalizada que corresponde a la persona como tal.»[80]

---

80. J. Habermas, *El futuro de la naturaleza humana*, Paidós, Barcelona, 2002, pp. 55-56.

Contrariamente a los autores que tendremos ocasión de estudiar en el presente libro, Jürgen Habermas es partidario de extender el concepto de dignidad también a la vida embrionaria. «La aplicación restrictiva del concepto de dignidad humana —dice Habermas— deja la protección del embrión, que éste necesita y de la que es digno, en manos de una ponderación de bienes que abre una ancha rendija a la instrumentalización de la vida humana y a la socavación del sentido categórico de la exigencias morales.»[81] Admite, sin embargo, que «desde un punto de vista filosófico, no es obligado en absoluto hacer extensivo el argumento de la dignidad humana a la vida humana "desde el comienzo"».[82]

Esta adscripción de dignidad a la vida embrionaria se argumenta a posteriori, a partir de las consecuencias que puede conllevar el perder de vista esta dignidad. Aunque esa vida emergente no puede ser considerada como un «interlocutor válido», en la comunidad de diálogo que constituye la sociedad abierta y democrática, se debe guardar respeto hacia esa forma de vida. Habermas admite que esta tesis es difícil de sostener filosóficamente, pues de hecho no está nada claro que la vida humana emergente pueda ser tratada, a su juicio, como un sujeto de derechos: «El derecho de los padres a determinar las características genéticas —dice Habermas— sólo podría colidir con el derecho fundamental de otro si el embrión *in vitro* ya fuera *otro* al que correspondieran derechos fundamentales absolutamente válidos».[83]

Habermas se pregunta en el último párrafo de su libro: «El primer ser humano que fije a su gusto el ser así de otro ser humano, ¿no tendrá también que destruir aquellas libertades que, siendo las mismas para todos los iguales, aseguran la diversidad de éstos?».[84] Habermas teme que la aplicación indiscriminada de las técnicas de manipulación gené-

---

81. Ibídem, p. 56.
82. Ibídem, p. 103.
83. Ibídem, p. 101.
84. Ibídem, p. 146.

tica tenga como consecuencia una vulneración de la dignidad de la vida humana emergente y de su libertad potencial.

En este punto, Habermas coincide con la perspectiva ética de Hans Jonas, aunque desde otro paradigma de análisis. Desde la idea de responsabilidad que esboza el filósofo judío, se debe velar por los intereses de las generaciones venideras, y ello significa que se tiene que respetar la naturaleza humana y tratarla siempre como un fin y jamás únicamente como un instrumento.[85] Por todo ello, la postura prudente y responsable de Jürgen Habermas nos parece mucho más enjuiciada que la perspectiva de Sloterdijk que, a pesar de la recepción mediática que ha tenido, nos da la impresión de que es sumamente temeraria.

## 5. Tres sentidos de dignidad

Algunos modos de entender la dignidad que se recogen en este capítulo fueron ya definidos en nuestra *Antropología del cuidar* (1998).[86] En términos generales, se puede distinguir tres ideas de dignidad que son las que aparecen implícitamente en las discusiones bioéticas: la dignidad ontológica, la ética y la teológica.

Muy frecuentemente, los debates bioéticos no llegan a buen término, porque no se explicitan claramente los significados latentes de la palabra *dignidad*, y ello tiene como consecuencia la opacidad comunicativa. Aunque se pueden distinguir otras acepciones de la palabra *dignidad*, recogemos en este capítulo las tres mencionadas porque tanto en las declaraciones europeas como en los documentos internacionales son las más empleadas.

---

85. Cf. H. Jonas, *El principio de responsabilidad*, Herder, Barcelona, 1995.
86. Cf. F. Torralba, *Antropología del cuidar*, Mapfre Medicina, Barcelona, 1998.

## 5.1. Dignidad ontológica

Desde esta perspectiva, dignidad significa, dentro de la variedad y heterogeneidad del ser, la determinada categoría objetiva de un ser que reclama –ante sí y ante los otros– estima, custodia y realización. En último término, se identifica objetivamente con el ser de un ser, entendido éste como algo necesariamente dado en su estructura esencial metafísica y, a la vez, como algo que se tiene el encargo de realizar. Se entiende aquí por estructura esencial todo lo que el hombre es y necesariamente tiene que ser, ya se trate –cada aspecto en sí considerado– de la esencia (naturaleza) o bien referido a una estructura fundamental del hombre.

«La dignidad *ontológica*, –dice Roberto Andorno– es una cualidad inseparablemente unida al ser mismo del hombre, siendo por tanto la misma para todos. Esta noción nos remite a la idea de incomunicabilidad, de unicidad, de imposibilidad de reducir a este hombre a un simple número. Es el valor que se descubre en el hombre por el sólo hecho de existir. En este sentido, todo hombre, aun el peor de los criminales, es un ser digno y, por tanto, no puede ser sometido a tratamientos degradantes, como la tortura u otros.»[87]

Esta noción de dignidad se funda en la idea de que es posible un acceso a la naturaleza metafísica del ser humano, a lo que subyace en él más allá de las apariencias. Desde el punto de vista de la teoría del conocimiento, se debe mostrar de qué modo es posible este acceso, puesto que si no fuere realizable lo único que quedaría del ser humano sería un *hecho* biosocial y cultural que muta a lo largo del tiempo. Al referirse a la dignidad ontológica, uno se refiere directamente al ser de la persona, lo que supone que ese ser, que es considerado como una excelencia, puede ser conocido, o mínimamente atisbado a través de la razón.

---

[87]. R. ANDORNO, *Bioética y dignidad de la persona*, op. cit., p. 57.

La dignidad ontológica radica en la idea de que el ser del ser humano es la perfección o la excelencia y que, indistintamente de la forma concreta que pueda tener en el marco de las apariencias, en tanto que ser humano, es sumamente digno de respeto y de honor por el ser que le anima y le sostiene.

La dignidad ontológica, pues, se funda en una filosofía del ser, según la cual el ente humano es muy digno de respeto por el ser que sostiene su naturaleza. Esto supone que, para poder defender correctamente la dignidad ontológica, se debe partir de una filosofía del ser y de un acceso cognoscitivo al ser de la persona, lo que, ciertamente, plantea algunos problemas en el orden del conocimiento. El ente es lo primero que capta el entendimiento, pero el ser que es el fundamento del ente no puede ser concebido por la mente humana. Como se desprende de la metafísica de santo Tomás, el acceso a este ser del ente es un acceso analógico, es decir, aproximativo, que parte del ente como punto de arranque.

Desde determinadas perspectivas éticas modernas y contemporáneas, este acceso al ser más íntimo del ser humano, a lo más fundante que hay en él, no es posible desde el puro ejercicio racional, de lo que se deduce que tampoco tiene sentido afirmar una dignidad ontológica. Ese ser fundante permanece en el desconocimiento, con lo cual no se sostiene la idea de una dignidad ontológica, pues no se tiene acceso a ese ser que, supuestamente, es merecedor de respeto y honor.

Desde otras corrientes filosóficas, se reduce al ser humano a un hecho puramente empírico, a un conjunto de elementos y sistemas, pero no se le contempla como a un ser metafísico, como a un ente que es sostenido y fundado en el ser. Desde esta perspectiva, la idea de la dignidad ontológica es absurda no sólo porque no haya posible acceso racional al ser más íntimo del ser humano, sino porque no hay ser, sino un puro fenómeno empírico.

Deschamps, como Andorno, defiende la licitud de la dignidad ontológica. «La dignidad –afirma el pensador francés– es, por consiguiente, coextensiva a la naturaleza espiritual del hombre, universalmente porque vale para todos los hombres y particularmente porque lo distingue de todas las otras criaturas.»[88] Pascal fundamenta esta dignidad ontológica en la capacidad de pensar propia del ser humano: «El hombre –dice– está hecho para pensar, ahí está toda su dignidad y todo su mérito».[89]

Patrick Verspieren también es un claro defensor de la idea de dignidad ontológica. En una conferencia pública que dictó en Barcelona el día 3 de diciembre de 2003 en la sede de la Fundació Joan Maragall, tuve ocasión de preguntarle si esta dignidad ontológica podía sostenerse filosóficamente, sin necesidad de recurrir a un gran relato religioso sobre el origen divino de la persona humana. En aquella ocasión, Verspieren respondió que se podría apelar a una ética de la memoria para fundamentar la dignidad inherente de toda persona humana.

El recuerdo de determinados momentos de la historia donde la idea de dignidad ontológica ha sido cuestionada o simplemente negada ha tenido como consecuencia la caída en la sinrazón, la barbarie o el mal radical.[90] Esta memoria, dice Verspieren, llama a la vigilancia. Aceptar la idea de un orden infrahumano conduce al desprecio de la dignidad de la persona humana. De ahí que considere necesario reconstruir esta dignidad ahí donde esta idea esté amenazada. La dignidad es entendida, de este modo, como una relación humana, producida por el reconocimiento del otro.

5.2. Dignidad ética

La *dignidad* en sentido ético es el ser individual que se realiza y se expresa a sí mismo en tanto que entiende, quiere y ama; posee enton-

---

88. J. DESCHAMPS, *Encyclopédie philosophique universelle; les notions philosophiques*, PUF, París, 1998. Vocablo *dignité*.

89. B. PASCAL, *Pensamientos*, 347.

90. Después advertimos que esta misma idea desarrolla en el artículo citado más arriba: P. VERSPIEREN, *Dignité, perte de dignité, déchéance*.

ces algunas características que le hacen participar de una comunidad espiritual: consciencia de sí mismo, racionalidad, capacidad de distinguir lo verdadero de lo falso y el bien del mal, capacidad de decidir y de determinarse con motivaciones comprensibles para otros seres racionales, capacidad de entrar en relación de diálogo y de amor oblativo con otros seres personales.

Este modo de comprender la dignidad es la que Patrick Verspieren denomina dignidad en un sentido moral.[91] Es la dignidad que depende, en esencia, del mérito, del coraje, de la magnanimidad de un alma. En este sentido, la palabra *dignidad* está emparentada con los términos lucidez, coraje, aceptación de la realidad, ausencia de odio, pudor, discreción y decencia.

«La dignidad *ética* –sostiene Roberto Andorno– hace referencia no al ser de la persona sino a su obrar. En este sentido, el hombre se hace él mismo mayormente digno cuando su conducta está de acuerdo con lo que él es, o mejor, con lo que él debe ser. Esta dignidad es el fruto de una vida conforme al bien, y no es poseída por todos del mismo modo. Se trata de una dignidad dinámica, en el sentido de que es construida por cada uno a través del ejercicio de su libertad.»[92]

J. M. Parent Jacquemin denomina a esta forma de comprender la dignidad *dignidad existencial* y la relaciona, siguiendo al profesor Gómez Pin, con el concepto de la decencia. Rastreando la etimología, Parent advierte que la palabra latina *dignitas* es la forma abstracta del adjetivo *dignos* o *decnus*, que tiene la raíz sánscrita *dec*, al igual que el verbo *decet* y sus derivados *decor, decus, decorare*, que significan decoro, que es una cualidad superior, la excelencia.[93]

---

91. Así lo expresa Verspieren en *Dignité, perte de dignité, déchéance*: «Les dignités sociales sont décernées, en théorie, en fonction des mérites personnels. Ceux-ci peuvent être reconnus directement par l'opinion publique ou l'entourage d'une personne dont on se plait à souligner les grands qualités, les courage, la *grandeur d'âme*. On dit alors qu'elle fait preuve de dignité».
92. R. ANDORNO, *Bioética y dignidad de la persona*, op. cit., p. 57.
93. J. M. PARENT, *La dignidad del ser humano, presupuesto bioético*, op. cit., 35.

«La decencia –afirma el profesor Gómez Pin– es no encubrir tal condición procediendo en conformidad a criterios que la subordinan y así la degradan.»[94] La decencia se define, entonces, como la virtud de la manifestación o dignidad existencial de esta cualidad ontológica. Según este punto de vista, la dignidad existencial o ética existe a partir de la primera. Vivir dignamente es vivir conforme a la propia condición, consiste en ser lo que uno es, o más correctamente, ser lo que uno está llamado a ser desde su ser más íntimo.

Desde esta perspectiva, la dignidad ontológica es la condición de posibilidad de la dignidad ética, pero la segunda requiere, además del ser, de un determinado modo de obrar. Cuando uno obra conforme a su consciencia, a sus principios y valores morales, actúa dignamente, es decir, actúa conforme a lo que ya es de por sí, un ser digno ontológicamente; pero, en cambio, cuando actúa contra su propia consciencia, contra sus valores e ideales, actúa indignamente, se niega a sí mismo, oculta su dignidad ontológica, su excelencia como ser humano que es.

Según nuestro punto de vista, la dignidad ética se dice del obrar, mientras que la dignidad ontológica se dice del ser. La primera sólo tiene sentido si nos situamos frente a un ser libre que pueda obrar de modos distintos, que pueda tomar decisiones libres y responsables, pues, de otro modo, no tiene sentido afirmar que ha obrado correctamente, ya que no podría haber obrado de otra manera si estaba predeterminado. Esto significa que la dignidad ética se funda, en último término, en un ser que es constitutivamente libre, que puede actuar según su consciencia, pero también, contra la misma. Por ello, pensamos que la dignidad ética se fundamenta en la dignidad ontológica, en la dignidad de un ser que puede obrar libremente, de un *ens capax libertatis*.[95]

---

94. V. Gómez Pin, *La dignidad*, Paidós, Barcelona, 1995, p. 30.
95. Hemos desarrollado la idea de libertad en *Poética de la libertad. Lectura de Kierkegaard*, Caparrós Editores, Madrid, 1998.

Mientras que la dignidad, en sentido ontológico, se define como una dignidad estática, porque no cambia a lo largo del tiempo; la dignidad en sentido ético se transforma y cambia a lo largo del decurso vital. Uno puede hacer obras que le dignifiquen, pero también puede ejercer su libre albedrío de un modo indigno. Podemos realizar acciones, decir palabras u omitir actos que nos conviertan en seres moralmente indignos. Esta dignidad, pues, no es intrínseca, sino que depende del juicio moral de uno mismo y también del de los otros.

Estos dos juicios no siempre actúan paralelamente. Uno puede llegar a la conclusión, después de un riguroso autoanálisis, de que no ha actuado correctamente y puede sentirse, en consecuencia, profundamente indigno cuando se contempla a sí mismo. Sin embargo, los otros pueden llegar a una conclusión muy distinta y no ver en él un sujeto indigno moralmente. Pero también puede ocurrir lo contrario. Una persona puede haber actuado conforme a su consciencia, puede sentir que es muy digno lo que ha hecho, pero, en cambio, el juicio popular en torno a aquello puede ser muy severo. En este caso, esa persona habrá perdido la dignidad moral a juicio de la comunidad que le observa y, sin embargo, él puede tener la clara apreciación de que ha obrado dignamente.

De lo discurrido aquí, se deduce que la dignidad ética es relativa y que su atribución depende de un juicio moral que siempre se desarrolla, explícita o implícitamente, a partir de unos determinados *criterios*. La dignidad ontológica, en cambio, es permanente e inmutable, pues se atribuye al *ser* del ser humano y no se adscribe en función de unas valoraciones morales subjetivas y relativas. Se entiende, por lo tanto, que existan distintas nociones e ideas de dignidad ética, mientras que la dignidad ontológica sólo se puede decir unívocamente, porque depende del ser.

5.3. Dignidad teológica

Desde la perspectiva teológica, la persona, en su propio ser y en su propia dignidad, reclama un respeto incondicional, independiente de toda libre valoración y finalidad, absoluto, en una palabra. Esta dignidad personal recibe respecto a su carácter absoluto una cualidad todavía más elevada por el hecho de que el hombre está llamado a asociarse de inmediato con Dios, que es, sencillamente, el Absoluto y el Infinito.

Según esta tesis, el ser humano tiene una dignidad que le viene dada por el hecho de ser creado a *imagen y semejanza* de Dios, por el hecho de establecer con Él una alianza de amor y de amistad y de orientarse existencialmente hacia Dios. Desde la antropología teológica, el ser humano procede de Dios, se desarrolla vitalmente sostenido por Dios y se orienta hacia el Bien último que es Dios. Dios se convierte en la causa primera y en la causa final de la existencia humana, en el origen y el fin, en el sustento y en la razón de su dignidad.

Esta idea de dignidad se fundamenta, como puede verse, en un relato simbólico que puede leerse en las, así llamadas, religiones del Libro: el judaísmo, el cristianismo y el islam. El profesor Manuel Cuyás expresa muy sintéticamente este sentido de la dignidad teológica: «Desde la teología y a la luz de la *Biblia*, la creación del hombre y de la mujer a imagen de Dios (Gn 1, 27) les otorga una dignidad indiscutible, corroborada por el hecho de que el Creador reivindique para sí el tutelar su vida (Gn 4, 9-15; 9, 5...), proclame una relación personal con cada uno (Is 43, 1) y lo haya amado hasta hacerse él mismo hombre en la persona del Hijo y dar su vida por él (Gal 2, 20)».[96]

Esta idea de dignidad guarda algunas concomitancias con la denominada dignidad ontológica. La dignidad teológica tiene su raíz en Dios y no en el *ser* humano, pero es una dignidad que, como en el caso de la ontológica, se dice de todo ser humano, pues, según el relato del *Génesis*, todo ser humano es creado a imagen y semejanza de Dios, inclusive aquél que no pueda desarrollar jamás, por causa de su extrema vulnerabilidad constitutiva, la capacidad de pensar, de actuar libremente o de amar generosamente.

---

96. M. CUYÁS, *Cuestiones de bioética*, Mapfre Medicina-Institut Borja de Bioètica, Barcelona, 1997, pp. 31-32.

El ser humano puede o no vivir conforme a su condición de imagen de Dios (dignidad ética), pero la dignidad teológica no se pierde jamás, porque es algo propio de todo ser humano. No es una dignidad que radica en el ser del ser humano, sino en el hecho de ser imagen de Dios. Esta dignidad tiene una gran relación con la dignidad ontológica, aunque se fundamenta en el Absoluto, mientras que la ontológica se funda en la excelencia de un ser. Inclusive en el caso de que se pudiera «demostrar» que el ser humano no tiene la excelencia que se le atribuye, debería ser tratado dignamente por el hecho de ser imagen y semejanza de Dios.

Ambas ideas de dignidad se complementan, aunque existen autores que defienden la dignidad intrínseca, pero no por razones teológicas, sino por el valor intangible que intuyen en toda vida humana, también sus formas más precarias y vulnerables. En términos generales, la defensa teológica de la dignidad humana no sólo se deduce a partir del relato bíblico, sino también de argumentos racionales que manifiestan la excelencia del ser.

Karl Rahner desarrolla este concepto de dignidad en sus *Escritos de Teología*. «La dignidad esencial del hombre –dice el eminente teólogo alemán– consiste en que dentro de una comunidad diferenciada, dentro de una historia espaciotemporal, este hombre, conociéndose espiritualmente y orientándose libremente hacia la inmediata comunidad personal con el Dios infinito, puede y debe abrirse al amor, que es comunicación de Dios en Jesucristo.»[97] Desde esta perspectiva, el ser humano está hecho de tal manera que puede establecer una comunión de amor con el Creador. La imagen está llamada a entrar en contacto con la Fuente de la Vida y establecer una comunidad de amor.

«Esta dignidad –sostiene Rahner– puede considerarse como dada de antemano, es decir, como punto de partida y como misión, o como ya realizada. La realización, apropiación y custodia de la dignidad dada de antemano constituye la última y definitiva dignidad del hombre,

---

97. K. Rahner, *Escritos de Teología II*, Taurus, Madrid, 1961-1969, p. 248.

que, por tanto, puede perderse. La dignidad dada previamente no puede sencillamente cesar, dejar de existir, pero sí puede existir como algo a que se reniega y que es causa de juicio y condenación. En cuanto esa esencia proviene de Dios y se dirige a Dios, recibe de él y a él se abre, es de tal naturaleza que la dignidad que lleva consigo es a la vez lo más íntimo de ella y algo superior a ella; por tanto, participa de lo inaccesible, de lo misterioso e inefable de Dios, y sólo se revela plenamente en un diálogo del hombre con Dios (por consiguiente, fe y amor), y, por consiguiente, no se presenta nunca a manera de objeto tangible. A Dios sólo le conocemos en espejo y en símbolo; lo mismo se puede decir del hombre y de su destino, puesto que proviene de Dios y tiende a Dios.»[98]

Karl Rahner considera que la dignidad teológica del ser humano, aunque, como se ha dicho, está dada de antemano, es decir, a priori, está amenazada de dos maneras: del exterior y del interior. «El hombre –dice– como esencia corpórea, anteriormente a su decisión personal, está expuesto a un influjo de orden creado, independientemente de su decisión: influjo de fuerzas materiales y de otras personas creadas (hombres y poderes angélicos). Si bien una situación de perdición última y definitiva del hombre sólo puede originarse por una decisión interna y libre del hombre mismo, no obstante, tales influjos, que vienen de fuera y que afectan a la persona y a su dignidad personal y hasta sobrenatural en cuanto tal, son posibles y, por tanto, peligrosos. No hay ninguna *zona* de la persona que de antemano esté al abrigo de tales influjos de fuera; por ello, todo sucedido *exterior* puede tener su importancia y constituir una amenaza para la salvación última de la persona, que, en cuanto tal, puede quedar degradada por los influjos de fuera.»[99]

«Como el hombre que dispone libremente de sí mismo –dice Rahner– tiene en su mano su dignidad puede malograrse a sí mismo, juntamente con su dignidad, mediante alguna trasgresión contra sí mismo

---

98. Ibídem, p. 248.
99. Ibídem, p. 252.

en alguna de sus dimensiones existenciales, dado que esta trasgresión afecta esencialmente al hombre entero. Aunque el hombre no puede suprimir o alterar a voluntad su dignidad esencial previamente dada, puede, no obstante, entenderla realmente de tal modo que en cuanto actuada se contradiga –ontológica y, por tanto, éticamente– a sí misma, en cuanto previamente dada por Dios. Él puede en este sentido –haciéndose culpable ante Dios– degradarla. Más aún: al hombre que hace uso de su libertad se le plantea irremisiblemente este dilema: o degrada su dignidad o la conserva en la gracia de Dios constituyéndola en algo efectivo, en dignidad realizada.»[100]

La dignidad teológica, pues, es algo dado al ser humano, una dádiva que, como gracia, le es otorgada por el hecho de haber sido creado a imagen y semejanza de Dios. Pero este reconocimiento que exige la dignidad puede ser puesto entre paréntesis por distintos motivos. El ser humano está llamado a vivir conforme a esta dignidad, a hacerse mediante sus obras más digno y próximo a Dios. En este sentido, la libertad plena no es la libertad como libre albedrío, sino la libertad como liberación *(libertas)* de todo cuanto amenaza gravemente el reconocimiento de dicha dignidad.

Desde la sensibilidad ética contemporánea no siempre se respeta esta idea de dignidad que se desprende de la tradición teológica. En algunos casos, se la considera un residuo del pasado, una especie de remilgo que subsiste inercial y marginal en nuestra cultura secular, plural y postconvencional. Según el profesor Javier Sádaba, por ejemplo, en una sociedad laica y racional, la teología o lo que él denomina una «metafísica vaporosa», sustituta de la anterior, poca cabida tienen. «La dignidad autónoma de los seres humanos –dice– no depende ni de los dioses ni de aura alguna, ni es pepita de oro que, escondida, habitara dentro de nuestros corazones. La dignidad, producto humano, no se basa en teología o trascendencia alguna.»[101]

---

100. Ibídem, pp. 252-253.
101. J. SÁDABA, *Diccionario de ética*, op. cit., 1997, p. 90.

En este juicio valorativo subsiste la idea de que la teología como saber no pertenece, *stricto sensu*, al ámbito racional, lo cual, ciertamente es muy discutible. El hecho de que la teología tenga como objeto fundamental la hermenéutica de la Palabra de Dios no significa, ni mucho menos, que carezca de elemento racional, sino todo lo contrario. Esta interpretación, que es la teología, sólo es posible desarrollarla desde el *logos*. Es verdad que el discurso teológico tiene dificultades de aculturación y de comprensión en el seno de una sociedad postmetafísica y postcristiana y ello se debe, en parte, a la propia incapacidad de la teología para expresar su mensaje en un lenguaje significativamente moderno, pero de ahí no se puede llegar rápidamente a la conclusión de que no pueda aportar, más allá del estricto ámbito de la comunidad religiosa, una idea de dignidad, válida y oportuna para el mundo contemporáneo.

Después de esta introducción histórica y temática a la noción de dignidad que ha ocupado el núcleo central de la introducción, nos disponemos, a continuación, a presentar ordenadamente los planteamientos bioéticos de Peter Singer, Hugo Tristram Engelhardt y John Harris, respectivamente. Cada exposición viene acompañada de unas consideraciones críticas en torno a los aprioris y al desarrollo de cada una de estas propuestas.

En la última parte del libro, el autor aborda la idea de persona desde una metafísica del ser y la contrasta con la comprensión relacional del individuo. Finalmente se exponen sucintamente algunas nuevas articulaciones del concepto de persona en el conjunto de la filosofía hispánica y, particularmente, se presenta la obra de Xabier Zubiri, María Zambrano y Adela Cortina.

Capítulo II

# EL CONCEPTO DE PERSONA EN LA OBRA DE PETER SINGER

1. Alegato contra las deontologías clásicas

Uno de los aspectos más originales y polémicos del pensamiento del filósofo australiano Peter Singer (Melbourne, 1946) es la consideración de los animales en el razonamiento moral de un modo que difiere radicalmente de las clásicas deontologías zoológicas. Estas deontologías parten del principio de considerar a los animales como cosas sobre las que se pueden hacer ciertas consideraciones morales o a las que se les aplican predicados morales exclusivamente a partir de las relaciones que dichos animales tienen con los humanos.

Desde esta perspectiva clásica, los animales serían beneficiarios indirectos de derechos y de obligaciones hacia los humanos, pero no serían sujetos de derechos, sino entidades vivas cuyo fin consistiría en estar al servicio del desarrollo y de la promoción de la especie humana.[102] Esta consideración es la que, históricamente, se contempla en el derecho, a pesar de que, en los últimos años, se han incorporado normativas y leyes de protección de los animales y pautas para exterminarlos redu-

---

102. Sobre esta cuestión: J. R. Lacadena (ed.), *Los derechos de los animales*, Universidad Pontificia de Comillas, Madrid, 2002.

ciendo al máximo su sufrimiento. Esta nueva sensibilidad jurídica es, de hecho, consecuencia del influjo de los movimientos ecoéticos tanto en el plano social como en el plano político.

De esta consideración del animal como objeto vivo, como ser sensible, pero carente de derechos, no se deduce, sin embargo, que el ser humano pueda usarlo arbitrariamente, sino que éste debe velar por un trato justo y responsable hacia el animal, pero no porque, en sí mismo, sea sujeto de derechos, sino como una concesión generosa por parte de la especie humana. Con demasiada frecuencia, se llega a la conclusión de que si el animal no tiene derechos entonces «*anything goes*». Esta idea no es imputable a las deontologías zoológicas clásicas, pues, aunque en ellas no se reconozca la personalidad jurídica en el animal, el ser humano se debe privar de determinados usos y abusos con respecto a ellos.

Peter Singer, a lo largo de su prolija y polémica obra, critica, con fuerza, las deontologías clásicas y considera que esta visión de los animales como cosas carentes de derechos ha tenido, como consecuencia, un uso abusivo, cruel y degradante de los seres no humanos. El pensador australiano expone muchos ejemplos de actitudes insensibles y bárbaras con respecto a los animales, pero éstas no se desprenden de las deontologías clásicas. No reconocer derechos no significa, como se ha expresado en el párrafo anterior, que el ser humano pueda convertirse en un déspota a la hora de tratar a las plantas y a los animales. En las deontologías zoológicas clásicas, jamás se ha justificado la crueldad o el trato degradante a la vida no humana.

## 2. Seres humanos y animales

Peter Singer cuestiona seriamente la comprensión tradicionalmente occidental de la vida animal y plantea inquietantes interrogantes en torno a la diferencia clásica y tradicional entre el ser humano y el ser no humano. Sólo por ello, su obra ya resulta sugerente y no debe pasar desapercibida ni al antropólogo ni al moralista, ni, por supuesto, al bioeticista.

La tradicional diferencia entre ser humano y ser no humano que se sustenta en la antropología filosófica occidental desde Platón hasta Max Scheler es puesta entre paréntesis por Peter Singer. El antropólogo debe considerar seriamente sus objeciones y responder, si es posible, a cada una de ellas. Pero las tesis singerianas no sólo constituyen un desafío para el antropólogo, sino también para el moralista que sostiene todo su edificio ético sobre el *fundamentum* de la eminente *dignitas* humana.

A partir de sus estudios en torno a la vida animal y las comunidades de animales, Peter Singer cuestiona la idea de la sublime dignidad de la persona, tesis omnipresente en el pensamiento tradicional occidental. También se interroga por el fundamento de esta pretendida dignidad que, en muchos autores de dicha tradición, se articula a partir de la idea de espíritu. En la obra de Max Scheler, por ejemplo, lo que dota al ser humano de una dignidad superior al resto de los seres vivos, lo que le confiere un puesto especial y singular en el conjunto del cosmos radica en el hecho de ser espíritu *(Geist)*.

«La *misma* palabra *hombre* –dice Max Scheler en el prólogo a *El puesto del hombre en el cosmos*– designa en el lenguaje corriente y en todos los pueblos cultos algo tan totalmente distinto, que apenas se encontrará otra voz del lenguaje humano en que se dé análoga anfibología. La palabra hombre designa, en efecto, asimismo un conjunto de cosas que se oponen del modo más riguroso al concepto de "animal en general" y, por lo tanto, también a todos los mamíferos y vertebrados y a éstos, en el mismo sentido que, por ejemplo, al infusorio Stentor, aunque no es discutible que el ser vivo llamado hombre es, desde el punto de vista morfológico, fisiológico y psicológico, incomparablemente más parecido a un chimpancé que el hombre y el chimpancé a un infusorio.»[103]

---

103. M. Scheler, *El puesto del hombre en el cosmos*, Losada, Buenos Aires, 1974, p. 3.

Peter Singer cuestiona este rasgo fundamental y considera que resulta inconsistente para fundamentar a partir de él la diferencia cualitativa entre hombre y animal. Desde su perspectiva empirista y utilitarista, la idea de espíritu es un residuo del pasado que todavía está presente, inercialmente, en las antropologías modernas y contemporáneas, pero que no debe considerarse como un argumento filosófico. Desde su punto de vista que es coherente con sus *presupuestos* filosóficos, no hay modo posible de justificar empíricamente este rasgo y, por lo tanto, resulta inconsistente como argumento.

Contra las deontologías clásicas, Peter Singer ofrece un marco teórico para la moral donde se redefine de manera radical la noción de portador de propiedades morales o persona. Según el filósofo australiano, la antropología occidental se ha fundado históricamente sobre la diferencia cualitativa entre el ser humano y el animal, pero ello debe transformarse en el futuro. El pensador australiano detecta, en este modo de proceder, un claro sesgo antropocéntrico, es decir, una comprensión de lo humano desde «intereses creados».

El autor de *Liberación animal* (1975) pone en tela de juicio la tesis de que realmente exista una diferencia sustantiva o cualitativa entre ambas esferas. A lo sumo, defiende una diferencia cuantitativa, pero siguiendo su lógica, esta distinción no puede convertirse en pretexto para determinar una diferencia sustancial de estatuto ético-jurídico entre seres humanos y seres no humanos. Siguiendo los estudios de determinados primatólogos y etólogos, constata que estas diferencias accidentales entre los seres humanos y los animales también se dan entre seres de la misma especie humana y, en ocasiones, son más profundas. De ahí deduce que, si se establecen diferencias entre el ser humano y el animal por determinados rasgos accidentales, también es lógico establecer distinciones éticas y jurídicas entre seres humanos que tienen características diversas.

En este sentido, su filosofía se convierte en un desafío, en una práctica de la sospecha no sólo respecto al pensamiento de raíz judeocristiana, sino también respecto al pensamiento grecorromano y al pensamiento ilustrado, desde Immanuel Kant hasta Jürgen Habermas. A pesar de que las razones que se esgrimen para defender la superioridad ontológica, ética y jurídica del ser humano se transforman y se modifican a lo largo de la historia, la tesis se mantiene como un axioma del pensamiento occidental. Contra este axioma se orienta la filosofía de Peter Singer.

En el planteamiento aristotélico, la raíz de la superioridad humana está, como se ha visto, en el hecho de que el ser humano tiene *logos*. *Logos* se traduce como razón y/o palabra. En el planteamiento judeocristiano, el ser humano es un *ens capax amoris*, un ente capaz de amar, de liberarse del *ego*, de abrirse gratuitamente al otro y de desafiar los imperativos de la especie. Desde los parámetros cristianos, la razón última de la dignidad sublime del ser humano radica en el hecho de que ha sido creado como imagen y semejanza de Dios, y esta particularidad es la que le convierte, precisamente, en eso que san Agustín denomina un *ens capax Dei*.

En el planteamiento renacentista, el ser humano es superior al animal porque además de tener *logos*, tesis ya presente en la tradición grecorromana, es un ser que no está fijado, que es creado de tal modo que para él no existen límites, lo que significa que puede alcanzar lo que se proponga. En las antropologías modernas, también subsiste la diferencia cualitativa entre ser humano y animal. En la obra de Immanuel Kant, por ejemplo, el ser humano es, además de ciudadano del mundo físico *(die physische Welt)*, ciudadano del mundo moral *(die moralische Welt)*. Es capaz de vivir la experiencia del deber, de auscultar la llamada *(Anruf)* del imperativo categórico.

La diferencia entre *anthropos* y *zoon*, establecida ya en la gran filosofía griega (Sócrates, Platón y Aristóteles), se desarrolla igualmente durante el Medioevo con la distinción entre *brutus* y *homo* y persiste en la Modernidad a través primero de los renacentistas, como por ejemplo en Pico della Mirandola, y posteriormente, en la obra de René Descartes y su diferencia entre los *hommes* y los *animaux*. Todos defienden, aunque no exactamente por los mimos motivos, una distancia cualitativa entre el ser humano y el animal.

Según Peter Singer, «la existencia de una simple brecha entre los seres humanos y los animales es algo cuya verdad no se cuestionó durante la mayor parte de la historia de la civilización occidental»[104] y que, según su punto de vista, resulta urgente y necesario cuestionarse. Contra este pensamiento hegemónico y unidimensional se orienta toda la filosofía singeriana.

### 3. La perspectiva de la ontología simétrica

La tesis de la diferencia cualitativa entre los seres humanos y los animales puede avalarse con muchos textos de la historia del pensamiento occidental, pero también es justo indicar que, con anterioridad a Peter Singer, algunos filósofos ya cuestionaron esta brecha entre hombre y animal. Los filósofos materialistas, por ejemplo, no defienden una diferencia cualitativa entre las dos esferas, sino una diferencia de grado o de cantidad. Según la perspectiva clásica del materialismo dialéctico, el ser humano y el animal se reducen, en definitiva, a materia y movimiento, lo que significa que no hay ningún rasgo ontológicamente particular en el hombre que le haga sustantivamente diferente del animal.

También los filósofos monistas cuestionan esta superioridad ontológica del ser humano. Desde el punto de vista monista, la realidad es una y los entes son expresiones o manifestaciones distintas de esta única realidad. Esto significa que, en el fondo, todos los entes son y proceden de lo mismo, aunque naturalmente puedan existir diferencias fenoménicas entre ellos.

Cabe considerar, en este sentido, el planteamiento filosófico de Arthur Schopenhauer. Según Schopenhauer, toda la realidad puede comprenderse como una expresión de la Voluntad de Vivir *(Wille zum*

---

104. P. Singer, *Ética práctica*, Ariel, Barcelona, 1984, p. 85.

*Leben)*. El hombre, el animal y la planta participan de esta misma Voluntad, aunque de modos distintos, pero lo fundante, lo común, lo que les une subterráneamente, más allá del plano de la representación, *(Vorstellung)* es, precisamente, esta Voluntad.

De ahí se desprende una ética de unidad *(Einheit)* y de compasión *(Mitleid)* universal que nada tiene que ver con el reconocimiento asimétrico de la sublime dignidad de la persona humana tan característico del pensamiento occidental. Merece la pena tener en cuenta estas figuras y otras muy relevantes de la historia del pensamiento occidental que, de hecho, ya anticipan las tesis de Peter Singer y son claros ejemplos de la crítica al pensamiento hegemónico occidental desde la misma tradición occidental.

La operación intelectual de Singer nos permite situar su planteamiento filosófico en el marco de las denominadas ontologías simétricas, una corriente de pensamiento que desde diversas fuentes y con distintos motivos ha propuesto esquemas conceptuales. Entre los autores que se sitúan, en sentido lato, dentro de esta perspectiva, cabe citar a Bruno Latour, autor de *Nunca hemos sido modernos;* Andrew Pickern; Michel Serres, autor de *El contrato natural,* y a Edgar Morin, autor de *Tierra-Patria*. Esta postura intelectual, que en la tradición occidental casi resulta contracultural en la medida en que cuestiona los cimientos del antropocentrismo, tiene profundos paralelismos con ciertas sabidurías de raíz oriental.

Entre las doctrinas morales y religiosas que reconocen algún tipo de consideración moral a los animales –e incluso más allá del reino animal– sobresale el jainismo, religión india atea que se origina históricamente a partir de las enseñanzas de Vadharma (hacia el siglo VI antes de nuestra era) llamado Mahavira.[105] El objetivo de la doctrina jaina es liberar el alma de las dependencias y encadenamientos con la materia, en lo que tiene un rol central la doctrina de la *ahimsa* o no-violencia aplicada a cualquier clase de actividad.

---

105. Cf. A. PÁNIKER, *El jainismo*, Kairós, Barcelona, 2001.

En la cosmovisión jainista, todos los objetos y cuerpos poseen una sustancia viviente o *jîva*. La consecuencia de la doctrina de la *ahimsa* es que durante toda su vida un jaina debe evitar la producción de daño en los seres vivos. Así, la ética jainista supone una inclusión de los animales en las consideraciones morales sin emplear argumentos especiecéntricos y con una regla de igualitarismo zoológico estricta. Aceptar esta ética supone asimilar la compleja metafísica animista que está en su base, cosa que naturalmente Peter Singer no puede llevar a cabo desde sus *presupuestos*.

## 4. Peter Singer, Charles Darwin y Teilhard de Chardin

Peter Singer, como John Harris, defiende una continuidad entre los seres humanos y los animales y pretende fundamentar esta idea a partir del pensamiento de Charles Darwin. Gracias a la lectura de *El origen de las especies*, Singer llega a la conclusión de que el ser humano es el resultado de una evolución de la materia viva desde formas más simples hasta formas más complejas.[106]

Según su punto de vista, hay una continuidad entre seres humanos y animales, sin embargo esta idea no es tan evidente en el planteamiento de Darwin. El hecho de que el ser humano sea el resultado de una cadena de eslabones evolutivos, no significa que no existan diferencias sustantivas entre él y los demás eslabones de la evolución. Para Darwin, el ser humano es el resultado de una evolución de la materia viva, es la culminación de este itinerario evolutivo, pero ello no significa que no exista una diferencia de dignidad entre el ser humano y los seres que le han precedido en la historia de la selección natural.

---

106. Cf. Charles Darwin, *El origen de las especies*, 2 vols., Planeta, Barcelona, 1985.

Al final de *El origen de las especies*, puede leerse: «Así, la cosa más elevada que somos capaces de concebir, o sea, la producción de los animales superiores, resulta directamente de la guerra de la naturaleza, del hambre y de la muerte. Hay grandiosidad en esta concepción de que la vida, con sus diferentes fuerzas, ha sido alentada por el Creador en un corto número de formas o en una sola, y que, mientras este planeta ha ido girando según la constante ley de la gravitación, se han desarrollado y se están desarrollando, a partir de un principio tan sencillo, infinidad de formas más bellas y maravillosas».[107]

La alusión al Creador no es puramente accidental en la obra de Darwin. Desde el punto de vista canónicamente darwiniano, la evolución natural no es incompatible con la fe en un Dios, sino todo lo contrario. El ser es el último eslabón de la cadena, lo más perfecto de la historia natural, el ser que ha superado la lucha a muerte por la supervivencia. Charles Darwin no considera que su idea de la selección natural ponga en entredicho los fundamentos dogmáticos de la teología cristiana. Sin embargo, Peter Singer utiliza la obra de Darwin como argumento contra la visión tradicional del ser humano entendido como imagen y semejanza de Dios.

El filósofo australiano critica la antropología latente en el *Génesis* y considera que la doctrina cristiana sigue teniendo influjo en muchos contextos actuales a pesar de su inverosimilitud. Desde su punto de vista, esta doctrina es incompatible con los desarrollos científicos de la paleontología, la biología y la paleoantropología, pero subsiste como un residuo milenario del pensamiento occidental. Darwin lo contempla desde otra perspectiva.

«No veo ninguna razón válida –dice el autor de *El origen de las especies*– para que las opiniones expuestas en esta obra ofendan los sentimientos religiosos de nadie. Es suficiente, como demostración de lo pasajeras que son estas impresiones, recordar que el mayor descubrimiento que jamás ha hecho el hombre, o sea, la ley de la atracción de la grave-

---

[107]. Ibídem, p. 638.

dad, fue también atacado por Leibniz "como subversiva de la religión natural y, por consiguiente, de la revelada". Un famoso autor y teólogo me ha escrito que "gradualmente ha ido viendo que es una concepción igualmente noble de la divinidad creer que ella ha creado un corto número de formas primitivas capaces de transformarse por sí mismas en otras formas necesarias, como creer que ha necesitado un nuevo acto de creación para llenar los huecos causados por la acción de sus leyes"."[108]

Autores muy relevantes en el pensamiento cristiano contemporáneo, como Teilhard de Chardin entre otros, integrarán la hipótesis del evolucionismo y las tesis de la *Biblia*, llegando a la conclusión de que entre el ser humano y los otros eslabones se da una diferencia sustantiva.[109] Teilhard de Chardin, en *El fenómeno humano*, defiende la evolución de la vida e, igualmente, la diferencia sustantiva entre lo humano y lo animal.[110] A nuestro juicio, la recepción que Singer realiza de Darwin es discutible y se orienta, fundamentalmente, a justificar sus aprioris.[111] La emergencia del sistema nervioso central en el ser humano es contemplada por algunos antropólogos como un hecho cualitativamente diferencial entre el ser humano y el animal. Evolución no significa, necesariamente, continuidad.

---

108. Ibídem, pp. 627-628.
109. Cf. E. COLOMER, *Hombre y Dios al encuentro. Antropología y teología en Teilhard de Chardin*, Herder, Barcelona, 1974; *En torno a Teilhard de Chardin: la obra y su intérprete*, en Actualidad Bibliográfica (1964) 24-60.
110. Cf. T. DE CHARDIN, *La aparición del hombre*, Taurus, Madrid, 1961, y *Le phénomène humain*, Seuil, París, 1962.
111. Sobre la recepción de Darwin y el darwinismo, ver: B. FARRINGTON, *El evolucionismo: iniciación a la teoría del origen de las especies*, Ediciones de Cultura Popular, Barcelona, 1967; J. MAYANARD (ed.), *Evolution now: a century after Darwin*, Macmillan, London, 1982; C. PATTERSON, *Evolución: la teoría de Darwin*, Fontalba, Barcelona, 1985; F. BURKHARDT (ed.), *Cartas de Charles Darwin*, Cambridge University Press, Cambridge, 1999; D. C. DENNET, *La peligrosa idea de Darwin: evolución y significados de la vida*, Galaxia Gutenberg, Barcelona, 1999; F. J. AYALA, *La teoría de la evolución: de Darwin a los últimos avances de la genética*, Temas de Hoy, Madrid, 1994; E. MAYR, *Una larga controversia: Darwin y el darwinismo*, Crítica, Barcelona, 1992, y S. A. BARNETT (ed.), *Un siglo después de Darwin*, Alianza Editorial, Madrid, 1982.

«Esta creencia –afirma Singer– sigue ejerciendo todavía alguna influencia sobre nuestras actitudes frente a los animales no humanos, pese a haber sido tan absolutamente refutada por la teoría evolucionista como la doctrina del derecho divino de los reyes.»[112] Contrariamente a lo que piensa Singer, la teoría evolucionista que, según el juicio de Karl Popper, no se debe calificar de teoría, sino más correctamente de hipótesis, no es una refutación de la doctrina del *Génesis*.[113]

Como se ha puesto de relieve en distintas obras filosóficas y teológicas, desde Teilhard de Chardin hasta nuestros días, la hipótesis científica de una evolución de la materia viva es conciliable con el relato del *Génesis,* que debe ser interpretado según la teoría de las formas literarias como un texto alegórico y simbólico, y no como un texto de carácter científico. Resulta un simplismo deslegitimar el valor del texto religioso a partir de una hipótesis científica, pues es un texto que obedece a una finalidad distinta de la de un texto científico. Sin embargo, Peter Singer parece no conocer estas interpretaciones alegóricas donde el relato del *Génesis* no se contempla como un libro de ciencias naturales, sino como un texto de carácter protológico. Según nuestro punto de vista, lo fundamental en el *Génesis* no es describir *cómo* se fraguó el mundo, sino *qué* sentido tiene el mundo, la creación y el ser humano en ella.

«El pensamiento darwiniano –constata el pensador australiano– desafía concepciones aun más complejas sobre las diferencias entre los seres humanos y los animales. Tanto en *El origen del hombre* como en *La expresión de las emociones en el hombre y en los animales*, Darwin mostró con sumo detalle que hay continuidad entre los seres humanos y los animales, no sólo en lo relativo a la anatomía y la fisiología, sino también en la vida mental. Los animales, mostró, tienen capacidad de amar, de recordar, de sentir curiosidad, de razones y de compadecerse entre

---

112. P. SINGER, *Una izquierda darwiniana: política, evolución y cooperación*, Crítica, Barcelona, 2000, pp. 29-30.
113. Cf. M. CRUSAFONT, B. MENÉNDEZ, E. AGUIRRE (ed.), *La evolución*, BAC, Madrid, 1966.

sí. Al derrivar los fundamentos intelectuales de la idea de que somos una creación aparte de los animales y de una clase del todo distinta, el pensamiento darwiniano proporciona las bases para una revolución de nuestras actitudes entre los animales no humanos. Lamentablemente, esta revolución no ha ocurrido y, a pesar de algunos progresos recientes, no está ocurriendo todavía. Los pensadores políticos darwinianos deben sentirse más inclinados a reconocer las similitudes que identificamos entre los seres humanos y los animales no humanos, así como a basar su política en este reconocimiento.»[114]

A su juicio, el carácter cambiante de la naturaleza humana también hace imposible una justificación de la dignidad ontológica fundándose en una esencia humana que tiene expresiones distintas en cada ser humano concreto. Según Singer no es pertinente referirse a una presunta esencia del hombre al estilo platónico. Su postura es claramente antiesencialista. En sus parámetros intelectuales, no hay un *eidos* del hombre, sino que cada ser humano es una expresión de la especie humana que tiene su singularidad y que, naturalmente, comparte unos rasgos comunes con los otros ejemplares de la especie.

La idea de irrepetibilidad y de individualidad tan recurrente, por ejemplo, en la antropología kierkegaardiana no está ni mucho menos presente en la visión singeriana del hombre.[115] Según su punto de vista, cada ser humano es singular, pero también es singular cada chimpancé y cada delfín, lo que ocurre es que lo que singulariza a una entidad viva y a otra son elementos distintos. La singularidad no es, desde su punto de vista, una característica exclusivamente humana, sino un rasgo que puede extenderse a toda entidad viva.

De ahí se deduce que no puede fundarse la sublime dignidad ontológica del ser humano en la tesis de la singularidad. En el planteamiento kierkegaardiano, cada ser humano es un individuo-frente-a-Dios *(Enkelte-for-Gud)*, una singularidad en la historia, un proyecto único e

---

114. P. SINGER, *Una izquierda darwiniana,* op. cit.
115. Cf. S. KIERKEGAARD, *La enfermedad mortal,* Guadarrama, Madrid, 1967.

irrepetible que se realiza en el tiempo.[116] El yo autoconsciente es, desde su punto de vista, el rasgo diferencial entre el *brutus* y el *homo*.

Para Singer, la naturaleza humana es cambiante y se transforma a lo largo de la historia. Se opone a visiones estáticas o fijistas de la naturaleza. De ahí deduce lo siguiente: si la naturaleza humana es cambiante, su supuesta dignidad ontológica, que depende del ser, también es cambiante, pues depende de un ser que no es inamovible, sino variable.

«La teoría materialista de la historia –afirma Singer– implica que no existe una naturaleza fija. Se transforma con cada cambio del modo de producción. La naturaleza humana ha cambiado previamente en el pasado –entre el comunismo primitivo y el feudalismo, por ejemplo, o entre el feudalismo y el capitalismo– y puede volver a cambiar en el futuro.»[117] La idea del cambio perpetuo hace imposible una fundamentación de tipo asimétrico.

Esta idea del cambio también puede detectarse en otras antropologías, pero, a partir de ellas no se deduce la conclusión de Singer. Algunos filósofos, como por ejemplo Paul Ricoeur, se refieren a la identidad personal en términos de *identidad narrativa*.[118] Desde esta perspectiva, la identidad humana no es algo estático y fijo en el tiempo, sino que se va desarrollando a lo largo del periplo biográfico y adquiere distintas formas. Esto no significa que no subsista un *idem* a lo largo de todas estas transformaciones que permita referirse a un yo constante.

Singer desarrolla una antropología que se ubica en una esfera *post* o *anti*metafísica. Desde su perspectiva, no es posible constatar la presencia de un *idem* o de un yo permanente más allá de las mutaciones que acarrea el hecho de existir. Esta referencia de carácter intangible no es compatible con sus presupuestos metabioéticos de raíz materialista, uti-

---

116. He desarrollado esta cuestión en: *Poética de la libertad. Lectura de Kierkegaard*, Caparrós Editores, Madrid, 1998.
117. P. SINGER, *Una izquierda darwiniana*, op. cit., p. 37.
118. Cf. P. RICOEUR, *Approaching the human person*, en Ethical Perspectives 6 (1999) 45-55.

litarista y pragmática. En este sentido, sigue hasta las últimas consecuencias sus puntos de partida, sin embargo, algunas de sus deducciones son, cuanto menos, discutibles. El hecho de que la naturaleza humana esté sujeta al cambio, no significa necesariamente que en ella todo sea cambio y que no subsista nada.

En un tono provocativo, Peter Singer llega a decir: «Somos simios. Compartimos el 98, 6 de nuestros genes con los chimpancés. Genéticamente estamos más cerca de los chimpancés que los chimpancés de los orangutanes. Los seres humanos y los chimpancés evolucionaron a partir de un antepasado común mediante un proceso de selección natural, a veces llamado "supervivencia de los más aptos". Aunque si esta frase conjura imágenes de "carne ensangrentada en tus dientes y garras", tales imágenes deben descartarse. "Los más aptos" significa simplemente, en términos de la teoría evolucionista, los mejor dotados para tener descendencia que, a su vez, sobrevivirán y se reproducirán. Al igual que otros simios, y que los primates en general, los seres humanos son mamíferos sociales. Los mamíferos sociales viven en grupos y cuidan de sus crías. Es así como logran a menudo dejar descendientes al morir».[119]

El argumento de que el ser humano es un *zoon politicón* tampoco es convincente para Peter Singer. En la *Política*, Aristóteles define al ser humano como el animal político, como el ser que vive en la *Polis* y es capaz de establecer relaciones con sus conciudadanos y de regirse por la misma ley. La naturaleza social y política del ser humano no es cuestionada por Singer, pero sí cuestiona que este rasgo sea una característica exclusiva de la especie humana. Según su punto de vista, también los primates son animales sociales que establecen vínculos y comunidades, que cuidan de sus crías y se relacionan mutuamente, de lo que deduce que este rasgo no sirve para fundamentar la dignidad ontológica del ser humano.

A partir de los datos que ofrece la biología y la primatología es esencial reconocer el carácter social de algunos mamíferos superiores que

---

119. P. SINGER, *Ética para vivir mejor*, Ariel, Barcelona, 1995, pp. 107-108.

realmente establecen comunidades entre sí, pero esto no niega, de entrada, la posible diferencia cualitativa entre el ser humano y el animal. En el caso de que la hubiere, ésta debería radicar en el *modo* y la *calidad* de relaciones que el ser humano establece con sus prójimos. No es absurdo defender que la diferencia genética entre el ser humano y el ser no humano permita al primero establecer un tipo de relaciones con sus semejantes, un tipo de nexos sociales distintos de los que establecen los mamíferos superiores entre sí. La cuestión clave es pensar si la calidad de estos vínculos justifica racionalmente una diferencia cualitativa en el terreno ontológico, ético y jurídico entre los seres humanos y los animales.

5. Seres humanos y animales tienen intereses

El pensador australiano propone como criterio de igualdad entre los mamíferos superiores y los seres humanos el hecho de tener intereses. Según su igualitarismo biológico, el ser humano y algunos seres no humanos comparten un hecho elemental: el hecho de tener intereses. Reconoce que pueden tener intereses distintos, pero todos tienen intereses. El chimpancé tiene interés en comer un plátano o en protegerse del fuego; el ser humano tiene interés en conservar un empleo o en disponer de una vivienda. Compartimos el hecho de tener intereses, aunque se puede vislumbrar una multiplicidad de intereses en los seres humanos y en algunos seres no humanos. Los tipos de intereses varían entre unos individuos y otros, pero tanto el ser humano como el animal son seres interesados. A su juicio, los intereses no son una particularidad humana, sino un rasgo que puede extenderse también al animal.[120]

---

120. Cf. P. Singer, *Not for humans only: the place of nonhumans in environmental issues*, en VV.AA., *Ethics & Problems of the 21ˢᵗ century*, University of Notre Dame Press, London, 1979, p. 194: «After all, the moral principle of human equality cannot be

Para poder tener determinados intereses, es necesario tener experiencia de la subjetividad. Algunos intereses vienen determinados por la especie, mientras que otros son objeto de un discernimiento intelectual y de un acto libre. La cuestión de la libertad apenas es contemplada en la antropología de Singer. El pensador australiano no entra explícitamente en el debate entre deterministas e indeterministas, aunque, a partir de sus reflexiones, puede deducirse que para él el ser humano es libre circunstancial y relativamente como lo puede ser también un ser no humano.

El autor de *Liberación animal* se centra en la cuestión de los intereses. Desde su punto de vista, se deben respetar los intereses ajenos, mientras éstos no perjudiquen a nadie. El respeto al interés del otro es la columna vertebral de la ética singeriana. No es legítimo vulnerar los intereses de los seres no humanos y se deben respetar los intereses de los seres humanos.[121] El hecho de que los seres no humanos no puedan expresar verbalmente sus intereses, no significa, ni mucho menos, que no los tengan. *De facto*, los manifiestan de otro modo, a través de los movimientos, de los gestos, de la forma que adopta su cuerpo, de la expresión facial. Según Singer, el ser humano no puede limitarse a respetar los intereses de los miembros de su especie, sino que debe velar por los intereses de los animales.

No cabe duda de que el hecho de tener intereses puede ser un punto de encuentro entre la vida de los hombres y la vida de algunos animales, pero, como en el caso del argumento anterior, deberían con-

---

taken as implying that all humans are equal in these respects either... That one being is more intelligent than another does not entitle him to enslave, exploit, or disregard the interests of the less intelligent being. The moral basis of equality among humans is no equality in fact, but the principle of equal consideration of interests, and it is this principle that, in consistency, must be extended to any nonhumans who have interests».

121. Ibídem, p. 196: «The more positive side of the principle of equal consideration is this: where interests are equal, they must be given equal weight. So where human and nonhuman animals share an interest, we must give as much weight to violations of the interest of the nonhumans as we do to similar violations of the human's interest».

templarse, con detenimiento, la calidad y el contenido de los intereses humanos y no humanos. El hecho de que compartamos algunos intereses, como por ejemplo, el interés de autoconservarse, no significa, ni mucho menos, que compartamos todos los intereses. La diferencia de intereses no es accidental, sino que puede ser sustantiva y abrir una zanja entre la condición humana y la condición animal.

Al plantear la diferencia entre ser humano y ser animal en estos términos, Singer se sitúa claramente en una posición contraria a las tesis católicas tradicionales. La diferencia esencial entre la persona y el animal está expresada en el *Catecismo de la Iglesia Católica*. El número 2415 afirma que «los animales, como las plantas y los seres inanimados, están naturalmente destinados al bien común de la humanidad pasada, presente y futura». Este dominio del hombre sobre los animales y sobre la creación no debe ser entendido como un poder absoluto. Si bien es posible servirse de los animales para responder a las necesidades humanas, es necesario respetarlos como criaturas de Dios.

En el número 2415 se afirma que los animales pueden ser utilizados legítimamente para alimentar o vestir al hombre, así como para realizar experimentos médicos. En este último aspecto, se exige que se garantice unos límites razonables y que los experimentos contribuyan realmente con la curación o la salvación de vidas humanas. En el siguiente número, se advierte que se debe evitar hacer sufrir sin necesidad a los animales, pero también se afirma que no es bueno invertir en ellos sumas de dinero que podrían ser destinadas a aliviar la situación de los pobres. Además, se explica que «no se debe desviar hacia ellos el afecto debido únicamente a los seres humanos».

Según la perspectiva de Singer, este planteamiento religioso es antropocéntrico y no se puede justificar racionalmente, representa una mentalidad anclada en el pasado, heredera de unos presupuestos antropológicos, teológicos y biológicos que son insostenibles a la luz de la ciencia actual.

## 6. Racionalidad y dignidad

En el planteamiento de Singer, el fundamento de la dignidad de un ser debe hallarse en su racionalidad, pero la racionalidad, desde su perspectiva, no es patrimonio exclusivo de los seres humanos, sino que debe extenderse, también, a otros seres no humanos. En su esquema filosófico, distingue, en primer lugar, entre entidades vivas y entidades no vivas y, en segundo lugar, dentro del conjunto de las vivas, distingue entre las que carecen de racionalidad y las que disponen del instrumento racional.

Según su esquema, las entidades vivas racionales son superiores a las entidades vivas que carecen de razón, en la medida en que aquéllas son capaces de proyectar libremente su futuro, de tomar decisiones, de dar permiso y de desarrollar una vida intelectual, mientras que las entidades vivas que carecen de razón no pueden obrar libre y responsablemente. Desde la perspectiva singeriana, la condición de posibilidad del acto libre radica en la racionalidad, pero la racionalidad no es un instrumento exclusivo de la condición humana, sino que se halla, de modos distintos, en otros seres vivos.

Desde planteamientos radicalmente biocéntricos, esta jerarquía de los entes vivos que propone Singer es muy discutida, pues, según estos presupuestos, el elemento realmente unificador del cosmos radica en el hecho de tener vida y no en el *hecho* de la racionalidad. La jerarquía de entes vivos elaborada a partir del elemento de la racionalidad es criticada por fundarse en un criterio racionalista, en el fondo, humano-céntrico. A pesar de superar el esquema antropocéntrico occidental, los críticos de Singer consideran que esta jerarquía es también un modo de justificar la superioridad de los entes racionales. Singer no discute la superioridad de estas entidades vivas racionales respecto a las que no lo son, mientras que autores consideran que el nexo común debe ser la vida y que, por lo tanto, estas jerarquías no tienen sentido.

Las entidades vivas racionales son los miembros de la especie humana, pero no *sólo* los hombres. Singer sostiene contra las tesis tradicionales la idea de que la racionalidad no es un *instrumentum* exclusivo de la especie humana, sino una facultad que trasciende las barreras de la misma. Pero igualmente pone de manifiesto que dentro del conjunto de los seres humanos existen entidades personales que son carentes de racionalidad, seres que por una indisposición de orden patológico, son incapaces de desarrollar las potencias de la racionalidad.

Singer reconoce que la racionalidad es lo que ha permitido a la especie humana sobrevivir en la lucha de las especies y alcanzar una calidad de existencia que no se detecta en los otros animales. Critica, con razón, que esta calidad de existencia no se haya extendido al conjunto de la especie humana, sino que sólo una pequeña minoría puedan disfrutar realmente de ella. Denuncia un uso egocéntrico o partidista de la racionalidad humana. Según su punto de vista, los grandes problemas que azotan a la humanidad en los albores del siglo XXI pueden resolverse racionalmente, pero falta voluntad ética y política. El drama del hambre, el terrorismo, las guerras, la pobreza del Sur, la extensión de la ideología neoliberal los desastres de orden ecológico tienen, según su punto de vista, una solución racional, pero los intereses de unos pocos prevalecen por encima de los intereses de las mayorías. El filósofo australiano es partidario de un ejercicio altruista y solidario de la racionalidad que beneficie a todos los seres vivos y racionales, pero no sólo a los humanos, sino a todos los que tienen intereses y pueden padecer.

«Los seres humanos –afirma Peter Singer– carecen de la fuerza del gorila, los dientes afilados del león, la velocidad del guepardo. Nuestra característica distintiva es la capacidad cerebral. El cerebro es una herramienta para razonar y la capacidad de raciocinio nos ayuda a sobrevivir, a alimentarnos y proteger a nuestros hijos. Con ella hemos desarrollado máquinas que pueden levantar más peso que muchos gorilas, cuchillos más afilados que los dientes de cualquier león y medios de transporte mucho más veloces que el guepardo. Pero la capacidad de raciocinio es peculiar. A diferencia de los brazos robustos, los dientes afilados o las piernas veloces, puede llevarnos a conclusiones a las que no deseábamos llegar: la razón es como una escalera mecánica, que asciende y hace que no seamos visibles. Una vez montamos en ella no sabemos adónde nos llevará.»[122]

Para describir plásticamente su idea de razón, Singer utiliza el símil de la escalera mecánica. «Somos –dice– seres racionales. En otras obras he comparado la razón a una escalera mecánica, en el sentido de que, una vez hemos empezado a razonar, nos vemos obligados a seguir la cadena de razonamientos hasta una conclusión que es imprevisible al comienzo. La razón nos dota de la capacidad de reconocer que cada uno de nosotros no es más que un ser entre otros, todos los cuales tienen deseos y necesidades que les importan, lo mismo que a nosotros nos importan nuestras necesidades y deseos.»[123]

Parece deducirse de este texto que las tesis singerianas son consecuencia de una búsqueda racional y que no obedecen a fines previamente establecidos. Estamos de acuerdo con Singer cuando afirma que la razón es el instrumento fundamental del pensar y que cuando uno piensa, de verdad, no sabe, *realmente*, adónde le llevará la práctica del pensamiento. En el caso de que ya lo supiere de antemano, no pensaría, sino que, simplemente, se orientaría hacia unas metas preestablecidas y utilizaría la razón para llevar el agua a su molino. Singer viene a decirnos que sus ideas no son fruto de la imaginación, ni obedecen a la voluntad de provocar, sino que son consecuencia del acto de pensar. Cuando la escalera mecánica empieza a rodar, no se sabe exactamente hasta dónde nos llevará.

«La capacidad de la razón –dice el filósofo de Melbourne– para llevarnos a donde no esperábamos ir podría también conducirnos a una curiosa desviación del camino recto de la evolución. Hemos desarrollado la capacidad de razonar porque nos ayuda a sobrevivir y reproducirnos. Pero si la razón es una escalera mecánica, aunque la primera par-

---

122. P. SINGER, *Ética para vivir mejor*, op. cit., p. 267.
123. P. SINGER, *Una izquierda darwiniana*, op. cit., p. 88.

te de la travesía pueda ayudarnos a sobrevivir y reproducirnos, podemos ir más lejos de lo necesario para satisfacer ese propósito concreto. Podemos incluso terminar en algún lugar que provoque tensión con otros aspectos de nuestra naturaleza.»[124]

Según su punto de vista, la racionalidad no puede considerarse un elemento exclusivo de los seres humanos. Argumentar a favor de la eminente dignidad ontológica del ser humano a partir de la racionalidad es inadecuado desde la perspectiva de Singer, porque también se detectan formas de ejercicio de la racionalidad en los animales no humanos, como por ejemplo en los chimpancés o en los delfines. Además, se puede observar a seres humanos en los que el ejercicio de la racionalidad está altamente limitado, inclusive más limitado que en algunos animales no humanos. De ahí, se deduce que si la fundamentación de la dignidad ontológica radica en la capacidad racional, el argumento se derrumba por sí solo.

Desde su perspectiva utilitarista, Peter Singer formula el principio de igual consideración de los intereses. Según este principio, en las deliberaciones morales sobre nuestras acciones, tenemos que dar la misma importancia a los intereses parecidos de todos aquellos portadores de intereses a quienes afectan nuestras acciones. El hecho de que A y B tengan un interés como los nuestros, esa noción de igualdad no depende de ninguna característica empírica o de ningún descubrimiento científico. Las nociones de interés y de portador de intereses son entendidas en su máxima generalidad.

Según Peter Singer, el principio de igualdad de los seres humanos no se fundamenta en la descripción de una supuesta igualdad real entre ellos, sino que es una norma relativa a cómo deberíamos tratarles. El principio de igual consideración se extiende a los animales. Lo que nos viene a decir es lo siguiente: Si tomamos en serio la igualdad en el seno de la especie humana, debemos también extenderla a todos los seres vivos capaces de razón.

---

124. *Ética para vivir mejor*, P. SINGER, op. cit., pp. 266-267.

El pensador australiano afirma que él no es, en sentido puro, un igualitarista biológico. No piensa que todos los animales no humanos tengan los mismos títulos para la protección de sus vidas que los que tienen los humanos. Dejando a un lado los grandes monos, Singer considera que los demás animales no humanos no tienen capacidades de autoconsciencia equivalentes a aquéllas que les pueden otorgar a los humanos un mayor derecho a la protección de sus vidas, más allá de la etapa del neonato, que a los restantes animales.

## 7. El imperativo de reducir el sufrimiento. Lectura de Jeremy Bentham

Una de las fuentes de inspiración del utilitarismo de Peter Singer se halla en la obra filosófica de Jeremy Bentham (1748-1834).[125] Para comprender, aproximadamente, la filosofía moral de Singer, resulta esencial, presentar sintéticamente algunos rasgos de la propuesta moral de Bentham. La figura y la obra de Bentham deben ser situadas en la confluencia de los ideales racionalistas de la Ilustración con la teoría rousseauniana del contrato social, que habían de conducir, en el terreno de los hechos históricos, al gran acontecimiento de la Revolución Francesa.

En la segunda mitad del siglo XVIII, llega al mundo de lo humano, individual y social el espíritu del racionalismo, que llevaba ya siglo y medio inspirando las concepciones filosóficas de su tiempo. La Ilustración y el enciclopedismo fueron los iniciadores de este movimiento. Para los ilustrados, las diversas religiones y, en general, todas las creencias que ha profesado la humanidad eran visiones meramente populares de una verdad más profunda, que es la comprensión racional, científica del Universo.

---

125. Cf. I. BENTHAM, *Works*, 11 vols., Londres, 1843.

Bentham y su utilitarismo pueden considerarse la versión inglesa de esos ideales. Su espíritu se caracteriza, ante todo, por ese racionalismo ingenuo que se cree liberador del secreto racional del universo, y que no desconfía en alcanzar soluciones fáciles y expeditas con el simple uso de la razón para problemas que pesaron durante siglos en un mundo conformado por la rutina y la ignorancia.

La idea de que los sistemas morales y jurídicos están viciados por prejuicios irracionales, y que una moral y un derecho naturales harán cesar las antinomias entre la convivencia y el interés, entre el placer y la moral, entre el provecho de cada uno y el bien de todos, inspira la obra de Bentham. A partir de aquí, se comprende su intento de una moral en que la prosecución del verdadero placer coincida con las exigencias ético-racionales. En esto consistió su utilitarismo moral, que Stuart Mill prolongaría más tarde.

En sus primeros años, Bentham convirtió en libros algunos de sus manuscritos: tal es el caso de su *Fragmento sobre el gobierno* (1776), o de su *Introducción a los principios de la moral y la legislación* (1789). La primera obra que le dio nombre fue producida en francés y publicada en París por su discípulo Éttienne Dumont, que tituló *Traités de législation civile et pénale* (1802).

El proyecto de Bentham era el de la legislación: la exploración y los fundamentos teóricos de un sistema perfecto de leyes y de gobierno. En su citada *Introducción a los principios de la moral y la legislación*, Bentham empieza el capítulo primero con esta declaración: «La naturaleza ha colocado a la especie humana bajo el gobierno de dos maestros soberanos, el dolor y el placer». Este primer párrafo termina con la proposición de que «el principio de utilidad reconoce esa sujeción y la da supuesta como fundamento del presente sistema, cuyo objetivo es edificar la fábrica de la felicidad con las manos de la razón y de la ley».

La meta de Bentham consiste en pensar como se produce la felicidad, el bienestar. Los medios son «la razón y la ley». A su juicio, la ley correcta producirá la felicidad, y la ley es la que está de acuerdo con la razón. En la *Introducción* afirma que por utilidad entiende esa propiedad que tiene cualquier objeto por la cual tiende a producir beneficio, ventaja, placer, bien o felicidad y a prevenir la ocurrencia de daño, dolor, mal o infelicidad. La corrección de las acciones depende de su utilidad; y la utilidad es medida por las consecuencias que las acciones tienden a producir. El bien, para Bentham, es la maximización del placer y la minimización del dolor. El principio de utilidad, interpretado en términos de placer y dolor, es para Bentham la única medida apropiada del valor, porque es la única comprensible.

El objetivo de aumentar la felicidad es un objetivo práctico, y Bentham presentó muchas propuestas puramente prácticas, como los coches de línea entre Londres y Edimburgo, el canal de Panamá o la congelación de los guisantes, pero la más famosa de estas singulares propuestas prácticas fue la de una prisión a la que llamó el «panóptico». Iba a ser circular a fin de que los guardianes sentados en el centro pudieran observar a los prisioneros. También habría de ser gestionada privadamente, mediante un contrato administrativo con Bentham como director. Así, pues, Bentham no sólo pretendía construir lo que él llamaba «un molino para triturar a los pícaros y hacerlos honestos», sino también obtener dinero en el proceso.

Para Bentham, resulta evidente que el hombre decide y actúa siempre por el placer o para evitar el dolor. Por tanto, una moral racional habrá de llevar al hombre a la mayor cantidad posible de placer dentro del menor dolor inevitable. La moral tradicional fundada en el sacrificio y la represión interna es una falsa moral que consagra las antinomias y el irracional del Universo. Sobre esta base e inspirado siempre por una concepción asociacionista de la vida psíquica, construye Bentham su famosa aritmética de los placeres. El hombre moral, a la vez que eficaz, calibra los placeres aplicándoles unas categorías o normas a través de las cuales se objetivan, es decir, dejan de ser un mero estado subjetivo para convertirse en un fin concreto y de todos deseable.

Esos criterios de objetivación del placer son siete, cuatro de ellos en consideración aislada de cada placer: su intensidad, su duración, su certidumbre y su distancia. Otros tres para relacionar entre sí esas situaciones: su fecundidad, o posibilidad de engendrar nuevos placeres, su pureza, o posibilidad de que provoquen su contrario, su extensión o realidad vital, que cubrirá el placer. La prudencia será, para Bentham, la virtud fundamental. Sin embargo, surge la objeción de que, si todos los hombres coinciden, más o menos, en unos mismos objetivos placenteros, si sus prudentes cálculos les conducen a análogas decisiones, se producirá un choque general de intereses, causa de mayor dolor para todos. Bentham lo resuelve de un modo optimista añadiendo a la virtud de la prudencia la de la benevolencia, por la cual el goce de los demás constituye un natural placer para el hombre. De ahí que el placer buscado racionalmente conduzca, de suyo, a la armonía general.

En *Ética práctica*, Singer cita un fragmento de Bentham donde este filósofo afirma: «Es probable que llegue un día en que el resto de la creación animal pueda adquirir aquellos derechos que jamás se les podrían haber negado a no ser por obra de la tiranía. Los franceses han descubierto ya que la negrura de la piel no es razón para que un ser humano haya de ser abandonado sin remisión al capricho del torturador. Quizá un día se llegue a reconocer que el número de patas, la vellosidad de la piel o la terminación del *os sacrum* son razones igualmente insuficientes para dejar abandonado al mismo destino a un ser sensible. ¿Qué ha de ser, sino, lo que trace el límite insuperable? ¿Es la facultad de la razón, o quizá la del discurso? Pero un caballo o un perro adulto es, más allá de toda comparación, un animal más racional, y con el cual es más posible comunicarse, que un niño de un día, de una semana, e incluso de un mes. Y aun suponiendo que fuese de otra manera, ¿qué significaría eso? La cuestión no es si pueden razonar, o si pueden hablar, sino: ¿*Pueden sufrir?*».[126]

Aunque Peter Singer cita a Jeremy Bentham en más ocasiones, el texto que precede le resulta particularmente idóneo para explicar sus intenciones y para situar su reflexión moral en la línea del utilitarismo en general. Según el filósofo australiano, el imperativo fundamental de

---

126. P. SINGER, *Ética práctica*, op. cit., p. 70.

la ética consiste en reducir el sufrimiento ajeno. Por ello, se puede calificar su ética de patocéntica, pues, según su razonamiento, la primera exigencia moral consiste en paliar ese sufrimiento. La experiencia ética, según Singer, es una experiencia de sensibilidad frente al dolor del otro, de pura compasión, de interiorización del sufrimiento ajeno.

Frente al padecimiento del otro, me siento llamado a hacer todo cuanto pueda para aliviar su sufrimiento. Se trata de una experiencia que supera los márgenes del yo, la cerrazón solipsista y el mero interés egoísta. El sufriente me convoca, me suplica ayuda y no puedo mantenerme indiferente a su llamada. Lo natural consiste en que cada cual evite su dolor y busque el placer, pero la experiencia ética me exige no sólo buscar mi placer, sino aliviar también el sufrimiento del otro. Todo ser susceptible de sufrimiento merece nuestra atención, todo ser capaz de sufrir entra dentro del campo de actuación, porque el imperativo general de la ética singeriana consiste en reducir el sufrimiento de todo ser capaz de sufrir, y eso incluye a los miembros de la especie humana, pero también a otros seres dotados de sensibilidad.

Singer relaciona estrechamente el hecho de poder sufrir con el hecho de tener intereses. Todo ser que pueda sufrir tiene intereses, aunque él no sea consciente de esos intereses que le mueven en el obrar. El interés fundamental de un ser que puede sufrir es evitar el sufrimiento y buscar el máximo placer. También puede tener el interés ético de beneficiar a los otros, de reducir su vulnerabilidad a través de la intervención. A partir de esta distinción, heredada de Bentham, Singer traza una frontera entre dos tipos de seres: los seres capaces de sufrir (los que tienen intereses) y los seres incapaces de sufrir (los que no tienen intereses). La exigencia ética se manifiesta en relación con los primeros seres que incluyen desde el reptil hasta el ser humano.

Esta clasificación, unida a la anterior, nos permite comprender el universo ético de Singer. En aquélla, distinguía entre entes vivos y no vivos y, dentro del primer conjunto, separaba a los racionales de los no racionales. El pensador australiano constata que un ente vivo racional es capaz de actuar libremente en la vida, mientras que uno carente de razón no puede hacerlo. Pero la ética singeriana no se funda en esta distinción, sino en la que hemos mentado en el párrafo anterior. La exigencia moral fundamental consiste, según él, en reducir el sufrimiento ajeno, y el sufrimiento no sólo se da en los seres vivos racionales, sino también en los que carecen de razón, pero tienen intereses. Su ética, por lo tanto, trasciende los parámetros antropocéntricos y racionalistas, pero no se proyecta hacia todo ser vivo, sino sólo hacia aquéllos que pueden padecer (es decir, que tengan intereses).

«Una piedra –afirma Singer– no tiene intereses porque no puede sufrir. No podemos hacerle nada que afecte de alguna manera a su bienestar. Un ratón, por otra parte, sí tiene interés en que no lo atormenten, porque el tormento le haría sufrir.»[127] La piedra es un ente carente de vida, mientras que el ratón es un ente vivo y además capaz de sufrir. La ética nos exige velar por su bienestar, aliviar su sufrimiento. La indiferencia frente a este sufrimiento, desde este enfoque moral, es un modo de existir indigno del ser humano.

«Si un ser sufre –dice Singer–, no puede haber justificación moral alguna para la negativa a tener en cuenta su sufrimiento. No importa cuál sea su naturaleza, el principio de igualdad exige que el sufrimiento de ese ser sea equiparado con un sufrimiento semejante al de cualquier otro ser. Si un ser no es capaz de sufrir, ni de experimentar goce o felicidad, no hay nada que tener en cuenta.»[128]

El imperativo fundamental de la ética singeriana se puede expresar, pues, en estos términos: se debe reducir toda forma de dolor ahí donde se encuentre. Esto, naturalmente, atañe a la condición humana, pero también a los animales no humanos capaces de padecer alguna forma de sufrimiento, aunque éste no fuere de carácter físico.

La cuestión del sufrimiento ocupa, pues, un lugar central en la propuesta ética de Singer. Pero, ¿cómo sabemos que los demás sufren? No podemos experimentar directamente el sufrimiento del otro, ni de un

---

127. P. SINGER, *Ética práctica*, op. cit., pp. 70-71.
128. Ibídem, p. 71.

ser humano próximo, ni de un perro abandonado. El sufrimiento que es una clara expresión de la vulnerabilidad del ser viviente sensible, nunca puede ser observado desde dentro por la persona ajena. Comportamientos como retorcerse, gritar o retirar la mano del cigarro encendido no pueden identificarse con el sufrimiento en sí mismo, sino que son expresiones gestuales, escénicas del sufrimiento que padecemos a título individual. El sufrimiento es algo que sentimos, y sólo podemos deducir que otros lo están sintiendo por varias indicaciones externas.

Casi todos los signos que nos llevan a deducir el sufrimiento en otros seres humanos pueden ser vistos en otras especies, especialmente, en las más cercanas a nosotros –las especies de mamíferos y aves. Las señales de comportamiento son retorcerse, contorsiones faciales, quejas, alaridos u otras formas de grito, intentos de evitar la fuente de dolor y apariencia de miedo ante la perspectiva de su repetición. Sabemos que los animales de los grupos citados tienen sistemas nerviosos prácticamente iguales a los nuestros, que responden psicológicamente de forma similar cuando se hallan en circunstancias en las que nosotros sentiríamos dolor: una elevación inicial de la presión en la sangre, pupilas dilatadas, transpiración, pulso agitado y, si el estímulo continúa, una caída de la presión sanguínea.

Aunque los humanos tienen una corteza cerebral más desarrollada que otros animales, esta parte del cerebro está relacionada con las funciones pensantes más que con impulsos básicos, emociones y sentimientos. Estos impulsos, emociones y sentimientos están localizados en el diencéfalo, el cual está muy desarrollado en algunas otras especies de animales, especialmente en aves y mamíferos.

A partir de la lectura de determinadas fuentes científicas, Singer concluye que no hay razones, científicas o filosóficas, para negar que los animales sienten dolor. Si no dudamos que otros seres humanos sienten dolor, no deberíamos dudar que otros animales también lo experimentan.

Para Singer, este imperativo constituye, no sólo el fundamento más universal de la ética, sino, además, el más urgente, dada la magnitud de sufrimiento que hay en el mundo. El deber de paliar el sufrimiento es prioritario a otros valores que también son legítimos en el discurso de la ética, pero que tienen un plano secundario. Singer apela a nuestra propia experiencia y nos hace ver que, cuando el dolor y el sufrimiento son agudos, todos los otros valores pasan a segundo nivel.

A lo largo de su obra, el pensador australiano se muestra muy preocupado por el sufrimiento evitable de tantos seres humanos en el mundo. Según su perspectiva, no sólo debe preocuparnos el sufrimiento de nuestros congéneres cercanos, sino el sufrimiento de cualquier ser capaz de sufrir, cercano o lejano, independientemente del grado de proximidad afectiva que tengamos con él. El sufrimiento del otro-anónimo, de ese desconocido que padece en otro lugar del mundo no me puede ser indiferente. La exigencia ética fundamental es un imperativo que no conoce de fronteras entre propios y extraños, sino que se abre a todo ser capaz de sufrir.

«Somos –dice Singer– parte del mundo, y existe una necesidad desesperada de hacer algo ahora sobre las condiciones en que vive y muere la gente, y evitar el desastre social y ecológico. No hay tiempo para dedicar nuestros pensamientos a un lejano futuro utópico.»[129]

Contra las visiones apocalípticas y utópicas de la historia, Singer considera que la filosofía moral debe aportar ideas realistas y pragmáticas para paliar el sufrimiento del mundo. En este punto, su herencia utilitarista es reconocible. Frente al sufrimiento del mundo, no acepta la resignación, pero tampoco la comprensión idealista del ser humano, según la cual éste tiene una capacidad ilimitada para progresar moralmente. Singer no es un escéptico, tampoco un utopista. Considera que podemos forjar un mundo donde haya menos sufrimiento, donde haya más bienestar. Recupera el imperativo utilitarista de minimizar el dolor y maximizar el placer, pero lo extiende a todo el planeta y a todos los seres capaces de sufrir.

---

129. P. SINGER, *Ética para vivir mejor*, op. cit., p. 276.

La ética de Singer es de carácter global y tiene una proyección planetaria. Como la ética mundial de Hans Küng o la ética de la liberación de Enrique Dussel,[130] la ética singeriana no se circunscribe dentro de un ámbito específico del mundo, sino que tiene pretensiones de universalidad, de convertirse en referente mundial. En la actualidad, tenemos conocimiento de los sufrimientos que padecen seres humanos y no humanos que viven en lugares muy lejanos de nuestro enclave geográfico, contemplamos ese dolor a través de la pequeña pantalla y nos sentimos impotentes, pero tenemos consciencia de que parte del sufrimiento podría ser evitado si el hombre interiorizara este imperativo fundamental de la ética: «Debes paliar el sufrimiento ajeno y buscar el máximo bienestar para el máximo número de seres humanos».

La ética de Singer se convierte, pues, en un proyecto mundial que, naturalmente, tiene implicaciones sociales y políticas de alto nivel, las cuales afectan tanto en el modo de distribuir la riqueza del planeta como en el modo de vivir de los occidentales en particular. Según su perspectiva, es posible reestructurar el «desorden» planetario, es viable construir un mundo más justo y más sensible, pero para ello es fundamental la educación.

El ser humano es, como dice Viktor Frankl, un animal que se pregunta por el sentido de la existencia.[131] Según Singer, tratar de paliar el dolor de los otros y preocuparse por su sufrimiento puede ser una manera de llenar de sentido la existencia. Según el filósofo australiano, la vida humana no tiene, en sí misma, un sentido preestablecido, sino que cada persona debe tratar de conquistarlo a través de su vida y del ejercicio de la razón. El sentido de la vida no es algo dado, sino algo que se conquista. Es, ante todo, un reto.

---

130. Cf. E. DUSSEL, *Ética de la liberación*, Trotta, Madrid, 1999.
131. Cf. V. FRANKL, *El hombre en busca del sentido*, Herder, Barcelona, 1995; *El hombre doliente*, Herder, Barcelona, 1998, y *La presencia ignorada de Dios*, Herder, Barcelona, 1989.

El mundo, para Singer, es el resultado aleatorio de una combinación de circunstancias y no la creación inteligente de un principio Divino que le ha comunicado un sentido desde los orígenes de los tiempos. No lleva inscrito, en sí mismo, un sentido que el ser humano debe *des-cifrar* o debe auscultar a través de las cosas. El sentido se construye con voluntad e ingenio.

«Cuando rechazamos la creencia en un dios –afirma Singer– debemos renunciar a la idea de que la vida en este planeta tiene algún significado predestinado. La vida, según nos enseñan las teorías más prestigiosas de que disponemos, se inició en una combinación aleatoria de gases, y evolucionó después por obra de mutaciones azarosas y de la selección natural. Todo eso sucedió, simplemente; no sucedió en función de ningún propósito general. Sin embargo, ahora que el proceso ha desembocado en la existencia de seres que prefieren algunas situaciones a otras, es posible que determinadas vidas sean significativas. En este sentido, los ateos pueden encontrar un sentido en la vida.»[132]

El imperativo de reducir el sufrimiento ajeno puede dar sentido a la existencia humana, pero no sólo a quienes niegan la existencia de Dios, sino también a quienes la desconocen o la afirman a través de la fe histórica. Para el cristiano, el sentido de la existencia se relaciona con Dios, pero con un Dios que padece, que se revela en la historia para paliar el sufrimiento humano y liberar la creación del mal. Como ha puesto de manifiesto la teología de la liberación del siglo XX, vivir conforme a Dios significa comprometerse en la liberación del sufrimiento de los hombres y mujeres que padecen.

Desde esta perspectiva, el imperativo de reducir el sufrimiento ajeno no sólo es un modo de dar sentido a la existencia atea, sino un modo de vivir coherentemente la creencia en un Dios-Amor que, como explica el teólogo protestante Jürgen Moltmann, padece en su seno por el sufrimiento del mundo.[133] En este punto en particular, se detecta una

---

132. P. SINGER, *Ética práctica*, op. cit., p. 268.
133. Cf. J. MOLTMANN, *El Dios crucificado*, Sígueme, Salamanca, 1986.

afinidad entre la perspectiva ética singeriana y la perspectiva cristiana, aunque él mismo no sea capaz de reconocerla.

Para Singer, el ejercicio de la compasión es una de las formas más gratas y bellas de dar sentido a la existencia humana. La persona que viva de esta manera «no sentirá que su vida es aburrida o carece de plenitud. Y, aun más importante, sabrá que no ha vivido y muerto para nada, porque habrá pasado a formar parte de la gran tradición de aquellos que han reaccionado ante la gran cantidad de dolor y sufrimiento que hay en el mundo y han intentado convertirlo en un lugar mejor».[134]

## 8. El racismo y los intereses de especie

Peter Singer considera que el principio de igualdad que se aplica entre los seres humanos debería extenderse también a otras especies. Según su punto de vista, no hay motivos lógicos para considerar que los seres humanos deben ser tratados equitativamente, pero los animales no merecen el mismo trato. «El principio básico de la igualdad –afirma– no exige un *tratamiento* igual o idéntico, sino una misma consideración. Considerar de la misma manera a seres diferentes puede llevar a diferentes tratamientos y derechos.»[135]

En efecto, el trato equitativo no significa, necesariamente, el trato homogéneo, sino el hecho de tener la misma consideración moral. Singer no afirma que se deba tratar al ser humano *como* a un animal, ni que se deba tratar al animal *como* a un ser humano, sino que lo que sostiene es que debemos tener igual consideración moral por el sufrimiento de un ser humano que por el sufrimiento de un ser no humano, porque el imperativo básico de la ética exige la reducción del sufrimiento

---

134. P. Singer, *Ética para vivir mejor*, op. cit., p. 277.
135. P. Singer, *Liberación animal*, op. cit., p. 38.

de todo ser capaz de experimentarlo. El sufrimiento humano tiene unas formas que no son exactamente iguales a las del sufrimiento animal, pero ello no significa que podamos prescindir de su padecimiento. Se debe atender a todo ser capaz de sufrimiento según la forma que tenga su naturaleza.

El ser humano, dada su naturaleza racional, es capaz de unas formas de sufrimiento que trascienden el plano sensitivo y que requieren de una asistencia específica. El sufrimiento moral, la culpabilidad, el resentimiento, el complejo de inferioridad, la crisis religiosa, la caída en el nihilismo, la humillación, la desesperación, la sed de venganza y otras formas de padecimiento, intrínsecamente humanas, merecen una atención particular, pero ello no significa que el sufrimiento de los seres humanos nos pueda ser indiferente. Lo que defiende Singer es que debemos explorar las formas de sufrimiento en estos seres y hacer todo cuanto sea posible para paliarlas.

«La igualdad –afirma Singer– es una idea moral, no la afirmación de un hecho. No existe ninguna razón lógicamente persuasiva para asumir que una diferencia real de aptitudes entre dos personas deba justificar una diferencia en la consideración que concedemos a sus necesidades e intereses. El principio de igualdad de los seres humanos no es una descripción de una supuesta igualdad real entre ellos: es una norma relativa a cómo deberíamos tratar a los seres humanos.»[136]

La mayoría de los seres humanos, sostiene Peter Singer, tienen el prejuicio de la especie. En general, partimos de la idea de que nuestro dolor, el dolor humano, es más doloroso que el del animal, pero, según el filósofo australiano, no hay pruebas empíricas, ni posible verificación de esta afirmación. De hecho, es imposible ponerse en la perspectiva interior de otro ser vivo. No sabemos exactamente cómo padece un perro, ni qué siente cuando se queja. Podemos inferir que sufre en virtud de una serie de variables, pero no sabemos exactamente lo que ocurre en su interior. De hecho, esta dificultad, aunque en un sentido

---

136. Ibídem, p. 40.

menor, ya es perceptible entre los miembros de una misma especie. Cuando otro ser humano dice que sufre dolor de muelas, no sabemos exactamente lo que está sufriendo, pero podemos imaginarlo si nosotros hemos padecido un dolor similar. Resulta difícil comprender el sufrimiento ajeno, cuando se trata de algo desconocido, de una experiencia que no podemos imaginar.

Peter Singer, a lo largo de sus obras, critica intensa y extensamente el especieísmo que, según él, consiste en afirmar que existe una frontera entre los animales y los humanos y que esta frontera es infranqueable cuando hacemos consideraciones morales sobre los humanos. Define el especieísmo como «un prejuicio o actitud parcial favorable a los intereses de los miembros de nuestra propia especie y en contra de los de otras».[137] En tanto que prejuicio, el especieísmo sólo puede ser superado a través de la educación, pero no de cualquier educación, puesto que hay formas de educar que, en lugar de liberar, acrecientan los prejuicios y se convierten en sistemas de adoctrinamiento.

Peter Singer, como Karl Popper y antes que él John Stuart Mill, es partidario de una educación liberal, crítica y democrática, capaz de superar los prejuicios heredados de la tradición occidental. Combatir ese prejuicio de especie constituye una tarea que, en la obra de Peter Singer, no sólo se mueve en el plano intelectual, sino también en el plano político. Su proyecto *Gran Simio* tiene una íntima relación con esta voluntad de defensa activa de los derechos de los animales.[138]

De hecho, su libro mundialmente conocido, *Liberación animal* (1975), supera los cauces estrictamente filosóficos y académicos y es considerado por muchos promotores de la defensa de los animales como una especie de manifiesto fundacional. El tono combativo y el estilo claro y ameno del texto en cuestión obedecen, claramente, a esta finalidad... Puede afirmarse, sin temor a la hipérbole, que Peter Singer es uno de los filósofos que, en la actualidad, tiene mayor influjo y pre-

---

137. Ibídem, p. 42.
138. Cf. P. SINGER, *Desacralizar la vida...*, op. cit., pp. 169-180.

sencia en todo el planeta, y no sólo en el mundo europeo. Su lucha en defensa de la equidad entre hombres y animales, su ética de la compasión universal y su utilitarismo de base explican su buena recepción.

Peter Singer considera que la práctica de la liberación no ha alcanzado su apogeo. En el siglo XIX, los grandes utopistas sociales, Karl Marx entre ellos, sentaron las bases filosóficas y políticas para una liberación de la clase proletaria de la esclavitud del liberalismo y de la industrialización. En el siglo XX, las sufragistas inglesas y, posteriormente, las feministas francesas, Simone de Beauvoir entre ellas, reivindicaron los derechos de las mujeres y su dignidad, promoviendo la liberación de la condición femenina del yugo machista tan profundamente arraigado a la cultura occidental.[139] Sigmund Freud y después de él Herbert Marcuse y otros sentaron las bases de la liberación sexual, la destabuización de la naturaleza sexuada del ser humano y su tratamiento público en el mundo social, literario y audiovisual. Los teólogos de la liberación, siguiendo, sin complejos, las doctrinas de Jesús de Nazaret en el marco conceptual de la filosofía marxiana más genuina, sentaron las bases para una liberación de los pueblos oprimidos, de los pueblos indígenas y de las minorías étnicas explotadas por los grandes monopolios. El pensador australiano pretende situarse en esta cadena de liberaciones, proclamando la liberación animal, es decir, la igual consideración de derechos de los entes vivos capaces de sufrir.

Su famoso libro, *Liberación animal,* concluye de la siguiente manera: «La liberación animal necesitará un altruismo mayor por parte de los seres humanos que cualquier otro movimiento de liberación. Los animales son incapaces de exigir su propia liberación, o de protestar mediante votaciones, manifestaciones o boicots contra su condición. Los seres humanos tienen el poder de continuar oprimiendo siempre a otras especies, o hasta que hagamos que este planeta se vuelva inhabitable para los seres vivos. ¿Continuará nuestra tiranía, confirmándose

---

139. *El Segundo sexo* de Simone de Beauvoir constituye un hito dentro del feminismo europeo.

así que somos los tiranos egoístas que los poetas y filósofos más cínicos han pensado siempre que somos? ¿O nos alzaremos ante el desafío y probaremos nuestra capacidad de comportarnos con auténtico altruismo, poniendo fin a la cruel explotación de las especies en nuestro poder, no porque nos veamos forzados a ello por rebeldes o terroristas, sino porque reconozcamos que nuestra postura es moralmente indefendible?».[140]

Singer sostiene que el especieísmo incurre en el mismo error que el racismo. Utiliza los argumentos morales contra el racismo, contra la segregación por razones de raza, para refutar el especieísmo. Compara conceptualmente el racismo con el especieísmo: «Existe –dice– un paralelismo entre nuestras actitudes hacia los animales no humanos y las actitudes de los racistas hacia aquéllos que consideran miembros de una raza inferior. En ambos casos hay un grupo interno que justifica su explotación de un grupo externo, aludiendo a una distinción que carece de verdadera significación moral».[141]

A su juicio, el racismo es una moral segregacionista dentro de la esfera humana, mientras que el especieísmo es una moral segregacionista interespecies. Según su punto de vista, la conquista de la igualdad no descansa en la posesión común de inteligencia, personalidad moral, racionalidad o características equivalentes, sino que la igualdad es un principio ético básico y no una afirmación de hecho.

Hay seres humanos que sufren, porque anticipan el dolor, tienen memoria, imaginan lo que puede venir. En otros animales, donde dichas facultades no se dan, tampoco se da, lógicamente, el dolor asociado a tales propiedades. Pero esto, ¿legitima que la persona debe ser más protegida frente al dolor porque puede padecer más? Este argumento es fatal, porque, en caso afirmativo, los seres humanos que no tuvieran esta capacidad de anticipación o de memoria sufrirían menos y por lo tanto merecerían la misma consideración que un animal no humano.

---

140. P. SINGER, *Liberación animal*, op. cit., p. 299.
141. P. SINGER, *Repensar la vida y la muerte*, Paidós, Barcelona, 1997, p. 173.

«Nos guste o no –afirma Singer–, tenemos que reconocer el hecho de que los humanos tienen formas y tamaños diversos, capacidades morales y facultades intelectuales diferentes, distintos grados de benevolencia y sensibilidad ante las necesidades de los demás, diferentes capacidades para comunicarse con eficacia y para experimentar placer y dolor. En suma, si cuando exigimos igualdad nos basáramos en la igualdad real de todos los seres humanos, tendríamos que dejar de exigirla.»[142]

En el fondo, Singer pretende extender el principio moderno de la igualdad, segundo principio de la trilogía de la Revolución Francesa, a todos los entes vivos capaces de sufrimiento. Reformula la equidad tal y como ha sido desarrollada en el pensamiento ilustrado y tal y como se recoge en el espíritu y la letra de la *Declaración Universal de los Derechos del Hombre* (1948), y amplía su campo de aplicación a todo ser capaz de sufrir. Entiende que este proceso de amplificación significa un progreso moral para la humanidad y para el conjunto de la tierra, una superación del racismo en todas sus formas.

«Si un ser sufre –dice Singer–, no puede haber justificación moral para negarse a tener en cuenta este sufrimiento. Al margen de la naturaleza del ser, el principio de igualdad exige que –(...)– su sufrimiento cuente tanto como el mismo sufrimiento de cualquier otro ser. Cuando un ser carece de la capacidad de sufrir, o de disfrutar o ser feliz, no hay nada que tener en cuenta. Por tanto, el único límite defendible a la hora de preocuparnos por los intereses es el de la sensibilidad.»[143]

Del mismo modo que, en épocas pretéritas, nos dimos cuenta de que todos los seres humanos, a pesar de ser distintos racial y étnicamente, debemos ser tratados equitativamente, ahora se impone la tarea de dar un paso más en este reconocimiento de la equidad universal e incluir dentro del campo de la consideración moral a los seres vivos no humanos capaces de sufrimiento.

---

142. P. Singer, *Liberación animal*, op. cit., p. 39.
143. Ibídem, pp. 44-45.

«El dolor y el sufrimiento –afirma Singer– son malos y deben ser evitados o reducidos al mínimo, independientemente de la raza, el sexo o la especie del ser que sufre. Lo que haga sufrir un dolor depende de su intensidad y del tiempo que dure, pero dolores de la misma intensidad y duración hacen sufrir lo mismo, ya sea un humano o un animal quien los sienta. Cuando llegamos a considerar el valor de la vida, no podemos decir con tanta seguridad que una vida es una vida, e igualmente valiosa, se trate de una vida humana o de una vida animal. No estaríamos ejemplificando el prejuicio de la especie si sostuviéramos que la vida de un ser consciente de sí, capaz de pensamiento abstracto, de planear para el futuro, de actos comunicativos complejos y cosas semejantes, es más valiosa que la vida de un ser sin tales capacidades.»[144]

Esta postura de Singer puede denominarse, siguiendo la terminología del profesor Manuel Cuyás, una perspectiva unificante. La perspectiva unificante se caracteriza, según él, por borrar «toda diferencia específica entre seres inanimados, vegetales, animales y personas a favor de una evaluación general, basada más en factores emocionales que en conocimientos reflejos. Una supuesta distinción entre el valor y el ser, el temor a establecer discriminaciones de tipo racista, la ideología materialista y la pretendida reproducción en la ontogénesis de la evolución filogenética convergen en aceptar sin demasiado rigor científico esta interpretación, la cual está de acuerdo, por lo demás, con el sentir espontáneo».[145]

Contrariamente a lo que opina Manuel Cuyás, no creemos que la posición de Singer sea totalmente unificante, sino sólo parcialmente, pues el principio de igual consideración moral sólo se aplica a los seres capaces de sufrir y, como consecuencia de ello, se excluye a seres vivos e inanimados que no tienen la capacidad de sufrir. Desde una perspectiva unificante total, todo ente, vivo o inerte, capaz o incapaz de sufrir, debe ser respetado por el mero hecho de existir. Desde esta perspectiva unificante, el planteamiento de Singer, aunque supera los moldes

---

144. P. SINGER, *Ética práctica*, op. cit., p. 75.
145. M. CUYÁS, *Cuestiones de bioética*, op. cit., p. 40.

antropocéntricos, todavía es heredera de una visión discriminante, pues, según ella, no todos los seres merecen la misma atención.

El autor de *Liberación animal* se muestra muy crítico con toda forma de particularismo. Como se ha dicho anteriormente, su pensamiento tiene una dimensión universal. En el plano político, critica intensamente la política exterior norteamericana de la Administración Bush y, en su libro *One world* (2002),[146] considera que la reducción de sufrimiento es un imperativo que tiene que afectar a todo ser humano, y ello significa que no se debe considerar sólo el sufrimiento de los propios y olvidar el de los extraños. Se muestra muy contrario a toda forma de imperialismo y al tratamiento desigual del sufrimiento ajeno. Las víctimas deben ser atendidas por el hecho de ser víctimas, no por el hecho de ser de una comunidad nacional o de un determinado Estado. El sufrimiento no conoce fronteras y la exigencia ética cruza cualquier consideración de orden tribal.

Tal y como lo expresa en el ensayo mentado en el párrafo anterior, los terroristas que destruyeron las torres gemelas el 11-S y los propietarios de coches deportivos que producen gases tienen que ser juzgados con igual rigor, porque los primeros matan a personas instantáneamente, mientras que los otros matan a más gente, pero a largo plazo. En el aspecto político, introduce el concepto de ciudadanía mundial y sostiene que se debe cambiar la idea de comunidad y superar determinados tics etnocéntricos desde donde se separan propios y extraños. Para Singer, el ser humano que vive en el Afganistán resulta tan importante y respetable como el que vive en Manhattan, de igual modo que el sufrimiento de un chimpancé y el de un niño recién nacido son igualmente dignos de consideración, aunque requieren de prácticas paliativas distintas.

En este libro, *One World*, como en *Una izquierda darwiniana* (1999), Singer expone sus tesis políticas que están íntimamente conectadas con

---

146. Ha sido publicado en español, durante la redacción de este libro, bajo el título *Un solo mundo*, Trotta, Madrid, 2003.

su visión de los animales y con la voluntad de reducir el sufrimiento del mundo. Según Singer, la cooperación mundial constituye una exigencia ética y es la única forma de realización global. La idea de «América primero» y de poner los intereses americanos en primer lugar resulta insostenible desde sus tesis del igualitarismo de derechos. Siguiendo la terminología de Timothy Garton Ash, Peter Singer considera que esta tesis responde a un «código moral perverso».

Una de las preocupaciones más reiteradamente expresada en la obra de Singer tiene que ver con el inmenso problema del hambre en el mundo. El autor de *Liberación animal* (1975) considera que el único modo de cambiar esta situación consiste en que el ciudadano rico regale al ciudadano pobre todo lo que no sea imprescindible para él. En este tema en particular, recoge algunas ideas de origen marxista y cristiano (muy a pesar suyo). Desde su punto de vista, una política real no puede desarrollarse sin considerar las condiciones para una reducción global del sufrimiento.

9. La experimentación: animales humanos y no humanos

La reflexión sobre los criterios que deben tenerse en cuenta en la experimentación con seres humanos constituye un capítulo central de la ética médica y de la bioética clínica en general. Desde la formulación del conocido *Código de Núremberg* (1946), elaborado con posterioridad a la Segunda Guerra Mundial (1939-1945), hasta las últimas declaraciones a propósito de la experimentación con células-madre de embriones sobrantes, la experimentación constituye un tema problemático en bioética.[147]

---

147. Sobre esta cuestión, ver: F. Abel, *Bioética: orígenes, presente y futuro*, op. cit.

A pesar de que no hay un consenso total en determinados ámbitos de experimentación, como, por ejemplo, el que atañe a la vida humana en sus estados incipientes, la comunidad internacional ha ido elaborando una serie de documentos y de declaraciones que forman un poso ético y constituyen un criterio común a la hora de discernir qué es lícito y qué no es lícito cuando se experimenta con seres humanos. En estos documentos, se alude también al modo de experimentar con la vida no humana, pero en unos parámetros distintos a los que se tienen en cuenta con miembros de la especie humana.

Peter Singer aborda esta temática desde su ética patocéntrica y desde su principio de igual consideración de los intereses. Sus reflexiones sobre la experimentación humana y animal pueden resultar sorprendentes y hasta provocativas en determinados contextos, pero son una consecuencia lógica de sus premisas. Singer considera que, en estos grandes documentos consensuados por la comunidad internacional, prevalece el racismo de especie y, como consecuencia de ello, se juzga diferentemente la experimentación con seres humanos que con animales. Singer no entiende por qué razones la experimentación con seres capaces de sufrimiento debe tener en cuenta el criterio de especie.

No cabe ninguna duda que la experimentación es una *praxis* necesaria para el desarrollo de las ciencias médicas, pero ésta no puede efectuarse sin el respeto a unos determinados principios éticos. El pensador australiano aplica sus criterios utilitaristas a la experimentación. Desde su punto de vista, una experimentación es lícita si busca el máximo bien para el máximo número de personas (principio de maximización del placer), o bien si es una experimentación que busca paliar el mal para el mayor número de personas.

Además de ello, la experimentación debe cumplir otro requisito: debe evitar generar sufrimiento. De ahí que el modo de ejercerla sea muy importante en la perspectiva singeriana, pues aunque los fines de la experimentación fueran el máximo bien para el máximo número de personas, la forma que debe tener ésta debe evitar causar sufrimiento a todo ser capaz de ello, ya sea ente humano o no humano.

Según el pensador australiano, no existen criterios racionales para que tengamos en consideración el sufrimiento de los seres humanos y no consideremos el sufrimiento de los animales capaces de sufrir. La idea de que primero deben ser utilizados los animales como material de experimentación constituye una tesis muy asumida por la comunidad internacional y, sin embargo, Peter Singer, consecuente con sus *presupuestos*, la rehúye. Cree que, en el fondo, el único motivo para considerar que el sufrimiento de un niño recién nacido o de un oligofrénico profundo debe ser más digno de protección que el de un gorila o un delfín es de carácter especieísta. A su juicio, se le considera preferentemente porque es padecido por un miembro de la especie humana, pero no porque haya razones objetivas para ello.

«Si los experimentadores –dice– no están dispuestos a usar huérfanos humanos con daños cerebrales graves e irreversibles, cabe pensar que su disposición a usar animales no humanos es discriminatoria sobre la base exclusiva de la especie, ya que simios, monos, perros, gatos e incluso ratas y ratones son más inteligentes, se percatan más de qué es lo que les está sucediendo, son más sensibles al dolor, etcétera, que muchos humanos con lesiones cerebrales que apenas se limitan a sobrevivir en hospitales y otras instituciones. No parece que haya ninguna característica moralmente relevante que se observe en tales humanos, y de la que carezcan los animales no humanos.»[148]

Por ello, concluye Singer: «Los experimentadores muestran, pues, un prejuicio a favor de su propia especie toda vez que llevan a cabo experimentos con animales no humanos con fines que no les parecerían justificados si para lograrlos hubieran de usar seres humanos de igual o inferior nivel de sensibilidad, consciencia, percatación... Si este prejuicio fuera eliminado, se reduciría sensiblemente el número de experimentos practicados con animales».[149]

---

148. P. SINGER, *Ética práctica*, op. cit., p. 81.
149. Ibídem.

Peter Singer considera que el especieísmo tiene como consecuencia una práctica de la experimentación que discrimina a los animales no humanos. «La práctica de la experimentación con animales no humanos tal como se está extendiendo hoy en todo el mundo –afirma Singer– revela las consecuencias del especieísmo.»[150]

Critica, con ímpetu, el modo de experimentar con animales tal y como se lleva a cabo en determinados laboratorios científicos de universidades europeas y norteamericanas. Cita muchos ejemplos reales de crueldad tolerada, de insensibilidad frente al sufrimiento ajeno, de falta de pericia y de sentido de dignidad. Alude a que determinadas medidas para reducir el sufrimiento animal tienen consecuencias de orden económico que los laboratorios quieren ahorrarse para poder rentabilizar mejor sus inversiones económicas.

«Toleramos –dice Singer– crueldades con miembros de otras especies que nos enfurecerían si se hicieran con miembros de la nuestra. El especieísmo hace que los investigadores consideren a los animales con los que experimentan como una parte más del instrumental, útiles de laboratorio y no criaturas vivas que sufren.»[151]

Cabe decir que en las citadas declaraciones, se impone la necesidad de evitar el sufrimiento al animal y de paliar su dolor durante el proceso de experimentación, lo que significa que una cierta sensibilidad hacia los miembros de otras especies es patente en aquellos textos. Otra cosa es la realidad y los intereses económicos que hay en juego. En cualquier caso, la propuesta singeriana es igualitarista y, en este sentido, es desafiante.

«La explotación de los animales de laboratorio –constata Singer– es parte del más amplio problema del especieísmo y es poco probable que se elimine del todo mientras no eliminemos el propio especieísmo. Seguramente algún día los hijos de nuestros hijos, al leer lo que se hacía en los laboratorios en el siglo XX, sentirán ante lo que era capaz de hacer

---

150. P. SINGER, *Liberación animal*, op. cit., p. 72.
151. Ibídem, p. 107.

gente que, por lo demás, era civilizada el mismo horror e incredulidad que sentimos hoy nosotros cuando leemos las atrocidades de los gladiadores de los circos romanos o del comercio de esclavos en el siglo XVIII.»[152]

## 10. Crítica a la sacralidad de la vida humana

En varios de sus trabajos filosóficos, Peter Singer no sólo cuestiona la sacralidad de la vida humana, sino que la crítica de un modo beligerante.[153] «Cuando la gente dice que la vida es sagrada —afirma Singer—, en lo que está pensando es en la vida humana. Cabe preguntarse por qué ha de tener ésta un valor especial.»[154]

En efecto, Singer trata de poner en tela de juicio esta afirmación tradicionalmente aceptada desde la filosofía de corte judeocristiano. Según esta filosofía, la vida humana es una realidad sagrada, en la medida en que es expresiva, por sí misma, de la realidad intangible de Dios. El ser humano, tal y como es descrito en el *Génesis*, es imagen y semejanza de Dios y, en cuanto tal, tiene un valor sagrado, porque su existencia se refiere a Dios como causa primera y causa final. Esto significa que el contacto con la persona humana tiene un valor simbólico, sacramental, pues, en tanto que primer analogado, es un ente que está referido, por naturaleza, al Creador.

Desde la fenomenología de la religión, se distingue entre lo profano y lo sagrado. Esta distinción, que ha sido ampliamente estudiada por Mircea Eliade, el conocido autor del *Tratado de Historia de las*

---

152. Ibídem, p. 133.
153. A finales del año 2003, se publicó en español un conjunto de artículos de Singer en forma de libro: *Desacralizar la vida humana. Ensayo de ética*, op. cit. El título es muy significativo.
154. P. Singer, *Ética práctica*, op cit., p. 97.

*Religiones*, es la que Peter Singer se dispone a criticar por sus consecuencias segregacionistas en el campo de la ética. Al determinar que una realidad tiene una naturaleza sagrada, ello tiene como consecuencia una atribución de valor cualitativamente distinto de aquélla que se considera, simplemente, como profana. Esta diferencia es, a juicio de Peter Singer, totalmente gratuita y no obedece a razones lógicas y objetivas, sino a prejuicios heredados de la tradición que están arraigados en el inconsciente colectivo, en eso que algunos denominan el sentido común, pero que, según la perspectiva singeriana, puede ser muy nociva.

Los espacios, tiempos, objetos y animales sagrados representados en las distintas tradiciones simbólicas difieren entre sí, pero la diferencia entre lo sagrado y lo profano subsiste como un rasgo común en las grandes religiones y ello tiene consecuencias en el orden de la dignidad y del respeto.

Al afirmar que la vida humana es sagrada, se afirma implícitamente que las otras formas de vida, conscientes o inconscientes, racionales o irracionales, son profanas y, por lo tanto, no son merecedoras del mismo respeto, porque no se refieren directamente a Dios. En esta tradición, los seres humanos son considerados como seres únicos porque, aunque forman parte del mundo físico de los animales, tienen almas inmortales y, por tanto, están vinculados con los ángeles y con Dios.

Peter Singer explora someramente la teología cristiana y trata de comprender las razones que se aducen desde ella para mantener coherentemente el carácter, ontológica y axiológicamente, superior de la vida humana respeto a los otros entes vivos. El teólogo cristiano Joseph Fletcher, citado por Singer, elabora una serie de rasgos comunes a toda vida humana que, según su argumentación, sólo se dan en el ser humano y que justifican esta consideración moral superior. Según Fletcher, los indicadores de la vida humana son: la consciencia de sí, el dominio de sí, el sentido del futuro, el sentido del pasado y la capacidad de relacionarse con otros, de preocuparse por otros, de comunicación y de curiosidad.

Singer critica las categorías de Fletcher. En primer lugar, cuestiona que estas categorías sean exclusivamente humanas y, en segundo lugar, pone de manifiesto que muchos miembros de la especie humana no son poseedores de estos rasgos diferenciales. Existen seres humanos que, por carencias constitutivas de su naturaleza, por ser víctimas de patologías mentales muy severas o, simplemente, por tener un grado de desarrollo muy elemental, no son capaces de tener consciencia de sí, dominio de sí, sentido del futuro, sentido del pasado o de relacionarse con los otros. A partir de ahí, Singer llega a la conclusión de que estos criterios no son viables para delimitar una diferencia de dignidad ontológica y axiológica entre la vida humana y la no humana.

«El feto, el vegetal humano gravemente retardado e incluso el recién nacido –dice Singer– son todos indiscutiblemente miembros de la especie homo sapiens, pero ninguno de ellos tiene consciencia de sí, ni sentido del futuro, ni la capacidad de relacionarse con otros.»[155]

Singer llega a la conclusión de que es necesario desacralizar la vida humana, considerarla como una manifestación de la vida que, en tanto que susceptible de sufrimiento, debe ser respetada y atendida, pero no en mayor grado que a otros entes vivos y sensibles. La idea de la sacralidad de la vida humana preserva a ésta de la destrucción.

Frente a ello, Singer reivindica el respeto hacia toda forma de vida y considera que debemos vivir haciendo el menor mal posible. La opción por la alimentación vegetariana, que él mismo defiende en su vida personal, obedece, probablemente, a este fin. Según la interpretación singeriana de la teología cristiana, interpretación que, posteriormente, será objeto de una minuciosa crítica, sólo la vida humana puede considerarse sagrada, mientras que las otras formas de vida son profanas y están creadas para servir al ser humano. De ahí se desprende, naturalmente, que matar a un animal no humano es matar a un ser que Dios ha dispuesto para este fin. Es como matar una cosa, un objeto material, un ser que ni siquiera es consciente, no un sujeto de derechos.

---

155. Ibídem, p. 99.

El pensador australiano critica, igualmente, la ética de Jesús de Nazaret por considerarla poco respetuosa hacia la vida no humana, pero, en cambio, salva las tradiciones orientales y, en particular, el budismo.

No cabe duda que esta hermenéutica de la ética cristiana es muy discutida por los teólogos. La idea de fraternidad cósmica, que está latente en el mensaje liberador de Jesús de Nazaret, es consustancial a la ética cristiana y se halla manifiesta en algunos hitos de la historia de la tradición cristiana, como, por ejemplo, en la vida, la espiritualidad y la obra de san Francisco de Asís. Peter Singer considera que *il poverello* de Asís constituye una excepción, una *rara avis* en el conjunto de la tradición cristiana que califica de hegemónicamente antropocéntrica.

Según el teólogo protestante Jürgen Moltmann, mientras la dignidad especial del hombre se defina mediante su delimitación respecto al animal y por contraposición a los otros seres vivientes, ese concepto favorece el dominio del hombre sobre los otros seres vivos y actúa como enemigo de la vida. A su juicio, «sólo la definición teológica de la dignidad del hombre a partir de su semejanza con Dios, y por tanto, de la relación en la que Dios se pone con el hombre puede superar el antropocentrismo hostil a la naturaleza, porque puede renunciar a delimitaciones y separaciones».[156]

Aunque en sentido estricto, la expresión *sacralidad de vida* no se identifica, necesariamente, con la expresión *santidad de vida*, Singer utiliza indistintamente ambas expresiones para referirse a la idea cristiana de vida humana. Sin embargo, desde la perspectiva cristiana, la vida humana, aunque fuera sagrada por su origen, por su fin y por ser expresión análoga de la belleza, bondad y unidad de Dios, podría no ser santa, porque la santidad no es algo que se diga *per se*, sino algo que se conquista a lo largo de una vida y que depende esencialmente de la gracia del Espíritu y de la obediencia incondicional a Dios.

---

156. J. MOLTMANN, *Hombre, humanidad y naturaleza*, op. cit., p. 313.

A lo largo de su obra, Peter Singer contrapone conceptualmente estas dos expresiones: la calidad de vida *(quality of life)* y la santidad de vida *(sanctity of life)*. Desde su punto de vista, ambas expresiones son antinómicas. Si se parte de la concepción de la vida humana como algo sagrado, se llega a unas conclusiones radicalmente opuestas a si se parte de la noción de calidad de vida.[157]

Desde la primera acepción, la vida humana es, en sí misma, un don de Dios, algo que, en cuanto tal, no pertenece en sentido propio al ser humano, sino que le es dado gratuitamente por Dios. Desde esta perspectiva, el ser humano no es el soberano de su vida, no puede decidir entre vivir o no vivir, sino que, como dice Peter Singer, está obligado a vivir, a pesar de que esa vida ya no tenga una mínima calidad desde sus parámetros personales.

La expresión *calidad de vida*, tal y como la interpreta Peter Singer, se opone a la concepción de la vida como algo sagrado. La determinación de la calidad que debe tener una vida para ser vivida depende de una evaluación individual. Esta evaluación tiene en cuenta muchos factores sociales, económicos, afectivos, religiosos y biológicos, entre otros.

Según Singer, cada cual debe evaluar si merece o no la pena vivir. Existen seres humanos que, por la razón que fuere, no pueden evaluar las razones de su existencia. Singer reconoce que estos sujetos no tienen capacidad de decidir, pero quienes les cuidan y tienen una responsabilidad civil sobre ellos pueden decidir poner punto final a su existencia si consideran que el cómputo de males y beneficios resulta negativo.

Según la ética singeriana, nadie está obligado a vivir por imperativo divino, sino que cada cual tiene el derecho de disponer de su propia vida. En principio, no se puede disponer de la vida de otro ser humano, pero sí se puede disponer de la propia vida. Cuando el cómputo de

---

157. He desarrollado conceptualmente esta expresión en *Ética del cuidar. Fundamentos, problemas y contextos*, Mapfre Medicina-Institut Borja de Bioètica, Barcelona, 2001.

sufrimientos y de bienes que uno es capaz de evaluar resulta negativo o desfavorable para el sujeto, Singer considera que no hay ninguna razón para que deba permanecer en la existencia.

Para el pensador australiano, la expresión *santidad de vida* resulta, en el fondo, privativa de libertad. Según él, cuando se apela a esta expresión, el sujeto pierde libertad de movimientos. Por ello, desde su perspectiva eminentemente liberal y utilitarista, se condena esta expresión, por considerarse un anacronismo, un residuo del pasado. A su juicio, no debe ser utilizada en las discusiones bioéticas en un marco secular, postmoderno y plural.

Otros filósofos como Norbert Hoerster defiende una tesis similar a la de Peter Singer. Según Hoerster, por ejemplo, el valor que una determinada vida posee, considerado de un modo realista, no es más que el conjunto de valoraciones o de estimaciones que van asociadas al transcurso de ella. En este sentido, puede distinguirse entre el valor extrínseco de una vida (valoraciones asumidas desde el punto de vista de otro o de la misma sociedad) y su valor propio (valoraciones asumidas según el propio criterio de su portador).

Peter Singer, como Georg Meggle, Norbert Hoerster y John Harris, considera que la vida humana no es, en modo alguno, sagrada. La tesis de la sacralidad o de la indisponibilidad fundamental de la vida humana constituye, desde su punto de vista, un prejuicio carente de sentido crítico. Según su prisma intelectual, la pretensión de salvaguardar la vida humana presupone que ésta posee facultades que justifican tal pretensión.

Desde este ángulo de miras, si una persona considera que, por las razones que fuere, su vida ya no tiene una mínima calidad para ser vivida o es capaz de anticipar que su vida, a corto o a largo plazo, dejará de tener la calidad suficiente para que merezca ser vivida, tiene derecho a decidir poner punto final a la misma, pues la vida le pertenece.

«Esta postura –constata Singer– se da de bruces con la doctrina convencional sobre la santidad de la vida humana, pero hay dificultades bien conocidas a la hora de defenderla en términos seculares, sin sus tradicionales sustentos religiosos. (¿Por qué, por ejemplo, si no es por estar hechos los seres humanos a imagen de Dios, debe la frontera de la vida sacrosanta coincidir con el límite de nuestra especie?).»[158]

Esta contraposición semántica entre *calidad de vida* y *santidad de vida* tiene una cierta tradición en la bioética de corte angloamericano,[159] sin embargo, no siempre es planteada de modo antinómico. Algunos teólogos protestantes y católicos consideran que el hecho de que la vida humana sea sagrada no significa que carezca de libertad, sino que precisamente la libertad constituye su rasgo más divino, a pesar de que puede ser empleada de modos negativos.

La búsqueda de la calidad de vida constituye un imperativo desde la ética cristiana, lo que significa que no deben comprenderse como expresiones excluyentes. El argumento que aportan los teólogos es el siguiente: dado que la vida humana es sagrada, constituye un deber fundamental velar por su calidad en todos los sentidos y en todas las dimensiones (biológicas, sociales, psicológicas, espirituales, económicas y afectivas). Desde esta perspectiva, el deseo de morir, la obsesión por poner punto final a la propia existencia es, muy frecuentemente, aunque no siempre, consecuencia de no haber ofrecido una mínima calidad de vida a las personas que padecen.

Lo expresa Francesc Abel en un artículo publicado en la prensa catalana: «No creo que sea el dolor físico insoportable el que lleve a muchos o algunos pacientes con procesos de pronóstico fatal y a enfermos terminales a desear la muerte antes de seguir viviendo. Es, generalmente, el desánimo, la depresión, la soledad y el sentimiento de "ya no servir para nada salvo estorbar" el que alimenta el deseo de morir. Es el silencio ante la realidad, o la palabra vacía y la presencia huidiza de médicos

---

158. P. SINGER, *Una vida ética. Escritos*, Taurus, Madrid, 2002, p. 353.

159. Cf. J. BOYLE, «*Quality of life*»: *an ambiguous expression: relationship of quality of life to sanctity of life*, en Ethics & Medics 15 (1990) 1-2; D. R. CUTLER (ed.), *The sanctity of life*, Beacon Press, Canada, 1969, y J. M. HUMBER, F. ALMEDER (ed.), *Biomedical ethics reviews*, Humana Press, New Jersey, 1983.

y familiares cuando el pronóstico es fatal. Es la falta de preparación de los equipos que han de tratar a enfermos moribundos para abordar adecuadamente los aspectos no técnicos la causa de que permanezca la angustia de la que los profesionales de la medicina son a la vez víctimas y agentes involuntarios. Es la falta de condiciones en los centros donde se atiende a enfermos terminales para poderlos atender adecuadamente llegado el momento. Es la ignorancia de quienes han seguido tratando agresivamente la enfermedad de un paciente, hasta olvidar que su bien integral exige otra conducta. Es la ignorancia de quienes han seguido enormes progresos de la medicina pero que desconocen el riesgo y, a veces, el elevado precio del sufrimiento no deseado ni pretendido, para entrar a formar parte de quienes el tratamiento resulta un éxito, la que hace más difícil la relación del familiar con el equipo médico. Y es la negligencia en informar adecuadamente lo que incrementa la angustia y el dolor moral y convierte la relación médico-paciente y, sobre todo, la relación del entorno familiar con el médico en una espiral de creciente desconfianza».[160]

Según esta tesis, cuando las personas viven con una «cierta» calidad de vida, no desean, en términos generales, morir. De ahí, se desprende que resulta esencial el compromiso activo para que todos los seres humanos tenga una «cierta» calidad de vida.[161] En algunas circunstancias, sin embargo, el sufrimiento es tan profundo e insostenible que resulta muy difícil aspirar a esa calidad mínimamente digna según los parámetros de la persona que padece.

---

160. F. ABEL, *Bioética: orígenes, presente y futuro*, op. cit., p. 167.
161. Sabemos que la expresión una «cierta» calidad de vida es ambigua y que en cada caso esa calidad de vida será evaluada de uno u otro modo, pero estamos convencidos de que, cuando un sujeto vive su vida con esa calidad que él considera necesaria para que merezca ser vivida, no desea poner punto final a su existencia. Esa calidad depende de él, pero también de su entorno afectivo.

## 11. Deconstruir el antropocentrismo occidental

La obra de Singer puede comprenderse como una obra de deconstrucción, aunque no en el sentido derridiano del término. A lo largo de sus ensayos, trata de deshacer prejuicios muy arraigados a la cultura occidental, trata de abrir la mente del lector a escenarios nuevos y conducirle a conclusiones que jamás hubiere imaginado por sí mismo. Además de criticar el especieísmo por considerarlo un racismo de especie y una actitud muy perniciosa por las consecuencias que tiene, por ejemplo, en el campo de la experimentación animal, Singer critica, con igual ímpetu, todas las formas de antropocentrismo que se han dado a lo largo de la historia de la cultura occidental.

El pensador australiano sitúa los orígenes del antropocentrismo occidental en la gran filosofía ática, representada, principalmente, por Sócrates, Platón y Aristóteles y, en cierta medida, por los sofistas. Según su punto de vista, la idea de que el *anthropos* es la medida de todas las cosas (Protágoras) constituye una de las herencias ideológicas básicas de la tradición griega que, posteriormente, fue leída y asumida desde la perspectiva cristiana del mundo que, en sí misma, no es antropocéntrica, sino teocéntrica. Sin embargo, al concebir al ser humano como *imagen de Dios*, la persona se convierte en el centro de la creación, en lo más perfecto que subsiste en ella.

Según Singer, esta visión antropocéntrica del mundo se detecta claramente en los grandes filósofos modernos, particularmente en la obra de René Descartes y de Immanuel Kant. La Modernidad, heredera, en parte, del *Rinascimento* italiano y del cristianismo, parte de una concepción del mundo, donde el ser humano es contemplado como lo más sublime y, en cuanto tal, debe ser tratado como fin, porque es poseedor de una dignidad especial. En su lectura de los filósofos modernos, critica, con cierta severidad, el planteamiento cartesiano y kantiano por las consecuencias que ha tenido en la relación entre hombre y naturaleza en los siglos XIX y XX.

Singer critica el dualismo cartesiano y su concepción del hombre como dualidad y del animal como autómata. Aunque no desarrolla una lectura analítica del *Traité du Monde* de Descartes, el autor de *Liberación animal* rehúye la diferencia sustantiva que el padre de la filosofía moderna traza entre *l'homme et l'animal*, y no admite la visión del animal como un puro autómata, incapaz de pensar y de sentir. En el planteamiento cartesiano, el ser humano es una composición de dos sustancias: la *res extensa* y la *res cogitans*, la primera, de orden material; la segunda, de orden inmaterial. En ella, el animal es concebido únicamente como *res extensa*, carente de espíritu. En este punto, Descartes se sitúa en una plano muy distinto de la filosofía aristotélica, porque Aristóteles, tal y como se ha dicho, consideraba que la vida animal tenía alma, aunque alma irracional.

El filósofo de Melbourne critica, igualmente, el antropocentrismo kantiano. La idea de que los hombres son fines en sí mismos y que los animales son instrumentos al servicio del hombre está omnipresente en la visión kantiana del mundo. Para Kant, el ser humano es un ciudadano de dos mundos: el mundo físico *(die physische Welt)*, bajo las leyes de Newton, y el moral *(die moralische Welt)*, regido por el imperativo categórico. Para Kant, los seres humanos, en tanto que seres que razonan, conscientes de sí mismos y autónomos, deben ser respetados como fines en sí mismos.

Según el pensador australiano, esta visión antropocéntrica del mundo es muy negativa y tiene consecuencias nefastas en la relación entre el ser humano y la vida natural. Según su perspectiva, los desastres ecológicos de los últimos lustros del siglo XX y la crisis medioambiental tan grave que sufre el planeta tienen que ver, en parte, con esta ideología antropocéntrica, según la cual el ser humano es el rey y señor de la «creación» y todo está supeditado a su voluntad. Singer contrapone esta visión antropocéntrica a una concepción unitaria del mundo, donde todos los seres deben ser respetados, aunque, de un modo particular, esos seres capaces de percibir dolor o cualquier otra forma de sufrimiento.

Según Peter Singer, algunos mamíferos superiores y los hombres tienen rasgos muy similares («*We are all equal*», llega a decir) y la ciencia ha demostrado, en los últimos lustros, ese parentesco. Sin embargo, el antropocentrismo actúa, desde su punto de vista, como un prejuicio atávico que no nos permite tener una visión nítida y clara de la realidad y, como consecuencia de este prejuicio, negamos a los animales derechos que, por naturaleza, deberíamos atribuirles. En el fondo, lo que viene a decir Singer es que no estamos dispuestos a cambiar nuestro estilo de vida, a alimentarnos de otra manera, a tratar a los animales como se merecen y que, por ello, permanecemos instalados cómodamente en el antropocentrismo.

Según el filósofo australiano, la comprensión del animal como cosa, como propiedad, como instrumento de trabajo o de diversión, no es justa ni proporcionada con la naturaleza animal. A su juicio, los animales son sujetos de derechos y, en cuanto tal, no es legítima cualquier forma de relación con ellos, sino sólo aquélla que respeta sus derechos. Otros autores recriminan a Singer que ciña el campo de los derechos a los humanos y a los animales y que no lo amplíe al campo de la vida vegetal y del reino mineral. Según estos autores, si se extiende la noción de sujeto de derechos al animal, inclusive a aquel animal que carece de sensibilidad y, que por lo tanto, no puede sufrir, por qué motivos no se puede extender esta idea a las plantas, a las montañas y a los minerales.

La crítica de Peter Singer al antropocentrismo occidental es rotunda y reiterada a lo largo de sus textos. Se trata de una enmienda a la totalidad del pensamiento occidental, sin distinguir que hay distintas clases de antropocentrismo y que no todas son igualmente nocivas. Del mismo modo que en bioética clínica se distingue entre el paternalismo despótico y el paternalismo moderado, igualmente en ética cabe distinguir entre un antropocentrismo radical y un antropocentrismo débil. Singer no matiza en su crítica al antropocentrismo y, por ello, su planteamiento es objeto de múltiples críticas, tanto desde el pensamiento de raíz cristiana como desde el secular.

Según el filósofo Javier Sádaba, exponente de la ética secular, tanto Peter Singer como Thomas Regan «pecan por demasía si lo que quieren decir es que existe algo así como derechos *de* los animales».[162] Y añade: «Una cosa es ampliar nuestra moralidad hasta incluir en ella el *interés* por los animales y otra muy distinta colocar en el mismo plano de intercambios intersujetivos a humanos y animales».[163]

Sádaba se opone al antropocentrismo radical y opta por un antropocentrismo moderado que, de hecho, es una tesis que también comparten muchos filósofos de tradición judeocristiana. Su antropocentrismo moderado está visiblemente expresado en el siguiente texto: «Independientemente de las precisiones a las que hay que someter la noción de derechos de los animales y teniendo en cuenta que debemos cumplir, antes, con los derechos humanos no está de más recordar, a través del chimpancé o de quien sea, la necesidad de ampliar el círculo de nuestra sensibilidad moral».[164]

## 12. ¿QUÉ SIGNIFICA SER PERSONA?

Peter Singer distingue, del mismo modo que Hugo Tristram Engelhardt, entre persona y ser humano, aunque su distinción no se funda en el concepto de *autonomía* tal y como lo defiende el autor de *Fundamentos de Bioética*, sino en la noción lockeana de persona.

Aunque desde la filosofía tradicionalmente cristiana toda persona es un ser humano y todo ser humano es una persona, en el planteamiento de Singer, como también en el Engelhardt y el de Harris, esta coincidencia sólo se produce en determinados casos. «Una persona –dice Singer– no es *por definición* un ser humano.»[165]

---

162. J. SÁDABA, *Diccionario de ética*, op. cit., 1997, p. 77.
163. Ibídem.
164. Ibídem, pp. 78-79.
165. P. SINGER, *Repensar la vida y la muerte*, op. cit., 1997, p. 180.

Los tres autores, como veremos a continuación, parten de una idea reduccionista de persona y, a partir de ella, llegan a la conclusión de que hay seres humanos que no pueden considerarse personas y que hay personas que no pertenecen a la especie humana. Esta metamorfosis de los conceptos de persona y de ser humano produce una cierta perplejidad en la filosofía de corte cristiano, pero también en la filosofía moderna clásica.

«El uso del término *persona* —dice Singer— es, en sí mismo, susceptible de despistar, ya que es una palabra que se usa con frecuencia como si quisiera decir lo mismo que *ser humano*. Sin embargo, los términos no son equivalentes; podría haber una persona que no fuera miembro de nuestra especie. También podría haber miembros de nuestra especie que no fuesen personas.»[166] Esta alteración del sentido tradicional de persona provoca, en algunos lectores, una reacción visceral que no les permite razonar detenidamente la lógica singeriana.

Su concepto de persona se inspira, y así lo confiesa explícitamente el autor australiano, en la antropología del filósofo empirista John Locke. Éste afirma que la persona es «un ser pensante inteligente, que tiene razón y reflexión, y puede considerarse a sí mismo como la misma cosa pensante, en diferentes momentos y lugares». Desde esta perspectiva, ser persona significa poseer, *in actu*, los siguientes rasgos: ser un ente pensante, tener razón y reflexión y tener autoconciencia, saberse existiendo. Para Singer, la palabra *persona* remite a la idea de ser un locus de relaciones y el intérprete de un papel en el drama continuo de la vida. Considerar a una entidad como persona, significa, según él, atribuir un tipo especial de valor a esa entidad. Por otra parte, puesto que ser un locus de relaciones e interpretar un papel es una propiedad accidental más que esencial de una entidad, el alcance de aplicación del término puede ser variable, lo cual lo convierte en instrumento para la reforma moral.[167]

---

166. P. Singer, *Ética práctica*, op. cit., p. 100.
167. Cf. P. Singer, *Desacralizar la vida humana. Ensayo de ética*, op. cit., p. 178.

Siguiendo la tradición del empirismo clásico, Peter Singer afirma: «Lo que propongo es usar *persona* en el sentido de ser racional y autoconsciente, para abarcar aquellos elementos del sentido popular de *ser humano* que no entran en el concepto de "miembro de la especie *homo sapiens*"».[168] Si la persona es un ente racional y autoconsciente, de ahí se deduce claramente que hay seres humanos que no son personas y que hay personas que no forman parte de la especie humana, pero que deben ser consideradas personas por el mero hecho de ser entes racionales y autoconscientes.

En esta distinción, Singer se sitúa en un plano distinto de la diferencia que establece en otro lugar entre seres capaces de sufrir y seres incapaces de sentir dolor o placer. La persona no es definida en relación a la sensibilidad. Todos los seres humanos, en tanto que seres capaces de sufrir, deben ser objeto de protección, porque la ética exige, como hemos visto, la reducción del sufrimiento ajeno, pero no por el hecho de que estos seres humanos sean personas, porque, a su juicio, puede haber miembros de la especie humana que, por su incapacidad racional y por ser carentes de autoconsciencia, no puedan denominarse personas y, sin embargo, deban ser cuidados en tanto que entes capaces de sufrir.

Como hace notar el profesor de la Universidad de Gerona, Ramon Alcoberro, Singer se refiere a una noción de persona muy próxima a la que elabora otro pensador, James Rachels. Según este pensador, la persona es un ser que puede tener una vida «biográfica» y no sólo una vida «biológica».[169] Según el profesor Alcoberro, presente en el seminario que el filósofo australiano impartió en la Universidad de Girona, Singer propone que lo específicamente personal está determinado por cinco características: 1. Razón, en el sentido filosófico de capacidad de razonar, 2. Autonomía, o sea, capacidad de autodesarrollo, 3. Consciencia del propio yo, 4. Lenguaje, con un grado elevado de pensa-

---

168. P. SINGER, *Ética práctica*, op. cit., p. 101
169. Ibídem, p. 366.

miento abstracto y 5. Sentido moral, sentido de la justicia, siguiendo la posición de John Rawls con la idea recíproca de compartir el deber y el sentido del deber.

En definitiva, Singer no pone en el mismo plano el hecho de ser persona que el hecho de ser un miembro de la especie humana. Considera que el concepto de persona no es patrimonio de la vida humana, sino que es un concepto dinámico y móvil que puede aplicarse a todo ente que cumpla con los requisitos esenciales del concepto. De todos modos, Singer se da cuenta de que «parece extraño llamar persona a un animal»,[170] pero afirma que «quizás esta extrañeza no sea más que un síntoma de nuestro hábito de mantener una nítida separación entre la nuestra y las demás especies. En todo caso —concluye—, podemos evitar lo que tiene de extraño esta expresión, en su dimensión lingüística, si volvemos a formular la pregunta de acuerdo con nuestra definición de *persona*. Lo que realmente estamos preguntando es si hay animales no humanos que sean seres racionales y conscientes de sí en cuanto entidades separadas con pasado y futuro».[171]

El término *persona*, en la obra de Singer, no tiene un valor meramente descriptivo, sino también prescriptivo. El hecho de que ente sea considerado persona significa que debe ser tratado de un modo especial, luego si determinados animales pueden merecer este calificativo también deben ser tratados de un modo especial. «Si algunos animales no humanos —dice— también son personas, debe haber el mismo valor en las vidas de esos animales.»[172]

Además de las personas humanas, Singer sostiene que «hay otras personas en este planeta».[173] «La prueba de que son personas —afirma— es hoy en día más concluyente para los mamíferos superiores, pero con el tiempo se podrá demostrar que las ballenas, los delfines, los elefan-

---

170. Ibídem, pp. 121-122.
171. Ibídem.
172. Ibídem, p. 125.
173. P. SINGER, *Repensar la vida y la muerte*, op. cit., p. 181.

tes, los perros, los cerdos y otros animales también son conscientes de su propia existencia en el tiempo y pueden razonar. Por tanto también se les tendrá que considerar personas. Pero, ¿qué importa si un animal no humano es persona o no? En cierto sentido, importa poco. Sean perros o cerdos personas o no lo sean, sin duda pueden sentir dolor y sufrir de diferentes modos y nuestra preocupación por su sufrimiento no debería depender de lo racionales o conscientes de sí mismos que puedan ser.»[174]

En efecto, desde la perspectiva ética de Singer, no tiene mucha relevancia la diferencia moral entre persona y no persona, puesto que su ética no se construye sobre esta distinción, sino sobre la experiencia del sufrimiento. Para Singer, lo esencial en ética radica en reducir toda forma de sufrimiento, se manifieste éste en una persona humana o no humana.

La consecuencia de la distinción entre ser humano y persona sí que es grave en otros planteamientos filosóficos, donde la persona tiene un valor preeminente y se relaciona exclusivamente con la especie humana. Desde estas perspectivas, afirmar que un ser humano no es persona resulta muy grave, porque significa que no se la debe tener en la misma consideración que a otra persona.

Sin embargo, desde el planteamiento casi unitarista de Singer, esta consideración no es pertinente, porque todo ser capaz de sufrir entra dentro del campo de la ética y merece una atención sea o no sea persona. Por eso, afirma Singer que «al haber renunciado a la distinción entre animales humanos y no humanos, podríamos negarnos a establecer una distinción entre personas y aquéllos que no son personas y, en vez de ello, insistir en que todos los seres vivos o, quizás más convincentemente, todos los seres capaces de experimentar placer o dolor tienen el mismo derecho a la vida».[175]

---

174. Ibídem.
175. Ibídem, p. 216.

Según Peter Singer, estamos asistiendo al «derrumbe de la ética tradicional». Ese universo de referentes y de valores cristianos asumidos acríticamente durante siglos han sido objeto de una dura crítica y, como consecuencia de ello, en la actualidad aparecen propuestas morales, como, por ejemplo, la de Singer, la de Slöterdij y otros, que los nostálgicos difícilmente pueden aceptar y mucho menos asumir, pero que, según su criterio, responden ya a una época nueva, liberada de las ataduras religiosas.

Se pregunta, con tono provocativo: «¿Por qué deberíamos considerar sacrosanta la vida de un niño anencefálico y creernos con libertad para matar gibones y utilizar sus órganos? ¿Por qué deberíamos encerrar a los chimpancés en jaulas en los laboratorios e infectarlos con enfermedades humanas mortales si nos horroriza la idea de realizar experimentos en seres humanos mentalmente discapacitados, cuyo nivel intelectual es similar al de los chimpancés?».[176]

Singer se sitúa en un contexto cultural presidido por la «muerte de Dios» y, contrariamente a muchos filósofos tradicionales, no interpreta esta muerte como la caída en el nihilismo, el relativismo y el escepticismo, sino como un hito liberador en la historia de la humanidad.

«Durante los siglos de dominación cristiana en el pensamiento europeo –dice Singer–, las actitudes éticas basadas sobre estas doctrinas llegaron a ser parte de la ortodoxia moral aceptada sin cuestionamiento por la civilización europea. En la actualidad, la aceptación de las doctrinas ha dejado de ser general, pero las actitudes éticas que en ellas se originaron coinciden con la arraigada creencia occidental en la peculiaridad de nuestra especie y sus especiales privilegios, y ha sobrevivido. Sin embargo, ahora que estamos reevaluando nuestra particular visión de la naturaleza, es hora de que hagamos lo mismo con nuestra creencia en la santidad de la vida de los miembros de nuestra especie.»[177]

---

176. Ibídem, p. 182.
177. P. SINGER, *Ética práctica*, op. cit., pp. 102-103.

Este desarraigo de la tradición judeocristiana tiene, para Singer, un efecto liberador no sólo para los seres humanos, sino especialmente para los animales. «Libres de los límites de la conformidad religiosa –afirma Singer–, ahora tenemos una visión nueva de quiénes somos, con quiénes estamos emparentados, el carácter limitado de las diferencias entre nosotros y otras especies y la manera más o menos accidental en que se ha creado la frontera entre *nosotros y ellos*».[178]

## 13. PETER SINGER Y MICHAEL TOOLEY. AFINIDADES Y DIFERENCIAS

Michael Tooley y Peter Singer comparten algunas afinidades y diferencias intelectuales que me parece oportuno traer a colación para precisar con exactitud la perspectiva singeriana. En determinadas críticas que se formulan al pensamiento de Singer, se le ubica en la misma perspectiva de Michael Tooley o de Tom Regan,[179] lo cual no es exacto ni justo, a pesar de tener algunas coincidencias de fondo.

Michael Tooley defiende abiertamente la licitud del infanticidio y del aborto en distintas obras.[180] Desarrolla un concepto de persona que, en alguna medida, tiene ciertas afinidades con la perspectiva singeriana que hemos tratado de explorar en esta parte, pero introduce una serie de elementos que permiten distinguir su perspectiva de la del filósofo australiano. En la bibliografía anglosajona, Tooley es objeto de múltiples críticas, muy frecuentemente de tipo emocional, porque sus ideas pueden llegar a ofender la sensibilidad moral del lector.

---

178. P. SINGER, *Repensar la vida y la muerte*, op. cit., p. 182.
179. Cf. T. REGAN, *The case for animal rights*, University of California, Los Angeles, 1983.
180. Cf. M. TOOLEY, *Aborto e infanticidio*, en DD.AA., *Debate sobre el aborto*, Cátedra, Madrid, 1983, pp. 69-107.

Sin embargo, su modo de argumentar y su concepto de persona no siempre han sido considerados con la atención que se merecen. Según su punto de vista, los fetos humanos y los niños no satisfacen la condición moral básica para tener derecho a la vida. Desde este punto de vista, tanto el aborto como el infanticidio constituyen prácticas moralmente aceptables. Tooley reconoce que algunos sujetos adultos de otras especies, como los gatos, los perros y hasta los osos polares, poseen más claramente las características que les otorgan derecho a la vida que no el feto o el recién nacido de la especie humana.

Tooley parte de un concepto de persona que no tiene ningún tipo de fundamento ontológico, metafísico o teológico. Según su punto de vista, afirmar que X es persona, significa afirmar que tiene derecho moral a la vida. Propone, como en el caso de Singer, distinguir entre persona y ser humano y critica a los autores que utilizan de un modo indistinto términos como vida humana, ser humano o persona. Se pregunta qué cualidades debe tener una cosa para ser una persona, para tener derecho a la vida.

«¿Qué propiedades debe tener una cosa –se pregunta Tooley– para ser una persona, es decir, para tener serio derecho a la vida? La afirmación que deseo defender es la siguiente: Un organismo tiene serio derecho a la vida sólo si posee la idea del *yo*, como sujeto continuo de experiencias y otros estados mentales, y cree que es en sí mismo una entidad continua.»[181] Esta noción de persona todavía es más restrictiva que la que propone Peter Singer, pues la condición de posibilidad de ser persona radica en poseer la idea del yo, entendiendo este yo como un sujeto continuo de experiencias y de estados anímicos.

La emergencia de esta consciencia es lo que convierte a un ente vivo en una persona, es decir, el yo constituye el elemento fundamental de la persona. Sin yo, no hay persona, aunque haya apariencia de persona. Esto significa que los entes incapaces de alcanzar esta consciencia, o los que nunca han llegado a tenerla como consecuencia de determinadas

---

181. Ibídem, p. 78.

patologías o estados carenciales, no pueden ser calificados, en sentido estricto, de personas, aunque formen parte de la especie *homo sapiens sapiens*.

«Tener derecho a la vida –afirma Tooley– presupone que se es capaz de continuar existiendo como sujeto de experiencias y otros estados mentales. Esto, a su vez, presupone que se tiene el concepto de tal entidad continua y que se cree que uno es esa entidad. De modo que una entidad que carece de esa conciencia propia como sujeto continuo de estados mentales no tiene derecho a la vida.»[182]

He aquí la base de la argumentación moral de Tooley. De ahí deduce que es adecuado defender el aborto y el infanticidio, puesto que, según él, no se atenta, propiamente, contra personas, porque ni el feto, ni el recién nacido tienen consciencia del yo, ni tienen la experiencia de ser sujetos continuos a lo largo del tiempo. Es decir, carecen de la idea de identidad personal *(personal identity)*.

Al comparar el feto de un mono con el de un humano, Tooley se formula las siguientes preguntas: «¿Qué estados mentales se dan en el primero que no se den en el segundo? Desde luego, es razonable sostener que no hay diferencias significativas en sus respectivas vidas mentales, suponiendo que uno quiera atribuir estado mental alguno a esos organismos. (¿Tiene un cigoto vida mental? ¿Tiene experiencias? ¿O creencias? ¿O deseos?) Hay, por supuesto, diferencias psicológicas, pero que no son en sí moralmente importantes».[183]

Como en el caso de Singer, Tooley rehusa el argumento de la potencialidad como criterio para defender la vida humana en relación con las otras formas de vida. Según el principio de potencialidad, tal y como Tooley lo interpreta, el valor de un objeto está en relación con el valor de las cosas en las que se puede convertir. Contra el principio de potencialidad, Tooley propone el de simetría moral.

---

182. Ibídem, p. 84.
183. Ibídem, p. 92.

«Mi argumento –dice Tooley– se basa en el siguiente principio crítico: Sea C un proceso causal que normalmente lleva al resultado E. Sea A una acción que inicia el proceso C, y B una acción, con mínimo gasto de energía, que detiene el proceso C antes de que ocurra E. Supongamos además que las acciones A y B no tienen ninguna otra consecuencia, y que E es el único resultado moralmente significativo del proceso C. Entonces no hay diferencia moral entre realizar intencionalmente la acción B e impedir intencionalmente la acción A, partiendo de una movitación idéntica en ambos casos.»[184]

Cuando uno comprende la perspectiva de Tooley no puede dejar de formularse la siguiente pregunta: ¿En qué momento empieza a poseer un organismo la idea del «yo» como sujeto continuo de experiencias y otros estados mentales, junto con la creencia de que es tal entidad continua?

Según Tooley, un niño recién nacido no posee la idea del «yo» continuo más de lo que la posee un gatito. Si esto es así, «el infanticidio realizado en un plazo corto después del nacimiento debe ser moralmente aceptable».[185] Uno se pregunta dónde se debe poner el límite, la frontera entre el sujeto que posee un yo y el que no lo posee. «Este intervalo –dice Tooley– podría modificarse una vez que los psicólogos hayan establecido el momento en que un organismo humano empieza a creer que es un sujeto continuo de experiencias y otros estados mentales».[186]

Según Tooley, cuando uno reflexiona sobre el problema de los principios morales básicos implícitos en la atribución de un derecho a la vida, puede llegar a la conclusión de que su forma cotidiana de tratar a los animales es moralmente indefendible, y que, en realidad, está asesinando personas inocentes.

No cabe duda de que la propuesta moral de Tooley constituye un desafío a la ética tradicional, pero también a las éticas modernas, ya sean de

---

184. Ibídem, pp. 94-95.
185. Ibídem, p. 100.
186. Ibídem, p. 102.

signo kantiano o de signo eudaimonista. Singer y Tooley comparten la tesis de que el ser humano y la persona no son necesariamente lo mismo, sin embargo, la delimitación del concepto de persona es distinto en un caso y en otro. Singer, como hemos visto, se inspira en el concepto lockeano de persona, aunque lo lleva más lejos que el mismo John Locke. De hecho, el conocido empirista inglés jamás desarrolla una distinción formal entre ser humano y persona y su propuesta ética, aunque liberal, se mueve dentro de los parámetros antropocéntricos tradicionales.

Tooley desarrolla un concepto de persona muy restrictivo, que, como hemos visto, se fundamenta en la idea del yo. La propuesta ética de Singer se funda en la reducción del sufrimiento, mientras que la de Tooley se mueve en otras coordenadas.

Singer no afirma que, en sí mismo, el infanticidio o el aborto sean prácticas moralmente aceptables, tampoco afirma que no lo sean, sino que cada sujeto debe evaluar los beneficios y los perjuicios de dichas prácticas. Para el pensador australiano, si el infanticidio constituye un modo de reducir el sufrimiento ajeno, es aceptable y, del mismo modo, si el aborto es un modo de paliar el dolor de una madre que no desea procrear, pero que ha sido fecundada, la interrupción voluntaria del embarazo es, a su juicio, aceptable.

En este sentido, cabe afirmar que la crítica de Roberto Andorno a Peter Singer no es pertinente. «El bioeticista australiano Peter Singer –afirma Andorno– sostiene que la vida de los recién nacidos con retraso mental no vale más que la de perros o chimpancés adultos. Al contrario, sostener la primacía de la vida humana constituye una suerte de *especismo*, es decir, un privilegio arbitrario a favor de los seres humanos. Singer critica el principio mismo de respeto incondicional de la vida humana, sosteniendo que este principio tiene una base religiosa, en especial, en la tradición judeocristiana. Por ello, este autor considera legítimo el infanticidio de los recién nacidos afectados por enfermedades graves.»[187]

---

187. R. ANDORNO, *Bioética y dignidad de la persona*, op. cit., p. 69.

Finalmente, la idea de persona que propone Tooley es tan selectiva que no sólo sitúa fuera del campo conceptual de la persona a los recién nacidos, sino también a los niños, a los adultos y a los ancianos que no tienen la experiencia de ser un yo en el mundo. Singer propone, en cambio, una ética fundada en el imperativo de reducir el sufrimiento del otro. No pone como criterio de consideración moral el hecho de tener un yo, sino el hecho de ser susceptible al sufrimiento.

## 14. Consideraciones críticas

### 14.1. Las premisas singerianas a examen

Una primera consideración crítica a la propuesta moral de Peter Singer se refiere al conjunto de sus premisas filosóficas. En términos generales, se puede afirmar que Singer es coherente con sus premisas y que llega a unas conclusiones que no son extrañas si uno conoce sus puntos de partida, sus *presupuestos* metabioéticos. Sin embargo, sus premisas son discutibles desde múltiples perspectivas, tanto filosóficas como científicas.

Singer es un autor polémico. No siempre ha sido justamente tratado por la crítica. Muy frecuentemente, lo visceral, lo irracional pesa excesivamente en el ejercicio de la crítica y, en cambio, se echa de menos en ella la argumentación racional. «Singer –dice Helga Kuhse– ha sido objeto de numerosos ataques, calumnias, injurias e incluso agresiones, en particular en lo tocante a sus críticas de la pretendida doctrina de la santidad de la vida humana. Según Singer, lo importante no es que una vida sea humana o no humana; lo realmente importante desde un punto de vista ético son los intereses y capacidades de un ser. Basándose en el principio de una igual consideración de los intereses, Singer argumenta contra el estatuto privilegiado de los seres humanos y contra la convencional suposición de que, simplemente porque somos humanos, estamos justificados para arrollar los intereses de los animales cuando esos intereses colisionan con los nuestros.»[188]

Refiriéndose al carácter polémico de su obra, afirma la colaboradora de Singer: «(Singer) aparta las hojas de la higuera allí donde las encuentra para mostrarnos lo que se esconde tras ellas. A la gente no le gusta a veces lo que ve y aparta sus ojos y cierra su corazón. No es sorprendente, por tanto, que Singer —mal leído y mal citado con frecuencia— provoque reacciones encendidas. Sacralizado por miembros del movimiento en pro de los derechos animales, es también tratado a veces de modo irrespetuoso y desdeñoso por aquéllos que se consideran habitantes de un universo moral diferente».[189]

A partir de muchos ejemplos, Peter Singer se reafirma en la idea de que no hay diferencia sustantiva entre el ser humano y algunos mamíferos superiores. Sin embargo, esta cuestión no está, ni mucho menos, resuelta en el campo de los estudios biológicos y antropológicos. W. H. Thorpe, por ejemplo, en su obra *Naturaleza animal y naturaleza humana*, muestra como la singularidad humana cobra pleno sentido en el marco más general de su pertenencia al mundo de los seres vivos, el cual, a su vez, constituye sólo una parte, también diferenciada, de un universo que incluye al mundo inanimado.

La empresa de distinguir entre la naturaleza humana y la naturaleza animal exige amplios y profundos conocimientos de biología general y de etología y obliga a realizar incursiones en las ciencias físicas, la psicología, la filosofía y la lingüística. Según el punto de vista de W. H. Thorpe, es coherente defender la singularidad de la naturaleza humana y unas determinadas propiedades que se dan en ella y no se reconocen en los seres animales. Si la cuestión, por lo tanto, está abierta, no es pertinente plantear una propuesta ética que, precisamente, se elabora a partir de la no-distinción entre el ser animal y el ser humano.

---

188. P. SINGER, *Desacralizar la vida humana. Ensayo de ética*, op. cit., p. 17.
189. Ibídem, p. 17.

Peter Singer está en lo cierto en muchas de sus tesis sobre la proximidad entre la condición humana y la vida animal. Tal y como él sostiene, a lo largo de la tradición occidental se ha mantenido una diferencia sustantiva entre lo humano y lo animal que ha tenido consecuencias muy negativas en el trato a los animales. Compartimos este lamento, sin embargo, esta crítica a la tradición occidental no lleva, necesariamente, a la idea del igualitarismo biológico y, menos aun, al reconocimiento de derechos en los animales. Es verdad que su filosofía tiene el valor de denunciar una actitud cruel e «inhumana» para con los animales y sólo por ello es merecedora de atención, pero las consecuencias de esta denuncia pueden traducirse de varios modos. La lección que, a nuestro juicio, se extrae de tal denuncia es que, en cuanto humanos, debemos ampliar nuestro campo de acción moral y reconsiderar seriamente los modos de relacionarnos con la naturaleza globalmente considerada.

En el primer capítulo del citado libro, W. H. Thorpe dice: «Mi objetivo en este libro es mostrar el mundo animado, y especialmente el mundo animal, como parte, aunque distinto, del mundo inanimado y estudiar detalladamente el mundo animal, especialmente en la medida en que parece acercarse al mundo humano en lo que se refiere a conducta y capacidades. Así pues, me propongo considerar al hombre en primer lugar como parte del mundo animal y en segundo lugar como algo diferente, en algunos aspectos únicamente, de los animales, y analizar la naturaleza y el alcance de esta singularidad».[190]

Podríamos citar a otros especialistas que también discuten el igualitarismo biológico. Naturalmente, Peter Singer trae a colación muchos ejemplos referidos por otros especialistas que recortan la distancia entre ser humano y animal, pero no tiene suficientemente en cuenta a sus *adversarios*. Lo que queremos indicar es que la cuestión, a pesar de la reiterada tesis singeriana, no constituye una evidencia desde el plano de

---

190. W. H. THORPE, *Naturaleza humana y naturaleza animal*, Alianza Editorial, Madrid, 1980, p. 21.

las ciencias naturales. Singer parece sólo tener en consideración a esos especialistas que le permiten forjar una teoría unificadora del universo.

Un filósofo riguroso como Alasdair MacIntyre, conocido popularmente por su obra *Tras la virtud*, observa la relación entre ser humano y animal de un modo distinto al planteamiento de Peter Singer. «No hay duda –dice– de que el ser humano ocupa un lugar superior en la escala, que se distingue no sólo por el lenguaje, sino por la capacidad para hacer un uso reflexivo específico del lenguaje. Pero esto no elimina lo que el ser humano comparte con otras especies animales. No es posible descartar el vínculo que existe entre el ser humano, el delfín y el chimpancé, que no se refiere sólo a la animalidad corporal, sino también a las formas de vida.»[191]

Según MacIntyre, la diferencia entre el ser humano y el resto de los animales radica en la capacidad que tiene el primero para hacer un uso reflexivo específico del lenguaje. Admite, naturalmente, que existen seres humanos que, como consecuencia de su constitutiva vulnerabilidad, no tienen (ni tendrán) la capacidad para hacer un uso reflexivo del lenguaje, pero, a su juicio, lo que distingue al ser humano de los animales no es el *hecho*, sino la capacidad, aun en el caso de que esta capacidad no se hubiera hecho acto jamás. En el esquema de MacIntyre subsiste la diferencia entre acto y potencia de corte aristotélica, diferencia que Singer no admite en ningún momento. El autor de *Tras la virtud* no niega el vínculo entre la estirpe humana y el resto de los animales, pero sostiene que el ser humano ocupa un lugar superior en la jerarquía de los seres vivos, lo que explica también, a su juicio, una atribución de derechos cualitativamente superiores.

La ética de Singer parte de un supuesto análisis científico. De la consideración científica de que no hay diferencias sustantivas entre el ser humano y algunos mamíferos superiores, llega a la conclusión de que tampoco hay razones para distinguir derechos entre unos y otros. Su

---

[191]. A. MACYNTIRE, *Animales racionales y dependientes*, Paidós, Barcelona, 2001, p. 76.

posición ética, por lo tanto, se funda en un pretendido conocimiento científico que no es evidente ni totalmente compartido por la comunidad de especialistas.

Se detecta en la obra de Singer una cierta heteronomía de la ética con respecto de la ciencia. Su propuesta ética no es autónoma ni independiente, sino que depende, intrínsecamente, de los datos de la ciencia. Es evidente que en la elaboración de una propuesta ética se deben considerar los datos científicos, pero la ética, en cuanto filosofía práctica, no puede depender del último estudio científico, porque, si esto fuera así, su formulación sería siempre relativa, circunstancial y provisional.

Las éticas modernas, tanto las de herencia kantiana como las de herencia utilitarista o axiológica, no son, en sí mismas, heterónomas, sino que velan por su autonomía. Singer afirma que es necesario liberar la reflexión ética del influjo religioso, desarraigarla de ese poso de dogmas que constituye la ética tradicional y velar por su autonomía; sin embargo, su propuesta ética sufre una grave dependencia científica como consecuencia del complejo positivista inherente a su producción filosófica.

En el fondo, detectamos en su propuesta moral un cierto complejo positivista, en ella persiste la idea de que lo que está probado científicamente debe ser considerado absolutamente verdadero, mientras que lo que entra en el campo de la duda y de la incertidumbre no merece consideración alguna. Dicho complejo positivista lleva a Singer a intentar validar su tesis con muchos ejemplos extraídos de revistas especializadas en estudio de inteligencia animal.

Es probable que Singer conozca la filosofía de la ciencia del siglo XX y su desmitificación de la ciencia como saber absolutamente verdadero, sin embargo su crítica se orienta fundamentalmente al ámbito de las creencias y, particularmente, a las creencias cristianas y, en cambio, no pone en tela de juicio las tesis «supuestamente» científicas que extrae de la etología y la primatología, tesis que, con el tiempo, serán objeto de falsación, para utilizar la misma expresión de Karl Popper. Un recorrido por la filosofía de la ciencia del siglo XX nos permite poner en tela de juicio esa concepción inmaculada y pura de la ciencia, esa identificación entre el conocimiento científico y la verdad inmutable. Las premisas epistemológicas de Peter Singer no recogen, a nuestro juicio, las aportaciones de T. S. Kuhn, Feyerabend, Lakatos y otros grandes analistas de la ciencia.

La distinción clara y nítida que Peter Singer elabora entre persona y ser humano también es muy problemática desde la perspectiva filosófica. Su idea de persona se construye a partir de la tradición empirista clásica, lo cual es, naturalmente, legítimo; sin embargo no entra en diálogo con otras tradiciones filosóficas desde donde la persona es contemplada de un modo radicalmente distinto. No nos referimos sólo a la tradición metafísica clásica que arranca en Boecio y se prolonga hasta santo Tomás de Aquino, sino a las aportaciones filosóficas que en este campo se han desarrollado en el siglo XX. Su propuesta no está, a nuestro juicio, suficientemente contrastada y dialogada con otros planteamientos filosóficos opuestos a su intuición. Desde otras concepciones filosóficas, esta noción de persona, además de restrictiva y clasista, resulta muy problemática.

G. H. Mead (1863-1931), por ejemplo, en *Espíritu, persona y sociedad*, desarrolla una idea de persona que difiere sustantivamente de la noción singeriana. «La persona –afirma G. H. Mead– posee un carácter distinto del organismo fisiológico propiamente dicho. La persona no es algo que tiene desarrollo: no está inicialmente, en el nacimiento, sino que surge en el proceso de la experiencia y la actividad sociales, es decir, se desarrolla en el individuo dado de resultas de sus relaciones con ese proceso como un todo y con los otros individuos que se encuentran dentro de ese proceso. La inteligencia de las formas inferiores de la vida animal, como gran parte de la inteligencia humana, no involucra una persona.»[192]

---

192. G. H. MEAD, *Espíritu, persona y sociedad desde el punto de vista del conductismo social*, Paidós, Barcelona, 1986, p. 167.

Y prosigue Mead: «La persona puede ser un objeto para sí, es esencialmente una estructura social y surge en la experiencia social. Después de que ha surgido, una persona en cierto modo se proporciona a sí misma sus experiencias sociales, y así no podemos concebir una persona absolutamente solitaria. Pero es imposible concebir una persona surgida fuera de la experiencia social».[193]

Según Mead, el individuo biológico deviene organismo con espíritu. El hombre se comunica, en tanto que individuo biológico, por medio de gestos y símbolos, aunque este tipo de comunicación no es lenguaje propiamente dicho: los individuos biológicos no son aún personas conscientemente comunicantes. El espíritu es la presencia de símbolos o gestos significantes en la conducta: es la adquisición de la consciencia, un discurso interior que se lleva a cabo por medios públicos, esto es, una experiencia privada hecha posible por la utilización de símbolos sociales significantes y como resultado de la cual el organismo con espíritu pasa a ser un objeto para sí mismo y adquiere el mecanismo del pensamiento reflexivo. El espíritu es la subjetivación, dentro del individuo, del proceso social en que surge el significado.

Aunque no compartimos totalmente la tesis de Mead, merece la pena traerla a colación para indicar que la diferencia entre persona y ser humano que sostiene Singer es, cuando menos, discutible y lo es no sólo desde perspectivas filosóficas tradicionales, sino desde posiciones filosóficas contemporáneas. El criterio para distinguir a una persona de un ser humano es en el caso de Singer el uso de la razón, la capacidad de tomar decisiones y la consciencia de sí misma; sin embargo, en el planteamiento de Mead lo que convierte al individuo biológico en persona es el tejido relacional, su constitutiva apertura a los otros, apertura que, a nuestro juicio, ya se desarrolla en el seno materno, aunque de un modo inconsciente y prerreflexivo.

---

193. Ibídem, p. 172.

## 14.2. La falacia naturalista en Singer

Peter Singer critica, en varios lugares de su obra, la caída de determinadas propuestas morales tradicionales en la falacia naturalista. Sin embargo, según nuestra lectura, consideramos que él mismo sucumbe a ella, a pesar de querer evitarlo. La falacia naturalista fue descrita clásicamente en la obra del empirista inglés David Hume, el autor del *Tratado sobre la naturaleza humana* (1738-1740), pero fue desarrollada, posteriormente, en la obra de G. E. Moore, *Principia Ethica* (1903). Peter Singer conoce, a fondo, esta tradición y trata de elaborar una propuesta moral que no sucumba a la falacia naturalista.

Según David Hume, la falacia naturalista consiste en deducir el *deber* del *ser*, en deducir proposiciones prescriptivas a partir de proposiciones descriptivas. Tal falacia fue eficazmente denunciada por el pensador empirista desde el punto de vista lógico. Escribe en el *libro III* de su *Tratado sobre la naturaleza humana*: «En todo sistema moral de que haya tenido noticia hasta ahora, he podido siempre observar que el autor sigue durante cierto tiempo el modo de hablar ordinario, estableciendo la existencia de Dios o realizando observaciones sobre los quehaceres humanos, y, de pronto, me encuentro con la sorpresa de que, en vez de las cópulas habituales de las proposiciones, es y no es, no veo ninguna proposición que no esté conectada con un debe o un no debe. Este cambio es imperceptible, pero resulta, sin embargo, de la mayor importancia. En efecto, en cuanto que este debe o no debe expresa alguna nueva relación o afirmación, es necesario que ésta sea observada y explicada y que al mismo tiempo se dé razón de algo que parece absolutamente inconcebible, a saber, cómo es posible que esta nueva relación se deduzca de otras enteramente diferentes. Pero como los autores no usan por lo común esta precaución, me atreveré a recomendarla a los lectores».

Las proposiciones prescriptivas son aquéllas que tienen un carácter imperativo y se refieren al modo como debemos obrar en determinadas circunstancias. El clásico mandamiento «no matarás» es, por ejemplo, una proposición prescriptiva, porque en ella se articula un imperativo, una exigencia. Las proposiciones descriptivas, en cambio, tratan de describir correctamente lo que son las cosas, no lo que deben ser.

La veracidad de estas proposiciones depende de la corrección o incorrección de nuestra visión de la realidad. «El cielo es azul», por ejemplo, es una proposición descriptiva que se formula a partir de la contemplación del cielo. Esta proposición puede ser verdadera o falsa. Es verdadera si puede contrastarse empíricamente que el cielo es, realmente, azul; pero es falsa si puede contrastarse empíricamente que el cielo no tiene este color. La veracidad de las proposiciones descriptivas depende de la experiencia.

Según David Hume, el deber no se puede deducir del ser, sino que debe tener su origen en otro nivel de experiencia. El hecho de que las cosas sean como con no significa que deban de ser así, sino que podrían ser de otra manera. El hecho de que «haya» asesinatos no significa que deba haberlos, pero tampoco que no deba haberlos. El hecho de que «haya» actos solidarios no significa que deba haberlos, pero tampoco que no sea pertinente que los haya. El ser y el deber son independientes el uno del otro y no es posible construir una propuesta moral a partir del ser de las cosas, porque a partir de las descripciones no es posible fundamentar un orden de prescripciones.

¿Si las prescripciones no se fundamentan en las proposiciones descriptivas, cuál es, entonces, su *fundamentum*? En la filosofía moral de Kant, el fundamento de la ética no se halla en el ser, sino en la experiencia del imperativo categórico que impera en el interior del ser humano y que exige obrar de un determinado modo. Se trata, como hemos visto, de un imperativo formal, universal y autónomo, independiente tanto de la realidad empírica como de lo sobrenatural. En el caso de la ética discursiva de Jürgen Habermas, las proposiciones prescriptivas emergen del diálogo racional y abierto a la verdad, pero no se deducen del análisis de la realidad. En el planteamiento de la ética axiológica o ética material de los valores que desarrolla, por ejemplo, Max Scheler, la ética no se funda en el ser, sino en la intuición noético-afectiva de determinados valores que se convierten en puntos de referencia en la praxis.

En estos planteamientos éticos, se evita la caída en la falacia naturalista, porque, en ellos, no se da una transición *(Übergang)* del ser al deber, ni del deber al ser, sino que el deber se funda en una experiencia independiente del ser. «La ley moral *(die moralische Gesetz)* –dice Immanuel Kant– es independiente de la ley física *(die physische Gesetz)* y tiene otra lógica.» El ser humano, en tanto que animal bicéfalo, es miembro de dos mundos. Por un lado, pertenece al mundo de la naturaleza, que comparte con los demás seres vivos y, por otro lado, es miembro del mundo moral, de un mundo que sólo puede experimentar en la medida en que ausculta *(hören)* el imperativo categórico que emerge de la pura razón práctica.

El orden del deber no puede deducirse del orden del ser. Del hecho de que no exista una diferencia fundamental entre el ser humano y los animales no se deduce que tenga que haber una igualdad de derechos, pero tampoco que no deba haberla. El orden del deber se mueve en otro plano, en una esfera independiente del orden del ser. Peter Singer critica las éticas tradicionales de Occidente por abrir un abismo entre la vida humana y la vida animal. A su juicio, estas éticas no tienen razón de ser, porque la ciencia ha puesto de relieve la estrecha vinculación que hay entre hombre y animal. Cuando se trata de elaborar una ética a partir de ese conocimiento expositivo, se sucumbe a la falacia naturalista, porque se deduce un deber del ser. Al hacer esta operación intelectual, Singer sucumbe a la falacia naturalista.

Sin embargo, su ética global del sufrimiento sí que evita la caída en la conocida falacia. El imperativo de reducir el sufrimiento de cualquier ser capaz de padecer constituye un imperativo que no tiene su origen en proposiciones descriptivas. En el mundo natural, hay seres que sufren y seres que gozan. El imperativo de paliar toda forma de sufrimiento no se deduce del orden del ser, sino que parte de otra experiencia.

Se podría preguntar a Singer: ¿por qué se debe reducir el sufrimiento ajeno? ¿Por qué constituye una exigencia moral paliar el sufrimiento de

*171*

todo ser sensible? ¿Por qué debo preocuparme por el sufrimiento del otro? No se halla en los textos de Singer una respuesta concluyente a estas preguntas. Este imperativo no se deduce del ser, ni de una premisa anterior, sino que constituye la matriz de la experiencia ética. Es un principio no principiado, el *arjé* de su propuesta moral. No es lógico que Singer considere dogmáticas determinadas éticas por empezar por otro principio distinto del que él propone en su ética patocéntrica.

### 14.3. Crítica de la recepción de Darwin

Algunas de las críticas que se formulan al planteamiento antropológico y ético de Peter Singer se fundan en la recepción que lleva a cabo de otros autores, como por ejemplo de Charles Darwin. Singer busca cómplices en la historia que le permitan avalar su tesis. Uno de ellos lo encuentra en la persona y en la obra de Charles Darwin. Sin embargo, tenemos la impresión de que pone en boca de Darwin tesis que él nunca sostuvo en sus textos. A nuestro juicio, no sólo interpreta a Darwin, sino que le utiliza para dar autoridad moral a su teoría igualitarista *(All animals are equal)*.

Según el pensamiento darwiniano, la ciencia llega a la conclusión de que el hombre es el último eslabón en la cadena de la vida animal. Los resultados biológicos de su aparición nos enseñan que es algo absolutamente nuevo y único. Salto morfológico ínfimo de un lado, pero, del otro, un desarrollo increíble en todas las esferas de la vida. El ser humano ha sobrevivido en la lucha por la vida, gracias a su capacidad de adaptación, gracias a su ingenio y a su facultad de pensar.

El ser humano es, en la obra de Darwin, el resultado de una evolución milenaria de la materia, pero esto no significa que no haya un Creador ni tampoco que no haya una diferencia entre la vida humana y la vida animal. Darwin sostiene en sus textos la existencia de una Inteligencia que ha forjado el orden de la evolución y mantiene una diferencia cualitativa entre ser humano y animal. Singer es consciente de ello, pero considera que estas ideas darwinianas constituyen una herencia religiosa que está latente en su pensamiento y que él mismo no pudo superar.

Aun en el caso de que fuera así, el pensamiento de Darwin no puede ser utilizado para defender lo que el autor de *El origen de las especies* nunca defendió. Singer va más allá de Darwin, partiendo de él, del mismo modo que va más allá de Locke, partiendo de la filosofía lockeana. Este movimiento intelectual es, evidentemente, legítimo, pero no se puede apelar a la autoridad de Locke o de Darwin para avalar tesis propias.

La hipótesis evolucionista de Darwin ha sido objeto de múltiples interpretaciones a lo largo del siglo XX. Singer parece recoger sólo esas interpretaciones que apuntan en la dirección de su pensamiento, sin embargo, hay interpretaciones del evolucionismo que se ubican en otra dirección y que Singer, por honestidad intelectual, debería, cuando menos, discutir.

Desde una lectura atea y materialista, propia por ejemplo del Premio Nobel de Bioquímica, Jacques Monod, en *El azar y la necesidad*, la evolución es fruto de la casualidad, es un proceso que no tiene ningún origen trascendente ni obedece a ninguna teología inmanente, pero, desde la lectura creyente, la historia natural tiene un sentido y una dirección que están preestablecidos por el Creador desde los orígenes de los tiempos. No cabe duda de que la evolución, en sí misma considerada, permite ambas interpretaciones, aunque en determinados autores sólo parece posible una. Los materialistas, cuando leen a Darwin, ven en el hombre un anillo más en la serie evolutiva, mientras que los espiritualistas sostienen encarnizadamente la trascendencia del hombre sobre el resto de la naturaleza.

Entre los intérpretes autorizados de Charles Darwin que se mueven en una dirección distinta a la que formula Peter Singer, se debe citar el nombre de Teilhard de Chardin. Según el autor de *El fenómeno humano*, la evolución es una hipótesis plausible con la *Biblia*. Dice el teólogo francés que el ser humano constituye el resultado pleno de la evolución,

*173*

su punto omega. Desde su punto de vista, el ser humano es cualitativamente distinto del animal, a pesar de tener un origen común con él. La evolución culmina en una naturaleza que es, al mismo tiempo, persona.

Dice el profesor Eusebi Colomer, comentando la obra de Teilhard de Chardin: «El hombre se manifiesta, pues, fenomenológicamente, como un ser de una categoría peculiar. Ligado por su *exterior* al mundo de la materia, pertenece por su *interior* al mundo del espíritu. Morfológicamente, no está muy lejos de sus predecesores del reino animal, pero, ontológicamente, se diferencia de ellos y, en general, de todos los animales por el fenómeno de la *conciencia refleja*».[194]

«La ley complejidad-conciencia, —concluye Eusebi Colomer— al orientar toda la evolución hacia el nacimiento del espíritu, devuelve al hombre su antiguo puesto primacial en el seno del universo. El hombre deja de ser en la naturaleza el enigma estéril o la nota que desentona. Es la clave de las cosas y la armonía última. La antigua creencia que hacía del hombre el rey de la creación encuentra una forma aceptable a la ciencia. Mientras Bertrand Russell opina que el hombre no es cósmicamente importante y que un ser que escribiese imparcialmente la historia del universo difícilmente lo mencionaría, salvo tal vez en una nota al fin del volumen, Teilhard cree, contrariamente, que esta nota es la clave de toda la obra. El universo encuentra su verdadero sentido en el hombre. Por resultado que sea de la evolución de los seres vivos, por insignificante que sea su situación en el espacio y el tiempo, el hombre es más importante que la evolución, puesto que sus millones de años de esfuerzos se han dirigido a formarlo.»[195]

No se trata, en este conjunto de consideraciones críticas, de explorar las hermenéuticas que se han ido forjando de la hipótesis evolucionista a lo largo del siglo XX, pero sí que es preciso traer a colación que la visión singeriana de Darwin constituye una interpretación, aunque

---

194. E. COLOMER, *Hombre y Dios al encuentro. Antropología y teología en Teilhard de Chaudin*, Herder, Barcelona, 1974, p. 50.
195. Ibídem, op. cit., pp. 54-55.

en algunos sentidos interesada. El mismo proceso que describe Darwin y que, posteriormente, se sistematiza en la teoría sintética de la evolución abre campos de interpretación que Singer parece no considerar ni siquiera a nota a pie de página en su obra.

## 14.4. Crítica desde la antropología fenomenológica

Peter Singer parte de una concepción materialista, pragmática y fenoménica de la condición humana y no entra a evaluar otras tradiciones antropológicas muy relevantes en la historia de la filosofía del siglo XX como, por ejemplo, la tradición fenomenológica, cuyos orígenes se remontan a la obra de Edmund Husserl y cuyo máximo exponente es Max Scheler, el conocido autor de *El puesto del hombre en el cosmos* (1928). Parece ignorar la antropología filosófica de corte fenomenológico, personalista y espiritualista que se desarrolla durante el siglo XX y que aglutina pensadores de talla universal como Edith Stein, Emmanuel Mounier, Arnold Gehlen, Helmut Plessner o Gabriel Marcel, para citar algunos ejemplos paradigmáticos.

No queremos imaginar que este descuido sea intencional y, menos aun, que obedezca a prejuicios de orden intelectual, puesto que esto sería contradictorio con un autor que lucha, con ímpetu, para deconstruir determinados prejuicios de la historia de la cultura occidental como el antropocentrismo o el racismo de especie. A pesar de ello, observamos en los textos de Peter Singer la subsistencia de unos prejuicios hacia la tradición judeocristiana que, a nuestro juicio, no le permiten valorar sus aportaciones positivas al conjunto de la cultura occidental.

No cabe duda de que la sacralización de la vida humana y la atribución de la dignidad intrínseca referida a todo ser humano supuso una transformación profunda del Derecho Romano y la instauración de un orden moral y jurídico fundado en la idea de equidad, de dignidad y de fraternidad. Peter Singer está en lo cierto cuando pone de manifiesto los excesos y los olvidos de dicha tradición y, sobre todo, en la relación entre hombre y animal, pero la crítica a una tradición debe efectuarse al grueso de la misma y no a sus deformaciones, caricaturas o esperpentos.

Desde distintas perspectivas antropológicas, presentes y pretéritas, la comprensión singeriana de la condición humana es, además de discutible, muy sesgada. No lleva a cabo una recepción de la antropología filosófica del siglo XX, cuyos orígenes se sitúan, precisamente, en la publicación de *El puesto del hombre en el cosmos*. Según la antropología filosófica de corte fenomenológico, el ser humano trasciende lo biológico, es un ser espiritual *(ein geistiges sein)*, dotado de una naturaleza que no es perceptible, ni contrastable empíricamente.

Dice Max Scheler en *Ordo amoris*, que «aunque el destino y la estructura ambiente no se hallan libremente elegidos, puede el hombre, como persona libre, comportarse ante ellos de muy diversa manera. Puede encontrarse tan constreñido por el destino que no llegue ni a saber que es su destino (como el pez en el aquarium); pero puede también estar por encima de él conociéndolo. Puede, además, entregarse a él u oponerle resistencia. Más aun: en todo grado de perfección puede inclusive –(...)– deshacer o, por lo menos, transformar radicalmente tanto la estructura misma de su mundo circundante (...) como su propio destino».[196]

Desde los *prenotada* metabioéticos de Singer, el ser humano es un ser empírico, dotado de unos órganos que le permiten desarrollar sus funciones habituales, pero en él no reconoce elementos de carácter metafísico o espiritual.

La obra filosófica de Max Scheler (1874-1928), que se cuenta entre las más originales y fecundas de las producidas en el siglo XX, constituye una nítida expresión de la antropología filosófica de corte fenomenológico. Su desbordante creatividad y su profunda capacidad de aná-

---

196. M. SCHELER, *Ordo amoris*, Caparrós Editores, Madrid, 1996, p. 35. Traducción de Xabier Zubiri.

lisis tuvo la fortuna de dar con la voluntad de sistema de la fenomenología de Edmund Husserl, su maestro.

Según Scheler, el hombre que, como ser vital, es sin duda alguna un callejón sin salida de la naturaleza, término de ella y a la vez su más alta concentración, es muy otra cosa si se le considera como posible «ser espiritual», como posible *auto manifestación* del espíritu divino. El hombre, según su perspectiva, es algo más que ese callejón sin salida; es al mismo tiempo la clara y magnífica salida de ese callejón; es el ser en quien el ente originario comienza a saberse, a entenderse y redimirse a sí mismo. El hombre es, pues, las dos cosas a la vez: *un callejón sin salida y una salida*.[197]

Para Max Scheler, el ser humano representa una novedad en el conjunto del cosmos. A su juicio «lo que constituye la novedad en el hombre es la posesión de actos sujetos a una ley autónoma, frente a toda causalidad vital psíquica (...); ley que ya no transcurre análoga y paralelamente al proceso de las funciones en el sistema nervioso, sino paralela y análogamente a la *estructura objetiva de las cosas y de los valores en el mundo*».[198] Según él, «el animal vive psíquicamente *en* las cosas, de un modo semejante a lo que, si se tratase del hombre, designaríamos como *éxtasis* momentáneo.... Sólo el hombre se coloca a sí mismo, con su *consciencia*, frente al mundo. Sólo en el hombre se separan el mundo de los objetos circundantes y la consciencia de un yo. Sólo el hombre es capaz de percibir una y la *misma* cosa mediante contenidos de percepción procedentes de diversos sentidos».[199]

En su conferencia *El saber y la cultura*, detecta tres notas fundamentales del ser humano que le confieren un particular lugar en el cosmos: «1. El sujeto humano puede ser determinado por solo el contenido de una cosa, lo cual se contrapone a la determinación mediante el impulso, las necesidades o el estado interior del organismo. 2. El hom-

---

197. Cf. M. SCHELER, *El saber y la cultura*, La pléyade, Buenos Aires, 1972.
198. Ibídem, pp. 42-43.
199. Ibídem.

bre puede sentir un *amor* sin apetito hacia el mundo; un amor que rebosa sobre toda relatividad de las cosas y cuyo valor depende de los impulsos. 3. El hombre puede distinguir entre lo que una cosa es (su esencia) y el hecho de ser (existencia); y en esa *esencia* (...) puede verificar intuiciones que tienen validez y son verdaderas para todas las cosas y casos contingentes de la misma esencia (intuición a priori)».[200]

A partir de la dilucidación de estas tres notas diferenciales, Scheler llega a la conclusión de que el hombre es, por sí, un ser más alto y sublime que la vida toda y sus valores, y aun que la naturaleza entera. Según él, es el ser en quien lo psíquico se ha libertado del servicio a la vida y se ha depurado ascendiendo a la dignidad de «espíritu», un espíritu a cuyo servicio entra ahora la vida, tanto en sentido objetivo como en sentido subjetivo y psíquico.[201]

También Scheler distingue entre persona y hombre, pero en estos términos: «La persona en el hombre –dice– es una *concentración individual*, singularísima, del espíritu divino. Pero eso los modelos de imitación, y de sumisión ciega, –como ocurre tan frecuentemente en nuestra tierra alemana, ansiosa de autoridad–, no que preparan el camino para que podamos oír la voz de *nuestra* propia persona; son como los primeros albores que inician el pleno día de nuestra consciencia y de nuestra ley individual».[202]

Según su punto de vista, todo ser humano es persona y toda persona es un ser humano, porque en todo ser humano se concentra una naturaleza espiritual y singular que imprime un sello personal y único a cada hombre. «Lo espiritual en el hombre –dice Scheler– no es, en cuanto a su existencia, sustancia absoluta –como creía la antigua teoría sustancialista del alma–, sino una autoconcentración del espíritu divino, único, el cual es, a su vez, uno de los atributos del fundamento del Universo, que podemos conocer.»[203]

---

200. Ibídem, pp. 45-46.
201. Ibídem, p. 48.
202. Ibídem, pp. 59-60.
203. Ibídem, p. 58.

En *Ordo amoris*, Scheler introduce otra nota diferencial entre el ser humano y el animal que se funda en la capacidad de amor. El hombre es *ens amans, ens capax amoris*. El amor, para el autor de *El puesto del hombre en el cosmos*, es una acción edificante y edificadora en y sobre el mundo, es el acto radical y primario por el cual un ente, sin dejar de ser tal ente limitado, se abandona a sí mismo para compartir y participar como *ens intentionale* en otro ente, sin que por esto se conviertan ambos en partes reales de nada.

Cuando el hombre ama una cosa, un valor, como el valor del conocimiento, ama la naturaleza en ésta o en la otra parte suya, ama a un hombre como amigo, u otra cosa cualquiera: sale de sí mismo, de su centro personal como unidad corpórea y coopera por medio de esta acción en afirmar, en impulsar, en bendecir esta tendencia hacia su peculiar perfección, que existe en los objetos que le rodean.[204]

Peter Singer no entra en diálogo con dichas propuestas antropológicas, ni contrasta su idea de persona con las que se desprenden de antropologías como las de Edith Stein, Helmut Plessner, Arnold Gehlen, Dietrich von Hildebrand y otros. Tampoco tiene en consideración las aportaciones de la antropología teológica del siglo XX, articulada a partir de teólogos de renombre internacional como Karl Rahner o Urs von Balthasar. Parece desconocer radicalmente estas aportaciones o, en el caso de que las conozca, las omite completamente.

A nuestro juicio, simplemente las desautoriza por considerar que provienen de un universo ya superado: el mundo teológico y metafísico. En el fondo, Singer, como otros pensadores del ámbito angloamericano, Harris o Engelhardt, se sitúa en una línea de pensamiento que Jürgen Habermas ha llamado postmetafísico *(Postmetaphysisches Denken).*[205] Desde la perspectiva metafísica y teológica, el hombre es la evolución que se ha hecho consciente a sí misma, es, como diría Karl Rahner, un espíritu encarnado. Desde estas propuestas intelectuales, lo que

---

204. M. SCHELER, *Ordo amoris*, op. cit., p. 44.
205. Cf. J. HABERMAS, *Pensamiento postmetafísico*, Taurus, Madrid, 1998.

confiere dignidad ontológica al ser humano es la consciencia, es decir, el espíritu *(Geist)* que se piensa a sí mismo.

Al abandonar el punto de vista metafísico, el filósofo australiano elabora una comprensión de lo humano que, en algunos aspectos, es legítima y hasta muy fructífera, pero, en otros, no ahonda, suficientemente, en su complejidad estructural. En la comprensión metafísica del ser humano, se alcanza una visión de la diferencia entre hombre y animal en un sentido distinto al de Peter Singer.

Julián Marías, por ejemplo, en su *Persona*, desarrolla esta distinción de un modo particularmente sugerente. «El hombre –dice– es ciertamente un animal; sin duda muy particular, con diferencias importantes; pero la cuestión es si es posible partir del *género* animal y añadir una diferencia específica, por ejemplo, *racional* o *elocuente* –(...)–, según la definición tradicional. (...). La semejanza psicofísica entre el hombre y los animales superiores es evidente (...). Parece posible, y es comprensible, el origen evolutivo del hombre en una serie animal, hasta la aparición de la *vida humana*, que sería algo enteramente nuevo e irreductible. Hace mucho tiempo definí al hombre como "el animal que tiene una vida humana" para indicar que lo decisivo es ésta, antes que el soporte orgánico, que no tiene por qué ser esencialmente diferente. Si se parte de éste, se pierde de vista la radical innovación en que lo humano consiste, precisamente por ser personal.»[206]

Y añade el filósofo español: «El animal está *dado*, no sólo en lo que es como organismo, sino en el repertorio de sus acciones, que tiene que realizar, pero que están ya determinadas por su especie; en eso consiste su *naturaleza*. En el hombre, por el contrario, se introduce la *irrealidad* –el futuro incierto– como constitutivo de su *realidad*, ya que está *presente proyectivamente* en la persona. El repertorio de sus acciones posibles, no solamente no está realizado, sino que no está ni siquiera dado como pauta prefijada, ya que la persona es *libertad* intrínseca e inseguridad. (...). Esta presencia del futuro en la actualidad de la vida humana no es inde-

---

206. J. MARÍAS, *Persona*, Alianza Editorial, Madrid, 1996, p. 32.

finida. El hombre, en diferencia esencial respecto del animal, *sabe* que ha de morir, cuenta con ello, se ve como temporalmente limitado, distendido entre el nacimiento, que no ha vivido, y la muerte, que todavía no ha llegado. Esta situación gravita sobre cada momento de la vida y le da un sentido que no puede asemejarse a la vida animal».[207]

No resulta pertinente, en este espacio, sintetizar la rica aportación de Julián Marías a la antropología metafísica del siglo XX,[208] pero sí, cuando menos, mostrar que, desde este enfoque, tan legítimo como coherente intelectualmente hablando, la diferencia entre hombre y animal se contempla de una manera cualitativamente distinta a la que propone Peter Singer. Sus consideraciones merecen la pena de ser leídas, como también las de Pedro Laín Entralgo,[209] aunque sólo fuera por contrastar dichas ideas con la supuesta «evidencia» singeriana.

### 14.5. La capacidad de ser un yo

Uno de los críticos más autorizados de la obra de Peter Singer es, sin lugar a dudas, el pensador alemán Robert Spaemann.[210] En su artículo

---

207. Ibídem, p. 33.
208. Entre las últimas obras de Julián Marías, merece la pena destacar: *Tratado de la convivencia*, Martínez Roca, Barcelona, 2001.
209. Cf. P. LAÍN ENTRALGO, *Alma, cuerpo y persona*, Galaxia Gutenberg, Barcelona, 1995; *Antropología médica*, Salvat, Madrid, 1985; *Creer, esperar y amar*, Galaxia Gutenberg, Barcelona, 1993; *El cuerpo humano*, Espasa Calpe, Madrid, 1995; *Cuerpo y alma*, Espasa Calpe, Madrid, 1992; *Qué es el hombre?*, Ed. Nobel, Oviedo, 1999; *Ser y conducta del hombre*, Espasa Calpe, Madrid, 1996 y *Teoría y realidad del otro*, Galaxia Gutenberg, Barcelona, 1986.
210. Sobre la obra filosófica de Robert Spaemann, ver: A. M. GONZÁLEZ, *Naturaleza y dignidad. Un estudio desde Robert Spaemann*, Eunsa, Pamplona, 1996. A lo largo de las páginas de este libro se descubre no sólo el pensamiento de Spaemann, sino principalmente el diálogo filosófico que este autor establece entre el pensamiento clásico representado por Aristóteles y santo Tomás de Aquino y el pensamiento moderno con Kant a la cabeza. La reflexión de Spaemann parte de la noción de dignidad humana que sirve de principio para desarrollar los derechos fundamentales en el contexto cultural

titulado *¿Todos los hombres son personas?*, critica lúcidamente la postura filosófico-moral de Peter Singer.[211]

Según Spaemann, quienes pretenden separar los conceptos *hombre* y *persona* no considera, a fondo, las consecuencias que derivan de ello. Según su punto de vista, de raíz aristotélico-tomista, es persona todo individuo de una especie cuyos miembros normales tienen la posibilidad de adquirir consciencia del propio yo y racionalidad. La posibilidad es lo que, a su juicio, define a las personas y no el acto. Las personas, según el esquema intelectual del pensador alemán, son los individuos capaces de adquirir consciencia del yo y racionalidad. Como es patente, habrá individuos que no podrán realizar *in actu* esta posibilidad, pero no por ello dejan de ser personas, porque lo que define a la persona es la posibilidad de tener un yo y de pensar por sí misma.

Según Robert Spaemann, si sólo fueran personas los seres que disponen actualmente, de hecho, de esas propiedades, sería legítimo matar a un hombre durante el sueño e impedirle despertar, pues mientras duerme no sería persona. El deber de respetar su vida sólo podría derivar, pues, de nuestro deseo de dormir sin el temor de no volver a despertar.

«Reducir a la persona –dice Spaemann– a ciertos estados actuales –consciencia del yo y racionalidad– termina disolviéndola completamente: ya no exise la persona, sino sólo "estados personales de los organismos". Esta doctrina se halla en flagrante contradicción con nuestra intuición espontánea más elemental. Es, incluso, internamente contra-

---

contemporáneo. La propuesta de Spaemann consiste en recuperar el carácter radicalmente tendencial de la naturaleza integrándolo con la noción de libertad, pero no entendida ésta como pura autonomía operativa, sino más bien como la manera de realizarse la naturaleza humana. En otras palabras, para Spaemann el hombre se manifiesta libremente en su naturaleza. Lejos de ser un obstáculo para la libertad personal, la apelación a la naturaleza resulta ser, en su obra, lo único que garantiza la validez efectiva del término *dignidad*.

211. R. SPAEMANN, *¿Todos los hombres son personas?*, en VV.AA., *Bioética. Consideraciones filosófico-teológicas sobre un tema actual*, Ed. Rialp, Madrid, 1992, pp. 67-75.

dictoria, pues los estados personales de consciencia no se puede describir en absoluto sin recurrir a la identidad entre hombre y persona. Cuando alguien dice "yo nací en tal sitio", *yo* no significa nada parecido a consciencia del yo (...), sino un ser que era lo que es antes de poder decir *yo*».[212]

Según Spaemann, la personalidad es una constitución esencial, no una cualidad y mucho menos un atributo que se adquiere poco a poco. Según su punto de vista, dado que los individuos normales de la especie *homo sapiens sapiens* se revelan como personas por poseer determinadas propiedades, debemos considerar seres personales a todos los individuos de esa especie, incluso a los que todavía no son capaces, no lo son y o no lo serán nunca, de manifestarlas. De ahí deduce que es lógico atribuir a las personas unos derechos que no se pueden conceder a los animales, porque la persona tiene una excelencia constitutiva que debe preservarse de manera diferencial y ello se debe contemplar en el cuerpo legislativo.

Robert Spaemann expone la perdurabilidad de la dignidad de la persona, que no puede perder, a pesar de que sus acciones contradigan abiertamente su índole personal, que está uncida irrevocablemente a su dignidad. La razón en la que respalda ese valor de la dignidad reside en su ser, frente al tener o no un comportamiento acorde con su índole humana. «El concepto de dignidad –escribe Spaemann– se refiere a la propiedad de un ser que no sólo es "fin en sí mismo para sí mismo", sino "fin en sí mismo por antonomasia".»[213]

Singer, tal como y se ha dicho anteriormente, no acepta la diferencia metafísica entre acto y potencia y tampoco la idea de persona como algo que subsiste más allá de los actos que pueda desarrollar a lo largo del decurso vital.

Para Spaemann, la persona permanece en el individuo humano, aunque sólo fuere como la posibilidad de realización de éste. Singer

---

212. Ibídem, p. 72.
213. R. SPAEMANN, *Lo natural y lo racional*, Ed. Rialp, Madrid, 1989, p. 100.

comparte con Spaemann algún aspecto de la definición de persona: el hecho de tener un yo, de tener racionalidad. Lo que no acepta es que este rasgo quede exclusivamente entre los miembros de la especie humana, y lo que tampoco admite es que el mero hecho de tener la posibilidad confiera a un individuo en cuestión unos derechos superiores en relación al resto de seres vivos. La pregunta ética de Singer no es si los entes pueden o no pueden pensar, si tienen o no tienen consciencia, sino: ¿pueden sufrir?

### 14.6. El especieísmo a examen

Los profesores Jorge Ferrer y Juan Carlos Álvarez, en su libro *Para fundar la bioética* (2003), formulan unas observaciones críticas a la propuesta ética de Peter Singer que deben ser consideradas muy seriamente, tanto por su hondura como por su lucidez. Por un lado, expresan su indignación frente algunas de las afirmaciones de Peter Singer y, por otro, proponen como contraposición a la propuesta singeriana, un antropocentrismo débil.

«Nosotros –dicen– nos decantamos (...) por un especieísmo débil, o, quizá mejor, por un *antropocentrismo débil*. Por *antropocentrismo débil* entendemos aquella posición moral que concede un estatuto particular a la especie humana, como garante y custodia del universo moral, pero no admite que el ser humano tenga, de ninguna manera, un poder despótico sobre los demás vivientes.»[214]

Nos sentimos muy cómodos en lo que estos autores denominan el antropocentrismo débil, sin embargo, uno se pregunta si esta opción es puramente cautelar, es decir, por temor a las consecuencias negativas que tiene el antropocentrismo radical, o si, de hecho, responde a una visión de la realidad, a una cosmovisión donde el hombre ocupa el lugar más relevante del cosmos, aunque no en el senti-

---

214. J. J. Ferrer, J. C. Álvarez, *Para fundamentar la bioética*, op. cit., p. 338.

do clásico de la cultura. La opción por un antropocentrismo débil nos parece prudente y enjuiciada, pues es una tesis que se sitúa en ese punto medio que Aristóteles señaló como el enclave de la virtud. Se evita la caída en el antropocentrismo radical y en sus nefastas consecuencias, pero también se evita sucumbir al igualitarismo biológico y a sus más que probables fatídicas consecuencias para la especie humana, en el caso que el citado paradigma se articulara social y políticamente.

Según ambos profesores, el pensamiento de Singer adolece de una genuina ontología. De hecho, las consecuencias éticas y jurídicas a las que llega Singer no son una casualidad, ni fruto de un movimiento arbitrario de la razón, sino que son el resultado de unas premisas que, realmente, se mueven en un plano que, como hemos dicho, no es de carácter metafísico. La ausencia de una genuina ontología es, según estos autores, «uno de los males de los que padece el pensamiento de Singer junto con toda la tradición utilitarista».[215]

Es verdad que en el pensamiento de Singer no se detecta una filosofía del ser, pero no existe porque parte de una concepción filosófica donde la especulación en torno al sentido del ser *(das Sinn des Seins)*, para expresarlo al modo de Martin Heidegger, es completamente estéril. Su filosofía parte de lo físico, de lo experimental, de lo empírico. Desde esta perspectiva, la realidad se reduce a lo contrastable empíricamente, a lo que cae dentro del campo de lo perceptible y, más allá de ello, no se reconoce nada, ni siquiera una cosa en sí *(das Ding-an-sich)* o noúmeno como en la filosofía kantiana.

Los autores alertan de las consecuencias que podría tener esta propuesta ética desde el punto de vista social. A su juicio, la tesis de que hay seres humanos que no deben considerarse personas y de que hay animales que pueden ser considerados personas puede tener graves resultados en el orden jurídico de una sociedad. Los autores critican a Singer por las consecuencias que podría tener su propuesta moral en el

---

215. Ibídem, p. 340.

caso de que llegará a concretarse políticamente y, frente a ella, invocan la memoria de un episodio histórico, sin nombrar cuál, en el que la distinción entre persona y ser humano fue explícita y llevó a consecuencias trágicas.

«La única manera de garantizar –dicen– la permanencia de este universo moral es otorgando a todos los seres humanos igual consideración y respeto. Y para garantizar al máximo la salvaguardia de este principio básico es preciso que nadie tenga la autoridad para decidir que algunos seres humanos pueden ser excluidos de la plena protección moral. La historia nos enseña cuán peligroso es otorgar esa prerrogativa a alguna autoridad, sea ésta de índole política, científica o religiosa. La única manera de garantizar el principio de igual consideración y respeto para todos los seres humanos, en cuanto garantes de un universo moral, es concediendo el pleno amparo de las garantías morales a todos aquellos que han sido generados por progenitores humanos, desde el inicio de la vida hasta el final.»[216]

## 14.7. Crítica desde la teología de los animales

El profesor Andrew Linzey desarrolla, en *Los animales en la teología*, una defensa de los derechos de los animales desde una perspectiva claramente bíblica.[217] Contra la tesis singeriana de que el desprecio y la crueldad con respecto a los animales tiene su fundamento en el texto revelado, Linzey muestra como, precisamente, en la *Biblia*, se puede hallar el fundamento de una relación armónica y respetuo-

---

216. Ibídem, p. 338.
217. Cf. A. LINZEY, *Los animales en la teología*, Herder, Barcelona, 1994. Andrew Linzey es titular de la primera cátedra del mundo en teología y bienestar animal, creada en la Mansfield Colledge de Oxford. Además es profesor especial de teología en la Universidad de Nottingham y ha publicado numerosos trabajos en revistas y varios libros sobre teología y ética, entre ellos algunas investigaciones pioneras sobre la teología y los animales.

sa entre el ser humano y los animales. Según este autor, la teología cristiana puede y debe promover un trato moralmente justo hacia los animales.

Según Linzey, el poder del ser humano sobre los animales, otorgado por Dios según las Sagradas Escrituras, se debe entender en primer lugar como responsabilidad para con los animales. Y esta obligación se impone especialmente en la medida en que nuestro potencial tecnológico está creciendo sin límites.

Andrew Linzey insiste en que una cristología de encarnación y servicio es de importancia fundamental para tomar consciencia de las orientaciones ya presentes en la teología que se interpretaron a lo largo de la historia –y aun en tiempos recientes– más a favor de la comodidad humana que en función de la verdad de las palabras bíblicas. Después de un pormenorizado análisis de las posiciones de la teología escolástica medieval, de santo Tomás de Aquino, de Albert Schweitzer y de Karl Rahner, el autor se centra en temas específicos del abuso de los animales y su total incompatibilidad con la fe cristiana: la experimentación, la ingeniería genética, así como la caza por deporte y la matanza en serie en función de toda clase de lujos.

Linzey critica formalmente la perspectiva de Singer. Su punto de vista resulta un claro contrapunto crítico a las tesis singerianas y, en particular, a su crítica a la tradición judeocristiana como garante de la comprensión instrumental y cosificadora de la vida animal. Linzey defiende una ética de los animales a partir de la tradición bíblica. Dice coincidir con Singer en la defensa de los derechos de los animales y en el movimiento de liberación animal, pero no por las mismas razones.

En cierto modo, Linzey está de acuerdo en que el animal debe ser respetado y cuidado, pero considera que puede argüir a favor de ello desde los textos bíblicos. «No es de extrañar –dice– que mi punto de vista junto con el de Peter Singer, cuyo libro *Liberación animal* siguió de cerca los pasos del mío, suscitaran mucha polémica. Los filósofos que disfrutan particularmente detectando inconsistencias y falta de racionalidad en los argumentos teológicos encontraron mi joven libro especialmente repleto de ambas.»[218]

En el capítulo segundo de la obra que estamos comentando, Linzey analiza el paradigma de la igualdad expuesto por Singer en 1974. Fundamenta su crítica a partir del artículo *All animals are equal*, que fue ampliamente debatido y reproducido.[219] La tesis de la igualdad entre el ser humano y otras especies de animales capaces de sufrir es objeto de un inteligente análisis por parte de Linzey. Se pregunta cuál debe ser la adecuada respuesta teológica al argumento de Singer en favor de la igual consideración moral entre hombres y animales, y considera que, hasta el momento de la publicación de su libro, la respuesta teológica ha sido no responder.

Linzey responde a Singer desde la perspectiva bíblico-teológica. Considera que no es suficiente que los cristianos respondan (como muchos hacen) diciendo, simplemente, que el punto de vista cristiano es que los hombres valen más que los animales. Linzey se pregunta: «¿Qué fundamento teológico tienen los cristianos que proclaman que los humanos son superiores, o que poseen una condición especial? ¿En qué consiste este valor especial?».[220]

Linzey está, en parte, de acuerdo con Singer. Considera que este punto de vista no puede sostenerse apelando simplemente a una diferencia de hecho, como, por ejemplo, que los humanos son más inteligentes, más poderosos, o más racionales, sino que se dispone a subrayar que cualquier aproximación teológica decente se debe basar en Dios y en la particular actitud de Dios hacia la creación. Según él, «el valor especial de la humanidad consiste en la generosidad de Dios: creador, reconciliador y redentor».[221]

---

218. A. LINZEY, *Los animales en la teología*, op. cit., pp. 47-48.
219. Está incluido dentro de *Desacralizar la vida humana. Ensayo de ética*, op. cit.
220. A. LINZEY, *Los animales en la teología*, op. cit., p. 61.
221. Ibídem, p. 62.

El autor de *Los animales en la teología* sostiene que la superioridad del ser humano respecto al animal no debe entenderse en el plano de la fuerza o del poder, sino en la práctica de la generosidad. «Es la absoluta vulnerabilidad e impotencia de los animales —dice—, y consecuentemente nuestro poder absoluto sobre ellos, lo que refuerza y compele la respuesta de la generosidad moral. Sugiero que tenemos que estar presentes en la creación como Cristo está presente en nosotros. Cuando hablemos de superioridad humana lo haremos adecuadamente sólo y hasta el punto en que se trate no sólo de una dominación semejante a la de Cristo, sino de un servicio semejante al de Cristo. No puede haber dominación sin servicio, ni servicio sin dominación. Nuestro valor especial en la creación consiste en ser de un valor especial para los otros.»[222]

Como se puede observar a partir de fragmento transcrito, Linzey y Singer parten de presupuestos filosóficos y teológicos distintos, pero ambos llegan a la conclusión de que todo ser animal debe ser objeto de atención sin privilegios. Linzey lo argumenta a partir de la idea de criatura. «Toda la creación de Dios —afirma— es valiosa para él, y hasta donde nosotros podemos apreciar, exactamente de la misma forma. Cuando decimos que Dios valora a un ser más que a otro sólo estamos expresando un prejuicio humano-céntrico.»[223]

Linzey propone el paradigma de la generosidad por contraposición al paradigma de la igualdad que atribuye a Peter Singer. «Singer —dice el mentado teólogo— ofrece a los animales igualdad de consideración. Pero resulta que esta frase se debe interpretar sólo *en consideración* al caso de los humanos (¿adultos?). Un tanto orwelliano.»[224]

El paradigma de la generosidad que propone este teólogo no termina en el propósito de minimizar el sufrimiento de los animales, sino que lo que exige son acciones generosas, costosas, para favorecer el bienes-

---

222. Ibídem, p. 64.
223. Ibídem, p. 65.
224. Ibídem, p. 74.

tar animal. El paradigma de la generosidad obliga mucho más que el paradigma de la igualdad. Linzey se resiste a la idea de que tengamos derecho a favorecer el bienestar y la felicidad de los humanos a expensas de otras criaturas. La idea de que los animales están simplemente para ser usados por el hombre, o para que éste obtenga beneficios, es tan grotesca moralmente como el suponer que los hijos son moralmente propiedad de sus padres, o que pueden ser utilizados para el beneficio de los padres.

«El paradigma de la generosidad –afirma Linzey– está basado en las relaciones especiales que tenemos con los animales, tal y como se testifica en las Escrituras y en elementos continuados dentro de la tradición cristiana. Este paradigma de la generosidad toma como modelo la prioridad moral del débil tal y como se ejemplifica en la enseñanza y en el ejemplo de Jesús. Requiere de nosotros una completa reorientación de nuestras actitudes hacia los animales, del mismo tipo de la que se ha dado (...) en el caso de nuestras actitudes hacia los niños y los miembros más débiles de la comunidad humana.»[225]

Linzey propone una teología de la liberación de los animales para superar la teología de la liberación de su tradicional antropocentrismo. «Ningún ser humano –dice– puede justificadamente pretender la total posesión de los animales, por la simple razón de que sólo Dios posee a la creación. Los animales no existen simplemente para nosotros, ni nos pertenecen. Existen ante todo por Dios y pertenecen a Dios. Las patentes humanas de los animales no son nada menos que idolatría.»[226]

La perspectiva de Linzey es, naturalmente, discutible, pero, en cualquier caso, es una propuesta que no puede pasar desapercibida a los críticos del pensamiento bíblico. La idea de creación y de fraternidad cósmica tienen consecuencias en la relación entre el hombre y el entorno natural que no siempre han sido puestas de manifiesto en la tradición occidental, pero que están latentes en los textos. Peter Singer está en lo

---

225. Ibídem, pp. 77-78.
226. Ibídem, p. 233.

cierto cuando apunta críticamente a la tradición occidental, pero dicha crítica ya se ha elaborado desde la misma teología cristiana.

14.8. ¿Tiene derechos la tierra?

Aunque Peter Singer sitúa la reflexión teológica sobre los animales en un plano uniforme, el hecho es que dentro de la teología existen distintas posturas respecto a los derechos de los animales y de la creación enteramente considerada. Contra lo que opina el filósofo de Melbourne, es preciso constatar que existen teólogos que se oponen radicalmente al antropocentrismo moderno y que defienden los derechos de la creación. Uno de estos teólogos es Jürgen Moltmann.[227]

A pesar de que el autor de *La teología de la esperanza* no se refiera explícitamente a Peter Singer, merece la pena recoger algunas de sus consideraciones en torno a los derechos de los animales, cuando menos para mostrar que el discurso teológico no es, en este punto, homogéneo ni monocorde como sostiene Peter Singer.[228]

Jürgen Moltmann, como Andrew Linzey, critica el antropocentrismo moderno, pero cree que difícilmente se puede volver al antiguo cosmocentrismo, aun cuando algunos pensadores modernos ven en él una salida a las aporías del mundo contemporáneo, puesto que el antropocentrismo moderno es la base de la moderna sociedad industrial, mien-

---

227. Sobre la teología de este autor, véase: *Cristo para nosotros hoy*, Trotta, Madrid, 1997; *El Dios crucificado*, Sígueme, Salamanca, 1977; *Dios en la creación: doctrina ecológica en la creación*, Sígueme, Salamanca 1987; *Trinidad y reino de Dios: la doctrina sobre Dios*, Sígueme, Salamanca, 1983, y *Un nuevo estilo de vida: sobre la libertad, la alegría y el juego*, Sígueme, Salamanca, 1980.

228. Moltmann, por ejemplo, discrepa abiertamente de las posiciones teológicas de Auer en este punto particular. Cf. A. AUER, *Umweltethik. Ein theologischer Beitrag zur ökologischen Diskussion* (Düsseldorf, 1984). En esta obra, el autor defiende un antropocentrismo ecológicamente saludable. Moltmann considera que la solución no es un cosmocentrismo, sino la descentralización de la cultura humana y su ensamblaje equilibrado con la naturaleza de la tierra.

tras que aquel cosmocentrismo era la base de las sociedades agrarias preindustriales. Sin embargo, sostiene que «es posible una inserción del antropocentrismo moderno en las condiciones de vida de la tierra y en la comunidad de vida de sus seres vivientes, que no abandona, desde una posición nostálgica la sociedad industrial, sino que la reforma hasta su compatibilidad ecológica con la tierra y su integración en la comunidad de vida natural».[229]

Para que esta comunidad de vida en la tierra sea efectiva, Moltmann defiende una comunidad jurídica de todos los seres vivos. Tal comunidad jurídica terrena tendría que abrir a la comunidad jurídica humana a los derechos de los otros seres vivos y a los derechos de la tierra, o integrarla en las leyes de vida universales de la tierra. Esto presupone respetar en su valor propio la tierra, las plantas y los animales antes de apreciar sus valores de utilidad para el hombre. «Del mismo modo –dice– que la *dignidad del hombre* constituye la fuente de los derechos humanos, así también la *dignidad de la creación* es la fuente de los derechos naturales de los otros seres vivos y de la tierra.»[230]

Según el conocido teólogo de la esperanza, el animal no es una persona humana, pero tampoco es una cosa ni un producto, sino un ser vivo con derecho propio, que necesita la protección del derecho público. Respetar este hecho significa poner fin a la producción industrial de carne, dirigida a las hormonas, y pasar a una actitud para con los animales que haga justicia a su especie. Según el teólogo alemán, «tenemos que determinar de nuevo el puesto y el papel del hombre en el tejido de la vida en la tierra y, como consecuencia de ello, "integrar los derechos del hombre en los derechos globales de la naturaleza", si queremos sobrevivir».[231]

Según Moltmann, el destino especial del hombre sólo es válido en el marco de la comunidad. Se puede hablar de dignidad del hombre como imagen y semejanza del Creador, pero los hombres deben amar

---

229. J. Moltmann, *Hombre, humanidad y naturaleza*, op. cit., p. 325.
230. Ibídem, p. 326.
231. Ibídem.

a todas las criaturas con el amor del Creador para ser auténticamente imágenes de Dios. De lo contrario, «no son imagen, sino caricatura del que es Creador y amante de lo que vive».[232]

He aquí, expuesto sucintamente un ejemplo más de la crítica al antropocentrismo desde la misma teología cristiana del siglo XX. Moltmann va, inclusive, más allá que Linzey, porque no sólo se refiere a los derechos de los animales, sino a los derechos de la creación entera, entendida ésta como obra de Dios. En este sentido, su propuesta teológicomoral trasciende el marco de los seres capaces de sufrir y se extiende a toda criatura, humana o no humana, a todo ente forjado por Dios.

### 14.9. ¿Afinidades entre Singer y la Iglesia Católica?

A partir de la presentación de la filosofía moral de Peter Singer que se ha desarrollado en este apartado, puede dar la impresión de que entre el profesor australiano y la Iglesia Católica existe una contradicción insalvable y, sin embargo, esta aseveración no es totalmente ponderada. Existen algunos puntos de coincidencia entre la visión de los animales que tiene la Iglesia Católica y la que tiene Singer, muy a pesar del profesor australiano.

El profesor Gómez Álvarez, en *El abuso hacia los animales: aproximación a una tutela responsable. La visión de la Iglesia Católica y la de Peter Singer*, sostiene que entre la doctrina de Peter Singer sobre el respeto a los animales y las tesis de la Iglesia Católica a propósito de la consideración que se debe tener con respecto a la vida no humana existen algunos puntos de encuentro, a pesar de que el filósofo australiano se obstina en ver diferencias.[233]

---

232. Ibídem, p. 327.
233. Cf. J. E. GÓMEZ ÁLVAREZ, *El abuso hacia los animales: aproximación a una tutela responsable. La visión de la Iglesia Católica y la de Peter Singer*, en Cuadernos de Bioética 50 (2003) 123-140.

«Aunque por razones distintas –afirma–, ambas visiones sostienen que los animales no pueden ser usados para el capricho humano: en el caso de la Iglesia Católica porque deshumaniza al hombre mismo, no por derechos de los animales. En el caso de Singer, el asunto gira en torno a la igualdad de intereses: el dolor es para él fundante y fundador de una igualdad de intereses.»[234]

Desde la perspectiva cristiana, la dignidad del hombre no es algo que eleva al hombre por encima de todos los demás seres vivientes, sino únicamente un caso especial de la dignidad de todos los seres naturales vivos, en lenguaje cristiano, de la dignidad de toda criatura de Dios.

La dignidad del hombre no puede realizarse mediante los derechos humanos a costa de la naturaleza y de los otros seres vivientes, sino sólo en consonancia con ellos y a favor de ellos. Si no se llega a una integración de los derechos del hombre en los derechos fundamentales de la naturaleza, los derechos del hombre no pueden reivindicar universalidad alguna, sino que ellos mismos se convierten en factores de destrucción de la naturaleza y, de este modo, conducen en último término a la autodestrucción de la humanidad.

El profesor Gómez Álvarez también señala otro punto en común: «Singer y la Iglesia Católica –afirma– no comparten la visión de la *deep ecology* aunque por razones distintas: a Singer de ningún modo le parece evidente la manifestación de intereses en algunos seres como las plantas y, en el caso de la Iglesia Católica, la creación está subordinada al cuidado humano, pero no implica el sacralizar a esta misma naturaleza».[235]

Por último, el analista pone de relieve una última coincidencia teórica: «Paradójicamente –concluye– se llega a una conclusión en ambas posturas: la necesidad de una tutela con respecto a los animales. Desde la perspectiva de la Iglesia Católica el asunto es claro: Dios ha dado ese dominio condicionado sobre la creación. En el caso de Singer, aun

---

234. Ibídem, p. 139.
235. Ibídem.

admitiendo una comunidad de intereses, debido a las propias limitaciones de los animales, que Singer admite, los hombres somos los que tenemos que decidir qué hacer con ellos con responsabilidad».[236]

A pesar de la crítica que Peter Singer desarrolla al pensamiento eclesial y a pesar de la distancia que intenta abrir entre su propuesta moral y la ética cristiana, como se ha mostrado en el artículo precedente, se detectan unas coincidencias de fondo que no deberían pasar desapercibidas. Aunque Singer parte de unas premisas muy distintas, sus conclusiones tienen afinidades con las del pensamiento cristiano tradicional.

---

236. Ibídem, p. 140.

Capítulo III

# EL CONCEPTO DE PERSONA EN LA OBRA DE H. T. ENGELHARDT

## 1. LA ÉTICA EN UN MUNDO SECULAR Y POSTMODERNO

En la *Enciclopedia de Bioética* (1995), dirigida por Warren Reich, se caracteriza la propuesta bioética de Hugo Tristram Engelhardt (1941) como la más escéptica por lo que respecta a las posibilidades de hallar un consenso en sus fundamentos. Según Reich, Engelhardt destaca por su voluntad de forjar una bioética secular y plural para una comunidad pacífica, a partir de una ética de mínimos válida para el conjunto de la comunidad, pero al mismo tiempo que permita un considerable espacio para los valores y las opciones de las diferentes religiones y grupos ideológicos minoritarios.[237]

El núcleo de la reflexión filosófica de Hugo Tristram Engelhardt gira en torno a la defensa de la diversidad moral. Su objetivo consiste en hallar un fundamento que permita la convivencia social entre el máxi-

---

237. Hugo Tristram Engelhardt nació en Nueva Orleans el día 27 de abril de 1941. Estudió en la Universidad de Austin, en Texas, donde consiguió el Doctorado en Medicina en el año 1969. Ha enseñado Filosofía de la Medicina en la Universidad Georgetown de 1977 a 1982. Desde 1983 es profesor en la Universidad Rice de Houston. Dirige el Journal of Medicine and Philosophy.

mo número de comunidades morales distintas o extrañas entre sí. Para el filósofo de Texas, las raíces de nuestras diferencias morales son reales e irreductibles y sólo una sociedad laica y pluralista puede evitar que una moral acabe predominando sobre otra transformándose en ideología. La profunda fractura social en cuestiones como el aborto, la eutanasia, la fecundación artificial y, en otro plano, el debate en torno a los principios que deben fundar la asistencia sanitaria muestran como son inciertos los confines del concepto de ley natural respecto a estas cuestiones éticas.

Según Engelhardt, no tiene sentido, ni es legítimo apelar a una pretendida ley natural como punto de encuentro entre los distintos seres humanos en el seno de la sociedad pluralista. Describe nuestra sociedad como un auténtico puzzle moral, como un reino de taifas donde no es posible invocar una ley natural para hallar una intuición moral común, sino que se impone la tarea de reconstruir un principio mínimo y básico que todas las comunidades morales extrañas entre sí puedan aceptar y armonizar con sus ideas de máximos. El filósofo de Texas considera que este principio que debe suplir la vieja noción de ley natural es el *principio de permiso*.

Una comunidad moral está integrada por agentes que comparten unos valores y unos horizontes de máximos. Nuestra sociedad, a juicio de Engelhardt, está integrada por comunidades morales que son extrañas las unas a las otras, es decir, que están vertebradas por cuerpos axiológicos distintos y que se refieren a horizontes de felicidad diferentes en cada caso. La cuestión clave radica en hallar una ética mínima para que los extraños morales puedan convivir, puedan llegar a entenderse en la vida pública.

La idea de comunidad moral, tal y como la desarrolla Engelhardt, no sólo se refiere a comunidades étnicas o religiosamente compactas, sino a ese conjunto de ciudadanos, que sean o no de la misma etnia, comparten unos parámetros éticos. Puede ocurrir que en el seno de una familia, de un partido político, de una comunidad de vecinos, inclusive, de una orden religiosa existan agentes que sean extraños moralmente los unos de los otros. Esto significa que la extrañez moral no sólo se refiere a la pluralidad étnica, religiosa, lingüística y social de nuestro mundo contemporáneo, sino que también se da entre los miembros de una misma cultura, generación y raza.

Lo que Engelhardt está tratando de decir en su obra es que vivimos en un mundo atomizado, fragmentado y disperso moral y socialmente hablando, donde cada sujeto se convierte en un agente autónomo, en una individualidad que guarda algunas complicidades con otros agentes morales y que forma con ellos una comunidad moral, pero que, respecto a la mayoría, es un extraño moral. Es evidente que el lector de *Los fundamentos de bioética* puede o no estar de acuerdo con el diagnóstico que el filósofo tejano lleva a cabo en el primer capítulo de la citada obra, pero, en cualquier caso, su análisis debe ser considerado por las muchas afinidades que tiene con nuestra realidad social.

El libro de H. T. Engelhardt ha recibido ya tres ediciones en inglés y cuenta con una traducción en español efectuada sobre la segunda edición inglesa.[238] No es preciso subrayar la importancia de este autor, quien, por lo menos desde un punto de vista cuantitativo, posee una impresionante producción. Esto queda suficientemente atestiguado ya en *Los fundamentos de la bioética*, donde se autocita en treinta oportunidades, siendo superado solamente por Kant, que merece cuarenta y una citas, no todas con el mismo espíritu benevolente con que se trata a sí mismo.

En algunas obras, se le acusa de acometer un diagnóstico pesimista e inclusive apocalíptico, sin embargo a Engelhardt no se le puede situar en ese conjunto de intelectuales que Umberto Eco denomina apocalípticos, sino más bien en el de los integrados. En efecto, no es un apocalíptico que siente añoranza de un mundo unitario, bueno, bello y ver-

---

238. La primera edición original fue publicada por Oxford University Press en 1986, y la segunda, bastante ampliada respecto de la primera pero igual en el nudo de sus doctrinas, en 1995. Nuestro análisis se basará en la traducción española de la segunda edición.

dadero, sino un filósofo integrado que trata de buscar una salida viable a nuestra postmodernidad.

En el fondo, el bioeticista norteamericano trata de buscar elementos comunes para forjar un principio transversalmente válido para las distintas comunidades morales extrañas entre sí. Plantea como imposible el acuerdo de máximos y también constata la imposibilidad de llegar a consensos por lo que respecta a los fundamentos últimos, y como contrapartida formula un principio mínimo, el denominado *permiso* que, algunos de sus críticos, consideran excesivamente minimalista.

A pesar de la multiplicación de grupos y comunidades morales extrañas entre sí, Engelhardt tiene la esperanza de poder alcanzar una convivencia pacífica entre ellas, posibilidad que es real en el seno de un estado que renuncia a ser autoritario, en una democracia neutral que permite la persecución pacífica de los propios fines. Parte de un diagnóstico social que refleja la pluralidad de opciones vitales que subsisten en los Estados Unidos de América, pero que, en parte, puede ser también aplicado al Viejo Continente.

Su visión de la postmodernidad es, como toda interpretación, discutible, pero coincide, en las líneas generales, con los esbozos de Jean François Lyotard[239] y de Gianni Vattimo,[240] por citar sólo dos ejemplos muy representativos de Europa. Engelhardt considera que vivimos en un tiempo presidido por el derrumbe de la ética homogénea (la ética cristiana) y por el declive de los valores religiosos tradicionales.

El telón de fondo de la postmodernidad, tal y como Engelhardt la concibe está presidido por la muerte cultural y social de Dios, por la desaparición de la ética trascendente y por la caída en una especie de nihilismo práctico que, de hecho, ya profetizó Friederich Nietzsche en el siglo XIX. En este contexto, emerge la posibilidad del relativismo, pero también la del fundamentalismo por reacción. El bioeticista tejano se

---

239. Cf. J. F. LYOTARD, *La condición postmoderna,* Gedisa, Barcelona, 1987; *La postmodernidad (explicada a los niños),* Gedisa, Barcelona, 1989.
240. Cf. G. VATTIMO, *Fin de la Modernidad,* Gedisa, Barcelona, 1986.

sitúa críticamente frente a estas dos posibilidades. La primera, considera que es nefasta para la sociedad y que conduce a la anomia, mientras que la segunda, además de ser violenta, genera, a su juicio, fractura social y hace imposible tender puentes de comprensión entre las distintas comunidades morales que subsisten en el cuerpo social.

Engelhardt cree que es necesario construir una bioética teniendo en cuenta la circunstancia en la que vivimos. Es partidario de una bioética a la altura de los desafíos que plantea un mundo que ya no cree en valores absolutos y que no parte de una visión homogénea del hombre, de la mujer, de la historia y, mucho menos, de Dios. Engelhardt no es un nostálgico, aunque tampoco parece sentirse cómodamente instalado en el contexto de la postmodernidad. Su propuesta de mínimos, discutible, por su supuesto, intenta ser un itinerario para salir del atolladero en el que estamos culturalmente ubicados.

El autor de *Los fundamentos de la bioética* critica, con ímpetu, las bioéticas anacrónicas que invocan un mundo que ya no existe y que se refieren a unos ideales y valores que sólo son aceptados por una pequeña minoría social. Los representantes de dichas bioéticas, calificadas por él de anacrónicas, son los principales críticos de Engelhardt, porque éstos siguen considerando que sus propuestas no son obsoletas, sino válidas también para un mundo plural.

H. T. Engelhardt no es partidario de mesianismos morales, sino de forjar reglas mínimas para asegurar la convivencia y que permitan el desarrollo libre de cada ser humano. Considera que en el plano de la clínica y de la investigación emergen problemas muy graves que requieren un prudente discernimiento, un diálogo social que sólo es posible llevar a cabo si los interlocutores de dicho diálogo comparten una misma gramática. No cree posible forjar ya una ética de contenido, una propuesta moral material, sino que considera que sólo es posible hallar unos mínimos formales para que estas comunidades puedan entenderse las unas con las otras.

Según el conocido bioeticista, vivimos en un universo inevitablemente politeísta. Se refiere a que en él se da una pluralidad de comunidades morales extrañas entre sí. No se trata solamente de un politeísmo religioso, sino, sobre todo, de un politeísmo axiológico. Esto significa que vivimos en una sociedad donde cada sujeto tiene su universo personal de valores y ello tiene como consecuencia un estilo de vida que difiere cualitativamente del de su vecino. También Alasdair MacIntyre constata la dificultad de consenso en nuestra sociedad: «Nuestra sociedad –afirma– no es de consenso, sino de división y conflicto, al menos en cuanto se refiere a la concepción de justicia».[241]

Cabe examinar cuál es la función de la ética en un mundo de extraños morales, tal como el autor llama a aquéllos que se ven obligados a interactuar por pertenecer a una misma comunidad, no necesariamente política, pero que no comparten los mismos valores y criterios acerca de lo bueno y lo malo, y, sobre todo, se enfrentan a la situación fáctica de que no es posible privilegiar un criterio sobre otro no sólo por medio de la razón, sino tampoco desde el punto de vista religioso. Según el diagnóstico de Engelhardt, vivimos en un mundo pluralista que ha abandonado la idea de que sólo es posible ofrecer una versión de la ética, es decir, un mundo que ha abandonado el «supuesto monoteísta»[242] a favor de un pluralismo mucho más próximo al «supuesto politeísta».[243] De hecho, «la época contemporánea se caracteriza por el neopaganismo y un resurgir de la simpatía por el politeísmo».[244] Es decir, que ni apelando a lo religioso se puede obtener una ética válida para todos porque no todos creen en un mismo Dios. El pluralismo también es de aplicación en esta instancia.

Engelhardt se define a sí mismo como cristiano. «Soy –dice– católico ortodoxo tejano converso.»[245] Sin embargo, en su conocida obra no

---

241. A. MACINTYRE, *Whose justice? Which rationality?*, Notre Dame University Press, Notre Dame, 1988, pp. 1-2.
242. H. T. ENGELHARDT, *Los fundamentos de la bioética*, Paidós, Barcelona, 1955, p. 55
243. Ibídem.
244. Ibídem, p. 470, nota 10.
245. Ibídem, p. 25.

se expresa como cristiano, sino como un sujeto que explora las condiciones de posibilidad para construir una ética mínima en una sociedad plural, secular, postmoderna y postcristiana. Trata de poner entre paréntesis sus creencias personales que, por otro lado, no esconde, sino que manifiesta explícitamente, e intenta elaborar un diagnóstico y una propuesta bioética que pueda ser aceptada por el máximo número de agentes morales dentro de una sociedad plural, una tentativa que tenga clave de lectura en un mundo «postcristiano» y «posthipocrático».

En la citada y conocida obra, no escribe, por lo tanto, como cristiano, sino como un filósofo laico. Como cristiano, elabora otra obra, *Foundations of christian bioethics* (2000), donde explora su visión de la bioética desde una perspectiva manifiestamente cristiana. En ella, llega a unas conclusiones muy distintas de la primera obra, pero es en esta última donde se expresa, realmente, en primera persona, es decir, donde se siente realmente cómodo con las tesis que defiende.

En *Los fundamentos de bioética*, Engelhardt alcanza unas conclusiones en materia de bioética clínica que no resultan coherentes con su ideario cristiano, sin embargo, ahí se muestra como filósofo laico; inclusive afirma que en aquel libro no expresa realmente lo que él piensa, sino lo que se puede llegar a pensar desde una propuesta ética de mínimos. Engelhardt no se siente cómodo con este diagnóstico, pero es consciente de que en este marco vital no puede plantear la ética cristiana como fundamento para una ética secular y laica, pues muchos de sus *presupuestos* no serían aceptados por el conjunto de los individuos que conforman la sociedad.

«Este libro –afirma Engelhardt, refiriéndose a *Los fundamentos*– no constituye un esbozo de las ideas morales del autor, de su moral dotada de contenido, ni de su bioética, sino es más bien todo lo contrario. Este libro es para el autor una descripción de las todavía posibles vías de comunicación entre los escombros de las aspiraciones morales modernas.»[246]

---

246. Ibídem, p. 23.

Esta declaración de principios o confesión íntima del autor nos parece muy relevante, aunque muchos de sus críticos parecen no tenerla en cuenta. El autor tejano lo dice clara y nítidamente: la propuesta moral de *Los fundamentos* no expresa sus ideas morales dotadas de contenido, sino más bien todo lo contrario. Esto significa que, cuando se critica el libro en cuestión, no se critica propiamente el pensamiento de Engelhardt como cristiano converso, sino su propuesta bioética para una sociedad postmoderna, una propuesta, por otro lado, que él mismo, en cuanto cristiano, no puede armonizar con sus exigencias morales.

Un mérito innegable de esta obra es la coherencia con que el autor llega a ciertas conclusiones a partir de unas determinadas premisas, aun cuando sabe, como se declara frecuentemente a lo largo de todo el libro, que buena parte de esas deducciones en materia moral son, incluso para él mismo, repugnantes.

Dicho claramente: en cuanto a filósofo, Engelhardt alcanza unas conclusiones que no puede aceptar como cristiano. Esta bicefalia que se detecta en la obra de Engelhardt se expresa también en otros autores norteamericanos y europeos. Según su perspectiva, la propuesta cristiana exige un acto de fe, la identificación con una tradición y con una Iglesia, que no se puede exigir a los miembros de una sociedad secular, por lo que la propuesta de mínimos resulta difícilmente compatible con las exigencias de máximos que provienen de la religión cristiana.

Esta premisa no se debe perder de referencia en la interpretación del pensamiento de Engelhardt a propósito de la dignidad de la persona. Como cristiano converso, el pensador de Texas cree firmemente en que la persona es imagen y semejanza de Dios, que es lo más perfecto de la creación, que la vida humana es sagrada y que debe ser respetada en cuanto tal desde el principio; sin embargo, en cuanto a pensador que propone una bioética de mínimos para una sociedad laica, llega a una comprensión de la persona radicalmente distinta de la primera.

Una moralidad canónica dotada de contenido es la que proporciona una clara orientación acerca de qué es correcto o erróneo, acerca del bien y del mal moral. En opinión del autor, la filosofía moderna se habría propuesto como objetivo descubrir una moral secular, laica, dotada de contenido y que pudiera abarcar diferentes comunidades religiosas o ideológicas con creencias y valores diferentes, pero este objetivo no se habría alcanzado y ahí residiría el dilema de fondo de la filosofía postmoderna.

H. T. Engelhardt cuestiona la posibilidad misma de una ética secular de contenidos, la posible existencia de una ética secular con pretensiones de universalidad. En el fondo, su libro le resulta incómodo, pues en tanto que cristiano no puede aceptar algunas de las conclusiones a las que llega intelectualmente, pero es consciente de que, si el proyecto de hallar un horizonte ético común fracasa, podemos sucumbir o al nihilismo o al relativismo moral. En *Los fundamentos de la bioética,* trata de hallar esos mínimos morales comunes intenta fundamentar una moral sin contenidos que pueda servir de orientación en la pluralidad.

2. La propuesta principialista de Engelhardt

La concepción de la ética como un medio de resolución de conflictos plantea, obviamente, la cuestión acerca de cuál será el modo de resolverlos. Se trata de vincular a extraños morales y, por esta razón, la ética no podrá aspirar sino a proporcionar ciertos criterios que faciliten esa vinculación. Así lo expresa el autor de *Los fundamentos* al reconocer que «cuando los individuos intentan resolver controversias no escuchan a Dios de la misma manera y no encuentran argumentos racionales bien fundados para resolver sus controversias morales, tan sólo les queda el recurso de ponerse de acuerdo pacíficamente sobre cómo y hasta qué punto colaborar».[247]

---

247. Ibídem, p. 21.

De ahí, se deduce que sólo se puede aspirar a una ética de tipo procedimental. «Las controversias morales en el campo biomédico –afirma– son disputas de política pública que se deben resolver pacíficamente por medio del acuerdo acerca del procedimiento que se debe utilizar para crear reglas morales.»[248]

El procedimiento investigado por Engelhardt como medio para la vinculación de extraños morales es el que consiste en un consentimiento de base acerca de ciertos principios. Éstos constituyen un marco global de la *praxis* biomédica, vaciado de los contenidos que podría proporcionarle la experiencia moral, denominados por Engelhardt trascendentales en el sentido kantiano. De hecho, él mismo aclara que el uso de dicho término está referido a un argumento que diseña las condiciones de posibilidad de la experiencia humana de la acción, encontrándose tal argumento fuera de la misma experiencia y, en consecuencia, pudiendo ser considerado como a priori.

En su propuesta principialista, Engelhardt distingue cuatro principios por este orden: el principio de permiso, el de beneficencia, el de propiedad y el de autoridad política.[249]

## 2.1. El principio de permiso

En el esquema engelhardtiano, el principio más importante de todos, aquél del cual proceden en alguna medida todos los demás, es el principio de permiso.[250] Éste fundamenta la moralidad del respeto

---

248. Ibídem, p. 98.
249. Nos vamos a inspirar en la síntesis elaborada por el profesor Jorge Martínez Barrera de la Universidad Nacional de Cuyo. Cf. J. MARTÍNEZ BARRERA, *Los fundamentos de la bioética de H. Tristram Engelhardt*, en Sapientia 201 (1997) 99-115 e ídem, *Los fundamentos de la bioética de H. Tristram Engelhardt*, en Sapientia 202 (1997) 307-323.
250. Hay aquí una diferencia relevante con respecto a la primera edición de la obra, donde el principio más importante era el de autonomía. «He rebautizado en esta segunda edición el "principio de autonomía" como "principio de autoridad moral", para indi-

mutuo, pues su máxima es: «No hagas a otros lo que ellos no se harían a sí mismos, y haz por ellos lo que te has comprometido a hacer».[251]

El principio de permiso «es la condición necesaria para poder resolver con autoridad moral las controversias morales entre extraños morales sin recurrir a la fuerza y para mantener un lenguaje ético secular mínimo destinado a alabar y censurar».[252] Este principio proporciona el marco formal vacío que posibilita el consenso mutuo en un ámbito secular y pluralista, y constituye la fuente misma de la autoridad moral.

El principio de permiso constituye, en esencia, el núcleo de su propuesta bioética para una sociedad postmoderna. Lo formula de este modo: «La autoridad de las acciones que implican a otros en una sociedad pluralista secular tiene su origen en el permiso de éstos. Como consecuencia: 1. Sin este consentimiento o permiso no existe autoridad y 2. Las acciones en contra de esta autoridad son censurables, en el sentido de que sitúan al infractor fuera de la comunidad moral en general y, por otra parte, hacen lícito (aunque no obligatorio) el recurso a la fuerza con fines defensivos, punitivos o de represalia».[253]

El filósofo de Texas conoce la formulación de los cuatro principios de la bioética fundamental tal y como fueron forjados por Beauchamp y Childress en *Principios de ética biomédica* en 1979, después de la publicación del *Informe Belmont* en 1978, donde ya se prefiguran implícitamente los citados y conocidos principios de no maleficencia, beneficencia, autonomía y justicia. También conoce el debate en torno a las distintas interpretaciones que se elaboraron desde aquel entonces hasta la publicación de la primera edición de *Los fundamentos*. Como contrapartida a esa teorización vertebrada en los cuatro

---

car de una forma más clara que no está en juego ningún valor que poseen la autonomía o la libertad, sino el reconocer la necesidad de obtener autoridad moral a través del permiso de los implicados en una empresa común» (*Los fundamentos*, p. 21).
251. Ibídem, p. 38.
252. Ibídem, p. 120.
253. Ibídem, p. 138.

principios, que tanta recepción ha tenido en los Estados Unidos y en Europa en general,[254] Engelhardt propone como principio fundamental el de permiso.

El recurso a este principio ahorra la discusión acerca de qué es bueno o malo. La eticidad de una vasectomía experimental, por ejemplo, dependerá del acuerdo entre el científico y el sujeto del experimento, y no de una referencia exterior al consenso entre ambos. Desde esta perspectiva, no hay cánones, ni siquiera somáticos, que nos orienten acerca de la bondad o maldad objetivas de la vasectomía.

## 2.2. El principio de beneficencia

El otro gran principio enunciado por Engelhardt junto con el de permiso es el de beneficencia. Éste presenta algunas dificultades ante las cuales el mismo autor queda perplejo y sin acertar a solucionarlas. Su máxima exige: «Haz el bien a los demás», lo que significa que se debe aproximar mínimamente a un contenido del bien, con lo cual la formalidad pura puede verse afectada.

Según su perspectiva ética, el principio de beneficencia no es tan determinante como el de permiso. Ocupa un segundo lugar y no tiene ningún contenido moral. Lo formula de la siguiente manera: «La meta de la acción moral es lograr beneficios y evitar los perjuicios. En una sociedad pluralista secular, sin embargo, resulta imposible establecer ninguna explicación ni clasificación particular de los perjuicios y beneficios como canónica. Como consecuencia, dentro de los límites del respeto a la autonomía no podemos establecer ninguna visión moral concreta dotada de contenido por encima de los sentidos opues-

---

254. También en nuestro país. Cf. D. GRACIA, *Fundamentos de bioética*, Eudema, Madrid, 1989. Con todo, la lectura del profesor Gracia, aunque parte de los cuatro clásicos principios, tiene un desarrollo conceptual y filosófico original y propio, que se inspira en la filosofía de Xabier Zubiri y de Pedro Laín Entralgo.

tos (...). Con todo, un cierto compromiso a favor de la beneficencia caracteriza la empresa de la moralidad, porque sin dicho compromiso la vida moral carece de contenido. Consiguientemente: 1. Por una parte, no existe ningún principio general de beneficencia dotado de contenido al que se pueda apelar. 2. Por otra parte, las acciones que no respetan la preocupación por la beneficencia son censurables, en el sentido de que sitúan a los infractores fuera del contexto de toda comunidad moral particular dotada de contenido. Tales acciones sitúan a los individuos fuera de las exigencias de beneficencia. La malevolencia, en particular, es el rechazo de los vínculos de beneficencia. En la medida en que se rechacen sólo reglas particulares de beneficencia, basadas en una visión concreta de la buena vida, únicamente de esa comunidad moral particular; en cualquiera de los casos, la petición de clemencia (caridad) puede seguir teniendo validez. Las acciones contra la beneficencia constituyen incorrección moral. Dichas acciones van en contra del contenido propio de la vida moral».[255]

A su juicio, la obligación de actuar con benevolencia respecto a los demás es más difícil de justificar, en términos morales seculares, que la obligación de abstenerse del uso de cualquier fuerza no autorizada. El principio de permiso fundamenta, según él, la moralidad del respeto mutuo y está en la base del concepto de comunidad pacífica de una sociedad secular y plural.

H. T. Engelhardt se refiere a la tensión entre ambos principios, el de beneficencia y el de permiso, en el seno de la *praxis* asistencial. El conflicto moral de base es que las personas que poseen y comparten una moral dotada de contenidos han de convivir pacíficamente con personas que no la poseen o no la comparten y deben, además, respetarse mutuamente en el seno de una sociedad secular. Según el pensador norteamericano, el principio de beneficencia se inspira, en parte, en la tradición hipocrática y, en parte, en la tradición judeocristiana.

---

255. Ibídem, p. 139.

La obligación de velar por el bien del enfermo o de velar por el vulnerable resulta ser, a su juicio, una exigencia de máximos que es difícil de sostener en un mundo que caracteriza como postcristiano y posthipocrático. Por ello, Engelhardt pone como *arjé* de la bioética secular el principio de permiso que, en sentido estricto, no puede identificarse con el principio de autonomía, tal y como fue formulado por Beauchamp y Childress, sino que tiene un campo semántico propio, un significado exclusivo, aunque naturalmente tiene muchas afinidades con el principio de autonomía.

Las distintas características del principio de permiso y del de beneficencia producen entre ellos una inevitable tensión que se debe resolver a favor de una moralidad del respeto mutuo, es decir, en definitiva, del principio de permiso. Ahora bien, desde el momento en que se hace depender la legitimidad del principio de beneficencia del mismo criterio aplicado en el principio de permiso, es decir, el de la renuncia a otorgarle cualquier contenido, su significación y sobre todo su concreta operatividad quedan en consecuencia bastante disminuidas porque su consistencia lógica ha sido desarticulada.

El profesor Jorge Martínez Barrera desarrolla una lúcida crítica a la presentación del principio de beneficencia de Engelhardt.[256] En breve, dicho crítico afirma lo siguiente: «Si el principio de beneficencia exige hacer el bien a los demás, pero no se ve cómo podrá beneficiarse a otros si no tenemos forma de determinar en qué consiste ese bien, resulta muy difícil llevar a buen puerto dicho principio».

Como dice el profesor de la Universidad Nacional de Cuyo, el autor no parece advertir que el principio de beneficencia es ontológicamente posterior a la noción de bien, de modo que no es posible postular un principio renunciando simultáneamente a la noción que le da origen y justifica. Y eso sin hacer la menor alusión a la aceptabilidad o inaceptabilidad moral de dicho bien. Si hubiera consenso, no

---

256. Cf. J. MARTÍNEZ BARRERA, *Los fundamentos de la bioética de H. Tristram Engelhardt*, op. cit., pp. 110-111.

existirían mayores dificultades, pero si no lo hay, no se advierte cuál puede ser el sentido de dicho principio. En otras palabras, «el principio es útil en situaciones donde precisamente la ética, entendida a la manera de Engelhardt, no tiene ninguna función».[257] Su validez se restringe exclusivamente al caso de los amigos morales, pero el problema radica en que la moral postmoderna debe ocuparse de los extraños morales y para éstos no hay posibilidad de alcanzar un acuerdo sobre el bien por medio de la razón, pues todas las posiciones son igualmente defendibles.

Según Engelhardt, la razón no puede guiarnos en la determinación de la bondad o maldad del aborto, del infanticidio, ni tampoco decidir si es mejor ser un «baptista sureño, un deísta tejano o un ateo homosexual de San Francisco».[258] La razón no puede guiarnos ni siquiera en la definición de enfermedad, pues no poseemos una noción canónica de forma o estructura somática. De ahí, concluye Martínez Barrera que «el principio de beneficencia tiene en la teoría de Engelhardt una justificación bastante endeble».[259]

2.3. El principio de propiedad

Otro de los principios postulados es el de propiedad, también derivado del de permiso. Su máxima es: «Las personas se poseen a sí mismas, poseen lo que hacen, lo que otras personas poseen y les transfieren; las comunidades son propietarias en la medida en que las personas crean tales comunidades y transfieren fondos a la propiedad colectiva, o en la medida en que los grupos crean riqueza común. Por tanto: entrega a todos aquello a lo que tienen derecho; abstenerse de coger lo que pertenece a varios o a uno solo».[260]

---

257. Ibídem, p. 111.
258. Ibídem, p. 97.
259. Ibídem, p. 111.
260. Ibídem, p. 186.

La introducción del principio de propiedad es exigida porque el consentimiento o permiso sobre el cual se funda toda posibilidad de moral secular sólo es posible entre aquéllos que se poseen a sí mismos; ésta es la primera forma de propiedad y la que proporciona la *conditio sine qua non* del acto consensual en materia biomédica. La referencia de Engelhardt es, en este punto, el pensamiento de John Locke, pero entendido «de una forma hegeliana».[261]

Cabe notar aquí que a lo largo de todo el libro, el autor defiende la idea de que no se puede derivar un principio prescriptivo a partir de una realidad de hecho. Por eso resulta poco claro que la enunciación del principio tenga como punto de partida, precisamente, una instancia teórica (las personas se poseen a sí mismas). En realidad, si el principio aspira a alguna significación normativa que respete la radical separación entre el orden ontológico y el deontológico postulada por el autor, debería ser íntegramente reformulado en modo imperativo y no en indicativo.

2.4. El principio de autoridad política

Se trata de un principio estrechamente vinculado con los de permiso y de propiedad. Su función es la de definir la autoridad del Estado en un contexto secular y pluralista. Engelhardt defiende aquí la fuente del consenso de la autoridad estatal. También en este principio se debe respetar su carácter puramente formal, sin contenidos concretos, excepto aquéllos que pudieran alcanzarse mediante el mutuo acuerdo.

«La autoridad política –dice– recibe su principal justificación moral en virtud del principio de permiso, de la moralidad del respeto mutuo, así como del principio de beneficencia. Sin embargo, siempre hay que situar dicha autoridad en el ámbito delimitado por las obligaciones que se deri-

---

261. Ibídem, p. 176.

van del principio de permiso, ya que el principio de beneficencia se especifica a través del consentimiento mutuo.»[262]

Según Engelhardt, se debe obedecer las leyes del Estado cuando se está obligado a hacerlo, lo que significa que existe alguna circunstancia en la cual no se tiene que obedecerlas. A su juicio, la autoridad de los gobiernos es sospechosa cuando se restringe la posibilidad de elección de los individuos libres sin su consentimiento y cuando se regula el libre intercambio de bienes y servicios más allá de la protección contra el fraude, la coerción o la infracción de contratos. A su juicio, el Estado no puede arrogarse la función de velar por el cumplimiento de la justicia.

Nuestro propósito, en este capítulo, no consiste en presentar exhaustivamente la propuesta bioética de Hugo Tristram Engelhardt,[263] sino explorar su concepto de persona y de dignidad personal. Para ello, presentamos someramente algunos ejes esenciales de su reflexión, para centrarnos, posteriormente, en la idea de persona que elabora.

3. LA RECEPCIÓN DEL PENSAMIENTO DE ROBERT NOZICK

Desde la primera edición norteamericana de *Los fundamentos de la bioética* (1986), el tema que mayor polémica ha levantado, a juzgar por la bibliografía crítica sobre el pensamiento de Engelhardt, ha sido, sin lugar a dudas, el concepto de persona y las consecuencias de orden práctico que, de él, se derivan. El mismo autor confiesa que algunas de estas consecuencias son contrarias a su modo particular de entender la persona, pero, aunque le pese, las considera inevitables en el contexto de la ética secular.

---

262. Ibídem, p. 202.
263. Sobre esta cuestión, ver el excelente estudio: J. CARRERA, *Una ètica per a la bioètica*, Institut Borja de Bioètica, Barcelona, 1999.

Su concepción filosófica y moral se funda en la noción de persona del pensador norteamericano Robert Nozick.[264] En la entraña de la propuesta bioética de Hugo Tristram Engelhard es posible detectar, por un lado, la influencia del pensamiento anárquico-liberal de Robert Nozick y, por otro, una interpretación muy particular de las tesis empiristas de John Locke y de la filosofía moral kantiana. En definitiva, un extraño híbrido filosófico constituye la raíz de la bioética de Engelhardt.

Robert Nozick es un filósofo relativamente desconocido en el contexto filosófico español. Se inscribe en la tradición del pensamiento liberal de John Locke y del anarquismo y, él mismo, se declara convencido de las ideas libertarias, lo cual significa que es partidario de conceder la máxima libertad al individuo concreto y de minimizar cuanto sea posible el poder y el influjo del Estado. La concepción de persona que elabora Robert Nozick en su propuesta antropológica es clave para comprender la visión de la misma que Engelhardt desarrolla en su obra capital.

La idea de persona de Nozick se desarrolla, de un modo diáfano, en la primera parte de su obra capital, *Anarquía, Estado y Utopía*.[265] En la citada obra, se plantea el paso del hombre en estado de naturaleza al hombre en el seno de la sociedad civil. Robert Nozick define a la persona como un ser autónomo, lo concibe como un ente capaz de actuar libremente, de obrar independientemente, como un sujeto moral.

Según su punto de vista, la persona tiene derechos innatos e inseparables de su ser. En una imagen muy gráfica que emplea el mentado pensador, compara a las personas con una especie de ranchos perfectamente delimitados por sus derechos que, en ningún caso, se pueden transgredir sin el consentimiento del dueño del citado rancho. Las personas pueden decidir abrir sus cercos para permitir el paso a otros mediante compensación. Esta imagen tan gráfica y, por otro lado, tan

---

264. Sobre la filosofía de Nozick, ver la espléndida obra de A. CASTIÑEIRA, *Els límits de l'Estat. El cas de Robert Nozick*, Enciclopèdia Catalana, Barcelona, 1994.
265. Cf. R. NOZICK, *Anarquía, Estado y Utopía*, Fondo de Cultura Económico, México, 1988.

próxima biográficamente a un ciudadano de Texas como Engelhardt, resulta muy pedagógica para entender la visión de la persona que está latente en el pensamiento de Nozick.

Según Nozick, cada persona es un universo, una esfera, un sujeto autónomo que tiene facultades para decidir todo cuanto le afecte. A su juicio, los otros sujetos no pueden interferirse en sus decisiones, ni sopesar sus opciones; sólo pueden intervenir en su vida si aquél da permiso, si permite que los otros puedan afectarle. De entrada, cada ser humano es una especie de mónada leibniziana y nadie está legitimado para injerirse en la vida ajena, mientras esa vida se desarrolle de un modo respetuoso con sus semejantes.

Según su punto de vista intelectual, la sociedad como entidad no existe, pues lo único que existe son *individua* que se relacionan entre sí y que establecen leyes de comunicación, pero no existe ningún ente superior a ellos. Nozick niega una entidad colectiva o un ente superior al conjunto de los individuos humanos. Para él, no existe, en sentido estricto, la Sociedad ni el Estado, sino que lo único que existe son seres individuales, agentes que tienen el derecho de vivir libremente y de obrar conforme a sus opciones fundamentales. El Estado debe garantizar esta libertad, debe velar para que nadie sea objeto de injerencias no deseadas, pero poco más que esto.

La raíz del principio de permiso que H. T. Engelhardt desarrolla en su obra capital está ya presente en la antropología latente de Robert Nozick. Desde esta perspectiva moral, la persona es el ser que está capacitado para dar permiso. De ahí se desprende que el ser humano que no puede dar permiso por las razones que fuere no podría considerarse, *stricto sensu*, una persona.

Según la antropología filosófica de Nozick, la persona es un individuo autónomo, cuyo único límite ético radica en el principio de permiso. Dicho llanamente: No puedo hacer al otro lo que el otro no quiera que le haga, pero si el otro permite que le haga lo que yo deseo no tengo ninguna otra frontera moral. Según Nozick, no se puede invocar una idea objetiva de lo que es el Bien, de lo que es verdadero, de lo que es correcto y acertado en cada caso. Engelhardt, *qua* filósofo secular (no en tanto que cristiano converso), también se sitúa en estos parámetros y considera que no es posible referirse a un bien materialmente definido. Después de la muerte cultural de Dios, cada comunidad moral determina lo que es su bien, pero no es posible referirse a un Bien absoluto, a un Bien metafísico y metacultural.

Según Nozick, lo correcto es lo que se desarrolla conforme al principio de permiso, mientras que lo incorrecto es lo que va contra el principio de permiso. El único principio ético legítimo en una sociedad postcristiana es el de permiso que es, por definición, meramente formal. Desde esta perspectiva, hacer al otro algo que pueda resultar, a nuestro juicio, perverso, no es moralmente reprobable en sí mismo si el otro da permiso para que se haga. Esto presupone, naturalmente, que el otro pueda dar permiso, puesto que si no es capaz de darlo no puede ser considerado, propiamente, una persona, sino sólo un ser humano.

«Los límites del derecho natural –dice Nozick– exigen que nadie deba dañar a otro en su vida, salud, libertad o posesión. Algunas personas transgreden estos límites, invadiendo el derecho de otro (...) y haciéndose daño unas a otras y, en respuesta, la gente puede defenderse o defender a otro, contra los que violan derechos. El perjudicado y sus agentes pueden recobrar del transgresor *tanto como pueda dar indemnización por el daño sufrido*. Todos tienen el derecho de castigar a los transgresores del derecho al mismo tiempo que se puede impedir su violación. Cada persona puede, y sólo puede, retribuir (al transgresor) lo que la razón serena y la conciencia tranquila dicten, lo que es proporcional a su transgresión, lo que basta para reparar y reprimir.»[266]

Según Robert Nozick, los individuos son libres, autónomos y «se encuentran en un estado de perfecta libertad para ordenar sus actos y disponer de sus posesiones y personas como juzguen conveniente, den-

---

266. R. NOZICK, *Anarquía, Estado y Utopía*, op. cit., 1988, p. 23.

tro de los límites del derecho natural, sin requerir permiso y sin depender de la voluntad de ningún otro».[267] De ahí se desprende otro principio elemental en el esquema moral de Nozick, a saber, el principio de no-maleficencia, pero no en un sentido objetivo, puesto que, a su juicio, no se puede determinar, *in abstracto*, lo que es, en sí mismo, el mal. Del mismo modo que no se puede determinar lo que es el Bien, la Verdad o lo Bello, tampoco se puede definir, *fora temporis*, lo que es el Mal.

El orden de los principios, está, pues, claro en el pensamiento de Nozick: primero está el principio de permiso; y segundo, el principio de no-maleficencia. El segundo se comprende por relación al primero. Infringir mal al otro consiste en hacerle algo que él no ha requerido, significa invadir su terreno personal, vulnerar su privacidad. Podría ocurrir que dicho sujeto deseara que le hicieran algo que nosotros, desde los principios éticos de nuestra propia comunidad moral, considerásemos negativo. En este caso, el principio de permiso es anterior y, si el sujeto en cuestión da permiso, nadie está legitimado para prohibirlo invocando una idea «objetiva» de lo que es el Bien.

Desde su punto de vista, la persona es un ser que tiene racionalidad, libre albedrío y que es capaz de acción moral. Es «un ser capaz de considerar y decidir sobre la base de principios o consideraciones abstractas que formula para él, y, consecuentemente, un ser que no sólo es un juguete de estímulos inmediatos, un ser que limita su propia conducta, de conformidad con ciertos principios o imágenes que tiene sobre lo que una vida apropiada es para él y para los demás».[268]

Robert Nozick añade un rasgo adicional en la definición de persona: «Permítasenos agregar –dice–, como característica adicional, la capacidad de regular y guiar su vida de conformidad con alguna concepción general que decida aceptar».[269] Y concluye: «El que una persona mode-

---
267. Ibídem.
268. Ibídem, pp. 59-60.
269. Ibídem, p. 69

le su vida de conformidad con un plan general es su modo de dar sentido a la vida; únicamente un ser con la capacidad de modelar así su vida puede tener, o esforzarse por tener, una vida llena de sentido».[270]

La persona, desde la perspectiva de Nozick, tiene el derecho de hacerse a sí misma lo que a otros no les estaría permitido hacer. En este sentido, va más allá de Locke, pues Locke parte de la idea de que hay actos que yo no me puedo hacer a mí mismo, aunque yo dé responsablemente el permiso. Según la perspectiva nozickiana, la persona no sólo es un ser autónomo en el terreno de lo moral, sino capaz de autorregular su vida. Esta autorregulación se entiende como un proceso totalmente libre.

«El consentimiento voluntario –afirma Robert Nozick– abre la frontera para cruzar. Locke, por supuesto, sostendría que hay cosas que otros no pueden hacerle a usted, ni aun con su permiso, a saber, aquéllas que usted no tiene derecho a hacerse a sí mismo. Locke sostendría que el que usted dé su consentimiento no hace moralmente permisible que otro le mate, porque usted no tiene derecho a suicidarse. Mi posición no paternalista sostiene que uno puede decidir (o permitir a otro) hacerse a sí mismo cualquier cosa, salvo que haya adquirido la obligación ante cualquier tercero de no hacerlo o no permitirlo.»[271]

En este sentido, Robert Nozick llega, como él mismo reconoce, mucho más allá de las tesis de John Locke, pero Engelhardt todavía llega más lejos que Nozick y sus tesis se concretan en el ámbito de la investigación biomédica y de la praxis asistencial. Nozick no explora las consecuencias de sus tesis liberales y anárquicas en el campo de la clínica, pero deja el terreno preparado para la interpretación de Engelhardt.

Robert Nozick se refiere a la inviolabilidad del yo. La persona, según su visión antropológica, es un «yo único e individual».[272] Cada ser humano es, desde su visión de las cosas, un proyecto único, un univer-

---

270. Ibídem, p. 60.
271. Ibídem, p. 67.
272. Ibídem, p. 60.

so de sentidos, de pensamientos, una fuente de sentimientos. El profesor Àngel Castiñeira, agudo intérprete de la filosofía de Robert Nozick, afirma que «la valoración de la persona se fundamenta en el hecho de ser un yo único e individual. Es esta individualidad del yo la que justifica que su acción no se vea entorpecida por la acción de otro».[273]

Siguiendo las tesis de Immanuel Kant en la *Crítica de la razón práctica* (1788), Nozick defiende la idea de que la persona es un fin en sí misma. Esto significa que, en cuanto tal, jamás puede ser tratada como un instrumento, ni puede ponerse al servicio de un fin superior que no sea la misma persona. La persona individual, concreta, la de «carne y hueso», constituye el centro de la sociedad y su voluntad debe ser respetada en todo momento, mientras sea armónica con los derechos de los otros.

El agente moral que describe Nozick parece ser, ante todo, un sujeto de derechos, pero no un sujeto de deberes. A pesar de citar a Immanuel Kant, la ética de Nozick no puede situarse en el marco de las éticas deontológicas, las del deber, sino que debe ubicarse dentro del conjunto de las denominadas éticas liberales o, inclusive, anárquicas. A nuestro juicio, las tesis de Nozick están más próximas a la comprensión antropológica de Max Stirner en *El único y su propiedad*, que no a las tesis kantianas, aunque él se refiera al filósofo de Königsberg.

En la filosofía moral de Nozick, el yo se absolutiza y el nosotros no existe. El otro se convierte en un obstáculo, en una barrera para mis deseos de libertad, pero por imperativo moral debo respetarle, pues él, como yo, tiene derecho a forjar su vida desde su perspectiva. En este punto, Max Stirner va mucho más lejos que Nozick, pues el yo de Stirner no tiene límites y puede expandirse sin temor al otro, puede convertir todo cuanto está a su alrededor en su propiedad. Nozick funda la relación con el otro en el principio de permiso, mientras que Stirner la fundamenta en la fuerza, en la «voluntad de poder».

---

273. A. CASTIÑEIRA, *Els límits de l'Estat. El cas de Robert Nozick*, op. cit., p. 60.

Para el autor de *Anarquía, Estado y Utopía*, la sociedad es comprendida como un conjunto de partículas independientes, como un conglomerado de minerales muy distintos entre sí. No existe algo así como una identidad colectiva, una visión sustantiva de la comunidad. Contra la tesis de los filósofos comunitaristas, Nozick defiende, a ultranza, un individualismo anárquico, donde el sujeto tiene, por encima de todo, derechos: el derecho a pensar, a creer y a opinar libremente, el derecho a manifestar su voluntad, a construir su vida en función de su proyecto individual, el derecho a poseer y, como contrapartida, sólo tiene un deber: el de respetar el límite de los otros, el de no inmiscuirse en sus vidas.

De ahí se desprende una noción de Estado que el profesor Diego Gracia sintetiza en estos términos: «En su obra *Anarquía, Estado y Utopía*, Nozick elabora, a partir de Locke, lo que llaman un *Estado mínimo* (minimal State), es decir, aquél que tiene como único objetivo respetar y proteger los derechos de los individuos. Todo lo demás debe considerarse como una violación de los derechos de las personas, y por tanto como algo ilegítimo».[274]

El deber de la fraternidad, el deber de la solidaridad, el deber de la responsabilidad no aparecen, para nada, contemplados en la obra de Nozick. Tampoco están descritos en la obra de Engelhardt. Lo que Engelhardt tratará de mostrar es que desde la ética mínima formal no se puede exigir a los agentes morales que sean solidarios, fraternos, compasivos con respecto a los otros agentes morales, puesto que estas exigencias trascienden el marco de lo que puede exigirse desde una moral plural y secular.

En tanto que cristiano, el bioeticista de Texas será partidario de la compasión, de la solidaridad del «buen samaritano», pero, a su juicio, estas exigencias sólo tienen valor dentro de una determinada comunidad moral, no pueden universalizarse y, menos aun, exigirse a todos los

---

274. D. GRACIA, «Primum non nocere». *El principio de no-maleficencia como fundamento de la ética médica*, Real Academia Nacional de Medicina, Madrid, 1990, p. 68.

agentes morales de una sociedad postcristiana, donde se constata lo que Gilles Lipovetsky define como «el crepúsculo del deber».[275] A su juicio, el Estado, las leyes, los sistemas, las instituciones, las reglas, todo cuando hemos forjado a lo largo de la civilización humana está al servicio de la persona, puesto que sólo ella es un fin en sí misma.

Según su perspectiva, cada individuo tiene el rasgo de la separabilidad, es decir, debe contemplarse como un ente separado de los otros, no sólo en el sentido físico del término, sino también en el sentido moral. La separabilidad expresa, para Nozick, el carácter inviolable del yo, el rango absoluto que concede a la libertad (entendida como independencia), sobre el resto de derechos. Estar separado significa tener vida propia, tener la capacidad de tomar cualquier decisión, con la única limitación de respetar la independencia ajena. Para Nozick, la libertad es sinónimo de independencia, de autonomía pura y total.

El autor de *Anarquía, Estado y Utopía* fundamenta esta noción casi sagrada del yo, esta comprensión casi absoluta de la individualidad humana en el principio categórico de Kant. Sin embargo, esta interpretación de Kant ha sido objeto de algunas observaciones por parte de los críticos de Nozick. El filósofo norteamericano invoca la segunda formulación del imperativo categórico de Kant, pero lo interpreta en una clave individualista y liberal que, a nuestro juicio, está muy lejos del espíritu y de la letra de Kant.

Para Kant, la idea de autonomía no puede identificarse con la absoluta independencia, con la libertad entendida como la práctica total del libre albedrío, sino que la autonomía en la filosofía moral de Kant consiste, paradójicamente, en un acto de obediencia, de supeditación al imperativo categórico que emerge de la razón pura práctica. Ser libre, en la obra de Kant, no significa dar rienda suelta a todos los deseos del yo, sino ponerse al servicio del imperativo categórico, de esa «ley santa» que impera en el interior del ser humano.

---

275. Cf. G. LIPOVETSKY, *El crepúsculo del deber,* Anagrama, Barcelona, 1999.

La recepción de Kant en la obra de Nozick es discutible, como también lo es la interpretación que lleva a cabo Engelhardt. A nuestro juicio, Engelhardt lee a Kant desde la perspectiva de Nozick y ello tiene, como consecuencia, un grave sesgo en la comprensión del autor de la *Crítica de la razón pura* (1781). La recepción de la filosofía moral de Kant en la obra de Engelhardt es, como veremos posteriormente, discutida por el teólogo y médico Joan Carrera que la considera un anacronismo.[276]

## 4. Personas en sentido estricto

A lo largo de su obra, Hugo Tristram Engelhardt distingue dos nociones de persona: una, en sentido estricto, y otra, en sentido lato. En sentido estricto, las personas son, según el autor de *Los fundamentos de bioética*, entidades racionales y autorreflexivas que sólo pueden interpretarse a sí mismas coherentemente como entidades morales y responsables. En el substrato de esta definición, se puede detectar, como en el caso de Peter Singer, la noción lockeana de persona.

Lo esencial en esta entidad que se denomina *persona* es, según su punto de vista, la racionalidad, y es precisamente esta racionalidad la que convierte a la entidad humana en un agente moral, capaz de decidir, de discernir y de enjuiciar las acciones propias y ajenas. La persona se caracteriza, según Engelhardt, por estos tres atributos: Autorreflexión, racionalidad y sentido moral.[277]

---

276. J. Carrera, *Una ètica per a la bioètica*, op. cit.
277. Ibídem, p. 121: «Per a Engelhardt, les persones seran aquelles entitats que tenen consciència de si mateixes, que són racionals, lliures d'escollir i tenen un sentit de preocupació moral. Aquestes entitats conviuen en una comunitat pacífica, a través dels acords mutus. Aquesta comunitat pacífica representa una esfera del dis-

Engelhardt, a diferencia de Peter Singer, no trata de buscar los puntos de convergencia entre la vida humana y la vida animal, puesto que su campo de análisis se desarrolla, básicamente, en el campo de la clínica y de la investigación biomédica. El núcleo de la obra de Engelhardt es relativamente ajeno a la cuestión de la vida animal y a los derechos de los animales, pero el punto de partida de su definición de persona arranca también del empirismo como en el caso de Singer.

Engelhardt, en tanto que cristiano y conocedor de la teología cristiana, domina intelectualmente el concepto de persona desde un punto de vista metafísico (santo Tomás de Aquino) y teológico, pero considera que esta noción de persona sólo tiene valor dentro del marco de la tradición cristiana y que no puede ser propuesta como noción transversal en una sociedad plural y secularizada.

A su juicio, en esta definición se dan demasiados implícitos de carácter religioso que no pueden ser aceptados por una sociedad radicalmente plural. Esto significa que no es exportable a otras comunidades morales extrañas al cristianismo, que no es un concepto universalizable. De ahí se deduce que es una noción que no se puede traer a colación en las discusiones bioéticas en el seno de la sociedad plural y postmetafísica.

«Las personas –afirma Engelhardt– destacan como poseedoras de una importancia especial en las discusiones éticas, ya que son entidades que tienen derechos morales seculares de tolerancia y no pueden ser utilizadas sin su permiso. Hay que señalar que esta consideración moral se concentra *en las personas y no en los seres humanos.*»[278]

Además de lo dicho en el párrafo anterior, el bioeticista tejano define a la persona como un agente moral, sujeto de derechos y de deberes. Tiene, por ejemplo, el deber de ser tolerante y el de no utilizar a las otras personas, si éstas no han dado su permiso para tal uso. El princi-

---

curs moral, que s'arriba a crear quan els individus s'interessen sobre la censurabilitat o la lloança de la seva actuació i la dels altres».

278. J. Martínez Barrera, op. cit., p. 154.

pio de permiso se convierte, tal y como dijimos en el capítulo anterior, en la única regla moral, en el único principio ético para una sociedad plural, secularizada y postcristiana.

Otro rasgo que Engelhardt atribuye a la persona, en tanto que ser racional, es el hecho de ser un ente propietario y un ser económico. Tiende a apropiarse de cosas, a delimitar un ámbito de propiedad privada y a intercambiar bienes con los otros. Tiene tendencia a la posesión, a adquirir cosas, objetos, entes vivos para sí. En tanto que ser propietario, debe respetar la propiedad del otro, lo que le pertenece, del mismo modo que exige que se respete lo suyo.

En la filosofía de Engelhardt se detecta un claro y manifiesto sentido de la propiedad privada. Una persona puede dar permiso a otra para que entre en su propiedad, inclusive, para que la disfrute, pero no puede ocuparla sin previo consentimiento del propietario. El propietario es el máximo soberano y él tiene derecho a decidir cómo quiere utilizar y qué partido desea sacar de sus propiedades.

Los derechos por excelencia de la persona según la filosofía moral de Nozick son la libertad y la propiedad. Cuando un agente moral es propietario, puede hacer con sus propiedades lo que desee, con los únicos límites de las restricciones directas e indirectas de los demás individuos.

En el plano antropológico, Engelhardt distingue entre la noción de ser humano y la de persona. Al igual que Peter Singer, para el filósofo de Texas, hay personas que no son seres humanos y seres humanos que no pueden denominarse personas. «No todos los seres humanos –afirma Engelhardt– son personas, no todos son autorreflexivos, racionales o capaces de formarse un concepto de la posibilidad de culpar o alabar».[279]

Y añade: «Los fetos, las criaturas, los retrasados mentales profundos y los que se encuentran en coma profundo son ejemplos de seres huma-

---

279. Ibídem, p. 155.

nos que no son personas. Estas entidades pertenecen a la especie humana, pero no ocupan una posición en la comunidad moral secular en sí mismas, ni por sí mismas; no pueden culpar o alabar, ni son censurables ni loables; no toman parte principal en la empresa moral secular porque sólo las personas tienen esa posición».[280]

La persona, según el autor de *Los fundamentos de la bioética*, es una entidad reflexiva, capaz de juicios morales, capaz de pensar autónomamente, mientras que el ser humano es, simplemente, un miembro de la especie *homo sapiens sapiens*. «Lo que distingue a las personas –dice– es su capacidad de tener consciencia de sí mismas, de ser racionales y de preocuparse por ser alabadas o censuradas.»[281]

A su juicio, sólo las personas pueden tener consciencia de sí mismas, sólo ellas saben que están existiendo como tales, pueden enjuiciar moralmente sus actos pretéritos y pueden planificar sus futuras ejecuciones. La persona, en tanto que ser racional y reflexivo, es un ser biográfico, que tiene conocimiento de su pasado y que puede anticipar su futuro. Precisamente porque la persona es un ser racional y reflexivo, se preocupa por el juicio de los otros. En tanto que personas, no nos resulta indiferente el punto de vista de los otros, sino todo lo contrario, deseamos ser alabados y rehusamos la condena, la crítica negativa y la censura.

Los seres humanos que no son personas no tienen esta preocupación, porque no son capaces de razonar ni de reflexionar en torno a lo que otros dicen o dejan de decir. Un recién nacido, por ejemplo, no se preocupa por ser alabado o censurado, un enfermo anciano y demente tampoco tiene esta preocupación.

«Ser un ser humano –dice Engelhardt– es tan significativo porque los miembros de la especie *homo sapiens* son normalmente seres autorreflexivos, racionales, y poseen un sentido moral –al menos en

---

280. Ibídem.
281. Ibídem, p. 155

términos morales generales.»[282] Es decir, en cierto modo, ser miembro de la especie humana tiene una relevancia singular, porque los seres humanos son, por lo general, capaces de convertirse en personas, pero, en sí mismos, todavía no pueden ser considerados como personas.

«La distinción entre personas y seres humanos –afirma Engelhardt– tiene consecuencias importantes para el modo de tratar la vida de la persona humana en contraste con la mera vida biológica humana.»[283] En efecto, las personas pueden dar permiso y deben ser respetadas en cuanto a entidades morales, mientras que los seres humanos, que no son personas, no tienen capacidad para dar permiso y no son, en sí mismos, sujetos de derechos.

Para el bioeticista de Texas, la distinción entre persona y ser humano tiene consecuencias en el plano moral y también debería tenerlas en el plano jurídico. Dicho claramente: desde la perspectiva estrictamente secular, las entidades racionales no pueden ser tratadas del mismo modo que las entidades vivas carentes de racionalidad. En el orden jerárquico de Engelhardt, las personas tienen un valor en sí mismas, deben ser respetadas porque son entes racionales, reflexivos, conscientes, mientras que las entidades incapaces de ello tienen un valor ontológico, axiológico y jurídico menor.

En el caso de Engelhardt, no se contempla una ética del sufrimiento como la que vimos elaborada en la propuesta de Singer. Para Singer, la diferencia entre ser persona y no serlo no es tan relevante, moralmente hablando, como el hecho de ser capaz de sufrimiento y no serlo. La ética de Engelhardt no se construye sobre el imperativo de reducir el sufrimiento ajeno, humano o animal, sino que se cimenta, exclusivamente, en el principio de permiso. En la ética del sufrimiento, Engelhardt detecta elementos de carácter religioso o filosófico que no pueden ser asumidos en el marco de una sociedad plural y secular,

---

282. Ibídem.
283. Ibídem, p. 156.

mientras que el principio de permiso sí que puede ser aceptado de modo unánime.

El principio de permiso debe aplicarse solamente a los seres autónomos, a las personas. Una cosa no puede dar permiso, pero tampoco un animal. Los seres humanos que no son personas tampoco están capacitados para dar permiso. Según Engelhardt, no tiene sentido hablar de la autonomía del feto, de los niños o de aquéllos que nunca han sido racionales. Esta distinción tiene consecuencias prácticas a la hora tratar la vida humana en contraste con la mera vida biológica humana. Las personas pueden determinar por sí solas lo que más les conviene, pero inevitablemente son otros quienes deben elegir en nombre de los organismos no personales, son otros quienes deben determinar lo que mejor conviene a esas entidades siguiendo, para ello, su propio criterio moral.

Los seres humanos que no son racionales, ni reflexivos, no deben considerarse, en sentido estricto, como personas, pero esto no significa, necesariamente, que deban ser tratados como cosas, como objetos de consumo. Engelhardt desarrolla, posteriormente, un concepto de persona en sentido lato que incluye también a los seres humanos incapaces de autonomía. La persona en sentido social no puede colocarse en el mismo plano moral que el objeto, la cosa, el instrumento o el animal. A pesar de que los críticos de Engelhardt no siempre tienen suficientemente en cuenta este aspecto, el bioeticista de Texas desarrolla una idea de persona que es mucho más inclusiva que la formulada aquí.

Los seres humanos que no son personas no pueden dar permiso por sí mismos, lo que significa que otros deben dar permiso por ellos. En tanto que seres no personales entran dentro del dominio de otras personas que deben decidir por ellas. Esto significa que su destino personal, inclusive su vida, está en manos de otra persona que será la que deberá tomar la decisión.

Las no-personas se ven afectadas por las consecuencias de las decisiones de personas concretas o de comunidades de personas. Cuando se debe valorar la importancia relativa de los intereses de las personas frente a las no-personas, la posición moral de las personas es decisiva. Valga, como ejemplo, la comparación de los intereses de la mujer embarazada frente a los del embrión o del feto. La mujer embarazada, si es racional y autorreflexiva, puede considerarse persona, mientras que el *nasciturus* no puede ser considerado, según Engelhardt, como persona. La decisión en torno a la posible interrupción voluntaria del embarazo afecta, en primer lugar, a la madre y, en segundo lugar, al padre.

El *nasciturus*, en tanto que no-persona, no tiene facultad alguna para decidir, ni para dar permiso. Si la madre en cuestión fuera una mujer gravemente limitada en sus capacidades intelectuales, tampoco ella podría tomar dicha decisión, sino que esta potestad debería ser ejercida por la persona o personas que cuidaran de ella y que la representaran civilmente. Podría ocurrir que los padres de dicha mujer desearan el nacimiento del futuro nieto, a pesar de la negativa de su madre. En este caso, el principio de permiso recaería sobre los futuros «abuelos», pues sólo ellos podrían dar, realmente, permiso.

En otro orden de cosas, las personas son, según la perspectiva engelhardtiana, quienes deben determinar el valor de la vida animal, la consideración que deben recibir el sufrimiento y el placer de los animales. Análogamente, el valor del zigoto, de los embriones, de los fetos, de los enfermos mentales agudos..., viene determinado –en la moral secular general– por el valor que puedan representar para las personas.

Según Engelhardt, los padres que deciden permitir que su hijo recién nacido con graves deficiencias muera de forma indolora no ofenden a ninguna de las anteriores consideraciones. Los padres son personas, mientras que la determinación de los recién nacidos como personas sólo en sentido social (y no como agentes morales) dependerá de cómo vivan su paternidad las personas en sentido estricto. En definitiva, hay que distinguir bien entre las personas en sentido moral y las personas en sentido social, que son aquéllas a quienes las primeras imputan algunos de los derechos de los agentes morales, aunque esos derechos imputados pueden ser obviados en ciertas circunstancias.

El valor de los embriones o de los fetos depende del que le otorguen las personas a las que supuestamente «pertenecen». Esas personas pueden decidir su utilización. Son, por decirlo claramente, propiedad privada de sus propietarios. Además, puesto que es la mujer quien invierte la máxima energía en este proceso, lo moralmente correcto es permitir que ella tome la decisión que crea más conveniente por lo que respecta a su zigoto, embrión o feto.

Según el bioeticista tejano, el aborto y el infanticidio no son, desde el punto de vista de la moral secular, actos moralmente erróneos (mal que le pese al autor, como explica en la nota 33, página 280). Los padres han de decidir los beneficios y los perjuicios de continuar proporcionando atenciones médicas a un recién nacido con graves deficiencias.

El hecho de que estas entidades humanas no sean personas no significa que no puedan ser tratadas como personas o que no se les pueda atribuir determinados derechos, pero éstos deberán ser consensuados por la comunidad de personas que constituyen la sociedad y que, a modo de concesión, pueden concederlos a sujetos que, en sí mismos, no los tienen.[284]

«Existe —según Engelhardt— una distancia entre lo que somos como personas y lo que somos como seres humanos, y es el abismo que se abre entre un ser reflexivo y manipulador y el objeto de sus reflexiones y manipulaciones. Desde nuestra perspectiva como persona con concepciones, opiniones y esperanzas particulares, podemos decidir si el

---

284. J. CARRERA, *Una ètica per a la poètica*, op. cit., p. 138. Dice Joan Carrera: «L'autor reconeix que hi ha altres concepcions de la persona, però ens diu que no poden tenir validesa en termes de la moralitat secular i general i que només algunes de les nostres conviccions morals, derivades de la nostra concepció de persona, poden ser justificades en el si d'una comunitat secular general. Per tant, no podem dir simplement que aquestes entitats, que no són persones, no tinguin drets, sinó que, en termes de moralitat general, no hi ha arguments que puguin ser expressats com a vinculants. Aquest fet no treu que cada comunitat moral, amb la seva visió del bé, pugui atribuir a aquestes entitats la categoria de persones. Fins i tot dins de la comunitat secular i general es poden també donar certs drets a aquestes entitats, i àdhuc considerar-les persones, si s'arriba a un acord».

nuestro es el mejor lugar del universo. Si lo creemos insatisfactorio, todavía podemos idear modos de cambiar nuestra situación. Podemos decidir si la nuestra es la mejor de las naturalezas y buscar modos de remodelarla, si creemos que lo necesita. Nosotros, como personas, podemos hacer de nuestros cuerpos objetos de nuestro juicio y manipulación, discernir de qué modo hubiésemos sido mejor modelados y diseñar, de acuerdo con ello, nuestra reconstrucción genética.»[285]

Engelhardt entiende el principio de permiso en un sentido ultraliberal. El ser humano, en tanto que persona, es soberano de sí mismo, su vida y su cuerpo le pertenecen y esto significa que tiene el derecho de hacer con ellos lo que considere oportuno, mientras no perjudique a terceros.

5. PERSONAS HUMANAS Y PERSONAS NO HUMANAS

Como en el caso de Peter Singer, Engelhardt también distingue entre personas humanas y personas no humanas. «No todas las personas –dice– son necesariamente humanas y no todos los seres humanos son personas.»[286] Incluso cita, a modo irónico o jocoso, el caso cinematográfico de E.T., *el Extraterrestre*.

El conocido personaje de Spielberg, en el esquema conceptual de Engelhardt, debería ser considerado como una persona, a pesar de no formar parte de la estirpe humana. A lo largo de la película, uno puede constatar, en multitud de episodios, que *el Extraterrestre* piensa, reflexiona y es capaz de dar libre y responsablemente permiso. También actúa como un agente moral, cuando valora las acciones de sus semejantes y da consejos morales a los niños.

---

285. J. MARTÍNEZ BARRERA, op. cit., p. 443.
286. Ibídem, pp. 156-157.

Según Engelhardt, «las personas, no los seres humanos, son especiales —al menos si sólo se dispone de una moralidad secular general. Los seres humanos adultos competentes tienen una categoría moral intrínseca mucho más elevada que los fetos humanos o que incluso los niños pequeños».[287] Engelhardt no se refiere, en ningún lugar de su obra, a la idea de dignidad ontológica, pero sí afirma que la persona tiene una categoría moral intrínseca.

«Las personas —afirma Engelhardt— se autolegislan»[288] y «pueden apreciar el daño y el bien, el placer y el dolor, de forma reflexiva y compleja».[289] Los seres humanos que no son personas no se pueden legislar por sí mismos, sino que son, necesariamente, legislados por otros. El mamífero superior, en el esquema mental de Engelhardt, también siente dolor y placer, pero no tiene autoconsciencia, ni es capaz de autolegislarse, con lo cual no puede identificarse con una persona.

La persona, según el pensamiento de Engelhardt, es un ente valioso por sí mismo y lo es no por su ser, ni por los rasgos que tiene su naturaleza física o metafísica, sino por el hecho de tener razón, de poder reflexionar y dar permiso. Los seres humanos que no son personas no son, según su criterio, seres dotados de esta categoría moral intrínseca, puesto que no pueden dar permiso.

«Sólo las personas —dice— escriben o leen libros de filosofía»,[290] sólo ellas «constituyen la comunidad moral secular».[291] La comunidad moral está vertebrada por sujetos que pueden dar permiso, que pueden defender sus derechos y ser conscientes de sus deberes. Los seres humanos que no son personas no forman parte, en sentido estricto, de esta comunidad, porque no son sujetos de derechos, ni de deberes.

Según Engelhardt, los mamíferos superiores no son miembros de una comunidad moral y, en este sentido, no se les puede considerar per-

---

287. Ibídem, p. 151.
288. Ibídem, p. 158
289. Ibídem.
290. Ibídem, p. 152
291. Ibídem.

sonas, pero, a menudo, desarrollan funciones más propias de la persona que el cigoto humano o el feto. En este punto en particular, el pensador de Texas y el autor de *Liberación animal* defienden tesis contrarias. Para Singer, todo sujeto capaz de sufrir forma parte de la comunidad moral secular, porque es un sujeto que tiene intereses, a pesar de no ser consciente de ellos. Además, Singer defiende que hay animales que pueden considerarse personas, mientras que Engelhardt jamás trata a los mamíferos superiores de personas. Indica que puede haber personas que no formen parte de la estirpe humana, pero no desarrolla esta tesis más allá del ejemplo del *Extraterrestre*.

Según Engelhardt, «los mamíferos superiores adultos disfrutan su vida, persiguen su placer y evitan el sufrimiento de forma elaborada y compleja; su vida posee valor y carece de él al mismo tiempo, pero dado que no son personas no pueden exigir ser respetados».[292]

H. T. Engelhardt contrapone esta concepción secular de la persona con la concepción religiosa de raíz cristiana. Como intelectual, el filósofo norteamericano es consciente de que, desde una moralidad cristiana, todo ser humano debe ser considerado una persona, también el que no puede pensar es un sujeto de derechos, inclusive en el caso de que él no fuera consciente de éstos. El *nasciturus*, el enfermo mental, el anciano que sufre Alzheimer, el recién nacido y el enajenado son, como cualquier persona, sujetos de derechos. Engelhardt dice que esta idea de persona se construye a partir de la doctrina tradicional de la animación que atribuye a san Agustín, obispo de Hipona.

Según esta teoría, Dios infunde en cada ser humano un alma de tal modo que es un ser espiritual y vocacionalmente llamado a la vida eterna. Puede que, como consecuencia de una patología o de un desarrollo ontogenético fatal, el mentado sujeto no pueda descubrir su naturaleza espiritual, pero el ser humano es, desde aquella tradición, un ser espiritual llamado a vivir en comunión con Dios y con los otros (la *communio sanctorum*). El filósofo de Texas considera que esta doctrina de

---

292. Ibídem, p. 161.

la persona es insostenible en el marco de la sociedad plural y secular, afirma que no tiene sentido argumentar a favor de la vida del *nasciturus* aludiendo a la citada doctrina, porque desde la visión secular de la persona es extraña e inconsistente.

La definición de persona sobre la cual trabaja Engelhardt es, sobre todo, la de Locke, pero también la de Kant, aunque ésta última interpretada de un modo *sui generis*. Es cierto que la doctrina kantiana, tal como está formulada, no desautorizaría, en principio, las inferencias de Engelhardt. Pero es innegable que, a juzgar por otras afirmaciones del mismo Kant, éste no compartiría algunas de las conclusiones de su pretendido discípulo norteamericano.

Según Kant, «una persona es aquel sujeto cuyas acciones son imputables. La personalidad moral no es otra cosa que la libertad de un ser razonable bajo leyes morales. A su vez, la personalidad psicológica no es otra cosa que la facultad de ser consciente de la propia existencia como idéntica a través de diferentes estados».[293] Y añade en otro lugar: «Los seres cuya existencia depende, por así decir, no ya de nuestra voluntad, sino de la naturaleza, tienen un valor relativo cuando están desprovistos de razón, es decir, un valor de *medio*, y he ahí por qué se les llama *cosas;* por el contrario, los seres razonables son llamados personas porque su naturaleza los designa ya como fines en sí, es decir, como algo que no puede ser empleado simplemente como un medio... La naturaleza razonable existe como fin en sí. El hombre se representa a sí necesariamente su propia existencia».[294]

Pero para Kant, a diferencia de Engelhardt, el hecho de definir a la persona por su racionalidad y que ése sea el origen absoluto de los imperativos morales no implica que los seres llamados a devenir personas, en virtud de su misma naturaleza, también puedan ser empleados como medios a pesar de su condición actual de no racionales, ni tampoco que se tenga la libertad, en virtud del valor absoluto del fundamento del

---

293. I. KANT, *Metafísica de las costumbres*, 1.ª parte, IV.
294. I. KANT, *Fundamentos de la metafísica de las costumbres*, sección II.

imperativo categórico, de obrar a la propia guisa en materia sexual o en cuanto al suicidio, por ejemplo.

Engelhardt adopta el concepto de autonomía kantiano, pero en un sentido muy alejado de lo que significa autonomía en la obra moral del filósofo de Königsber. Como hace notar el teólogo alemán Dietmar Mieth, autonomía *(Autonomie)* en Kant no significa autodeterminación *(Selbstbestimmung)*, sino, en traducción exacta, autoobligación *(Selbstverpflichtung)*. «Una voluntad libre y una voluntad bajo ley moral, según Kant, son la misma cosa. Yo soy autónomo sólo cuando mis propias máximas pueden ser generalizadas. Yo no soy autónomo cuando me permito o exijo algo como individuo que se diferencia de todos los demás individuos. Lo soy cuando mi decisión está tomada de tal modo, que cualquier otro en las mismas condiciones en las que yo vivo tendría que proceder del mismo modo.» Esta autonomía es autoobligación y no autodeterminación. Pero en la tradición filosófica anglosajona ya no aflora este concepto kantiano de autonomía, sino que en ella domina más bien una situación secular en la que los hombres pueden determinarse a sí mismos. En esta perspectiva está ubicado Hugo Tristram Engelhardt.

Contra las hipótesis conciliadoras, Engelhardt sostiene que entre la moral secular y la moral religiosa no es posible tender puentes, no es posible hallar espacios de convergencia. A su juicio, los *presupuestos* de la moral secular son radicalmente distintos que los de la moral religiosa. De ahí deduce que la moral religiosa (cristiana, judía, budista o islámica) sólo es operativa dentro de su campo particular de atribución, es decir, sólo tiene valor para sus acólitos, mientras que la moral secular pretende tener una validez universal.

En este sentido, Engelhardt se sitúa en una perspectiva muy lejana a la del teólogo suizo Hans Küng, según el cual es posible construir una ética mundial a partir de las intuiciones perennemente válidas de las tradiciones religiosas y simbólicas de la humanidad.[295] Para el bioeticis-

---

295. H. KÜNG, *Ética mundial,* Trotta, Madrid, 2001. Sobre esta cuestión, ver: *Ética de las grandes religiones y derechos humanos,* en Concilium 228 (1990). En la pre-

ta de Texas, hay un abismo infranqueable entre la moralidad secular general y la religiosa.

El autor de *Los fundamentos de bioética* critica, como Peter Singer, el argumento de la potencialidad. «Si X –dice– es un Y en potencia, significa que todavía no es Y, sino que es X, luego no puede ser considerado como si fuera Y. Si los fetos son solamente personas en potencias, no tienen los derechos de las personas.»[296]

Engelhardt critica la idea de potencialidad aristotélica. El valor de una semilla no puede compararse con el valor de un roble milenario. El valor de un ser humano no puede identificarse con el valor moral de una persona. El hecho de que ese ser humano llegue a ser persona con el tiempo, no significa que tenga el mismo valor que la persona, pero tampoco significa que carezca totalmente de él. Esos seres potencialmente personas entrarán dentro del concepto lato de persona que Engelhardt desarrolla en *Los fundamentos de la bioética*.

En definitiva: según la perspectiva de Engelhardt, hay personas humanas y las hay no humanas; hay seres humanos que no son personas y los hay que algún día alcanzarán el rango de persona. Estos seres que pueden considerarse personas potenciales tienen potencialmente los mismos derechos que la persona desarrollada, pero no los tienen actualmente. A su juicio, el hecho de que puedan llegar a ser personas, no significa que tengan la misma relevancia moral que éstas, aunque sí poseen más valor moral que los seres que jamás podrán llegar a ser personas.

---

sentación del citado número, los editores, Hans Küng y Jürgen Moltmann, afirman: «Sería sin duda una bendición para la humanidad que las grandes religiones pudieran llegar a un acuerdo sobre un ethos básico y sobre los derechos fundamentales del hombre derivados de él (...) Respecto a un ethos básico común a las grandes religiones, estamos sólo al comienzo del camino. Pero este número pretende en todo caso despertar la conciencia del problema precisamente en este aspecto».

296. J. Martínez Barrera, op. cit., p. 160.

## 6. Personas en sentido lato

Tal y como se ha dicho en el capítulo tercero, Engelhardt elabora dos conceptos de persona: uno, en sentido estricto, y otro, en sentido lato. El segundo sentido de persona es el que denomina *persona social*. No se trata de una enmienda, ni de una autocrítica, sino más bien de una ampliación del campo semántico de persona a otras entidades que, según él, no lo son.

Dentro del campo semántico de lo que Engelhardt denomina *personas sociales*, están los seres humanos *(sólo* los seres humanos) que no tienen capacidad de dar permiso, pero forman parte del género humano. Se trata de un concepto lato y generoso de persona, que incluye a aquéllos que se excluían en el primer sentido. Según el bioeticista norteamericano, estos seres humanos no son personas de pleno derecho como lo son los agentes morales, «sin embargo –dice Engelhardt–, muchas personas les conceden gran parte de los derechos que poseen normalmente las personas adultas».[297]

El lector de *Los fundamentos de la bioética* no puede dejar de preguntarse a qué responde esta ampliación del significado de persona. Una primera explicación podría ser que el autor del citado libro toma consciencia de las consecuencias de orden práctico que puede tener la diferencia entre persona y ser humano en sentido estricto. Una segunda explicación podría entenderse como una concesión a sus creencias. En sentido estricto, en el campo de la ética secular, dicha ampliación carece de sentido. Así pues, Singer sería más coherente con sus premisas filosóficas.

La segunda explicación que se puede articular es de orden teórico. Podría ser que Engelhardt tomara consciencia de que la separación entre personas y no personas es demasiado nítida. De hecho, como consecuencia de ésta, los mamíferos superiores y los seres humanos incapa-

---

297. Ibídem, p. 165.

ces de dar permiso forman parte del mismo grupo. Engelhardt corregiría esta clasificación, invocando un concepto social de persona que permitiría ubicar a los seres humanos más vulnerables en otro conjunto, superior al de los mamíferos.

Esta ampliación del significado de *persona* podría obedecer a un cierto antropocentrismo que, a modo de prejuicio, operara en la mente de Engelhardt y que no le permitiese colocar en el mismo conjunto a los seres humanos y a los mamíferos superiores. Peter Singer, tal y como hemos visto, no tiene inconveniente en poner en el mismo grupo a los seres humanos vulnerables y a los mamíferos superiores. En este punto, Singer también es más consecuente con sus premisas filosóficas que Engelhardt.

La persona, en sentido estricto, es, para el bioeticista norteamericano, el agente moral, el sujeto capaz de decidir libre y responsablemente el curso de su vida y capaz de enjuiciar los actos de los otros. La persona en sentido social incluye sujetos muy distintos. Por un lado, incluye a los niños, que son, según Engelhardt, seres humanos que pueden llegar a ser personas si su desarrollo ontogenético se desenvuelve con normalidad. También se aplica el término de *persona social* a individuos que una vez fueron personas, pero que ya no lo son, aunque todavía son capaces de realizar una mínima interacción. Engelhardt cita, a modo de ejemplo, los enfermos de Alzheimer. A estos seres humanos que han perdido la facultad para decidir, para obrar responsablemente o para emitir juicios morales, John Harris les denominará *expersonas*. Finalmente, dentro del campo semántico de persona social, Engelhardt incluye también a individuos que nunca han sido ni serán personas en sentido estricto, como, por ejemplo, el retrasado mental profundo.

Como consecuencia de esta distinción entre persona en sentido estricto y persona en sentido social, «el concepto aparentemente unitario del ser humano como persona o agente moral se resquebraja».[298] La

---

298. Ibídem, p. 171.

voluntad de esta distinción no es, según el bioeticista tejano, provocar y menos aun ofender, aunque en muchos lectores ha generado este tipo de reacción. La distinción secular entre personas en sentido estricto y personas en sentido social no tiene, como objetivo, instaurar un orden social clasista donde sólo tengan valor y sean dignas de respeto las personas en sentido estricto, sino todo lo contrario. Engelhardt, en tanto que espíritu liberal y demócrata, jamás avalaría un Estado que segregara a las personas sociales. El objetivo de Engelhardt se mueve en otra dirección.

Según su punto de vista, lo último que se propone con esta distinción es debilitar la posición de los seres humanos que no son personas. Más bien se propone «todo lo contrario». Engelhardt pretende mostrar a la comunidad de agentes morales, de personas en sentido estricto, que hay seres humanos que no son personas, que deben ser tratadas respetuosamente. La persona social no existe *per se*, sino que existe en la medida en que la comunidad de agentes morales es capaz de atribuir derechos y protección a este tipo de seres humanos. Su existencia, por lo tanto, depende de la sensibilidad moral de la comunidad de personas en sentido estricto.

«El feto –afirma Engelhardt– no es una persona; es un producto biológico de la persona, y llega a persona en sentido estricto transcurrido un tiempo desde el nacimiento. Puede convertirse en persona en sentido social, si la comunidad le adscribe algunos de los derechos fundamentales a la protección que comúnmente se atribuyen a la persona en sentido estricto como agente moral.»[299]

Las personas en sentido social no tienen, según Engelhardt, una dignidad intrínseca, no son, *per se*, acreedores de derechos, sino que esta atribución depende, totalmente, de la comunidad de agentes morales. La discusión en torno al uso que se debe hacer de estos seres humanos depende de la citada comunidad y, según la situación, puede emitirse un juicio de unas características u otras. Lo que critica el bioeticista teja-

---

299. Ibídem, p. 299.

no es la incoherencia de la comunidad moral secular cuando trata de discernir los supuestos derechos de las personas sociales.

Engelhardt pone como ejemplo de incoherencia la siguiente situación: en determinados Estados de los Estados Unidos, una mujer embarazada puede interrumpir voluntariamente el embarazo según su voluntad y, sin embargo, no se puede investigar con embriones humanos crioconservados. «Si el feto no es persona en sentido estricto –afirma Engelhardt–, será difícil entender por qué, en términos morales seculares y generales, la mujer puede abortar por cualquier razón y, sin embargo, el investigador no puede realizar una experimentación fetal con la muy altruista meta de generar conocimientos y bienestar.»[300]

Lo que está tratando de decir Engelhardt es que los miembros racionales de la comunidad moral secular deben consensuar libre y responsablemente el uso que se debe hacer de estos seres humanos, pero no dejarse llevar por presiones de orden social, emocional, económico o publicitario. La comunidad moral es soberana y es la que es capaz de dar permiso. Las personas sociales no pueden dar permiso, lo que significa que su vida depende de las decisiones de los agentes morales.

«Mientras se tenga en cuenta la diferencia entre la vida biológica humana y la vida de la persona humana –dice Engelhardt–, tal experimentación puede, incluso en términos, parecer edificante, puesto que son iniciativas para beneficiar a las personas sin causar daños directos a nadie.»[301] En el caso de la experimentación, Engelhardt consideraría legítimo utilizar los embriones criopreservados para investigar enfermedades humanas congénitas, pues ello beneficiaría a la comunidad moral secular. Los agentes racionales deben dilucidar, en cada caso, qué se debe hacer con las personas sociales a partir del criterio utilitarista de la maximización del bien.

---

300. Ibídem, p. 300.
301. Ibídem.

## 7. Personas dormidas y corporeidad

Engelhardt se pregunta, en un fragmento de su libro fundamental, si una persona dormida debe ser considerada persona en sentido estricto o se la debe considerar, simplemente, como un ser humano. La pregunta puede, parecer, de entrada, fuera de lugar, incluso, delirante, pero tiene su sentido en el conjunto de la obra.

Si la persona, en sentido estricto es, tal como defiende el bioeticista tejano, el ser racional y reflexivo capaz de dar permiso, la persona que duerme, ¿debe ser considerada como persona en sentido estricto? Pero no sólo esta pregunta tiene sentido, sino también las siguientes: ¿y la persona enamorada? ¿Y la persona desesperada? ¿Y la persona deprimida? El hecho es que la persona pasa por distintos estados de ánimo a lo largo de su vida, estados que pueden afectar gravemente su autonomía moral, su capacidad de pensar y de reflexionar. Si la persona se define por los actos y no por el ser, tiene sentido que Engelhardt se pregunte si un ser que no puede realizar determinados actos merece el nombre de *persona*.

«La moralidad secular –constata Engelhardt– hace una diferencia cualitativa entre el cuerpo que *es* el cuerpo de alguien, y el cuerpo que *puede convertirse* en el cuerpo de alguien. Respecto a un cigoto, feto o incluso un bebé, todavía no se conoce la persona que estará *en* (...) ese cuerpo. Por lo que se refiere a la persona dormida, se sabe a quién pertenece el cuerpo; sabemos quién está ahí. La persona volverá a despertarse, a emitir juicios y a contestar preguntas. El cuerpo, que es la expresión física de la vida de una persona y que posee plena capacidad de integración sensomotora, es esa persona en el mundo.»[302]

En la antropología que está latente en la bioética de Engelhardt, la persona se define, esencialmente, como un ser corporal. La corporeidad tiene, según su perspectiva, un carácter expresivo y comunicativo. El

---
302. Ibídem, p. 173.

cuerpo, además de ser un sistema de órganos, es un rasgo esencial de la identidad de la persona. Puede ocurrir que, por los circunstancias que fueran, una persona no pudiera actuar racional y reflexivamente, pero su cuerpo nos revelaría la existencia de una persona.

El embrión puede desarrollarse y alcanzar la forma humana, pero, en sí mismo, no tiene cuerpo humano. La persona que duerme, mientras duerme, no puede actuar como agente moral, pero su cuerpo nos revela que en él hay una persona instalada, capaz de obrar autónomamente. Siguiendo este razonamiento, Engelhardt concluye que no deben ser juzgados por el mismo rasero un embrión que una persona que duerme.

«Las capacidades del cuerpo –dice Engelhardt– son también las capacidades de la persona. Tenemos que distinguir entre la potencialidad *de convertirse* en una persona y la potencialidad *de* una persona. Existe una diferencia cualitativa entre saber quién está durmiendo, en el caso de un ser humano adulto competente, y saber en quién se convertirá un feto.»[303]

Las personas, para Engelhardt, son entidades prolongadas espaciotemporalmente. Esto significa que la existencia de una persona no queda puesta entre paréntesis por la discontinuidad del dormir. En la antropología latente de su bioética fundamental, la corporeidad juega un papel clave en la definición de la persona. La corporeidad es definida como el lugar de expresión del yo.

Engelhardt es consciente de que, desde los parámetros de la moral secular, no resulta viable referirse a la idea de espíritu o de alma. En tanto que cristiano, Engelhardt está convencido de la naturaleza corporal y espiritual del ser humano, pero, en tanto que filósofo que pretende construir una ética para una sociedad secular, no puede apelar a la idea de alma para salvaguardar la dignidad del embrión. Desde esta perspectiva, la persona es, esencialmente, una corporeidad que está constituida por diferentes órganos que son los que le permiten desarrollar sus

---

303. Ibídem.

funciones habituales. A su juicio, la persona que duerme es una persona, porque tiene la corporeidad de una persona; sin embargo, el embrión o el feto no tienen todavía esa corporeidad que, según Engelhardt, se debe exigir a toda persona. Si esto es así, es lógico que no se consideren personas a esas formas de vida humana.

La persona, en sentido estricto, no se percibe a sí misma como una entidad discontinua. El sentido de la persona incluye la capacidad de unir varios episodios temporalmente discontinuos en una sola vida. En tanto que realidad histórica, es capaz de tener consciencia del pasado, de lo que ocurrió en los tiempos pretéritos, pero también de anticipar el futuro, lo que vendrá, aunque, naturalmente, esta anticipación puede ser errónea.

## 8. LA BIOÉTICA CRISTIANA SEGÚN ENGELHARDT

En el año 2000, H. T. Engelhardt publicó *The foundations of a christian bioethics*. Aunque, en términos generales, el lector español desconoce este libro, esta obra resulta fundamental para conocer el pensamiento más genuino de Engelhardt, su visión personal de la bioética cristiana y de sus fundamentos. En esta obra, Engelhardt expone sus ideas como cristiano y llega a unas conclusiones muy distintas de las expuestas en *Los fundamentos de la bioética*.

En *The foundations of a christian bioethics*, expone las bases para una bioética de corte cristiano para el siglo XXI. Podría parecer contradictorio que el mismo autor que en *Los fundamentos de la bioética* pone en crisis algunas ideas tradicionales del cristianismo defienda, en este libro, la verosimilitud y la viabilidad de una propuesta bioética desde la perspectiva cristiana. Frente a esta posible y fácil objeción, se debe tener en cuenta que Engelhardt se define a sí mismo como un cristiano ortodoxo converso y que, tal y como se ha dicho anteriormente, en *Los funda-*

*mentos* no explica lo que él piensa en primera persona, sino lo que, a su juicio, puede pensarse desde los parámetros de una moral secular.

No es el lugar oportuno para valorar la interpretación engelhardtiana de la ética cristiana y, particularmente de la bioética de corte católico. Tampoco es el momento adecuado para desarrollar un análisis crítico de su propuesta bioética fundada en el principio de permiso, pero merece la pena mostrar al lector español algunas de sus ideas en torno a los fundamentos de la bioética cristiana, cuando menos para presentar la complejidad del pensamiento de Engelhardt.

Lo que resulta evidente para el bioeticista tejano es que no hay puente posible entre la moral secular y la ética cristiana, puesto que ambas tienen fundamentos, métodos y orientaciones radicalmente distintos. La bioética cristiana se fundamenta, a su juicio, en la fe en la Revelación de Dios en Cristo, mientras que la bioética secular se fundamenta, exclusivamente, en la razón. Como consecuencia de ello, el diálogo entre ambas propuestas se plantea, a su juicio, como una imposibilidad metafísica.

No cabe duda de que esta comprensión de la bioética cristiana es tan criticable como lo es su visión de la ética secular. Por un lado, el hecho de que la ética cristiana se fundamente en la Revelación histórica de Dios no significa que el elemento racional carezca de valor en ella. Y, por otro lado, el hecho de la ética secular se funde en la razón, no significa que *sólo* se fundamente en ella. La razón, como el ser, se dice de muchas maneras y también desde la ética secular es posible llegar a la formulación de otros principios mínimos, además del principio de permiso que formula Engelhardt.

En esta obra del año 2000, Engelhardt se expresa, en primera persona, como cristiano, mientras que en la obra estudiada a lo largo de este apartado se refiere a las posibilidades de una bioética secular en un mundo postcristiano. A partir de su análisis, llega a la conclusión de que el único principio legítimo en un contexto postcristiano, posthipocrático y postmoderno, es el principio de permiso. Sin embargo, Engelhardt, como cristiano, se sitúa lejos de esta bioética secular y se refiere a la bioética cristiana, pero no entendida como una bioética universal, sino como una bioética para uso de cristianos, para la «comunidad moral» de los que creen y siguen a Jesús de Nazaret.

El último capítulo del citado libro se titula: «La bioética cristiana en un mundo postcristiano». Engelhardt analiza las condiciones de posibilidad de una bioética tal y sus límites y posibilidades naturales.[304] Constata la pluralidad de moralidades seculares, así como también la pluralidad de moralidades religiosas. De ahí deduce la tesis de que hay una pluralidad de bioéticas seculares y que hay también una diversidad de bioéticas religiosas. Desde su punto de vista, la moral secular no puede responder a la pregunta por el sentido del sufrimiento *(meaning of suffering)*, mientras que las bioéticas religiosas, al fundarse en un gran relato sobre el sentido último del mundo y de la historia, ofrecen una respuesta a dicha pregunta.

La bioética secular no puede dar respuesta a las preguntas fundacionales del ser humano: ¿por qué existo? ¿Qué puedo esperar más allá de la muerte? ¿Soy libre? ¿Existe Dios? ¿Tiene sentido la historia? Las bioéticas estructuradas a partir de una gran relato simbólico y cósmico dan respuesta a estas preguntas invocando determinados mitos que son creídos y asumidos por el conjunto de la comunidad religiosa. Naturalmente, dichos relatos no pueden ser verificados empíricamente, pero sirven para «dar sentido», para configurar una explicación global del sentido de la vida y del lugar que ocupa el hombre en el cosmos.

Desde su punto de vista, la bioética cristiana se funda en la experiencia de un Dios personal y trascendente. Desde esta experiencia, se analiza la sexualidad, la reproducción, el nacimiento, el sufrimiento, la

---

304. Sobre el debate en torno a las condiciones de posibilidad de una bioética cristiana o teológica, ver: J. VICO PEINADO, *¿Cabe hablar de «bioética teológica»?*, en Moralia XXVI (2003) 439-473; D. HOLLINGER, *Can bioethics be evangelical?*, en Journal of Religious Ethics 17 (1989) 161-179; D. MIETH, *Ética teológica y biológica*, en Concilium 223 (1989) 395-410; D. MÜLLER, *La bioéthique et le statut théologique de l'éthique séculière*, en Recherches de Sicence Religieuse 82 (1994) 547-564, y J. GAFO, *Bioética teológica*, Desclée de Brouwer, Bilbao, 2002.

enfermedad, el morir y todos los grandes temas de la bioética: la experimentación, la manipulación y la investigación en general. La ética secular se construye al margen de la creencia en Dios. Es una ética *sin* Dios, que no significa, ni mucho menos, una ética *contra* Dios. En *Los fundamentos*, Engelhardt elabora las bases de una bioética sin Dios, mientras que en este libro que reseñamos construye los fundamentos de una bioética que se forja a partir de la experiencia de Dios y de un Dios personal, moral y trascendente.

Según el diagnóstico de Engelhardt que, en parte sintoniza con el de grandes teólogos y filósofos occidentales actuales, la presencia de la ética cristiana en nuestra cultura es, cuando menos, problemática. Incluso más problemática que en los tiempos del paganismo romano, porque no sólo hay actitudes paganas y anticristianas, sino porque las bases de esta ética han sido profundamente puestas en cuestión por parte de los grandes filósofos de la sospecha. Frente a esta sociedad, es fácil la tendencia al hermetismo y al fundamentalismo. Engelhardt advierte de este peligro a la comunidad cristiana y apela a una vivencia natural y auténtica del cristianismo, pero asumiendo su carácter marginal en el universo cultural del siglo XXI.

Desde su punto de vista, la bioética cristiana no sólo puede desarrollarse desde una perspectiva académica, sino que implica un determinado estilo vital. Le concede una dimensión política, es decir, de militancia de unos determinados valores. La bioética cristiana no es, según él, una bioética filosófica, sino que se inserta en la tradición teológica. En este sentido, tiene una dimensión trascendente, una misión a favor de la vida y de la dignidad de la persona.

En nuestro contexto cultural se está produciendo, según Engelhardt, una marginación social de la teología moral cristiana, simultáneamente al desarrollo de una cultura cosmopolita, secular y global. Inclusive llega a firmar que escribir un libro de bioética cristiana es contracultural, pues, según su diagnóstico, vivimos instalados en un mundo postradicional donde lo trascendente sufre un eclipse por lo inmanente.

Según el diagnóstico del bioeticista americano, en nuestro mundo postcristiano y postcomunista, lo empírico se convierte en la prueba irrefutable de veracidad. Engelhardt considera que, desde la sociedad neopagana y postcristiana, cualquier perspectiva bioética que se funde en un relato metafísico o teológico, es calificada de fundamentalista. La teología se convierte en el fundamento de la bioética cristiana. Naturalmente que Engelhardt critica esta fácil e inadecuada identificación, pero advierte de esta tendencia en el mundo contemporáneo.

## 9. Consideraciones críticas

### 9.1. Rasgos de la persona

Una perspectiva análoga a la de Hugo Tristram Engelhardt respecto a la definición de persona es la que hallamos en el teólogo moral protestante Joseph Fletcher. En un artículo de 1972, Fletcher propone quince criterios o indicadores para delimitar la noción de persona. Son los siguientes: la inteligencia mínima, la consciencia de sí mismo, el gobierno de uno mismo, el sentido del tiempo, el sentido del futuro, el sentido del pasado, la aptitud para comunicarse con los otros, el interés por los otros, la comunicación, la curiosidad, la evolución y la variabilidad, el equilibrio entre razón y sentimientos, la idiosincrasia y la función neocortical.[305]

Posteriormente, en 1974, Fletcher resume las críticas recibidas a su artículo y limita sus criterios a cuatro: la consciencia de sí, la capacidad de interacción, la bondad y la función neocortical. Buscando el crite-

---

305. Cf. J. FLETCHER, *Indicators of humanhood: a tentative profile of man*, en Hastings Center Report 2/5 (1972) 1-4.

rio definitivo, llegó a afirmar que éste es el de la función cortical. Según esta perspectiva, los seres capaces de función neocortical pueden ser considerados personas, mientras que el resto no deben ser considerados como tales. Engelhardt estaría parcialmente de acuerdo con esta delimitación, porque sólo el sujeto capaz de desarrollar una mínima función neocortical es apto para dar permiso, es decir, para tomar decisiones libre y responsablemente. La función neocortical es condición necesaria, pero no es suficiente. En este sentido, Joseph Fletcher amplía el campo semántico de la palabra *persona* más allá de los límites que había fijado el bioeticista americano.

A pesar del interés que tiene esta investigación, se pueden formular distintas críticas. Una se refiere a su enumeración: ¿el último elemento es del mismo orden que el resto de los elementos? ¿La existencia de la función neocortical puede ser vista como una condición esencial de la existencia de la persona, puede considerarse el elemento constitutivo? Una segunda crítica se refiere al carácter subjetivo de ciertos indicadores: ¿cómo apreciar, por ejemplo, la bondad?

Según nuestro punto de vista, el esfuerzo de Fletcher tiende a describir a una persona ideal. Los quince indicadores que propone, en el caso de cumplirse, describirían a una persona ideal, pero las personas reales, las que viven, padecen y mueren no siempre cumplen los quince criterios. La definición mínima de persona que propone Fletcher es más amplia que la de Engelhardt, pero también margina a determinados seres humanos cuya función neocortical es prácticamente inexistente. La antropología mínima de Fletcher es discutible, pero también lo es la de Engelhardt. A nuestro juicio, ambas propuestas de definición son restrictivas y excluyentes. Tanto en el caso de Engelhardt como en el de Fletcher se construyen unas fronteras en torno a lo que se considera persona que, a nuestro juicio, no son posibles de fijar neutralmente.

## 9.2. La persona como nudo de relaciones

Uno de los críticos más relevantes a esta visión reduccionista de la persona es el filósofo francés Lucien Sève.[306] El profesor Sève, miembro del Consejo Consultivo Nacional de Ética de Francia, trata de explorar todas las dimensiones de la persona (individuo, personalidad, sujeto) y mostrar como todas se complementan para constituir una unidad singular, compleja, unificada y autónoma, además de abierta a los otros y a las generaciones futuras.

Merece la pena considerar su propuesta porque, a pesar de no criticar explícitamente la definición engelhardtiana de persona, propone una visión de persona cualitativamente distinta que, cuando menos, resulta ser un contrapunto teórico muy consistente a la propuesta de Engelhardt. La bioética de Sève, como la del autor norteamericano, se desarrolla también en un marco estrictamente secular y laico, aunque se nutre de otras fuentes filosóficas. De hecho, su reflexión no puede interpretarse correctamente si se olvidan las raíces marxistas del autor francés.

La concepción de persona que propone no es una noción apriorística, sino el resultado de un análisis a posteriori. Según su punto de vista, el concepto de persona no debe relacionarse con una esencia inmutable, ni con un substrato fijo. Según él, la persona está permanentemente en proceso de ser inventada y en ella hay una parte de misterio que ninguna definición podrá agotar. En definitiva, esta concepción de persona intenta evitar tres riesgos: la cosificación de la misma, el no salvaguardar su misterio y el reducirla a su reconocimiento social, es decir, a su reconocimiento y su aceptación por parte de los otros. Se rehúye, pues, tanto la objetivación o cosificación como el relativismo.

---

306. Cf. L. Sève, *Pour une critique de la raison bioéthique*, Odiel Jacob, 1994. Cf. J. M. Therrien, *La notion de personne selon Lucien Sève*, en Philosopher 17 (1995) 263-280.

Lucien Sève describe distintas dimensiones de la persona, antes de señalar su unidad concreta. Procediendo de una manera progresiva, fenomenológica, de lo más aparente a lo más interior, a lo más secreto, a lo más profundo, el bioeticista francés distingue tres dimensiones o constituyentes de la persona. Según Lucien Sève, la persona es, de entrada, una individualidad, una realidad individual, limitada por un espacio determinado. La define como una totalidad orgánica que no puede reducirse a la suma de sus partes o a la serie de sus componentes. Según Sève, el individuo es un nudo indisociable de relaciones entre elementos múltiples que tienden a conservar la integridad de su ser.

Desde este punto de vista, el autor considera que se debe reconocer objetivamente en la persona a un individuo que es irreductible, a una singularidad que es distinta de las otras. Mientras que el biólogo ve en la persona un individuo, el profesional de la salud ve en él una personalidad, una identidad psico-afectiva y social.

Según Lucien Sève, la persona es un nudo de emociones y de relaciones sociales, además de conexiones nerviosas, que apunta hacia la esfera de lo simbólico y de lo imaginario. Es inseparable de un código lingüístico, como lo es de un código genético, de un sistema de parentesco. La personalidad designa, según su punto de vista, la integración particular de distintos componentes (cuerpo, espíritu, sensibilidad, pasión, imaginación) y eso es lo que permite distinguirla de otros individuos.

Lucien Sève todavía se refiere a otro aspecto cuando ensaya una descripción global de la persona. Según su punto de vista, la persona es, además de una individualidad biológica y una personalidad, un sujeto ético y jurídico. Los tres aspectos, individuo biológico, personalidad psicosocial y sujeto ético y jurídico, no son dimensiones yuxtapuestas en la persona, sino dimensiones vinculadas en una unidad que es, precisamente, la que denomina *persona*.

Partiendo de esta idea, distingue entre persona de hecho y persona de derecho. La persona de hecho *(personne de fait)* es, en suma, el ser concreto de carne y hueso, de mirada y palabra, de sensibilidad y voluntad, de razón y libertad. En el decurso de su vida individual, esta unidad es frágil y fugaz. A lo largo de su itinerario, conoce alteraciones en su autonomía funcional, en su corporeidad. Además de la persona de hecho, Lucien Sève distingue a la persona de derecho *(personne de droit)*, que es una unidad vivida en nosotros. Se trata de la persona en sentido ético. Esta noción de persona no es frágil, ni fugaz. Hay algo en ella de intemporal y de absoluto. Es el valor por excelencia. La persona de derecho es también un hecho, la persona de hecho es en sí misma un valor.

Desde su punto de vista, la persona trasciende, por así decirlo, el nivel de los hechos, los datos científicos (biológicos y psicológicos), para situarse en el ámbito de los valores. No pertenece al orden económico, sino al orden ético o axiológico. Esto es, precisamente, lo que sugiere el término *dignidad*. Lucien Sève afirma que no todos tenemos los mismos motivos para considerar a la persona como un valor, pero todos ellos nos llevan a tratarla como un fin y no únicamente como un medio. La alusión a Kant es patente.

En su extraordinario libro *Pour une critique de la raison bioéthique*, Lucien Sève pone de relieve que existen múltiples definiciones de persona, lo que revela la complejidad de la cuestión. Contra las visiones simples y llanas de lo que es la persona, Sève aborda el tema desde la perspectiva del misterio. Según Sève, el sentido de persona no puede identificarse con el de ser humano. Según él, el ser humano es humano porque tiene como punto de partida la humanidad como especie biológica, mientras que la persona es humana en un sentido completamente distinto: lo es en la medida en que toma como idea reguladora la humanidad. En el ser humano, la humanidad es tomada a modo de hecho. En la persona, representa un valor. Es, precisamente, esta representación la que constituye la consciencia moral.[307]

---

307. Cf. L. Sève, *Pour une critique de la raison bioéthique*, op. cit., p. 26. Lo expresa así: «L'être humain est humain parce qu'il a pour point de départ l'humanité com espèce biologique. La personne est humaine en un sens tout différent: en ce qu'elle prend pour fin l'humanité comme idéal régulateur. Dans l'être humain, l'humanité est présent à titre de fait. Dant la personne, elle est représentée comme une valeur».

A su juicio, la noción de persona no depende de lo biológico. Para Sève, la persona es incorpórea.[308] Sabe que esta convicción es arriesgada, pero, según su criterio, la persona es un concepto extraño en las disciplinas biológicas, puesto que en ellas el campo de estudio es el ser vivo, lo orgánico, lo neuronal, lo biomolecular. La ciencia se mueve en lo descriptivo, mientras que la ética se mueve en el plano de lo prescriptivo.

La noción de persona, según Sève, no se deduce de lo biológico, sino que es una noción-valor que tiene, esencialmente, una significación ética y que, como tal, no depende de los hallazgos de las ciencias experimentales. Esto significa que no hay forma de verificar experimentalmente a la persona, puesto que como dice Lucien Sève, «la persona no es un hecho» *(la personne n'est pas un fait).*[309]

Cuando el criterio experimental intenta concretar esta noción abstracta, lo que de veras consigue es disolverla en la nada. Se trata de un *concept inconcevable,*[310] de una aporía, puesto que si es un concepto es concebible, pero si es inconcebible no puede ser definido como concepto. Si el hecho no fundamenta el derecho, el derecho debe fundamentarse en otro nivel. La persona se presenta, para Lucien Sève, como un *mystère unique en son genre.*[311]

¿En qué consiste la dignidad? Se trata de una noción que se adscribe a un ser. La dignidad, desde la perspectiva de Lucien Sève, no es algo que pertenece, *per se*, al ser personal, tampoco es algo que dependa de actos, sino que es una noción que se adscribe a un ser. Esta adscripción convierte a ese ser en alguien digno de respeto. Naturalmente, uno se puede preguntar por qué se le debe adscribir a un ser y no a otro. Para Sève, «la adscripción de una *dignidad* es el proceso a través del cual un

---

308. Cf. L. SÈVE, *Pour une critique...*, op. cit., p. 31: «Nous étions partis d'une conviction risquée: la personne est un incorporel».
309. Ibídem, p. 41.
310. Ibídem, p. 42.
311. Ibídem.

ser individual adquiere en-sí y por-sí la calidad de societario del género humano».[312]

La adscripción, sostiene Sève, es un equivalente universal. Poseer el *status* de persona me identifica en dignidad con todos los otros. En este sentido, «la persona es una prerrogativa ética que a la vez me pertenece y me trasciende: lo que me pertenece me trasciende, lo que me trasciende me pertenece».[313] La persona, afirma Sève, es «intrínsecamente un concepto de valor».[314]

Sève propone, a pesar de sus cautelas filosóficas, una definición común de persona: «La persona –dice– es la forma-valor igualmente adscrita a todo individuo en su calidad de societario del género humano».[315]

En sentido estricto, el profesor francés no entra en la discusión en torno al estatuto ético de los seres humanos gravemente vulnerables, pero tampoco afirma que no deban ser considerados como personas. Si la persona es, como dice en el texto que hemos transcrito, la forma-valor adscrita a todo individuo en su calidad de societario del género humano, ¿en virtud de qué criterio no deberían incluirse dentro de esta acepción los seres humanos gravemente vulnerables?

Desde esta perspectiva, la postura de Lucien Sève, a pesar de su ambigüedad latente, nos parece mucho más compleja e inclusiva que la que propone el filósofo tejano.

### 9.3. El embrión y el adulto que duerme

Una de las críticas más explícitas a la propuesta bioética de Engelhardt queda reflejada en un artículo muy sugerente titulado: *El embrión*

---

312. Ibídem, p. 72.
313. Ibídem, p. 73.
314. Ibídem.
315. Ibídem, p. 82: «La personne est *la forme-valeure égalment ascrite à tout individu en sa qualité de sociétaire du genre humain*».

*es una persona, si el adulto que duerme es una persona. Una demostración racional*[316] firmado por Antoine Suárez. El artículo se refiere directamente a un capítulo de *Los fundamentos de la Bioética* titulado «Las personas dormidas y el problema de la encarnación».[317]

Tal y como se puede leer en el título del citado artículo, la finalidad de la autora es mostrar que si Engelhardt admite que una persona durmiendo es persona, a pesar de no poder dar permiso mientras duerme, entonces el embrión humano también debe ser considerado como persona, porque, a pesar de no tener una forma humana, es, potencialmente, un ser capaz de dar permiso.

Antoine Suárez se opone radicalmente a la crítica que Engelhardt elabora del principio de potencialidad. La presentación del concepto de potencialidad en *Los fundamentos* es objeto de réplicas por parte de la citada autora.[318] Según su punto de vista, el hecho de que un ente tenga la capacidad de convertirse en otro ente debe hacerle acreedor de unos derechos distintos con respecto a aquel ente que carece de dicha capacidad. A su juicio, poner en el mismo plano ético y jurídico a un embrión humano y a un perro es, sencillamente, injusto, porque el embrión humano tiene una *potentia* que le facultará para un tipo de vida superior a la del perro. A juicio de Antoine Suárez, Engelhardt subestima el principio de potencialidad y ello tiene como consecuencia un trato injusto con respecto a los más vulnerables o menos desarrollados.

«Si cada uno –afirma Antoine Suárez– tiene derecho a ser respetado por los otros cuando duerme, y este derecho tiene un fundamento razonable, entonces el principio siguiente debe también valer: "Cada observador debe deducir que un cierto cuerpo goza de dignidad personal no del hecho de que este cuerpo hable o escriba, sino del hecho de

---

316. Cf. A. SUÁREZ, *El embrión es una persona, si el adulto que duerme es una persona. Una demostración racional*, en Cuadernos de Bioética 4 (1990) 38-42.
317. Cf. J. MARTÍNEZ BARRERA, *Los fundamentos...*, op. cit., pp. 172-175.
318. Cf. A. SUÁREZ, *El embrión es una persona...*, op. cit., pp. 38-42.

que es un cuerpo de la especie humana". Ciertamente el hecho de ser una persona está en relación estrecha con la capacidad de hablar, pero esta relación no significa que un cuerpo deba hablar para ser reconocido como persona por los otros; basta que pertenezca a una especie en la que la mayoría de los individuos hablen de vez en cuando.»[319]

Si admitimos con Engelhardt que cuando una persona se enamora o se desespera o, simplemente, duerme, no deja de ser persona, ¿Por qué el embrión humano –se pregunta la articulista– no debe ser considerado persona? En tanto que miembro de la especie humana, está llamado a hablar, a pensar, a meditar, a reflexionar, a valorar la realidad, aunque, *de facto*, no pueda realizar estas actividades propiamente humanas. ¿Por qué al primero le consideramos persona y al segundo no?

«El embrión –afirma Suárez– es la misma persona humana que el adulto que puede llegar a ser. De lo que acabamos de establecer y del principio de no variación de la identidad biológica, formulado anteriormente, se sigue que: "si un cuerpo en el instante X es el mismo animal que un cuerpo de la especie humana en el instante Y, entonces el cuerpo en el instante X es también una persona, a saber: la misma persona que el cuerpo en el instante Y".»[320]

Naturalmente Engelhardt no estaría de acuerdo con esta argumentación. El adulto que duerme es, según él, una persona, aunque no «ejerza» como tal. El adulto que se enamora es una persona, aunque pierda, durante el estado de enamoramiento, el juicio y la entereza. Pero, según su punto de vista, el embrión no es una persona, porque todavía tiene que desarrollarse para poder realizar las acciones propias de la persona. Si el proceso evolutivo se desarrolla con normalidad, alcanzará, según Engelhardt, la categoría de *persona*, pero, en cuanto tal, no lo es, ni debe de ser considerado como tal en sentido estricto.

---

319. Ibídem, pp. 40-41.
320. Ibídem, p. 41

Según Antoine Suárez, «todo lo que es necesario para que un adulto pertenezca a la especie humana es una propiedad del embrión del cual el adulto procede; el embrión es el mismo ser vivo que el adulto que él puede llegar a ser. Estos resultados científicos y los principios fundamentales del derecho conducen a la conclusión: "El embrión humano es necesariamente una persona humana, la misma persona que el adulto humano que él puede, en principio, llegar a ser"».[321]

Esta última aseveración resulta muy discutible, no sólo desde un punto de vista científico, sino también desde un punto de vista filosófico. En el substrato de esta crítica, persiste la idea de que la persona es una sustancia que permanece siempre igual a sí misma, independientemente de los cambios y transformaciones que padece a lo largo del tiempo vital. Según muchos filósofos no es correcto afirmar que el embrión humano sea la misma persona que el adulto humano, sino que, aquel ser, a lo largo de su periplo vital se transforma cualitativamente; cambia, crece, asume nuevas experiencias, y, todo ello, metamorfosea su identidad. Además, el desarrollo de aquel embrión depende de factores exógenos, lo que significa que no puede alcanzar su estado de madurez si no se dan unas circunstancias externas adecuadas.

## 9.4. El riesgo de inhumanidad

La profesora Marie Luise Lamau, del Centro de Bioética de Lille, desarrolla una lúcida crítica del concepto de persona de Engelhardt en su artículo *Le concept de personne chez T. Engelhardt*.[322]

Lamau critica, en primer lugar, la visión reduccionista de persona que se desprende de los análisis del bioeticista tejano. Según la cual, sólo

---

321. Ibídem.
322. Cf. M. L. LAMAU, *Le concept de personne chez T. Engelhardt*, en Laennec 41 (1993) 16-19.

los adultos en plenas facultades pueden reivindicar el título de *persona*. Esta visión exclusivista evoca, para Lamau, sombras inquietantes del pasado que, según ella, los europeos no deseamos recordar.

Coincidimos con la primera parte de la crítica, pero no con la segunda. También creemos que el concepto engelhardtiano de persona es reduccionista, pero no pensamos que este concepto se pueda vincular a Estados Totalitarios del pasado. El mismo Engelhardt amplía el concepto de persona a todos los seres humanos incapaces de dar permiso *(personas sociales)* y lo hace para que se consideren los derechos que tienen estos individuos.

La profesora Lamau sostiene que la definición de persona que propone Engelhardt se arraiga en una visión política, en una comprensión de la relación entre individuo y Estado que se inspira en la tradición de la Inglaterra del siglo XVII, en los *Bills of rights*. Según esta visión, el principio de libertad es absolutizado, mientras que el deber de solidaridad es minimizado. Lamau pone de relieve que Engelhardt olvida el principio de la bioética fundamental que es el deber de beneficencia. Critica su planteamiento de autonomista y de individualista. No es exacto afirmar que Engelhardt olvide la beneficencia, porque, de hecho, es el segundo principio de su propuesta bioética, aunque supeditado al principio de permiso y vaciado de contenido.

Ciertamente, el planteamiento antropológico de Engelhardt es individualista y liberal, porque es heredero de las tesis filosóficas de Nozick. El yo se convierte en una categoría casi divina, parece no tener en cuenta que el yo se construye a partir de la relación con el tú, que el yo no existe aisladamente, sino en conexión con otros seres humanos, y que, por lo tanto, sus decisiones no sólo le afectan a él, sino también a la comunidad. El principio de permiso es, en este sentido, un principio individualista, porque no tiene en cuenta las consecuencias que puede tener el dar permiso para otras personas, próximas o lejanas.

Según la bioeticista francesa, Engelhardt ignora el arraigo dentro del cuerpo humano de toda la personalidad humana, el largo desarrollo de la gestación y de la infancia, las etapas de formación del sentido moral, además de las degradaciones de la edad que forma parte de la vida humana. Critica el fundamento minimalista de la ética secular que propone Engelhardt y considera que, desde la ética laica, es posible elaborar una ética mínima cuyo nivel de exigencia sea más elevado para todos los agentes morales que constituyen la sociedad plural.

Lamau reivindica, como ejemplo de lo que se acaba de decir, el Derecho francés. Según su interpretación, la moral secular que está latente en él es más exigente que la que propone Engelhardt, pues en ella se reconocen los principios de indivisibilidad del cuerpo y del espíritu y de la indisponibilidad del cuerpo humano, además del principio de solidaridad interhumana.

Lamau, más allá de las críticas que formula al bioeticista americano, reconoce en la obra de Engelhardt un estímulo para dialogar abiertamente sobre los límites de la dignidad humana y su fundamentación última.

9.5. Deconstrucción de los aprioris engelhardtianos

En el libro del profesor Joan Carrera titulado *Una ètica per a la bioètica* (1999) se articulan un conjunto de críticas al concepto de persona de H. T. Engelhardt que recogemos en este apartado.[323] En líneas generales, compartimos las tesis de Carrera que sólo reproducimos parcialmente, porque el lector puede consultar directamente su excelente trabajo que es fruto de su Tesis Doctoral defendida en la Facultat de Teologia de Catalunya en 1999.

El profesor Carrera critica los aprioris de la propuesta bioética de Engelhardt. El intérprete catalán no coincide con el diagnóstico fatalista del proyecto de la Modernidad que se desprende de los análisis de Engelhardt. A su juicio, la afirmación del fracaso total de la Moderni-

---

323. Cf. J. CARRERA, *Una ètica per a la bioètica*, op. cit., pp. 138-143.

dad y del proyecto de una moral común fundada en la razón es un tanto hiperbólica, a pesar de que Engelhardt intenta fundamentarla en hechos concretos de la sociedad.

Entre los aprioris de la bioética de Engelhardt, Joan Carrera destaca nueve puntos: El primer *a priori* que observa es la negación de la universalidad en la ética. Engelhardt considera que es imposible fundamentar una ética universal, porque no se puede recurrir a la religión, dado que hay una pluralidad de creencias, ni se puede apelar a la razón, porque hay distintos modos de entender la racionalidad. Un segundo *a priori* latente en la obra de Engelhardt es el imperativo de que todos los agentes morales debemos vivir en paz, construir una comunidad pacífica. El tercer *a priori* de Engelhardt es que en la sociedad se da un pluralismo de hecho, que no tiene un carácter transitorio y que no puede ser superado mediante la práctica del consenso o lo que también se denomina la ética del acuerdo.

El cuarto *a priori* que cita Carrera se refiere al individualismo radical que está omnipresente en la propuesta engelhardtiana. A juicio del médico americano, cada ser humano es una isla, un universo único y diferente de los otros y sólo puede llegar a acuerdos mínimos con quienes forman parte de una comunidad moral extraña a la suya. Incluso llega a comprender a los individuos como autosuficientes. Según Carrera, «Engelhardt sacraliza la libertad, pero como libertad de no tener vínculos *(side constraints)*. Toda forma alternativa de comprender la libertad supone para el autor entrar en concepciones concretas de libertad, propias de cada comunidad moral».[324] En relación con este tema, Carrera destaca que el concepto de autonomía de Engelhardt está completamente desprovisto del aspecto intersubjetivo. En el fondo, critica la recepción que lleva a cabo Engelhardt del concepto kantiano de autonomía.

Un quinto *a priori* que Carrera detecta en la propuesta de Engelhardt se refiere a su visión negativa de las otras propuestas éticas. En-

---

324. Ibídem, p. 147.

gelhardt da por hecho el fracaso de las propuestas éticas seculares, cuando, según Carrera, dicho fracaso no se ha probado. Para Carrera, el bioeticista americano rehúye propuestas éticas porque considera que tienen presupuestos, sin pensar que su propuesta también tiene, como es evidente, un sistema de referencias éticas.

Un sexto *a priori* que el profesor catalán observa en la obra de Engelhardt es su visión positiva de la tecnociencia. A su juicio, el autor de *Los fundamentos de bioética* «tiene una visión extremamente positiva y poco crítica de la tecnociencia».[325] Nosotros compartimos plenamente esta observación que, en parte, ya está explicitada en la crítica que le formula Gilbert Hottois.

Un séptimo *a priori* que Carrera pone de relieve en la obra de Engelhardt es que según él no hay una razón común entre todos los hombres. Carrera afirma que Engelhardt reduce el concepto de razón al de razón ilustrada, lo que significa, a su juicio, una reducción ilegítima, ya que el propio Engelhardt también utiliza un tipo de racionalidad. En el fondo, presupone una racionalidad común, aunque sólo fuera de orden instrumental.

Un octavo *a priori* se detecta en la exclusividad del principio de permiso. Según Carrera, puede haber otras formas de colaboración entre los seres humanos más allá del principo de permiso.

Un noveno *a priori* se observa en la comprensión que tiene Engelhardt de las comunidades. Éste presupone un model de comunidad particular, sectario e irreductible. A su juicio, las comunidades morales son incapaces de compartir valores, cerrándose entre ellas cualquier posibilidad de creación de una comunidad de comunidades. Según Carrera, es posible hallar puntos de encuentro entre comunidades morales y religiosas extrañas entre sí. Esta radicalización de la diferencia es un exceso que responde más a un análisis de sectas que no de comunidades.

---

325. Ibídem, p. 148.

En el plano de la definición de persona, Carrera critica, con ímpetu, la antropología latente en la bioética de Engelhardt. Critica la visión individualista, monádica y egocéntrica de la persona humana que se desprende de la presentación de este autor. «Son individuos egocéntricos –dice–, temen que la relación con los otros les suponga una pérdida, en términos psicológicos, una fragmentación del propio yo.»[326]

Carrera critica igualmente la visión reduccionista y problemática de persona que se desprende de los textos de Engelhardt. La persona se define a partir del principio de permiso, lo que excluye, naturalmente, a muchos seres humanos del campo semántico de persona. El comentarista se pregunta en qué momento un ser humano puede dar permiso. A su juicio, «el autor parece ignorar los estudios de psicología evolutiva (J. Piaget, L. Kolhberg, N.J. Bull) que muestran como las capacidades psicológicas se van adquiriendo de modo gradual».[327] Si esto es así, resulta muy difícil delimitar en un momento dado lo que es persona de lo que no lo es.

Según Carrera, Engelhardt «no se plantea las dificultades que conlleva esta definición».[328] A juicio del profesor catalán, «la pretensión de universalidad, en referencia a esta definición de persona, queda reducida a los pensadores que comparten sus presupuestos».[329]

Joan Carrera pone de manifiesto que Engelhardt hace depender la esencia de la persona de sus cualidades. En el caso de que estas cualidades no se manifiesten, también desaparece la persona. Engelhardt niega cualquier sustancia permanente en el ser humano y, como consecuencia de ello, sólo puede definir persona a partir de sus rasgos aparentes. A juicio de Carrera, la opción de Engelhardt por este concepto de persona no está justificada. «Su definición –dice Carrera–

---

326. Ibídem, p. 155.
327. Ibídem, p. 157.
328. Ibídem, p. 156.
329. Ibídem.

actúa como postulado para después derivar de él una serie de consecuencias (...). Creemos que también Engelhardt construye su ética a partir de una fe concreta, ya que cree en algunos postulados, desde donde deriva consecuencias de un modo muy lógico y racional».[330]

A juicio de Carrera, la idea de persona social que desarrolla Engelhardt incluye, de modo implícito, el concepto de potencialidad que el mismo bioeticista tejano critica en su conocido libro. Al considerar que los seres humanos incapaces de dar permiso tienen derechos, está optando por un reconocimiento que no justifica claramente. De algún modo, está atribuyendo derechos a estas entidades en función de lo que podrán llegar a ser con el tiempo. Eso significa que, *de facto*, «acepta una cierta validez al concepto de potencialidad, a pesar de haberlo negado explícitamente».[331]

## 9.6. La persona como singularidad abierta

En uno de los libros de referencia en bioética fundamental que, recientemente, se ha publicado en nuestro país titulado *Para fundamentar la bioética* (2003), los autores, Jorge José Ferrer y Juan Carlos Álvarez, llevan a cabo una lúcida crítica del concepto de persona que se desprende de la bioética de Hugo Tristram Engelhardt.[332] Hacemos nuestras sus críticas y matizamos algunas de las observaciones que formulan al pensador tejano.

En primer lugar, ambos autores califican la propuesta ética de Engelhardt como una propuesta que no tiene suficientemente en consideración a los sujetos vulnerables. En sintonía con esta crítica, consideramos que en la antropología latente de la propuesta bioética de Engelhardt no se desarrolla una idea del ser humano como ser carencial o ser vulnerable.

---

330. Ibídem, p. 158.
331. Ibídem.
332. Cf. J. J. FERRER, J. C. ÁLVAREZ, *Para fundamentar la bioética*, op. cit.

El olvido de la vulnerabilidad en esta comprensión de la persona tiene graves consecuencias en la formulación ética de Engelhardt. Su idea de la persona como un ser autónomo, capaz de decidir y de obrar conforme a sus razones, no se corresponde con la realidad del fenómeno humano globalmente considerado. A nuestro juicio, el ser humano es constitutivamente un ser mendicante *(homo mendicans)* como expresa atinadamente la pensadora María Zambrano. El ser humano puede alcanzar ciertas cotas de autonomía, pero siempre se trata de una autonomía relativa, circunstancial y gradual.[333] Lo común entre los seres humanos no es precisamente el ser autónomos, sino el ser entidades vulnerables, frágiles.[334]

La crítica de la antropología latente parece pertinente, aunque, probablemente, el mismo autor podría discutirla cuando explora el concepto de persona en un sentido social. En efecto, Engelhardt elabora el concepto de persona social para albergar dentro de la idea de persona también a los seres humanos vulnerables. Creemos que esta autorectificación no resuelve la cuestión satisfactoriamente, pues, en último término, separa dos tipos de seres humanos y, aunque parece autocorregir su idea reduccionista y exclusivista de persona, el hecho es que la mantiene.

Desde nuestra perspectiva antropológica, nos parece más enjuiciado afirmar que la persona en sentido estricto es un ser vulnerable, expuesto al sufrimiento, a la enfermedad y a la muerte, capaz de vivir su vida con un cierto grado de autonomía, pero jamás con una autonomía absoluta, ni total.[335] Un estudio fenomenológico de la condición humana en la línea de Martin Heidegger o de Karl Jaspers nos permite llegar a unas conclusiones sobre lo mismo en una dirección muy distinta a la que propone Engelhardt.

---

333. Hemos desarrollado esta cuestión en *Pedagogía de la vulnerabilidad*, CCS, Madrid, 2002.

334. Sobre esta cuestión, ver J. MASIÁ, *Bioética y antropología*, UPCO, Madrid, 1998.

335. Hemos abordado esta cuestión en *Antropología del cuidar*, op. cit.

Ambos autores consideran que «la moral del respeto mutuo que propone Engelhardt se parece demasiado al libertarianismo radical, en el que los débiles quedan ciertamente muy mal parados. Es una ética para los poderosos, para los propietarios tejanos, conciudadanos del autor y del hoy Presidente George W. Bush, (...), que tienen suficientes recursos para pagar los hospitales de primera clase de Houston».[336]

En sentido estricto, el destino de los débiles depende, en la obra de Engelhardt, de la sensibilidad moral de la comunidad de personas. Ellos tienen la soberanía respecto a lo que se debe hacer con los vulnerables, los que no pueden dar permiso. Desde nuestro punto de vista, esta soberanía no es aceptable, porque la vida de un ser humano, aun en el caso que fuera máximamente vulnerable, no puede depender del juicio valorativo de una persona, ni tampoco de una comunidad de personas. No se puede disponer de la vida humana. Las personas pueden pensar mecanismos para atender mejor esas vidas, pero jamás dar permiso para aniquilarlas. Esta idea parte de una premisa anterior que el mismo Engelhardt no aceptaría en su ética que es el valor fundamental de la vida humana y el deber de protegerla siempre y en cualquier circunstancia.

En la propuesta secular de Engelhardt, el único principio operativo entre las comunidades morales extrañas entre sí es el de permiso. El principio de respeto y protección de la vida no se puede exigir a todos, porque, a su juicio, es un deber que se desprende de creencias de orden religioso, pero que no emerge de la estricta razón.

Según Engelhardt, no se puede exigir a nadie vivir, ni se puede exigir a una madre que acoja a una vida no deseada. Cada ser humano es soberano de su vida y tiene el derecho de decidir. La vida de los entes humanos que no pueden tomar decisiones libres y responsables por sí mismos depende del juicio valorativo de las personas más cercanas a ellas. Ciertamente, como dicen los dos autores, la vida de los débiles puede salir muy mal parada en la propuesta engelhardtiana, porque

---

336. J. J. FERRER, J. C. ÁLVAREZ, *Para fundamentar la bioética*, op. cit., p. 239.

depende del arbitrio de otros y de como operen en estas decisiones los intereses ocultos.

La crítica de los profesores Jorge José Ferrer y Juan Carlos Álvarez todavía adquiere niveles más intensos cuando afirman: «En el Estado secular de Engelhardt no tienen espacio ni los fetos, ni los deficientes mentales, ni los pacientes en estado vegetativo persistente, ni los que no pueden pagar prestaciones sanitarias de primera clase. Es un mundo cruel, que, a fin de cuentas, no está tan distante del mundo del superhombre de Nietzsche».[337]

Dejando de lado la interpretación latente de Nietzsche que proponen ambos autores, cabe decir que esta observación a Engelhardt debe ser, en parte, matizada según nuestro criterio. No creo que pueda decirse, sin más, que el mundo de Engelhardt sea cruel. Sí que puede afirmarse que su visión de la persona y del Estado puede tener consecuencias clasistas. Tampoco es cierto que no tengan espacio aquellas entidades humanas en la propuesta moral de Engelhardt. Tienen el espacio que la comunidad de agentes morales les otorguen y éste, a priori, no se sabe cuál será, sino que dependerá de su juicio valorativo. Lo que sí es verdad es que su visión del Estado tiene como consecuencia un olvido de las responsabilidades sociales que, en Europa, consideramos que son propias del Estado y máxime de un Estado del Bienestar.

Ambos autores critican el descrédito de la razón en la obra de Engelhardt. Compartimos esta crítica que, de hecho, es una observación que se puede formular a todas las propuestas éticas o bioéticas postmodernas. Para Engelhardt, no es posible fundar una ética racional de carácter material, sino que sólo es posible elaborarla al modo formal y procedimental. En este sentido, es un pesimista de la razón, aunque no llega al pesimismo absoluto de algunos postmodernos que niegan, inclusive, la posibilidad de un principio de mínimos, como el de permiso, que es el que Engelhardt defiende. También considera imposible llegar a acuerdos racionales a través del diálogo sobre lo que debemos

---

337. Ibídem, p. 240.

hacer, lo que acarrea una crítica implícita a las éticas dialógicas y discursivas.

Este escepticismo racional que, como hemos visto, no es absoluto tiene consecuencias en la fundamentación de la bioética, pues, partiendo de este supuesto, sólo es posible llegar a un fundamento de mínimos. Por otro lado, el escepticismo racional también tiene consecuencias en el orden religioso. A partir de las reflexiones de Engelhardt, uno llega a la conclusión de que no es posible dar razón de lo que se cree, «dar razón de la propia esperanza», sino que todas las opciones religiosas son igualmente legítimas o ilegítimas y que, desde la razón, resulta imposible discernir su grado de verdad, puesto que no hay posible acceso a la verdad.

Jorge José Ferrer y Juan Carlos Álvarez expresan, por otro lado, el deseo de desarrollar una ética que defienda al sujeto vulnerable, pero esta propuesta, que compartimos profundamente, se mueve en el plano desiderativo, lo que, probablemente, tampoco es objeto de su aportación. La cuestión es si esta propuesta ética que incluye el deber de solidaridad y la práctica de la compasión puede exigirse desde una perspectiva puramente secular o, en este planteamiento, es necesario invocar ideas, valores, creencias y premisas que ya no forman parte del estricto campo de la razón, sino que pertenecen al ámbito de la fe.

Su intuición me parece sumamente válida. Creo que se debe fundamentar una bioética desde la parte débil, como expresa Bompiani en uno de sus libros.[338] «Es preciso desarrollar —dicen— una argumentación que defienda la vida débil y que fundamente racionalmente el principio de solidaridad entre los seres personales».[339] La cuestión es si esta defensa puede articularse desde la mera razón o exige otro tipo de fundamentación que trascienda la misma. En el caso de que dicha funda-

---

338. Cf. A. BOMPIANI, *Bioetica dalla parte dei deboli*, Ed. Dehoniane, Bologna, 1995.
339. J. J. FERRER, J. C. ÁLVAREZ, *Para fundamentar la bioética*, op. cit., p. 240.

mentación trascienda el plano racional, ello no significa que no pueda fundamentarse, sino que requiere de otros principios, cuyo origen puede ser la tradición o la fe. En cualquier caso, cabría poner de manifiesto ese otro principio de fundamentación.

«Las personas del universo de Engelhardt –afirman los autores– recuerdan más a las mónadas de Leibniz que a los seres humanos que conocemos en la realidad cotidiana. Los seres humanos que encontramos en nuestra experiencia diaria son, ciertamente, singularidades irrepetibles. Pero estas singularidades no pueden existir y florecer si no están arropadas por una red de solidaridad, que las vincula con el resto de la humanidad y del cosmos. ¿Puede afirmarse, con coherencia lógica y ontológica, el individuo sin afirmarse también la solidaridad radical que lo une a la familia humana y a toda la realidad? El ser humano es un animal de realidades, religado a toda la realidad y lanzado al mundo para autorrealizarse en ella.»[340]

El aspecto relacional y circunstancial del ser humano no está contemplado en *Los fundamentos de la bioética*. Desde la propuesta antropológica de que partimos, el ser humano es, constitutivamente, un *ser-en-relación*, un *ser-abierto-a-los-otros*, que no puede ser, ni realizarse en todos los sentidos, sin la constitutiva apertura a los otros.[341] De ahí que el yo, que en la filosofía engelhardtiana parece ser una realidad independiente y autosuficiente, no puede comprenderse, según nuestro criterio, sin el tú. Para comprender el yo, es esencial comprender la red de relaciones que ha establecido históricamente y que establece con su entorno. Al modo de Martin Buber, afirmamos que no hay yo sin tú.[342] En el yo de cada ser humano, hay muchos elementos de los otros, *vestigia* invisibles de la alteridad de los otros.

---

340. Ibídem, p. 241.
341. He desarrollado esta cuestión en *Antropología del cuidar*, Mapfre Medicina-Institut Borja de Bioètica, Barcelona, 1998.
342. Cf. M. BUBER, *Yo y Tú*, Caparrós Editores, Madrid, 1995.

## 9.7. El beneficio de la duda

El profesor Manuel Cuyás, en su libro *Cuestiones de bioética*, plantea una lúcida crítica al bioeticista tejano.[343] Partiendo de una ética de orden tomista, el jesuita catalán discute algunos de los puntos de partida de la filosofía engelhardtiana. Explora, en primer lugar, el concepto de *persona social* que, como hemos visto, es un concepto de persona en el sentido lato del término, una especie de concesión de la comunidad de agentes morales hacia los seres humanos que no pueden dar permiso.

«Tristram Engelhardt –afirma Manuel Cuyás– ha de considerar acertado que la sociedad ensanche los límites de la interpretación cultural para asegurar que no se instrumentalice a nadie capaz de formar parte de la comunidad ética, pero aun así no se ha de confiar demasiado en que la consciencia colectiva evitará la eliminación de los más débiles y desfavorecidos por motivos demográficos o de eugenesia.»[344] En efecto, según Cuyás, esta apertura del concepto de persona es elogiable en la obra de Engelhardt, sin embargo, el profesor discute que esta concesión, a modo de generosidad, de la comunidad moral se respete siempre y en todos los casos.

Podría ocurrir que los agentes de la comunidad moral llegaren a la conclusión de que los seres humanos que no son personas resultan ser estériles o innecesarios, o bien consideraren oportuna la alteración de sus constituciones por determinadas razones. En estos casos, no se respetaría su dignidad. Lo que viene a decir Cuyás es que el estatuto ético de dichos seres humanos depende de las personas que constituyen la comunidad moral y ello puede tener graves consecuencias. En este sentido, Manuel Cuyás reivindica la adscripción de la dignidad a toda entidad humana, sea o no sea capaz de pedir permiso.

---

343. Sobre la obra de Manuel Cuyás, ver: *Antropología sexual*, Promoción popular cristiana, Madrid, 1991; *Apuntes sobre matrimonio y familia*, Institut Borja de Bioètica, Barcelona, 1986, y *Dignidad de la persona y estatuto del embrión humano*, en Labor Hospitalaria 240 (1996) 106-112.
344. M. Cuyás, *Cuestiones de bioética*, op. cit., p. 44.

Manuel Cuyás también discute el concepto de autonomía tal y como lo concibe Engelhardt. «Autonomía –dice– equivale a independencia. Toda persona es autónoma en cuanto posee un destino propio. Conviene no confundir este concepto con el de autonomía como posibilidad de autodecisión.»[345] Cuyás distingue, implícitamente, entre autonomía actual y autonomía potencial. Según su punto de vista, un ser humano es capaz de autonomía por el hecho de ser humano, aunque, por determinadas razones, puede ser que no lleve a cabo esta potencialidad. Por otro lado, un ser humano es actualmente autónomo cuando puede vivir libre e independientemente, cuando posee un destino propio.

Hugo Tristram Engelhardt no acepta la distinción entre acto y potencia en el plano de la moral secular y, por ello, no puede aceptar la diferencia entre autonomía potencial y actual. A su juicio, las personas son realmente entidades humanas autónomas, mientras que las no-personas no son autónomas. Cuyás afirma que las entidades humanas, por el mero hecho de pertenecer a la especie humana, tienen *ya* una autonomía potencial que, evidentemente, necesitará de un desarrollo para poderse hacer efectiva.

En un interesante artículo a propósito del estatuto ético y jurídico del *nasciturus*, Manuel Cuyás analiza la cuestión de la dignidad humana y la adscripción de esta dignidad al ente humano en estado de formación ontogenética. En este punto, Cuyás se sitúa, como era de esperar, en una posición diametralmente opuesta a la perspectiva de Engelhardt. A su juicio, todo ente humano, inclusive aquél que está ubicado en sus primeras fases de desarrollo vital, debe ser respetado.

Lo argumenta de este modo: «No se puede ciertamente demostrar que la entidad biológica humana entrañe ya desde su inicio la dignidad personal. Tampoco puede demostrarse que no la posea. Dada la incertidumbre, se trata de elegir entre otorgar el beneficio de la duda a la protección del nuevo ser o a la libertad de quien quiere disponer de

---

345. Ibídem.

él para progresar en conocimientos, que se espera beneficiarán a la humanidad en el futuro, aunque pueda ser a costa de algunas personas actuales».[346]

Manuel Cuyás utiliza el conocido argumento del beneficio de la duda. No afirma, en sentido estricto, que el *nasciturus* sea persona *in se et per se*. Tampoco afirma que no lo sea, puesto que, a su juicio, no se ha determinado todavía si lo es o no lo es, pero le concede esta dignidad por el beneficio de la duda. En lugar de negársela de entrada, se la reconoce, mientras no haya motivos para no reconocérsela. Engelhardt parte de una idea de persona según la cual estas entidades no son, en sentido estricto, personas, luego, a su juicio, no hay duda respecto a esta cuestión y, por lo tanto, no tiene sentido atribuir una propiedad que no se tiene. A pesar de ello, concede a estas entidades una dignidad en tanto que *personas sociales*.

9.8. La persona como entidad nouménica

El filósofo belga Gilbert Hottois, en su obra colectiva *Aux fondements d'une éthique contemporaine* (1993), desarrolla un análisis comparativo entre las propuestas bioéticas de Hans Jonas[347] y de H. T. Engelhardt.[348] Lo que nos interesa recoger en este apartado son sus críticas a la propuesta ética de Engelhardt. Las observaciones de Hottois se estructuran a partir de cuatro ejes: 1. Las ambigüedades de la autonomía, 2. La diferencia entre ideología y filosofía, 3. El lugar de la razón y 4. La diferencia entre los seres humanos y las personas.[349]

---

346. Ibídem.
347. Cf. H. JONAS, *El principio de responsabilidad*, op. cit., 1995.
348. Para comprender la aportación de la Gilbert Hottois en el campo de la tecnoética y de la bioética, ver la bibliografía final del libro.
349. Cf. G. HOTTOIS (ed.), *Aux fondements d'une éthique contemporaine. H. Jonas et H. T. Engelhardt*, Vrin, París, 1993.

Según Gilbert Hottois, la autonomía es un ideal y no un concepto formal. La promoción de este ideal conlleva una referencia esencial al principio de beneficencia. Sin lugar a dudas, esta referencia contiene riesgos de abuso, pero éstos son inherentes a la libertad y a la eticidad. Querer reducir la ambivalencia disociando y jerarquizando el principio de autonomía y el principio de beneficencia, distinguiendo entre un concepto formal y un concepto normativo de autonomía, no es disipar la ambivalencia, sino que, de hecho, es desplazarla y disimularla.

Según Engelhardt, la propia autonomía no puede ser coartada más que para proteger los otros derechos civiles y siempre en el menor grado posible. No es lícito, pues, recortar la libertad y la autonomía de las personas por motivos de redistribución de las riquezas u otras razones. A su juicio, cada ser humano tiene un derecho casi absoluto a «ser dejado solo». Cierto que ese derecho está constreñido por el de todos los demás; son los *side constraints* de Nozick.

Dentro de estos límites, la libertad de cada uno no puede ni debe ser constreñida por nada, ni por nadie. De ahí que la actitud de Engelhardt sea siempre *pro-choice*. Según su criterio, cuando un ser humano goza de capacidad suficiente, tiene derecho omnímodo a la libertad y a la autonomía, sólo limitado por el derecho a la autonomía que tienen todos los demás. La filosofía moral de Engelhardt, a juicio de Hottois, puede intepretarse como la apología de la «american way of life» individualista y liberal.

Según Hottois, entre el principio de autonomía y el principio de beneficencia se produce una tensión, que es una oposición y también una complementariedad. La ética se sitúa en el centro de esta tensión y pretender reducirla absolutamente a favor de uno u otro significa el final de la misma. Ninguna postura teórica o ética puede reducir esta tensión. Hay situaciones donde es moralmente inadmisible hacer prevalecer el principio de beneficencia sobre el principio de autonomía, pero también hay otras circunstancias donde es inmoral o amoral dejar que prevalga el principio formal o jurídico de autonomía sobre el deber de contribuir al bien del otro. Referirse a un principio de autonomía formal para regular mecánicamente las relaciones entre los hombres hace posible tanto la guerra como la fuerza.

El eticista belga señala el uso partidista que hace Engelhardt de la filosofía. A su juicio, la propuesta del pensador americano no puede calificarse estrictamente de filosófica, sino más bien de ideológica. Engelhardt no presenta su postura como simplemente asociada a un lugar, una sociedad o una civilización. Utiliza un arsenal conceptual filosófico que tendría que permitirle introducir una distinción entre un concepto trascendental de la autonomía y una concepción-valor de la misma en una comunidad moral particular.

El lector de Engelhardt debe preguntarse si la dilucidación ética que propone este autor goza de legitimidad fuera del ámbito socio-profesional al que se refiere inmediatamente: el ejercicio de la biomedicina en los Estados Unidos. En su obra, refleja una visión de Norteamérica donde se valora el individualismo, el liberalismo y la economía de mercado. Finalmente, en la obra de Engelhardt, se produce una reflexión ideológica sobre el Occidente tecnológico.

Según Hottois, la diferencia entre seres humanos y personas es extremamente problemática y, a menudo, sintomática de la falta de una elaboración conceptual filosófica. A su juicio, esta distinción se fundamenta sobre un fondo idealista, un idealismo de preferencia metafísicamente cerrado que permite una distinción análoga a la del cuerpo y el espíritu. Dado que Engelhardt carece de una visión de la persona como entidad nouménica, la persona será lo que uno se disponga a reconocer sobre la base de unos criterios concretos: por ejemplo, una ficción jurídica definida por la edad o por un estado de ciudadanía.

Gilbert Hottois considera que la postura de Engelhardt es sumamente ambigua. Él se limita a afirmar que todo ser humano adulto es una persona plena y entera, libre de hacer con su cuerpo lo que le parezca y de asociarse con otros seres humanos. «¿Sobre qué base –se pregunta Hottois–, podemos suponer que individuos, profundamente modificados en su corporeidad, que hayan transformado completamente las modalidades de su reproducción (y hacer economía de su sexualidad) pueden considerarse todavía personas? ¿Se podrán considerar seres capaces de sensibilidad ética, capaces de decidir libre y responsablemente?»

9.9. Crítica del imperativo tecnológico

En el libro editado por Gilbert Hottois, la bioeticista Marie-Helène Parizeau escribe un texto titulado *Bioéthique et éthique procédurale* donde desarrolla una particular crítica de la obra de Engelhardt, no tanto en lo que respecta a su concepto de persona, sino en lo que se refiere al planteamiento general de su perspectiva ética.

El estudio de M. H. Parizeau es más bien de carácter expositivo, pero en él pueden leerse también algunas críticas. Éstas son sobre todo dos: A. La que cuestiona la actitud probremente crítica de Engelhardt respecto de la tecnociencia contemporánea y B. Su horizonte de comprensión ético casi exclusivamente estadounidense.

En cuanto a la primera, señala la pensadora que Engelhardt no es capaz de distinguir la lógica imperativa que guía, paradójicamente, a la libertad de investigación en la tecnociencia. Esa lógica se traduce en el llamado «imperativo tecnológico», que se puede cifrar así: lo que puede ser hecho debe ser hecho. A pesar de reconocer parcialmente el carácter nihilista de este imperativo, en cuanto permite la modificación radical de la naturaleza humana, Engelhardt todavía aborda la tecnociencia con el esquema instrumentalista que la coloca en una ingenua situación de subordinación respecto del agente moral. Puede inferirse de esta crítica de Parizeau que si bien el autor no deja de ver que los actuales problemas bioéticos derivan, en línea recta, de las radicalmente novedosas condiciones creadas por la tecnociencia, sin embargo, no parece asumir en ningún momento la necesidad de una reflexión profunda acerca de ella como un prólogo irrenunciable de toda investigación bioética.

La segunda de las críticas sostiene que «la sociedad contemporánea que Engelhardt describe es la de los países desarrollados, especialmente la sociedad norteamericana».[350] El mismo concepto de «comunidad moral particular» empleado abundantemente por Engelhardt es, a su juicio, «la expresión de una realidad muy americana». Es innegable que el libro está lleno de referencias sólo comprensibles para un lector norteamericano o por lo menos inglés (Dr. Feelgood, Miss Manners, el dentista Doc Hollidy..., aunque hay otros personajes, en este caso, personas no humanas, universalmente conocidos: E. T. y Hal, la computadora de 2001, Odisea del Espacio).

El contexto sociológico en el cual escribe Engelhardt es fuertemente abigarrado. En algunos Estados norteamericanos, incluido Texas, existen numerosas comunidades morales o religiosas (Mormones, Testigos de Jehová, Menonitas...), donde los individuos pueden vivir según sus propias reglas morales particulares y estilos de vida que se traducen, incluso, en políticas sanitarias concretas. Pero en los centros fuertemente urbanizados, a menudo multiétnicos, en los cuales el tejido social está profundamente atomizado, es lícito «interrogarnos sobre la realidad sociológica de esas comunidades morales particulares, en el sentido en que las entiende Engelhardt». «Se comprueba además la formación de diversos grupos de pertenencia –prosigue Parizeau– que defienden intereses particulares, pasando el individuo de unos a otros según sus conveniencias.»[351] «Por eso resulta bastante difícil defender que estos grupos sean verdaderos lugares de formación moral, capaces de crear una tradición de valores y/o creencias», culmina Parizeau.

9.10. Crítica al principialismo engelhardtiano

El artículo de W. Kuhlmann también forma parte del libro colectivo editado por Gilbert Hottois. En él rescata, más explícitamente que Parizeau, los méritos de la obra de Engelhardt y la emparenta con la

---

350. G. HOTTOIS, *Aux fondements d'une éthique...*, op. cit., p. 134.
351. Ibídem, p. 139.

corriente ética discursiva, que procede principalmente de Apel y Habermas, y cuyo objetivo consiste en responder a dos desafíos.

En primer lugar, la ética del discurso intenta retomar el escepticismo moral reinante entre los filósofos en cuanto a la posibilidad de una fundamentación real de la ética. En segundo lugar, esta ética se propone también ofrecer argumentos respecto al sentido de la ética a los mismos políticos. Señala Kuhlmann la novedad y la libertad con que el autor de *Los fundamentos de la bioética* utiliza los textos kantianos, pero a partir del parágrafo III le dirige una crítica desde la misma ética discursiva como la de Parizeau. Ésta puede ser dividida en dos aspectos: el hecho de que muestran una ética «no lo suficientemente consistente y radical; y demasiado modesta y tibia».[352]

Kuhlmann critica los principios postulados por Engelhardt, especialmente los más importantes, es decir, el de permiso (todavía llamado de autonomía por Kuhlmann) y el de beneficencia. En el fondo, se trata de una crítica a la exigencia absoluta de vacuidad como condición de viabilidad de los principios. La ética discursiva si bien defiende la tesis del valor procedimental de los principios, no niega la posibilidad de comunicación con un nivel normativo concreto. La ética, a su juicio, no puede renunciar a proponer normas de tipo material.

En cuanto al principio de permiso, escribe Kuhlmann que «si en una ética normativa se desea especificar sus principios, éstos deben entonces expresar de manera adecuada y clara la idea de rectitud moral, sin restricción ni limitación. De otra forma, no merecen su apelación de criterios últimos para todo el resto. El principio de autonomía de Engelhardt subestima claramente la idea de rectitud normativa».[353] A su juicio, si se abandona esta idea, ya no tiene demasiado sentido la búsqueda de un contenido normativo o moral consensuado, y mucho menos interesa que el procedimiento conduzca a lo normativamente justo. «La resolución no violenta de conflictos no es necesariamente idéntica a la

---

352. Ibídem, p. 153.
353. Ibídem, p. 154.

resolución moralmente justa de problemas»,[354] observa Kuhlmann. Incluso, la resolución no violenta de conflictos puede llegar a ser muy injusta. La única ventaja clara que ve Kuhlmann en las soluciones no violentas «es que son no violentas».[355]

Respecto del principio de beneficencia, y ésta es la segunda parte de la crítica de Kuhlmann, también subestima la idea de rectitud, o por lo menos de corrección normativa. El sentido de principio, tal como lo formula Engelhardt, es el siguiente: «haz a los otros lo que ellos, según sus criterios a menudo incomprensibles, consideran como bueno para ellos». Así entendido, el principio es una enmienda ingenuamente aplicada de la regla de oro. Pero de este modo se olvida que con este criterio los intereses individuales no son universalizables, y, sobre todo, se renuncia a intentar comprender y respetar las preferencias de otros. Esto equivale a decir que no se establece ninguna distinción entre preferencias que, aun cuando sean difíciles de comprender, pueden resultar en definitiva razonables y otras que resultan verdaderamente inaceptables y cuya única prerrogativa es la de ser compartidas por algunas personas. Ahora bien, dice Kuhlmann, «si tomamos el principio de manera literal, puede ser comprendido como la expresión de una cierta forma de indiferencia hacia los demás, que por otra parte no son seriamente considerados como personas. Si nos atuviéramos a este principio tal cual está formulado –concluye– haríamos muchísimo menos de lo que hubiera sido posible y de lo que de hecho sería exigible por un verdadero principio de beneficencia».[356]

El mérito más relevante de la aportación de Engelhardt, a juicio de Kuhlmann, es el de recordar la necesidad urgente de articular las posiciones morales con las esferas políticas dirigentes. A su juicio, una filosofía moral que permanezca acantonada en los niveles puramente académicos está condenada a un rápido olvido. Por el contrario, si ella se

---

354. Ibídem.
355. Ibídem.
356. Ibídem.

propone como fin el ofrecer una guía para la acción políticamente relevante, y que además esté a la altura de la asombrosa velocidad y novedad con que se plantean los problemas bioéticos, es lógico suponer que su exposición debe adoptar la forma de principios. «En este sentido, dice, la moral tradicional queda en posición desventajosa respecto de la ética del discurso, por lo menos, en cuanto a la velocidad de sus reflejos.»

## 9.11. Anotaciones desde el personalismo ontológico

Desde el personalismo ontológico, se critica severamente la noción de persona que propone Engelhardt en su obra fundamental. Vittorio Possenti es uno de los representantes paradigmáticos de esta corriente filosófica que se inspira en la metafísica aristotélica y en la antropología cristiana.

El blanco de Possenti es la misma noción de persona empleada por Engelhardt. Possenti critica, en primer lugar, la reducción de esta noción en el planteamiento del autor de Texas. Con la reducción de persona a sus estados mentales, quedan fuera no solamente los entes que no reflexionan actualmente sobre sí mismos, sino también una amplia gama de niveles de consciencia psicológica, desde la vida del inconsciente instintivo hasta la del supraconsciente y del preconsciente del espíritu. En su posición, «se avanza en un equívoco filosófico notable consistente en la *disolución de la sustancia* (y de su realidad) y en su concomitante *resolución en el concepto de función*».[357]

La sustancia es concebida aquí como una procesualidad funcional en la cual se pone el acento sobre las funciones singulares en el campo del obrar. Pero «en virtud del desnivel no colmable entre el ser y el obrar, debería permanecer abierta la posibilidad de que la persona esté presente aun cuando faltan sus operaciones».[358] En una determinación

---

357. Cf. V. POSSENTI, *Approssimazioni all'essere*, Il Poligrafo, Padova, 1995, p. 118.
358. Ibídem, p. 119.

verdaderamente sustancial de la persona resulta salvaguardada su excedencia respecto de sus actos, que son, en todo caso, *signa personae*, y no la persona misma.

Hacer depender la definición de persona de sus estados mentales de consciencia implica hacer lugar solamente a un aspecto que es realmente esencial. Pero en la ontología, que es la ciencia de lo real, es preciso volverse hacia definiciones reales y primitivas y no «a hipostatizaciones de propiedades particulares, tal vez no primarias».[359] Si se procede de este modo, quedarán automáticamente excluidos del concepto de persona «individuos que lo son, pero que carecen del carácter abusivamente asumido como esencial».[360]

Según Vittorio Possenti, lo que hace que una persona sea tal es ser un individuo de naturaleza espiritual, y no su mayor o menor grado de consciencia. A su juicio, la concepción antiesencialista, es decir, aquélla que transforma diferencias esenciales en una cuestión de cantidades sucesivas, tiene como una de sus consecuencias más peligrosas la extensión de este gradualismo a los mismos derechos humanos (cosa explícitamente aceptada por Engelhardt), por ejemplo, al derecho a la vida. Éste «parte de cero y progresa hasta la plena madurez e incipiente vejez, y luego comienza a declinar en relación con el envejecimiento y la alteración psicológica del anciano».[361] Por otra parte, la definición de Engelhardt, según la crítica de Possenti, presenta la dificultad de caer en una determinación gradual y no esencial de la persona, según la cual algunas personas lo serían más que otras en función de sus diversos grados de consciencia. Así, «mientras los caracteres esenciales están presentes desde el instante en que se forma la sustancia, y se pierden sólo con su disolución, los no esenciales pueden ser poseídos primero potencialmente, luego desarrollarse y finalmente declinar».[362] «Ahora bien, en virtud de los

---
359. Ibídem, p. 124.
360. Ibídem.
361. Ibídem, p. 117.
362. Ibídem, p. 124.

más seguros datos biológicos obtenidos hasta ahora, estamos seguros –dice Possenti– de la individualidad sustancial del embrión humano, la cual se manifiesta por su actividad inmanente, autónoma, autoprogramada, teleológica».[363]

Vittorio Possenti también discute el concepto de persona potencial aplicado al embrión. Engelhardt no utiliza esta terminología, pues no es favorable al concepto de potencialidad, pero sí utiliza el concepto de persona en sentido social. Para Possenti, no es lo mismo ser persona que poseer la personalidad, porque no es lo mismo un evento que un proceso. El primero es algo que ocurre puntual e instantáneamente, mientras que el segundo se distiende en el tiempo y en el espacio. La concepción, el ser persona y la muerte son ejemplos de eventos, de suyo puntuales y, a su juicio, instantáneos, a pesar de las dificultades que ofrecen sus respectivas determinaciones empíricas. En cambio, el crecimiento, el desarrollo y la declinación son procesos. Con el caso de la persona sucede lo mismo, y por eso «no existe contradicción en sostener que un individuo pueda ser a un mismo tiempo persona en acto y personalidad en potencia».[364]

«Así, el ser personal, entendido como posesión de un determinado estatuto ontológico, no es un proceso, sino un evento, a pesar –insiste Possenti– de las posibles dificultades respecto de la determinación exacta de cuándo ello ocurre. Gracias a este evento, el nuevo ser alcanza su rango ontológico de una sola vez hasta que lo pierde o deja de tenerlo por completo; la personalidad (autoconsciencia, capacidad de juicio moral...), en cambio, es algo que se adquiere procesualmente, gradualmente, a través de la ejecución de actos personales», concluye Possenti.

De toda esta reflexión, deduce Possenti que la locución *persona en potencia* o *persona potencial* no sería totalmente correcta. La persona humana es o no es desde el comienzo, y no admite, en tanto que sustancia, una escala de menor a mayor, como sí lo hace el desarrollo de

---

363. Ibídem, p. 126.
364. Ibídem, pp. 122-123.

sus facultades *(signa personae)*. Esto permite sostener, además, que los estadios evolutivos de la vida embrionaria no exigen una valoración moral diversa de unos a otros.

9.12. La tensión entre beneficencia y principio de permiso

A lo largo de su obra, Edmund Pellegrino desarrolla, en distintos momentos, consideraciones críticas sobre la obra de Hugo Tristram Engelhardt. El bioeticista tejano responde, en parte, a algunas de estas críticas, pero resulta interesante traerlas a colación, porque ponen de relieve varias carencias de la propuesta de Engelhardt que han sido formuladas desde el mismo contexto de la bioética norteamericana.

Edmund Pellegrino desarrolla una filosofía de la medicina y una bioética que se funda en unos *presupuestos* éticos radicalmente distintos de los de Engelhardt, a pesar de formar parte del mismo universo cultural que el filósofo de Texas y de situarse personalmente dentro de la creencia cristiana al igual que Engelhardt.[365] Las diferencias entre el planteamiento de Engelhardt y el de Pellegrino son patentes en no pocas cuestiones, pero sobre todo en el plano ético, es decir, en el de los *presupuestos*.

No podemos, en este espacio, explorar pormenorizadamente la crítica que Pellegrino ejerce a la propuesta engelhardtiana. En otro lugar, hemos explorado el pensamiento de este importante filósofo de la medicina, de tal modo que el lector interesado puede consultar en esa fuente artículos y monografías sobre esta cuestión particular.[366] Nos limitamos, aquí, a constatar, casi de un modo telegráfico, algunas diferencias sustantivas en el ámbito ético entre ambos pensadores.

---

365. Sobre su propuesta en filosofía de la medicina, ver nuestro estudio: *Filosofía de la medicina. En torno a la obra de Edmund Pellegrino,* Mapfre Medicina-Institut Borja de Bioètica, Barcelona, 2001.

366. Cf. D. C. Thomasma (ed.), *The influence of Edmund Pellegrino's philosophy of medicine,* Kluwer Academic, Boston, 1985.

Ambos se definen, explícitamente, como autores cristianos, pero no comprenden exactamente igual el lugar que debe ocupar la ética cristiana en un mundo plural y postmoderno. Según Engelhardt, la ética cristiana debe quedar circunscrita al ámbito de la comunidad moral de los cristianos, porque no puede exportarse a otros espacios y menos aun presentarse como nexo entre las distintas comunidades morales que configuran la sociedad secular. A su juicio, esta ética se fundamenta en unas premisas que difícilmente pueden ser aceptadas en nuestro contexto moral postcristiano.

Pellegrino, en cambio, considera que la ética cristiana tiene pretensiones de universalidad, que debe ser exportada más allá de los límites de la comunidad moral cristiana y que puede presentarse como propuesta ética en la sociedad secular. Es consciente de que el clima es poco receptivo a esta propuesta, pero Pellegrino confía en el *aggiornamento* de ésta y en su capacidad para sintonizar con lo más perennemente válido del hombre actual. En este sentido, Pellegrino es, como vimos en el estudio citado, partidario de una ética agápica, de la extensión del paradigma del Buen Samaritano a toda la sociedad, de buscar convergencias y nexos con otras tradiciones ya sean de índole religioso o de índole estrictamente laico.

Engelhardt considera que vivimos en un contexto social y sanitario posthipocrático y que en él resulta imposible restaurar la ética de Hipócrates. Edmund Pellegrino, en cambio, considera que, en nuestro mundo, se debe restaurar, de nuevo, la ética hipocrática. En su obra *For the patient's God* (1988), el filósofo de la medicina dedica un capítulo entero a la reconstrucción de la ética médica. En él asienta las bases teóricas para la elaboración de la misma a partir de los materiales de la tradición, pero en íntimo diálogo con las nuevas corrientes de pensamiento. Desde su perspectiva, considera que es necesario reconstruir de nuevo la ética médica, pues, a su juicio, a lo largo del siglo XX ha sufrido una grave erosión, no sólo en el plano exterior, sino en los cimientos.

Engelhardt prioriza el principio de autonomía y lo interpreta a partir del denominado principio de permiso. Pellegrino prioriza el principio de no-maleficencia, en este punto del axioma ético de Hipócrates. Siguiendo las ideas de Nozick, Engelhardt destaca el valor de la individualidad humana y su derecho casi sagrado a optar por aquello que considere más adecuado, mientras que Pellegrino destaca el deber moral de no hacer mal al otro y el deber moral de hacerle un bien. Para Pellegrino, el deber de no-maleficencia y el de beneficencia deben formar parte de la ética mínima en la sociedad secular, mientras que para Engelhardt dicha ética sólo puede articularse a partir del principio de permiso. Según el autor de *Los fundamentos de bioética*, no se puede exigir a nadie el deber de hacer bien al otro, como tampoco el deber de no hacer mal al otro, máxime si el otro ha dado permiso para que se le haga un mal.

Engelhardt construye una propuesta bioética a partir de un único principio, mientras que Pellegrino critica el principialismo y destaca la importancia de las virtudes en el ejercicio del curar y del cuidar. Engelhardt se sitúa, por lo tanto, en el ámbito de principialismo, aunque reduce los famosos cuatro principios de Beauchamp y Childress a un único principio, mientras que Pellegrino relativiza el valor de los principios y considera muy relevante la ética de las virtudes. En este sentido, Pellegrino se puede ubicar en la ética de las virtudes, a pesar de referirse también a los principios de la bioética fundamental, aunque considera que el principialismo es insuficiente para alcanzar la excelencia de la profesión.

Todavía es pertinente mostrar otra diferencia de fondo entre ambos autores. Engelhardt pretende construir una bioética fundamental sin referencias metafísicas y sin consideraciones de orden teológico, mientras que Pellegrino, partiendo de la tradición aristotélico-tomista, construye una propuesta de bioética que se fundamenta en una visión metafísica de la persona y del mundo. Como consecuencia de ello, Pellegrino no puede aceptar la visión de persona que tiene Engelhardt y la considera reduccionista y unidimensional. Pellegrino fundamenta la superioridad ontológica de la persona a partir del análisis fenomenológico de la estructura humana y de sus rasgos esenciales, entre los que cita la capacidad para la libertad, para el pensar y para el amar. Asimismo, introduce un argumento de orden teológico que se relaciona directamente con la idea de persona entendida como imagen y semejanza de Dios.

Para Pellegrino, la persona es un *ens ratione praeditum*, un ente dotado de razón; o como Boecio la define, *rationalis naturae individua substantia*. Según este filósofo de la medicina, desde el momento de la concepción hasta la muerte, en cualquier situación de sufrimiento o de salud, es la persona humana el punto de referencia y el *fundamentum* para dirimir lo lícito de lo ilícito.

Desde el personalismo clásico de tipo realista y tomista del que parte Pellegrino, muy próximo al de Possenti, se pretende afirmar también y, prioritariamente, un estatuto objetivo y existencial de la persona. La persona es, según él, un cuerpo espiritualizado, un espíritu encarnado, que vale por lo que es y no sólo por las opciones vitales que lleva a cabo. Más aun, en toda elección la persona empeña lo que ella es, su existencia y su esencia, su cuerpo y su espíritu. En toda elección se da no sólo el ejercicio de la preferencia, la facultad de elegir, sino un contexto de la elección, unos medios y unos valores.

Engelhardt y Pellegrino conciben de manera muy distinta la relación entre fe y razón. Para Engelhardt, la fe es una experiencia subjetiva, una llamada de Dios que no puede articularse racionalmente. La fe, a su juicio, no puede ser argumentada. En este sentido, se ubica en un claro fideísmo. Como creyente, se siente llamado a creer en Jesús, pero constata que no puede dar razones últimas de por qué cree lo que cree. En este sentido, la fe no es creadora de cultura y menos aun de pensamiento. En el planteamiento de Pellegrino, la fe tiene una razonabilidad intrínseca, tiene «sus» razones, a pesar de ser un don y una experiencia metarracional. Pellegrino comprende que la fe puede ser creadora de pensamiento, puede llevar a la razón más allá de sí misma. En este sentido, se ubica, claramente, dentro del marco de la tradición tomista, donde la fe no niega los contenidos de la razón, sino que los lleva a su más alta plenitud.

Ambos autores comprenden de modo diferente la tensión entre autonomía y beneficencia. En la obra de Engelhardt desaparece la tensión, porque el único principio operativo es el de permiso, lo que significa que no se genera tensión alguna entre autonomía y beneficencia. El médico debe hacer lo que el enfermo desee, debe pedirle permiso para cualquier intervención de peso y sólo puede llevar a cabo su propósito si el interesado ha manifestado, a través del consentimiento informado, su permiso.

En la obra de Pellegrino, se detecta una tensión entre beneficencia y autonomía. A su juicio, el médico debe respetar la autonomía del paciente, pues el paciente tiene el derecho a tomar decisiones libres y responsables respecto a lo que atañe a su salud y a su vida. Pellegrino es partidario de resolver la tensión a través de la articulación de lo que él denomina la beneficencia-en-confianza *(Beneficence-in-trust)*, aunque algunos de sus críticos le acusen de paternalista, por priorizar el principio de beneficencia al de autonomía.

Edmund Pellegrino considera que la propuesta de Engelhardt es, esencialmente, individualista y autonomista, mientras que el bioeticista tejano tilda la propuesta de Pellegrino de paternalista, aunque, por honor a la verdad, este último crítica, muy a fondo, las distintas formas de paternalismo y las separa, nítidamente, de la legítima defensa del principio de beneficencia.

Capítulo IV

# EL CONCEPTO DE PERSONA EN LA OBRA DE JOHN HARRIS

## 1. ¡SER O NO SER PERSONA! ÉSTA ES LA CUESTIÓN

John Harris es, en la actualidad, profesor de Bioética en la Universidad de Manchester. Conocido en el mundo anglosajón por sus polémicas posturas en torno a la investigación genética y embriológica y por sus actitudes en relación a la eutanasia, llega a la reflexión bioética desde su condición de médico. En la literatura bioética, se le ubica dentro de la corriente utilitarista, junto con otros autores anglófonos como Georg Meggle y Norbert Hoerster.

A lo largo de su obra, John Harris se pregunta qué es lo que hace que una persona tenga más valor que otro ser vivo. El bioeticista inglés se cuestiona si en realidad hay argumentos de peso para defender esta tesis, o se trata, simplemente, de una afirmación que no podemos justificar de forma racional y que, de hecho, se mantiene por inercia. Trata de explorar esta cuestión y de responder a ella en el primer capítulo de su conocida obra *The value of life*, que se titula «Seres, seres humanos y personas». Este primer capítulo es altamente iluminador para entender las ideas fundamentales de su propuesta de ética médica.

Según este bioeticista, la vida humana no es en modo alguno sagrada. A su juicio, la tesis de la sacralidad o de la indisponibilidad fundamental de la vida humana constituye únicamente un prejuicio carente de sentido crítico. La pretensión de salvaguardar la vida humana presupone que ésta posee facultades que justifican tal pretensión.

John Harris se pregunta qué es lo que hace que una vida tenga valor, qué es lo que justifica que pueda ser considerada más valiosa que la vida de otra especie. Se propone explorar este prejuicio e investigar si hay alguna razón de orden filosófico que permita sostener esta valoración superior.[367] Parte de una constatación: en términos generales, se considera que la vida humana tiene más valor que las otras formas de vida, lo que significa que es más digna de respeto, de atención y de protección. Lo que Harris se dispone a investigar es si esta constatación tiene alguna razón de fondo o se trata, simplemente, de un prejuicio que se transmite de generación en generación o de una idea que pertenece a lo que se denomina habitualmente como «el sentido común».

«Para mí y para Warnock –dice Harris– la cuestión de si un individuo es o no es persona es precisamente la cuestión de si es moralmente importante; y particularmente la de si comparte aquella importancia moral que tienen los seres humanos adultos.»[368] Mary Warnock, conocida popularmente por el *Informe Warnock* de 1984, el primer texto ético-jurídico europeo sobre investigación genética y embriología, llega a la conclusión de que la vida humana situada entre el momento de la fecundación y el día catorce después de la misma no es digna del mismo respeto que la vida que se desarrolla con posterioridad a la segunda

---

367. Así lo expresa en *The value of life*, Routledge, London, 1989, p. 7: «The question is simply: what makes human life valuable and, in particular, what makes it more valuable than other forms of life? There is of course no doubt that we do value human life supremely, we think it important to save a person rather than a dog where we cannot save both, and we think it right to do so. We do not regard a preference for human life as a mere prejudice in favour of own species. But what is the basis of this belief, what justifies it and what, if anything, makes it more than mere prejudice in favour of ourselves and our own kind?».

368. J. HARRIS, *Supermán y la mujer maravillosa*, Tecnos, Madrid, 1998, p. 55.

semana de la fecundación.[369] Harris discute el conocido *Informe Warnock* por considerar que este criterio es insuficiente para determinar el estatuto ético y jurídico de la persona. En su propuesta ética, la adscripción de la dignidad depende de otros parámetros que no radican en la aparición de la cresta neural del *nasciturus*.

John Harris plantea la siguiente disyuntiva: «O una persona comienza a existir cuando comienza a ser capaz de beneficiarse de cosas que se le hagan o se le dejen de hacer (...) o una persona comienza a existir en el punto en el que el individuo (humano en este caso) en desarrollo se convierte en persona según algún concepto rico de la persona. Parece que las personas son capaces de beneficiarse de cosas que se les hagan o se les dejen de hacer en la fase de gametos y así parece apropiado decir que la historia vital de un individuo empieza, ese individuo comienza a existir, cuando se forman los gametos a partir de los cuales se desarrollará».[370]

No cabe duda de que para Harris la historia vital de una persona empieza antes de que sea considerada, en sentido estricto, persona. Empieza en la fase embrionaria. A partir de la fusión del gameto masculino y del gameto femenino, empieza la historia de un individuo que para poderse desarrollar necesitará elementos exógenos de un modo determinante, pero a partir de esa fusión, singamia, empieza, según Harris, la protohistoria de la persona. A ese individuo no le denomina, todavía, *persona*, pero sí que reconoce que la persona resultante depende, sustantivamente, de esta historia previa.

Como en el caso de Engelhardt, Harris parte de la definición lockeana de persona, pero va más allá de la caracterización del empirista inglés. También va más allá de la interpretación engelhardtiana. Para el

---

369. Mary Warnock es filósofo, profesora y escritora. Miembro de la Cámara de los Lores británica, participa activamente en tertulias y debates en radio y televisión sobre cuestiones de ética y educación. Es autora de *Existentialism, women philosophers* y más recientemente, del libro de memorias *Mary Warnock: a memoir: people and places*. En español, puede leerse: *Guía ética para personas inteligentes*, FCE, 2002.

370. J. HARRIS, *Supermán...*, op. cit., pp. 86-87.

bioeticista inglés, el rasgo característico de la persona, lo que la hace ser persona es, en primer lugar, la capacidad de valorar su propia existencia. Según su definición, una persona es un individuo capaz de valorar su existencia. En tanto que animal reflexivo, dispone de la capacidad de contemplarse a sí mismo, de mirarse en el espejo y de enjuiciar si su existencia tiene o no tiene valor y de tomar decisiones consecuentes, respecto a esta previa observación.

Es evidente que el individuo emergente no puede, todavía, valorar su propia existencia, pues no tiene capacidad para ello, pero llegará un momento en que podrá determinar el valor que tiene su vida, podrá enjuiciarla y, como consecuencia de ello, será capaz, si así lo determina, de cambiarla, de transformarla e inclusive de decidir su cese. Cuando llegue este momento, aquel individuo dejará de ser un simple individuo de la especie humana para convertirse en una persona. La condición necesaria para ser persona, según el esquema mental de Harris, es ser, primero, un individuo vivo, pero ésta no es condición suficiente, pues para ser persona se requiere además un individuo vivo capaz de valorar su propia existencia.

«El rasgo importante de esta exposición de lo que hace falta para ser persona, a saber, que una persona sea una criatura capaz de valorar su propia existencia –afirma Harris–, es que además hace plausible una explicación de la naturaleza de la injusticia cometida a un ser cuando se le priva de la existencia. Las personas que quieren vivir sufren una injusticia cuando se las mata porque con ello se les priva de algo que valoran. Las no personas o personas potenciales no pueden sufrir una injusticia de este modo porque la muerte no les priva de nada que puedan valorar, aunque esto no agota la injusticia que pudiera cometerse con el infanticidio.»[371]

En una línea muy similar, se expresa Peter Singer cuando afirma que «si un infante no puede valorar o desear su propia existencia continuada, entonces la pérdida de la vida de un infante recién nacido debe tener

---

371. Ibídem, pp. 102-103.

menos importancia que la pérdida de la vida de un niño más maduro o de un adulto que quieren seguir viviendo».[372]

La persona es un ser que puede valorar su propia existencia, mientras que, a su juicio, el individuo humano no es capaz de valorar su estar-vivo. En tanto que ser vivo, desea mantenerse en la existencia, conservar su vida y, por ello, desarrolla, instintivamente, mecanismos de defensa y de conservación, pero no como consecuencia de un acto valorativo, sino por determinación de la especie. La persona humana, en tanto que ser reflexivo, es capaz de enjuiciar el valor de su existencia y también tiene la capacidad de desafiar los imperativos de la especie y de poner punto final a su vida, si llega a la conclusión de que no merece ser vivida.

El suicidio es una posibilidad humana que, en el esquema mental de Harris, no es, en sí mismo, moralmente reprobable. Si el sujeto interesado llega a la conclusión, previa valoración de su existencia, de que no merece la pena vivirla o que merece la pena morir por algún tipo de causa de orden social, político, religioso o el que fuere, no puede ser, a su juicio, censurado. Otra cosa fuere que ese deseo de autoaniquilamiento fuese la consecuencia de la desesperación, enfermedad o de una coacción externa o interna.

Según Harris, al individuo que se le niega el poder vivir no se le hace un mal, porque no es capaz de valorar lo que tiene. Debemos anticipar aquí una breve crítica. De hecho, él no percibe esa muerte como un mal, porque no es capaz de reflexionar sobre ello, pero en realidad se le hace un mal, en la medida en que se le quita la vida y la vida es, en principio, un bien. Según Harris, la muerte es un mal para el que ha valorado su existencia como positiva y, por lo tanto, desea seguir viviendo. Para el que hace una valoración negativa de su existencia, la muerte no constituye un mal, porque significa poner fin a algo que no es aceptado positivamente.

---

372. P. SINGER, *Desacralizar la vida humana*, op. cit., p. 306.

Norbert Hoerster también relativiza el derecho del hombre a la vida. «Ese derecho –afirma– se basa en el interés de sobrevivir del individuo concreto. Tal interés está ausente ya en el caso de quien ha manifestado expresamente su deseo de morir, ya en el individuo carente de una conciencia de su propio futuro, como ocurre en el caso de comatosos, dementes, no nacidos e incluso recién nacidos. De ahí que les falte también el interés para seguir viviendo.» Pero como no es fácil determinar con precisión el momento en que se despierta la expectativa de futuro y, en consecuencia, el interés por sobrevivir, por razones prácticas, Hoerster recomienda que se excluya a los recién nacidos del derecho de autorizar su muerte.

Según Hoerster, el valor que una determinada vida humana posee, considerado de modo realista, no es más que el conjunto de valoraciones o estimaciones que van asociadas al transcurso de ella.[373] En este sentido, puede distinguirse entre el valor extrínseco de una vida (valoraciones asumidas desde el punto de vista de otro o de la misma sociedad) y su valor propio (valoraciones asumidas según el propio criterio del portador).

## 2. ¿QUÉ SIGNIFICA VALORAR LA PROPIA EXISTENCIA?

Según John Harris, cada persona valora su existir según unos parámetros y no se puede forzar a nadie a vivir, si no desea vivir, como tampoco se puede forzar a nadie a morir, si desea seguir viviendo. La valoración es, a su juicio, un proceso subjetivo, intrapersonal, donde los otros pueden ser considerados, pero no tienen autoridad. Uno mismo determina el valor que tiene su existencia.

---

373. Cf. N. HOERSTER, *Ética jurídica sin metafísica*, en R. VÁZQUEZ (comp.), *Derecho y moral*, Gedisa, Barcelona, 1998, pp. 214-247.

Harris no aceptaría esa expresión que se utilizó en el *Dritte Reich* de *vidas sin valor (Leben ohne Werte)* para referir a esas vidas humanas que, desde los criterios del Estado ario, no tenían ningún sentido, ni utilidad. A su juicio, nadie está capacitado para determinar el valor o sentido de una vida, sino que cada persona es soberana en la valoración de su propia existencia. Esto significa que, en último término, la valoración de los otros es irrelevante, pues la única que cuenta, según Harris, es la que uno es capaz de hacer respecto de su propia vida.

¿Qué significa valorar la propia existencia? Según Harris, cada ser humano valora su existencia según sus propios parámetros personales. Lo que tiene valor para uno, no necesariamente tiene valor para otro. Según el bioeticista inglés, lo que tenemos en común las personas es la *capacidad* para valorar nuestra vida, lo que no significa que la valoremos del mismo modo. Lo que hace que la vida de un ser humano sea valiosa depende de sus criterios subjetivos. Valorar la propia vida significa someterla a una comprensión, a la capacidad de crítica y de distanciamiento.

Dice John Harris que cada uno de nosotros tiene sus razones para valorar su vida y cada uno es apto para apreciar que lo que es verdad para unos, no es verdad para otros. Lo que tenemos en común las personas es la capacidad para valorar nuestras vidas y también la de otros, aunque los criterios de este ejercicio de valoración son distintos en unas y otras personas. Lo que distingue a la persona es, precisamente, esta capacidad para valorar la vida, para discernir el sentido que tiene o puede llegar a tener.[374]

---

374. Así lo expresa en *The value of life*, pp. 16-17: «Each of us will have our own reasons for valuing our own lives and each of us is able to appreciate that the same is true of others , that they too value their own lives. What we have in common is our *capacity* to value our own lives and those of others, however different our *reasons* for doing so may be or may seem to be. I believe those rather simple, even formal features of what it takes to be a person -that persons are beings capable of valuing their own lives- can tell us a good deal about what is to treat someone as a person. They can tell us how to recognise other beings as people, and they also tell us why it's wrong to kill such creatures

En este punto en particular, Harris y Singer mantienen grandes afinidades. Aunque Singer no se refiere explícitamente a la facultad de valorar, sí afirma que lo que caracteriza a la persona es la capacidad de reflexionar y ver la vida como un conjunto. «Los adultos normales y los niños –afirma–, pero no los fetos ni los infantes, son personas; o sea, son seres autoconscientes y resueltos con un sentido del pasado y del futuro. Estos seres pueden contemplar sus vidas como un proceso continuado, pueden identificarse con lo que les ha sucedido en el pasado, y pueden alimentar esperanzas y planes para el futuro. Por esta razón podemos decir que en circunstancias nomales valoran, o desean, su propia existencia continuada, y que la vida entra dentro de sus intereses. Pero no puede decirse lo mismo de los fetos o de los infantes recién nacidos. Ni el feto ni el infante poseen los recursos conceptuales necesarios para contemplar un futuro y para desear, o valorar, ese futuro.»[375]

Desde esta particular concepción de lo que significa *ser persona*, muchos seres humanos quedan excluidos del concepto de persona, porque no tienen la capacidad de valorar su propia existencia, ni, por supuesto, tampoco la de los otros. Como no pueden valorar su propia existencia, no pueden decidir si desean o no seguir vivos, no son capaces de darse cuenta de su condición.

Como puede deducirse de lo dicho, la capacidad para valorar la propia vida se convierte en algo crucial en el planteamiento de Harris. Desde este punto de vista, una persona puede dejar de serlo en la medida en que pierde esta capacidad. De ahí se desprende que el *ser persona* no es algo estático y permanente, sino mutable en función de la posesión de esta capacidad. La persona que sufre una grave enfermedad de orden mental que no le permite valorar su propia existencia ya no es, de hecho, una persona en el planteamiento de Harris, sino que, como veremos, es una *expersona*, el recuerdo de algo que fue, durante un tiempo,

---

against their will. They are people because they are capable of valuing life, and it's wrong to kill them because they do value life».

375. P. SINGER, *Desacralizar la vida humana*, op. cit., p. 306.

persona, pero que ya no lo es porque carece de la capacidad de valorar su propia vida.[376]

Desde esta polémica concepción antropológica, los seres humanos son personas mientras tienen esta capacidad para valorar su existencia *(the capacity for valuing their own existence)*. Cuando un ser humano adquiere esta capacidad, se convierte en persona y, del mismo modo, cuando una persona deja de tenerla, deja de ser persona, aunque, naturalmente, no deja de ser miembro de la especie humana.[377]

Desde la perspectiva de John Harris, la persona no es una realidad ontológica *per se et in se*, sino un concepto que depende de la facultad de valorar. Una persona no siempre tiene que ser una persona, sino que dependerá de su capacidad de valorar la existencia.

El bioeticista inglés distingue entre persona *(person)* y personalidad *(personhood)*. A su juicio, la personalidad incluye la capacidad de querer existir y un tipo de autoconsciencia que hace posible desear lo que uno se propone. No entiende la personalidad en sentido psicológico, sino, esencialmente, como *voluntad de vivir (Wille zum Leben)* autoconscientemente. La voluntad de vivir es, de hecho, transversal en todos los seres vivos, pero no en todos ellos se manifiesta de un modo consciente, sino que, como Arthur Schopenhauer expresa en *El mundo como voluntad y representación* (1819), sólo el hombre puede llegar a tener consciencia de la misma. Harris no se refiere a Schopenhauer, pero define la personalidad de un modo muy cercano al del filósofo alemán.

Según el bioeticista inglés, cuando el querer vivir está presente y también lo está la autoconsciencia, no cabe duda de que se está frente a una personalidad. Cuando cesa esta autoconsciencia y esta capacidad de querer existir, cesa la personalidad. En este caso, aunque subsista un

---

376. Cf. J. HARRIS, *The value of life*, op. cit., p. 17.
377. Así lo expresa Harris en *The value of life*, p. 25: «Persons are beings with the capacity for valuing their own existence. In the case of human beings, they become persons when the capacity to value their own lives develops and will cease to be persons when they have lost that capacity. It is obviously crucially important to be clear about when it is correct to say that an individual hast lost the capacity to value existence».

cuerpo con las constantes vitales técnicamente vivo, ya no hay personalidad. Esta situación puede darse en algunos enfermos terminales, que son capaces de valorar su propia existencia, porque todavía no han perdido la lucidez, pero, en cambio, ya no quieren seguir viviendo. Este deseo de no seguir siendo es lo que Josep Ferrater Mora denomina la noluntad.

En la voz *noluntad* de su *Diccionario Filosófico*, afirma el pensador catalán que la noluntad es el no querer *(nolle)*, y éste puede ser considerado como acto negativo de la voluntad, como acto de una voluntad negativa, o como acto de lo que puede llamarse noluntad *(noluntas)*. Santo Tomás decía que *nolle fieri* es lo mismo que *velle non fieri*, y definía el *nolle* o *noluntas* como huida del mal, de suerte que mientras la voluntad *(voluntas)* concierne al bien, la noluntad *(noluntas)* concierne al mal. Ello no quiere decir que la noluntad tenga propiamente por objeto el mal; quiere decir que no tiene por objeto el bien.

Algunos filósofos han discutido si la noluntad es positiva o negativa. Un sentido positivo de noluntad lo tenemos en autores como Schopenhauer, Renouvier o Unamuno. De acuerdo con una de sus tesis fundamentales, Schopenhauer estima que cuando la voluntad ha llegado al estadio en el cual se conoce a sí misma completamente, se transforma en renuncia voluntaria; al negarse a sí misma como voluntad, cambia entonces en voluntad. Para Renouvier, la noluntad es el poder de no querer y, como este poder es característico del hombre, la noluntad es realmente una voluntad. Unamuno ha descrito la noluntad como un voluntarioso no querer; la noluntad no es entonces el reverso de la voluntad, y menos todavía lo opuesto a la voluntad, sino un acto de voluntad

Según Harris, un sujeto de estas características es persona, pero no tiene personalidad. A su juicio, no se puede forzar a nadie a vivir si él desea, de un modo consciente, no vivir más. Cuando un sujeto humano no es capaz de valorar su existencia y se halla en una situación de grave vulnerabilidad, pierde, según Harris, su relevancia moral, y las personas más directamente relacionadas con él deben valorar esa vida humana y tomar una decisión: Puede ser eliminado, pero también puede mantenerse en vida si así lo deciden.[378] Mientras el ser humano sea capaz de valorar su propia vida, nadie puede injerirse en su valoración, aun en el caso de que fuera muy grave desde el punto de vista de sus consecuencias; pero cuando se trata de un ser humano que no puede ejercer esta valoración, otros deben decidir por él desde sus criterios debidamente razonados.

La persona es, según su antropología, el ser que tiene consciencia de lo que quiere, que sabe lo que desea, que valora su propia existencia. Ser persona no significa, *de facto*, tener personalidad, pues, según su terminología, tener *personalidad* significa querer vivir porque uno ha decidido reflexivamente que merece la pena. Puede haber personas que pierdan la personalidad, pero para poder tener personalidad se requiere ser, previamente, una persona.

Cuando un ser humano pierde estas facultades deja de serlo y, por lo tanto, ya no tiene valor moral, con lo cual puede ser utilizado como cualquier otro ser. Este concepto de persona no incluye necesariamente el concepto de autonomía. Uno puede valorar su propia existencia, pero no gozar de una auténtica autonomía en el proceso de valoración. En este punto, Harris y Engelhardt mantienen ciertas distancias intelectuales, aunque Harris no las pone de manifiesto y Engelhardt tampoco. Para Engelhadt, la persona es el ser vivo autónomo, mientras que, para Harris, es el ser capaz de valorar su existencia. Ambos criterios no coinciden formalmente, pues, por un lado, uno puede valorar su existencia sin ser plenamente autónomo y, por otro lado, uno puede ser autónomo para determinadas funciones, pero no ser capaz de valorar su propia existencia.

---

378. Cf. J. HARRIS, *The value of life*, op. cit., p. 21: «Personhood, as we have seen, involves the capacity to want to exist and the sort of self-consciousness that makes the possession of such a want possible . When these are present it is clear that the being in whom they are present is a person. Once they are lost, the being has ceased to be a person and then, even if their body is still technically alive, it has lost its moral significance and can either be killed or allowed to die o preserved alive as we choose».

El respeto a la persona ajena se traduce, según Harris, de dos maneras: una, respecto a su integridad y la otra, a sus deseos. Aunque uno considere ilegítimo el modo que tiene su vecino de valorar *su* existencia, no puede ni debe inmiscuirse en ella, mientras, naturalmente, no afecte su propio modo de valorar su existencia. El principio de respeto a la integridad física y moral del otro constituye una premisa esencial en el planteamiento bioético de Harris, así como el respeto a sus voliciones.

Según la antropología latente en la bioética de Harris, cada ser humano es una fuente de propósitos, de expectativas y de deseos. Lo que hace una vida valiosa depende de múltiples factores, pero, a su juicio, no es posible referirse al valor *en sí* o al bien *en sí*. El valor siempre es referido a algo concreto. Para un ser humano, por ejemplo, tendrá valor la lectura, para otro lo tendrá el deporte, pero esto no significa que la lectura sea, en sí misma, un valor y que el deporte no lo sea. Se sitúa, pues, en un marco de politeísmo axiológico, donde cada ser humano puede realizar, según su arbitrio, el oficio de ser persona.[379]

La autonomía, según Harris, puede estar sometida a varios defectos:[380] Primero, se deben contemplar los defectos en la habilidad individual para controlar los deseos, las acciones o ambos simultáneamente. En segundo lugar, están los defectos en el razonamiento individual. En tercer lugar, puede haber defectos en la información que recibe el sujeto. Y en cuarto lugar, pueden darse defectos en la estabilidad de los deseos individuales. A su juicio, el criterio de la autonomía para discernir *ser humano* y *persona* resulta muy impreciso y difícil de concretar en la realidad, mientras que la capacidad de valorar la propia existencia es clara y evidente por sí misma.

---

379. Ibídem, p. 192: «Persons are beings capable of valuing their own lives. We have noted the vast variety of different reasons that people have for valuir their lives, and the different ways in which the think it important to organise their lives and the societies in which they live. Many of these differences stem from, or are expressive of, moral differences between people and are thus likely to remain important»
380. Cf. Ibídem, p. 196.

La autonomía es un criterio distinto del de la capacidad para valorar la propia existencia. La autonomía, en sentido exacto, es, según este autor, muy difícil que se produzca, mientras que la capacidad para valorar la propia existencia requiere de una cierta capacidad racional, pero no en un sentido sofisticado.[381] Este criterio permite marcar una senda, pero no siempre será fácil de aplicar, porque en determinados momentos uno puede albergar serias dudas respecto a si un ser humano es o no es capaz de valorar su propia vida.

Según John Harris, el niño anencefálico no puede considerarse una persona. «Estos niños –dice– nunca se convertirán en seres capaces de valorar o experimentar la vida. Es cierto que pueden vivir unos días o incluso semanas soportados por su propio sistema cardiovascular o de respiración asistida, si se les suministra comida, líquidos y antibióticos... Estos niños anencefálicos no tienen ninguna posibilidad de convertirse en seres autoconscientes, lo que llamamos personas.»[382]

En su planteamiento ético, el niño anencefálico no tiene estatuto ético-jurídico, no es un sujeto digno de protección, puesto que jamás podrá llegar a convertirse en persona. Los otros niños tampoco son capaces de valorar su propia existencia en tanto que niños, dado su insuficiente desarrollo psicológico y moral, pero podrán lograrlo en la medida en que aprendan a reflexionar.

Una crítica que también se puede anticipar a la propuesta bioética de Harris es que no determina exactamente la franja de edad a partir de la cual un individuo es capaz de valorar su existencia y, por lo tanto, de convertirse en persona, lo cual constituye un vacío muy grave de su propuesta bioética, dadas las consecuencias que se derivan de dicha discriminación.

---

381. Cf. Ibídem, p. 18: «The capacity to value existence in this sense is a fairly low-level capacity; it does not require rationality in any very sophisticated sense of the term, merely the ability to want to experience the future, or to want not to experience it and the awareness of those wants».

382. J. HARRIS, *Supermán...*, op. cit., p. 147.

## 3. LA VIDA HUMANA ES UN *CONTINUUM*

Según el bioeticista inglés, la vida humana es un *continuum*, lo que significa que no se puede determinar un momento preciso en el cual una vida está constituida como tal, sino que es una cadena de factores que se van desarrollando siguiendo unas leyes y que resulta artificial determinar el instante de emergencia de una persona.

La persona, desde la perspectiva conceptual de Harris, no es un concepto biológico, ni genético, sino esencialmente ético, lo que significa que no debemos esperar que desde estas ciencias se pueda determinar cuando eso que llamamos *vida emergente* se convierte en *persona*. Esta adscripción es, a su juicio, una determinación ética que no depende de la biología.

Según Harris, cualquier determinación que se haga respecto a la emergencia de la persona siempre obedece a intereses paracientíficos. Desde su criterio, no es legítimo determinar un momento dentro del proceso de gestación a partir del cual se deba respetar aquella vida y en este sentido se expresa muy crítico respeto al criterio utilizado en el *Informe Warnock* de 1984. La persona, tal y como él la concibe, aparece muy posteriormente al nacimiento del ser humano; emerge cuando aquella vida es capaz de autoconsciencia y de valorarse a sí misma. A su juicio, cuando nacemos, todos los seres humanos somos *pre*personas. Sólo después de un tiempo de aprendizaje y de autoconocimiento, llegamos a convertirnos en personas.

«La idea de que la vida humana tenga un comienzo es –según Harris– claramente problemática. Es más plausible considerarla un continuo en el que el ser humano emerge progresivamente. Si lo que importa moralmente es la vida humana, nos enfrentamos al problema de proteger toda vida humana, incluidos los óvulos y espermatozoides humanos no fecundados. Por otra parte, si lo que se juzga digno de protección no es la vida humana, ni tampoco el tejido humano vivo, sino una descripción más plena y rica de precisamente qué sea lo moralmente significativo de las criaturas como nosotros, tendremos que adoptar la astucia del zorro.»[383]

John Harris no distingue momentos cualitativamente distintos en el plano del desarrollo ontogenético de la vida humana emergente que permitan establecer conclusiones de orden filosófico y ético. Lo que observa al contemplar el desarrollo del *nasciturus*, desde las primeras fases hasta el parto, es una sucesión de momentos, una continuidad que se repite de modo general, salvo en algunas excepciones. Se puede precisar una frontera, se puede intentar delimitar un antes y un después, pero, a su juicio, estas determinaciones no son de orden sustantivo, sino meramente accidental.

En la propuesta de Harris, se detecta una crítica al antropocentrismo que tiene cierto paralelismo con la crítica de Singer, aunque es mucho más moderada. «La creencia –dice– de que los miembros de la especie humana no sólo tienen significación moral *per se* sino que sin lugar a dudas tienen mayor importancia moral que cualquier otra criatura no carece de atractivos.»[384] Harris no llega a las provocativas formulaciones del filósofo australiano. Tampoco se plantea explícitamente el estatuto moral y jurídico que se debe otorgar a la vida animal, ni los derechos que se deben de reconocer a los mamíferos superiores. No se introduce en este debate, porque su punto de partida es el ámbito clínico y asistencial. Tampoco queda nítidamente expresado el estatuto ético y jurídico de las *pre*personas y de las *ex*personas.

Tal como veremos posteriormente, hay seres humanos que son *pre*personas y los hay que han sido personas, pero que han dejado de serlo. En su obra, queda claro que éstos no tienen el mismo estatuto que las personas, pero no queda claro qué estatuto tienen en relación con la vida animal y vegetal. Engelhardt y Singer son, en este sentido, mucho más claros. Para Singer, esos individuos humanos tienen el mismo estatuto que tiene todo ser capaz de sufrir, lo que significa que deben ser prote-

---

383. Ibídem, p. 57.
384. Ibídem, p. 58.

gidos de toda forma de mal, pero en un plano simétrico; mientras que, para Engelhardt, esos individuos humanos que no son personas deben considerarse como *personas sociales*, como entidades que tienen un estatuto ético y jurídico superior porque, a pesar de todo, forman parte de la especie humana.

«Si el embrión humano –sugiere Harris–, desde el punto de vista de lo que es, no es significativamente diferente de otras criaturas (incluido el asado de los domingos) que juzgamos de menor significación moral, si en resumidas cuentas no es sensitivo, con capacidad de respuesta, órganos en funcionamiento..., carecemos de razón suficiente para otorgarle una significación moral superior a no ser que podamos mostrar alguna otra característica moralmente relevante. El único candidato que queda con alguna plausibilidad es su potencial.»[385]

De este modo, Harris invoca el concepto de potencialidad para, posteriormente, criticarlo. Desde su punto de vista, el embrión humano no merece un respeto superior al de otros mamíferos que son capaces de desarrollar más funciones que él. La única significación moral que se le puede otorgar se debe fundamentar en el argumento de la potencialidad, de lo que puede llegar a ser. Sin embargo, Harris, como los dos autores que hemos explorado anteriormente, también descarta este argumento.

La vida humana es, para el bioeticista de Manchester, un *continuum* y la emergencia de lo individual ocurre de modo gradual. En este debate, Harris constata que, por lo general, desde el momento de la concepción ya existe un nuevo ser humano individual que tiene la potencialidad para convertirse en persona. Si esto fuere así, se debe concluir que se le han de conceder los mismos derechos que a una persona;[386] sin embargo, Harris no acepta esta hipótesis, puesto que el reconocimien-

---

385. Ibídem, p. 59.
386. J. HARRIS, *The value of life*, op. cit., p. 11: «Life, then, is a *continuum* and the emergence of the individual occurs gradully. At this point it is commonly argued that if life does not begin at conception and if cannot be said that a new individual human

to ético y jurídico debe partir de lo que es, del hecho *(the fact),* y no de lo que algo puede llegar a ser con el tiempo.

## 4. El argumento de la potencialidad

En el primer capítulo de *The value of life*, John Harris explica y critica el argumento de la potencialidad. En él, plantea unas dificultades de orden intelectual, que no le permiten asumir este argumento. Veámoslas.

El hecho de que algo se convierta en X, no significa, *de facto,* que ya sea X y, por lo tanto, no tiene por qué ser tratado como si ya fuera X. El hecho de que yo me moriré no significa que ahora puedan tratarme como a un ser muerto y, sin embargo, yo soy un ser potencialmente muerto. Según su punto de vista, si se considera el huevo fecundado como un ser humano potencial, también debe considerarse un ser humano potencial al óvulo y al espermatozoide.[387]

A su juicio, no hay razones de peso para distinguir entre el momento anterior a la fecundación y el momento posterior a ella. Se trata de un *continuum* que, naturalmente, puede ser interrumpido, ya sea antes de la fecundación o con posterioridad a ella, pero en un caso o en otro se interrumpe un proceso y no dos entidades que deben ser valoradas ética y jurídicamente de forma distinta.

«Tanto los defensores de la preferencia por la especie humana como tal, como quienes valoran a los individuos humanos por su potencial

---

being begins there, at least the potential for new human being is the present complete with its full genetic make-up and with all its uniqueness and individuality. And since the fertilised egg is potentially a human being we must invest it with all the same rights and protections that are possessed by actual human beings».

387. Cf. Ibídem, p. 13.

para convertirse en la clase de seres que tienen significación moral –dice Harris– tienen la falsa creencia de que solamente el óvulo fecundado, el embrión, cumple los requisitos. Esta creencia se debe, según parece, a la aceptación de otro supuesto falso, a saber: que solamente el embrión se reúne en un lugar, en un individuo, todo lo necesario para el desarrollo continuo hasta la madurez.»[388]

Como experto en embriología, John Harris constata que el embrión no tiene en sí y por sí mismo toda la potencialidad para conseguir desarrollarse plenamente y llegar a ser un feto, sino que requiere, constitutivamente, de unos factores exógenos, de elementos que no dependen de él. Si ese óvulo fecundado no anida en la cavidad uterina y se instala correctamente en el seno materno, no podrá desarrollarse, no podrá llegar a ser alguien, sino que morirá. La alteridad es constitutiva en su desarrollo. Sin la madre, esa entidad no puede subsistir, lo que revela su extraordinaria fragilidad y su dependencia ontológica respecto de otro ser. De ahí deduce Harris que no se puede afirmar que el embrión en cuanto tal *ya* tenga toda la potencialidad para llegar a ser un niño.

«Aunque fuera verdad –sostiene Harris– que solamente el óvulo fecundado tiene el potencial para llegar a ser un ser humano con todas las de la ley, tendríamos que afrontar esta pregunta: ¿por qué esto lo hace moralmente importante? La respuesta será porque es moralmente deseable actualizar el potencial humano. Esto es, si el embrión o blastocito es valioso solamente por su potencial, será la actualización de este potencial lo que es importante desde el punto de vista moral.»[389]

Aun suponiendo que el embrión fecundado ya tuviere toda la potencialidad para llegar a ser un ser humano, cosa que no acepta Harris, esto tampoco resolvería el problema, porque, según el bioeticista inglés, alguien debería determinar por qué la vida de ese ser humano tiene valor. Como se ha visto anteriormente, sólo la persona puede

---

388. J. HARRIS, *Supermán y la mujer maravillosa*, op. cit., p. 60.
389. Ibídem, p. 62.

valorar su propia existencia y esa valoración es subjetiva. Según Harris, no puede afirmarse, de entrada, que la vida de un ser humano (de todo ser humano) sea en sí misma algo valioso. Esta valoración dependerá del sujeto que la viva, pero no puede determinarse apriorísticamente.

Para mostrar claramente su disconformidad respecto al argumento de la potencialidad, Harris distingue nítidamente entre persona y *pre*-persona. «Empleo –dice Harris– el término *prepersona* para dejar claro que de ninguna manera me dejo seducir por el *argumento* de la potencialidad, el argumento que sugiere que la importancia moral se le confiere a un individuo debido al potencial de desarrollo de ese individuo.»[390]

## 5. Prepersonas, personas y expersonas

En el decurso de su obra filosófica, John Harris distingue tres conceptos: el de *persona*, el de *prepersona* y el de *expersona*. El ser humano, tal y como se ha dicho anteriormente, es, según él, un individuo de la especie humana, el resultado de una unión entre hombre y mujer. Hay seres humanos que son personas, aunque hay personas que no son seres humanos. En esta aseveración, Harris coincide con Singer y también con Engelhardt, aunque por distintos motivos. Los tres pensadores separan dos conceptos que, tradicionalmente, compartían una sinonimia: el de ser humano y el de persona. En este sentido, rompen con un tabú histórico.

Según su clasificación, los seres humanos pueden ser personas, *pre*personas y *ex*personas. Un ser humano es persona, cuando cumple los requisitos previos para serlo: capacidad de reflexión, capacidad para valorar la propia existencia y capacidad de autodeterminación. Un ser

---

390. Ibídem, p. 89.

humano es una *pre*persona cuando es una entidad orientada a desarrollar las funciones propias de la persona, pero que aún no puede desarrollarlas por las razones que fuere. El embrión, por ejemplo, es una *pre*persona, también lo es el feto y el niño recién nacido. «El término *prepersona* –dice Harris– engloba al zigoto, al embrión y al feto hasta el punto en que propiamente dicho emerge esa persona, la persona capaz, entre otras cosas, de conexión psicológica.»[391]

El *nasciturus* es, según Harris, una *pre*persona, lo que significa reconocer que todavía no es una persona y, por lo tanto, no tiene por qué ser tratado como tal, aunque de ahí tampoco se desprende que pueda ser tratado de cualquier modo. Tiene su estatuto, pero no es, a su juicio, el mismo estatuto de la persona. Hay seres humanos, siguiendo su clasificación, que deben ser considerados *ex*personas, porque durante un período de su biografía alcanzaron el rango de persona, pero, por determinadas circunstancias, han perdido este rango y no pueden ser considerados, en sentido estricto, como personas. Son *ex*personas.

«Si distinguimos –dice Harris– entre seres humanos que son personas potenciales o prepersonas y seres humanos que son personas reales, podemos encontrar una asimetría defendible entre los diversos beneficios y perjuicios que pueden acaecerles a tales individuos. Las ocasiones en que no se beneficia a una persona potencial o prepersona o los perjuicios causados a tal individuo que dan como resultado su muerte son perjuicios causados a esa prepersona, pero no son perjuicios a la persona que podría haber llegado a ser porque esa persona no existe en el momento en que se causa el perjuicio y de hecho nunca existirá. A este respecto causar la muerte de una persona potencial o prepersona está moralmente al mismo nivel que dejar de darle existencia a esa persona. En cambio, los beneficios causados a la prepersona encaminados a salvar su vida son beneficios para la persona real que llegará a ser una vez que comience a existir esa persona, si es que lo hace.»[392]

---

391. Ibídem, p. 100.
392. Ibídem, pp. 89-90.

También los seres no humanos pueden ser ubicados en esta triple clasificación de Harris. Hay seres no humanos que deben ser considerados, según su perspectiva, como personas. En este punto coincide con Singer y también con Engelhardt, aunque el filósofo australiano pondrá como ejemplo algunos mamíferos superiores y Engelhardt pone como ejemplo el personaje de ficción *E. T., el Extraterrestre*. Los hay que pueden llamarse *pre*personas, porque están orientados a desarrollar funciones propias de lo que él denomina persona. Y finalmente, hay seres no humanos que deben ser considerados *ex*personas, porque aunque desarrollaron funciones propias de la persona, han dejado de ejercerlas con el tiempo.

«Mientras que las prepersonas –argumenta Harris– son personas potenciales, su importancia moral reside no en su potencialidad, sino en el hecho de que la potencialidad será actualizada. Y que, cuando lo sea, los daños hechos en la fase de prepersona serán daños hechos a la persona real que llega a ser. Es una forma de acción injusta de efectos retardados.»[393]

En el texto que sigue, Harris sintetiza de un modo luminoso la diferencia entre individuo, persona potencial, *pre*persona y persona: «El individuo –dice– ha llegado a la existencia cuando el óvulo está diferenciado por primera vez o cuando se forma el espermatozoide que fecundará al óvulo. Ese individuo pasará gradualmente de ser una persona potencial, una prepersona, a ser una persona real cuando llegue a ser capaz de valorar su propia existencia. Y, si con el tiempo pierde permanentemente esta capacidad, habrá dejado de ser persona».[394]

Según el punto de vista de Harris, no debe calificarse del mismo modo la intervención sobre la persona que la intervención sobre los seres humanos que no son personas. La *pre*persona no puede valorar su existencia. Si es beneficiada por la comunidad de personas, alcanzará el pleno desarrollo, pero si es perjudicada por aquélla, no tendrá expe-

---
393. Ibídem, p. 209.
394. Ibídem, p. 103.

riencia de discriminación, marginación o desdén, porque no es capaz de valorar su propia existencia. Al decir esto, Harris no está justificando que con los seres humanos que no son personas vale todo *(anything goes)*, sino que lo que está diciendo es que las personas pueden ser perjudicadas porque son capaces de valorar su propia existencia, mientras que los seres humanos que no son personas no pueden tener experiencia subjetiva de ser perjudicados por otros.

«Hacer comenzar la vida de una persona y beneficiar a esa persona mediante cosas hechas a la misma en cuanto prepersona –dice Harris– son buenas para esa persona, pero poner fin a su vida o dejar de salvarla en algún momento anterior a que se convierta en persona no habría sido peor para esta persona; por la misma razón que no habría sido peor para ella si no hubiese comenzado a existir.»[395]

Con todo, Harris reconoce que para llegar a ser persona se requiere la protección y la estima de la *pre*persona, puesto que, de otro modo, la persona no puede llegar a emerger; pero esto no implica que la significación moral de la persona sea la misma que la de los seres humanos que no lo son.

«A las personas –sostiene Harris– les afecta lo que les ocurrió como prepersonas. Sin embargo, el hacer cosas a prepersonas que les impidan llegar a ser personas no se puede someter a una moralidad que afecta a las personas, salvo en la medida en que tengan efectos secundarios que afecten a las personas. Esto nos deja con una asimetría abstrusa entre las obligaciones con individuos que llegan a ser personas y obligaciones con individuos que no lo consiguen.»[396]

A partir de esta tesis, Harris defiende una ética asimétrica en lo que respecta a derechos y a deberes. Las personas tienen unos derechos determinados porque son seres capaces de valorar su propia existencia, mientras que las *pre*personas y las *ex*personas tienen un estatuto moral inferior. Esta aseveración tiene muchas consecuencias en la bioética clí-

---

395. Ibídem, p. 92.
396. Ibídem.

nica, por ejemplo, en el terreno de la experimentación. Para Harris, la dilucidación ética en torno a la experimentación con embriones no comporta los mismos problemas morales que la investigación en personas, porque los primeros son *pre*personas, mientras que las segundas entidades son capaces de valorar su propia existencia.

La asimetría ética y jurídica se plantea entre las personas y el resto de los seres humanos, pero, entre las personas, Harris defiende una estricta equidad de derechos y deberes. Dice el bioeticista inglés que si la vida y los intereses de la persona tienen el mismo valor, no es justo tratar a la persona de distintos modos. Favorecer deliberadamente a una persona, ofreciéndole una mayor posibilidad de estar sana el máximo tiempo posible, significa valorar su vida y sus intereses fundamentales para la salud más que los de otra persona que no está así beneficiada, y esto es lo que se llama discriminación.[397]

«He tratado de mostrar –dice– que esta asimetría debe persistir hasta que de la prepersona haya surgido la persona.»[398] Desde este punto de vista, Harris muestra posiciones muy liberales respecto a la investigación con embriones. En algunos textos, da a entender que pueden ser utilizados como material genético en beneficio de las personas.

Según la perspectiva de Harris, los muertos, como los enfermos que sufren un grave deterioro mental y son incapaces de valorar su propia existencia, son *ex*personas. De hecho, no son capaces de valorar su situación y, por lo tanto, en el caso de que no hubieren expresado por escri-

---

397. Cf. J. HARRIS, *Diritti individuali e responsabilità sociali*, en VV.AA., P. CATTORINI (ed.), *AIDS*, Edizione Paoline, Milán, 1993, pp. 116-117. *Etica, giustizia e politica sanitaria*, Edizione Paoline, Milán, 1993, pp. 116-117: «Se le vite e gli interessi fondamentali delle persone sono di pari valore, allora non è giusto trattare le persone in maniera diversa, con modalità che accordano in effetti diverso valore alle loro vite o ai loro interessi fondamentali. Favorire deliberatamente una persona, offrendole una migliore possibilità di restare sana e il più longeva possibile, significa valutare la sua vita e il suo fondamentale interesse per la salute più della vita e dell'interesse per la salute di un'altra persona non altrettanto beneficiata. È discriminazione».

398. J. Harris, *Supermán*, op. cit., p. 93.

to lo que deseaban hacer con su cuerpo, las personas que forman el entorno afectivo de esa *ex*persona deben decidir que se pueda hacer con los órganos de dicho cuerpo, según su valoración subjetiva.

«La verdadera cuestión ética –afirma Harris– es simplemente la pregunta de si estos individuos retienen o no alguna importancia moral o *valor*; en la terminología que yo prefiero, es la pregunta de si estos individuos son aún o no *personas*. Lo que se les puede declarar de modo definitivo y final es de ex personas o no personas o, lo que viene a ser lo mismo, carentes ya de una importancia moral siquiera remotamente comparable con la de aquéllos para cuya ayuda pueden ser utilizados.»[399]

Además de las *pre*personas, se deben considerar, en la clasificación de Harris, los individuos humanos que no son y nunca serán seres morales. A éstos nunca se les podrá considerar como personas y, por lo tanto, en relación con ellos no se plantea la cuestión del consentimiento.

6. La recepción del utilitarismo

John Harris se ubica, claramente, en el marco de la tradición utilitarista, pero la lleva mucho más allá que sus primeros teóricos. El utilitarismo es una tradición ética que tiene dos rasgos esenciales. Es, en primer lugar, una teoría teleológica y, en segundo lugar, consecuencialista. También puede definirse como prudencial.

Bernard Williams sostiene que el utilitarismo se caracteriza por cuatro elementos: 1. Es una ética no trascendental, 2. Es una ética que se orienta hacia la felicidad, 3. Considera que los asuntos morales pueden decidirse a partir de un cálculo empírico de sus consecuencias y 4. Busca la complementariedad entre distintos intereses que entran en conflicto.

---

399. Ibídem, p. 146.

Las ideas fundamentales de esta corriente filosófica están expresadas en la conocida obra de John Stuart Mill, *Utilitarismo,* que se publicó en 1861. La idea central de esta obra de Mill es la misma que la de Bentham. En ella se afirma que, de acuerdo con el principio de máxima felicidad, el fin último de todas las cosas y la razón por la cual todas las demás son deseables es una existencia exenta de dolores en el mayor grado posible y lo más rica en goces que ser.

Dicho de otra manera, el *credo* que acepta como fundamento de la moral utilitarista o el principio de la máxima felicidad sostiene que las acciones son justas en la medida en que tienden a promover la felicidad, e injustas en cuanto tienden a producir lo contrario de la felicidad. Por felicidad, Stuart Mill entiende placer y ausencia de pena. Hasta aquí Mill está de acuerdo con Bentham, sin embargo, a diferencia de este último, afirma que no sólo se debe tener en cuenta la cantidad de placer, sino también su calidad. Es conocida su frase: «Es preferible ser un Sócrates enfermo que un cerdo satisfecho».

John Harris integra en su pensamiento la idea de libertad de Mill. El profesor italiano Roberto Mordacci sitúa la propuesta bioética de Harris en el marco de la filosofía de Mill a partir de una nota a pie de página de *Supermán y la mujer maravillosa*. «La referencia simultánea, aunque no de una manera orgánica, a nociones clave de la tradición liberal –dice Mordacci–, nos permite situar la posición de Harris en el marco del utilitarismo liberal que inauguró J. S. Mill.»[400]

El ensayo *Sobre la libertad* (1859) de John Stuart Mill está dedicado a la libertad individual y es fruto de la colaboración del filósofo con su esposa. Este libro constituye la defensa más lúcida y más rica en argumentación de la autonomía del individuo. Mill se hallaba plenamente convencido de que este libro sobreviviría mucho más tiempo que cualquier otro de sus escritos.

---

400. R. MORDACCI, *Tra ragione e retorica*, en Bioetica. Rivista interdisciplinare 1 (1998) nota 68.

El núcleo teórico del libro consiste en reafirmar la importancia que tiene para el hombre y para la sociedad una amplia variedad de caracteres y una completa libertad de la naturaleza humana para expandirse en direcciones innumerables. Mill defiende el derecho del individuo a vivir como le plazca. «Cada uno –dice– es un guardián total de su propia salud, tanto corporal como mental y espiritual.» A su juicio, el desarrollo social es una consecuencia del desarrollo de las más variadas iniciativas individuales. La libertad de cada uno halla un límite en la libertad de los demás.

Según Mill, el individuo está obligado a no lesionar los intereses de otro o a determinados grupos de intereses que, por expresa disposición de la ley o por un consenso tácito, deben considerarse como derechos. La concepción de Mill pretende que cada uno tenga el máximo posible de libertad para que se dé el bienestar en todos.

John Stuart Mill tiene una visión minimalista del Estado. Esta visión está tan presente en la obra de Engelhardt como en la de Harris. El Estado, que pretende debilitar el valor de los individuos para convertirlos en instrumentos dóciles de sus proyectos, caerá, según él, en la cuenta de que no se pueden realizar grandes cosas con hombres pequeños y de que la perfección del mecanismo, a la cual sacrificó todo, acabará por no servirle para nada.

A juicio de John Harris, el fundamento de la moral no puede hallarse en el emotivismo moral, sino que debe encontrarse en la racionalidad. Critica las éticas emotivistas, porque, según su punto de vista, el fundamento de aquéllas depende, exclusivamente, del *feeling*, del sentimiento moral y éste es moldeable y manipulable. Como consecuencia de ello, Harris apela a un principio racional.

«Los sentimientos *per se* –dice Harris– pueden muy bien estar en la raíz de la moralidad misma y no es imposible que los sentimientos brutos estén en la raíz de todo principio moral. (...) Tenemos conocimiento de tantos sentimientos análogos: que las mujeres son innatamente inferiores y que es impropio e indigno que se dediquen a muchas profesiones *masculinas* o que aparezcan en público, a menos que vayan enfundadas de la cabeza a los pies, que mucha gente se ha sentido avergonzada de vivir en una sociedad que permitiera el matrimonio entre miembros de diferentes *razas*, o en la que las instituciones públicas y los lugares de recreo no estuviesen segregados racialmente, o en la cual la homosexualidad se tratara como si no fuera "un vicio tan abominable que su mera presencia es un ofensa".»[401]

Desde su punto de vista, el fundamento de la ética no puede radicar en los sentimientos, porque, tal y como expone en la cita anterior, los sentimientos varían con el tiempo y dependen de factores externos, de tal modo que es muy difícil controlar las auténticas razones del odio o del amor hacia algo determinado. Harris propone un concepto de persona que, como veremos posteriormente, es discutible, pero, a partir de ahí, desarrolla, coherentemente, una ética asimétrica que tiene consecuencias en el plano de la bioética clínica.

La fundamentación es orden racional y utilitarista. Harris no invoca los sentimientos de ternura o de compasión para con las *ex*personas o las *pre*personas, tampoco respecto a las personas. A su juicio, no se deben mezclar razones filosóficas con sentimientos personales. A partir de esta idea de persona, aplica la máxima del utilitarismo: «El mayor bien, para el máximo número de personas». Naturalmente, los seres humanos que no son personas quedan inmediatamente excluidos del *credo* utilitarista. En este punto, Harris se aleja nítidamente de John Stuart Mill y también de los otros clásicos del utilitarismo filosófico.

### 7. La identidad personal es relación

Según la perspectiva antropológica de John Harris, la persona es una continuidad que se desarrolla a partir de una relación inicial. «Me pare-

---

401. J. Harris, *Supermán...*, op. cit., p. 68.

ce claro –dice– que la historia vital de cada persona tiene dos comienzos separados y debe remontarse a cada uno de los gametos a partir de los cuales se desarrolló ese individuo, y la historia de cada gameto es parte de la historia de todos y cada uno de los individuos que se desarrollen a partir de él».[402]

Según su criterio, la relación es constitutiva en la formación de la persona. La persona es, sencillamente, una relación. En una línea muy cercana a las tesis del personalismo comunitarista, Harris defiende una comprensión relacional de la persona, muy alejada de las visiones substancialistas o esencialistas; sin embargo, llega a esta comprensión relacional de la persona sin referirse al comunitarismo personalista. La persona, a su juicio, se hace a lo largo del tiempo, se construye en interacción con los otros, es relación desde su génesis.

«Cuando digo –afirma Harris– que las personas son influidas o pueden ser influidas de modo importante por lo que *les* ocurrió en la fase de gametos, esto parece implicar que estamos hablando de un mismo individuo, mientras que en sentido estricto hablamos de mismidades anteriores y posteriores, relacionadas de forma importante, pero no idéntica.»[403]

En el desarrollo de una persona, se puede detectar una protohistoria en que aquella persona no puede considerarse, en sentido estricto, como persona, sino como un individuo cuya misión será la de alcanzar el grado de persona. Toda persona ha sido, previamente, una *pre*persona y toda persona tiene la posibilidad de convertirse en una *ex*persona, en un individuo que ya no desarrolle las funciones propias de la persona. La construcción de la persona depende, naturalmente, de esa fase previa a la persona en la que el individuo entra en relación con el mundo.

«La historia de la prepersona –dice Harris– es la historia de los individuos relacionados que se combinan por primera vez en la concepción

---

402. Cf., Ibídem, p. 101.
403. Ibídem, p. 102.

y pueden luego fusionarse otra vez si se producen gemelos monozigóticos, y estos individuos están relacionados con las personas propiamente dichas que se desarrollarán a partir de los gametos y las prepersonas.»[404]

## 8. Consideraciones críticas

La obra de John Harris, a pesar de sus polémicos puntos, no ha sido todavía objeto de una digna recepción en nuestro país. A diferencia de las obras de Engelhardt y de Singer, los planteamientos bioéticos de Harris no han sido objeto de crítica por parte de los analistas. En este sentido, la bibliografía crítica sobre dicho autor es mucho menor y apenas se refiere a lo sustancial.[405]

Tratamos de explorar aquí algunas observaciones críticas a su obra en tres apartados: los *presupuestos*, las consecuencias y la arbitraria frontera que establece entre los seres humanos y lo que él denomina *personas*.

En la obra de John Harris, la diferencia entre ser humano y persona se elabora a partir de un criterio: la capacidad de valorar la propia existencia. Este criterio resulta sumamente discutible. Es evidente que una persona en sus plenas facultades es capaz de valorar y de enjuiciar su existencia, pero a nuestro entender esta capacidad no debe convertirse en el criterio que permita definir a una persona.

La persona es un ser que, además de valorar su propia existencia, puede pensar, realizar actos libres, imaginar, resolver ecuaciones, meditar, orar, comunicarse a través de símbolos, practicar la generosidad y

---

404. Ibídem, p. 100.
405. Deben destacarse un conjunto de artículos críticos sobre *Supermán y la mujer maravillosa* que se publicaron en Bioetica. Rivista interdisciplinare 1 (1998).

amar, entre muchas otras actividades. La visión de persona que propone Harris es, a nuestro juicio, reduccionista, más aun, simplista, pues define el todo por una parte y esa parte se convierte en el criterio de discernimiento, en la pauta para separar las personas de los meros seres humanos.

En los *presupuestos* de Harris se observa también otra tesis discutible. Se atribuye un valor absoluto al enjuiciamiento individual de la propia existencia. Esta valoración de la propia vida puede variar según contextos, situaciones, estados de ánimo. Hacer depender una decisión tan relevante como la de seguir viviendo está supeditado a factores muy difíciles de controlar y puede darse el caso de que lo que valoremos como positivo en un momento dado, posteriormente sea valorado como negativo.

Este tipo de variaciones en el ejercicio de valorar se detectan, por ejemplo, en las valoraciones que uno desarrolla de sus vínculos afectivos o de su ubicación profesional. El valor que otorga a ello, depende de muchos elementos exógenos.

Del mismo modo que la capacidad para decidir autónomamente no es estática a lo largo de una vida, tampoco lo que es la capacidad de valorar la propia vida. En este sentido, distinguir el valor de la persona a partir de este criterio resulta temerario por sus consecuencias de orden ético y jurídico. Nos parece mucho más ponderada y oportuna la postura que se expresó en el *Informe Belmont* (1978) respecto a esta cuestión.

«El respeto a las personas —se afirma en el citado *Informe*— incluye por lo menos dos convicciones éticas: primera, que todos los individuos deben ser tratados como agentes autónomos, y segunda, que todas las personas cuya autonomía está disminuida tienen derecho a la protección (...) No todo ser humano es capaz de autodeterminación. El poder de autodeterminación madura a lo largo de la vida del individuo, y algunos de éstos pierden este poder completamente o en parte, a causa de enfermedad, de disminución mental, o de circunstancias que restringen severamente su libertad. El respeto por los que no han llegado a la madurez y por los incapacitados puede requerir que se les proteja hasta su madurez o mientras dure su incapacidad.»[406]

No se detecta en la ética de Harris un mínimo desarrollo de la axiología. Teniendo en cuenta que el verbo *valorar* es tan sumamente importante para discernir lo que es persona de lo que no lo es, sería deseable un desarrollo contrastado y pormenorizado de lo que significa *valorar* y, sin embargo, este ejercicio brilla por su ausencia en su obra. La palabra *valor* es polisémica, y un mínimo cotejo bibliográfico sobre esta cuestión nos permite llegar a la conclusión de que se usa este término con significados muy distintos.[407] Parece ser que Harris da un sentido meramente subjetivo a la palabra *valor*. No habla de valores en sí, ni de intuición de valores *(Werte)* como en la ética material de los valores de Max Scheler.[408]

El concepto de persona que propone John Harris en sus textos, además de ser reduccionista, es más clasista y elitista que el que proponen Hugo Tristram Engelhardt y Peter Singer. Puede haber seres humanos autónomos y autorreflexivos, pero incapaces de valorar su propia existencia, sin embargo, difícilmente puede haber seres humanos capaces de valorar su vida si no tienen razón ni capacidad de autorreflexión. En la obra de Engelhardt, la persona es el ser humano capaz de dar permiso, mientras que en el pensamiento de Harris es el ser capaz de valorar su propia existencia. La segunda operación es más compleja, más ardua y más difícil de articular que la primera.

Harris no investiga las condiciones necesarias para que un ser humano pueda valorar su propia existencia. Beauchamp y Childress analizan en *Principios de ética biomédica* (1979) una serie de condiciones para que la autonomía pueda realizarse de manera efectiva: 1. Ausencia de

---

406. Citado en F. ABEL, *Bioética: orígenes, presente y futuro*, op. cit., p. 222.
407. Ver, por ejemplo: F. ALBERONI, *Valores*, Gedisa, Barcelona, 1994; A. LÓPEZ QUINTÁS, *La revolución oculta*, PPC, Madrid, 1998, y J. GONZÁLEZ, *El poder de Eros*, Paidós, Barcelona, 2000. He tratado esta cuestión en *Cien valores para una vida plena*, Milenio, Lérida, 2004.
408. Cf. M. SCHELER, *Ética*, Caparrós Editores, Madrid, 2001.

coacciones externas, 2. Ausencia de coacciones internas, 3. Información veraz y 4. Comprensión de lo informado. En el caso de Harris, parece que la valoración no requiera de unas condiciones, lo cual no es verdad, pues, en determinadas circunstancias, la valoración que uno hace de su propia existencia tiene un tono muy negativo, porque no se cumplen las mínimas condiciones para ejercer correctamente dicha valoración.

Como en el caso de la propuesta de Engelhardt, John Harris no considera, lo más mínimo, el contexto de la valoración, la circunstancia desde la cual el individuo lleva a cabo la valoración de su propia existencia. Si, como dice el conocido lema orteguiano, «yo soy yo y mi circunstancia y si no la salvo a ella, no me salvo yo», resulta básico comprender la circunstancia de un individuo para saber qué naturaleza va a tener su valoración. La valoración que va a hacer un anciano solo y abandonado de su propia existencia será, probablemente, muy negativa. Puede llegar, incluso, a la conclusión, como se ha dado en tantos casos, de que esa vida no merece ser vivida. Esta valoración sería muy distinta si ese anciano estuviere acompañado afectivamente, si tuviere una pensión más digna o si fuere objeto de un cuidado integral.

En conclusión, consideramos que la propuesta bioética de Harris adolece de una articulación filosófica del concepto de persona y carece de elementos de autocrítica interna.

## Capítulo V

# EL CONCEPTO DE PERSONA. SÍNTESIS HISTÓRICA

1. ELEMENTOS PARA UNA HISTORIA DEL CONCEPTO

No cabe duda de que el concepto de persona es de raíz esencialmente occidental, más aun, de corte cristiano. Sin embargo, en el conjunto de la tradición occidental, la idea de persona ha sido objeto de múltiples abordajes e interpretaciones intelectuales, de tal modo que, como en el caso de la dignidad, no puede hablarse unidimensionalmente de la persona, pues esta noción integra distintas perspectivas. De ahí la dificultad que se plantea cuando en las discusiones de corte bioético se apela al concepto de *persona*, sin haber definido previamente este concepto.

Por lo general, en las citadas discusiones se maneja un concepto difuso de persona y a partir de él se argumenta. Sin embargo, en determinadas cuestiones, aflora realmente el carácter difuso de dicho concepto y, entonces, la palabra *persona* deja de ser un lugar común, para convertirse en un obstáculo en el diálogo.

Esta confrontación es fácilmente visible, por ejemplo, en la discusión en torno a la dilucidación del estatuto ético-jurídico del embrión humano. En algunos planteamientos, se le suele definir como persona, mientras que en otros abordajes se le trata simplemente como persona potencial.[409] Como hemos visto en las propuestas anteriores, algunos bioeticistas no le adscriben el concepto de persona, por ser un ente incapaz de autonomía, de reflexión o de valorar su propia vida. De ahí se deduce que el concepto de *persona*, como el concepto de *dignidad*, es, en sí mismo, problemático en las discusiones bioéticas y que ello exige, cuando menos, una previa aclaración terminológica, lo que nos obliga a realizar un breve recorrido por la historia del concepto.

No forma parte de nuestros objetivos elaborar lo que los pensadores germanos denominan una *Begriffsgeschichte* del término *persona*. La historia de un concepto como el que aquí nos interesa trasciende, de largo, nuestras pretensiones; pero sí que pretendemos indicar, cuando menos, algunos hitos en esta historia, delimitar algunos campos semánticos, para mostrar la reducción semántica que el término experimenta en determinados planteamientos éticos. La idea de persona tiene una historia muy dilatada en el tiempo y no parece sensato intelectualmente reducir dicha idea a una de sus últimas definiciones. A partir de este breve recorrido, el lector se percatará del sentido reduccionista que adquiere el vocablo *persona* en las propuestas bioéticas que se han explorado en los apartados anteriores.

El concepto de persona ha experimentado profundas metamorfosis a lo *largo de la historia*.[410] El filósofo catalán Josep Ferrater Mora, autor del conocido *Diccionario de Filosofía*, lo expresa así en la voz dedicada a *persona*: «El concepto de persona ha ido experimentando ciertos cambios fundamentales, por lo menos en dos aspectos. En primer lugar, en lo que toca a su estructura. En segundo término, en lo que se refiere al

---

409. Cf. A. FAGOT-LARGEAUT, *L'embrione umano come persona in potenza*, en E. AGAZZI (ed.), *Bioetica e persona*, Franco Angeli, Milano, Italia, 1993.

410. G. LAURIOLA, *La persona: storia di un concetto*, en F. BELLINO (ed.), *Trattato di Bioetica*, Levante Editori, Bari, 1992, p. 216. En el texto citado, afirma Giovanni Lauriola: «Attraverso le analisi fenomenologiche si è scoperto il fondamento ontologico che l'uomo decisivamente non è oggetto ma persona, cioè immagine di Dio. E così sembra che su questa caratteristica del concetto di persona ben si spoi il pensiero di Duns Scoto con la cultura contemporena».

carácter de sus actividades. Con respecto a la estructura, se ha tendido a abandonar la concepción *substancialista* de la persona para hacer de ella un centro dinámico de actos. En cuanto a sus actividades, se ha tendido a contar entre ellas las volitivas y las emocionales tanto o más que las relacionales».[411]

Josep Ferrater Mora distingue, además, entre el concepto de persona y el de individuo: «Las razones de esta distinción son varias. El término *individuo* se aplica a una entidad cuya unidad, aunque compleja, es definible negativamente: algo, o alguien, es un individuo en cuanto no es otro individuo. El término *persona* se aplica a una entidad cuya unidad es definible positivamente y, además, con *elementos* procedentes de sí misma. El individuo (si se trata del ser humano) es una entidad psicofísica; la persona es una entidad fundada, desde luego, en una realidad psicofísica, pero no reductible, o no reductible enteramente a ella. El individuo está determinado en su ser; la persona es libre, y aun consiste en ser tal».[412]

Tradicionalmente, *persona* significa tanto máscara como actor, rol como sujeto del rol. Éste es el sentido que adquiere la palabra griega *prosopón* que, posteriormente, se traduce como *persona*, en el contexto del teatro griego. La inconmutabilidad del rol se constituye con una determinada persona, que da luego su nombre al rol. Nombre y rol son liberados de su singularidad en el espacio interpersonal, histórico, y se reconocen de manera general: el cumplimiento del rol se institucionaliza. Con el rol se institucionaliza la manera de la confirmación interpersonal como forma de hablar y percibir.

La filósofa francesa Amélie Rorty considera que nuestra idea de persona tiene esencialmente dos raíces: una es el teatro, las *dramatis personae* de la escena, y la segunda es la ley.[413] A su juicio, la idea de persona

---

411. J. FERRATER MORAL, *Diccionario de Filosofía*, I, p. 404.
412. Ibídem, p. 403.
413. Cf. A. RORTY, *The identities of persons*, University of California Press, Los Angeles, 1976.

es la idea de un centro unificado de elección y de acción. De ahí llega a la conclusión de que persona es un *locus* de responsabilidad y una realidad que está detrás de sus roles. Como John Locke había formulado, el término *persona* es un término de tribunal, lo que significa que tratar a un individuo como persona significa considerarle como responsable de sus actos frente al tribunal, en un sentido literal o figurado, de la ley o de la moral.[414]

Este modo de comprender el concepto de *persona* no se corresponde exactamente con la definición que John Locke elabora de la misma y que está presente en la obra de Singer y de Engelhardt. Según Locke, la persona es «un ser pensante e inteligente, capaz de razón y de reflexión, y que se puede considerar como siendo el mismo, como siendo la misma cosa pensante, en diferentes tiempos y lugares».[415]

Muchos filósofos, después de Locke, han propuesto argumentos para mostrar qué difícil sería definir las personas según el único criterio de la memoria o de la continuidad de la consciencia. La razón principal es que la persona es una entidad particular, y que el único modo de describir los contenidos de su memoria o de su consciencia es teniendo, precisamente, la facultad de la memoria. Como dice el obispo Butler en el año 1736, la identidad personal presupone la memoria. También Thomas Reid constata esta evidencia en su ensayo *De la memoria*.

Se pueden señalar, de un modo genérico, tres grandes perspectivas en la comprensión de lo que es la persona: la visión teológica, la visión ontológica y la visión personalista. La primera y la segunda no son excluyentes entre sí. Tampoco lo son la primera y la tercera. Sin embargo, la comprensión ontológica y personalista de la persona difieren radicalmente, pues una cosa es concebirla como *substantia* y otra cosa muy distinta significa concebirla como *relación*. Sin embargo, desde las tres visiones se defiende la sublime dignidad de la persona, aunque por razones no exactamente iguales.

---

414. J. LOCKE, *Ensayo sobre el entendimiento humano*, II, caps. 26 y 27.
415. Ibídem, cap. 27.

Entre la visión sustancialista y la visión relacional de la persona, debe situarse el planteamiento de Kant que, en rigor, no se puede ubicar ni en una ni en otra esfera. Kant define las personas como «fines en sí mismas» y el «imperativo práctico» formula como fin objetivo de toda acción la «humanidad». Con ello, el fin en sí de la persona expresa su esencia humana comunitaria, funda el valor objetivo de la persona sobre la base de la humanidad como su dignidad.

Como dice Adela Cortina, «*persona* significa para Kant, simple y llanamente, autonomía, capacidad autolegisladora, y expresa la convicción de las sociedades democráticas de que sólo son válidas las leyes que nos daríamos a nosotros mismos como seres autolegisladores».[416]

A su juicio, la dignidad de la persona es aquel «valor absoluto interno» que «impone respeto a todos los demás seres racionales del mundo...». El «objeto de respeto» no es ahí la persona en particular, sino la humanidad, representada en ésta. El fin en sí es la propia referencia del deber a la dignidad de la misma persona como una persona en general. La relación entre deber y dignidad es indiferente al influjo personal y viene salvaguardada en la ley moral, que es la condición de posibilidad bajo la cual por primera vez podemos tomar consciencia de la libertad. La humanidad está en la misma relación con la persona así como la ley moral con la máxima de la acción. El contenido fenoménico de la persona, que con la unidad de la consciencia se expresa en el *yo pienso* de la razón teórica o en el *yo obro* de la razón práctica, tiene su correlato en la ley moral y en la idea de la libertad, cuya posibilidad se supone como demostrada.

Dejando de lado la visión kantiana de la persona que, sin lugar a dudas, constituye un hito en la historia de la filosofía moderna, tratemos de explorar, sistemáticamente, la idea de persona como *imagen de Dios*, como *substantia* y como *relación*, así como algunas de las últimas elucubraciones en torno a la esencia de la persona en la última mitad del siglo XX.

---

[416]. A. CORTINA, *Ética mínima*, Tecnos, Madrid, 1992, p. 189.

## 2. Perspectiva teológica. La persona como *imagen de Dios*

El concepto de persona tiene raíces profundamente teológicas. En los albores del cristianismo, el término fue utilizado para referirse al misterio de la Trinidad. En la articulación del dogma cristiano, Dios se define como una naturaleza y tres personas: Padre, Hijo y Espíritu Santo. En la patrística, el concepto de persona se aplica, fundamentalmente, a Dios y sólo posteriormente, con Boecio, este concepto se aplica también a las *personas creadas*, es decir, a los seres humanos, pero, en esencia, es un término que es usado fundamentalmente en los debates cristológicos y trinitarios que tuvieron su máxima eclosión en los denominados grandes concilios ecuménicos de Efeso, Calcedonia, Constantinopla y Nicea.

La noción de persona fue estudiada por la patrística cristiana y por la jurisprudencia romana, aunque con enfoques muy diversos. Para los padres de la Iglesia, la noción de persona se aplica ante todo a Dios, y los problemas a tratar son los misterios de la Trinidad y la Encarnación. Para los juristas romanos, la persona es el hombre en cuanto sujeto de derechos. Se explica por tanto que los padres de la Iglesia elaboraran una noción ontológica de la persona, pues Dios no tiene problemas axiológicos. En cambio, la noción elaborada por el derecho romano está cargada de implicaciones axiológicas, pues lo justo no es sino un fragmento de lo bueno.

### 2.1. El ser con forma divina

Desde la perspectiva teológica, la persona es un ser teomorfo, tiene la forma de Dios, dado que está creada a su imagen y semejanza. En el mundo griego, los dioses tienen rasgos antropomórficos, pues, de hecho, desarrollan funciones y actividades propias de la condición humana. Al fin y al cabo, los dioses griegos y romanos son proyecciones humanas, que se subliman en el plano de la imaginación. De ahí que, para entender correctamente la imagen que el hombre griego tenía de sí mismo, sea fundamental ahondar en la mitología y en la teología de aquel entonces.

En el universo bíblico, el Dios Totalmente Otro *(Ganz Anderes)*, para decirlo con la conocida expresión de Karl Barth, crea el mundo, lo otro de sí mismo, y forja a un ser a su imagen y semejanza. Desde esta perspectiva, sólo se puede conocer al ser humano por referencia a Dios, porque procede de Él y se orienta hacia Él como su causa final. La razón de su dignidad, por lo tanto, no radica en él mismo, sino en el hecho de ser teomorfo, de tener un origen y un destino divino, de ser imagen y semejanza de Dios.

No cabe duda que en nuestro contexto cultural, tales ideas resultan muy difíciles de articular, pues, si es verdad que nos hallamos en un contexto social y moral presidido por la muerte de Dios, cualquier tentativa de definir la persona por referencia a Dios resulta, cuando menos, problemática, puesto que, la realidad de Dios deja de ser algo presente, para convertirse en algo ausente, lejano o, simplemente, ignorado. En este sentido, la visión de la persona que aporta la antropología teológica parte de unos *presupuestos* que, en un contexto secular y postcristiano, resultan muy extraños.

En esta idea subsisten, por lo menos, tres *presupuestos* que, en nuestro contexto, resultan sumamente discutibles: 1. Dios existe, 2. Dios crea el mundo y 3. Dios crea el hombre a imagen y semejanza. Podría aceptarse la primera tesis, pero podría negarse la segunda y la tercera. Abundan pensadores que aceptan la existencia de Dios, pero no el concepto de *creatio ex nihilo*. También hay teóricos que afirman que Dios existe y que el mundo es creación suya, pero que niegan que el ser humano pueda entenderse como imagen y semejanza de ese Dios. Los tres *presupuestos* resultan problemáticos en nuestro contexto cultural y cualquier ética que se construya sobre estos supuestos deberá enfrentarse a muchas críticas de carácter prolegomenal.

A pesar del descrédito que sufre el discurso teológico en el contexto cultural contemporáneo, la comprensión teomórfica del ser humano está arraigada a la cultura occidental y no es posible comprender históricamente los discursos sobre la dignidad humana sin esta referencia a Dios. En nuestro imaginario social, subsiste, de modo inercial, la idea de que la persona tiene una dignidad intrínseca, permanece, a modo de poso, la tesis de que la persona no puede ser tratada como cosa, aunque se argumente de otro modo la razón de dicha excelencia.

Aunque generalmente se considera que esta idea de dignidad humana pertenece a otro tiempo, merece la pena destacar que también en la actualidad hallamos pensadores de ámbitos culturales distintos que defienden una visión de la persona teomórfica y que fundan su dignidad en la tesis de la semejanza divina.

Resulta un simplismo, fruto de la ignorancia, rehusar dicha visión de la persona por considerarse superada o, simplemente, anacrónica. Como hemos indicado, es pertinente reconocer que sus *presupuestos* son discutibles, pero no por ello estamos frente a una visión irracional o ciega del ser humano. Aunque los críticos de esta perspectiva, consideren que dicha idea no puede mantenerse viva teniendo en cuenta los desarrollos de las ciencias humanas y de las ciencias físicas, el hecho es que estos *presupuestos* no entran en conflicto con los *presupuestos* científicos. La ciencia física no puede confirmar ni tampoco negar los implícitos de esta visión de la persona.

La idea de dignidad que se desprende del proyecto filósofico de Agustín Basave Fernández del Valle se cimenta en una concepción del ser humano como imagen y semejanza de Dios. Este filósofo define al ser humano como un ser deiforme, porque tiene la forma de Dios, teofánico, porque a través de Él se manifiesta el Dios-Otro y teotrópico, porque es el lugar del encuentro con Dios. Estos tres rasgos confieren al ser humano una dignidad superior, que no se deduce de su naturaleza, sino de su origen divino. «La dignidad de un ser deiforme, teofánico y teotrópico –afirma Basave– confiere un plus a la sola naturaleza.»[417]

---

417. A. BASAVE FERNÁNDEZ DEL VALLE, *Meditación sobre la pena de muerte*, FCE, México, 1997, p. 135.

El citado filósofo identifica a la persona con el ser humano: «La vida humana —dice— es éticamente intocable, por razones de su propia humanidad, pero no sólo por ellas, sino por el origen o fundamento divino que la propia filosofía constata con la teoría de la religación de un ser fundamentado a un Ser fundamental y fundamentante. No se requiere hacer teología dogmática para llegar a la patente de esta verdad. Hay algo, en cada ser humano, que trasciende la pura naturaleza físico-biológica, algo espiritual que los antiguos llamaron *humanitas* y está más allá del ciego universo físico».[418]

«La dignidad del hombre —afirma este filósofo— es la dignidad del venir de, de manifestar a y de ir hacia Dios. Ningún otro ser en el universo le supera en dignidad, y sus derechos fundamentales —entre ellos, y en primer término, el derecho a la vida— son inherentes a su ser de persona humana digna y con vocación eterna.»[419] Desde la perspectiva teológica, el ser humano procede de Dios, se orienta hacia Él y puede establecer una relación con Dios durante su proceso vital. Puede ocurrir que el ser humano no sea consciente de su origen divino y de su vocación eterna, pero ello no va en detrimento del reconocimiento de la dignidad, pues ésta no depende de las facultades mentales, sino del ser del hombre. Desde esta perspectiva, el ser humano, lo sepa o no, es imagen y semejanza de Dios y se orienta hacia Dios, inclusive en el caso en el que negara a Dios.

Según la perspectiva teológica, el único fundamento firme de la dignidad humana consiste en reconocer a la persona como *imagen de Dios*. Según esta tesis, sólo desde este reconocimiento es posible justificar su carácter de fin en sí mismo. Esta concepción exige tratar al hombre como realidad incondicional, como representación de lo Absoluto. Desposeído de su constitutiva incondicionalidad, es posible disponer funcionalmente de él. La concepción no funcional de la dignidad descansa en la excelencia de la persona como tal, no en la de su actividad. Su

---
418. Ibídem.
419. Ibídem, p. 145.

puesto radical es la vida humana como realidad sagrada de la que no se puede disponer libremente. Desprovista de su invulnerabilidad constitutiva, desaparecen los obstáculos para la instrumentalización.

Desde la perspectiva teológica, la dignidad humana se relaciona intrínsecamente con la idea de la aceptación incondicional. Si uno reflexiona sobre la manera en que es experimentada la fe, la inclinación de Dios al hombre, se llega a la comprensión primigenia de que Dios acepta al hombre sin reservas, más allá de su situación. Esto significa que no pone condiciones para tal aceptación, lo cual se expresa con especial claridad en la enseñanza de la justificación.

El Dios que se muestra en la *Biblia* sale constantemente al encuentro del hombre. Se compromete en su divinidad revelada y con ello en este salir al encuentro. Esto es aceptación incondicional. Se intenta expresar en imágenes, llamando a Dios «padre nuestro» o «madre nuestra», porque se parte de la idea de que los padres son la imagen terrena del aceptar a alguien incondicionalmente y sin poner condiciones a su existencia. También la *Biblia* toma la imagen de los padres. Pero desde la vivencia de que también los padres tienen sus limitaciones, de que son falibles, de que todos nosotros somos falibles a la hora de aceptar al otro, la idea religiosa se hace experiencia más fuerte.

2.2. Interpretaciones de la imagen

A lo largo de la historia de la teología, se han desarrollado distintas interpretaciones de la naturaleza teomórfica de la persona. La afirmación de que el ser humano es imagen y semejanza de Dios ha generado un enorme caudal de ideas y de teorías, desde los que se ha tratado de explorar dónde radican dichas semejanzas y diferencias. Desde la perspectiva teológica, entre Dios y el hombre existe una *similitudo*, pero en el marco de una *maior dissimilitudo*, lo que significa que la noción de imagen debe entenderse en un plano relativo. En cualquier caso, el ser humano no es una imagen clara y nítida de Dios, sino una imagen analógica, la expresión finita e inmanente de la Realidad infinita y trascendente de Dios.

La doctrina de la semejanza divina de la persona es el núcleo de la antropología del *Antiguo Testamento*, a pesar de que sólo se la menciona expresa y propiamente en los primeros capítulos del documento sacerdotal[420] y en dos pasajes de los libros sapienciales.[421] El pasaje fundamental es el del Gn 1, 26 s: Y dijo Dios: «hagamos al hombre a imagen nuestra, según nuestra semejanza... y creó Dios al hombre a imagen suya: a imagen de Dios lo creó».

La relación de semejanza con Dios no se refiere a lo externo corporal en el sentido de la figura erguida, o del mismo aspecto que la divinidad, ni a una relación puramente espiritual del alma sola, ni tampoco a la diferenciación sexual del hombre y la mujer. Lo que quiere decir es más bien que el hombre en su totalidad corporal y anímica ha sido creado a semejanza de Dios, como se desprende de la manera de pensar fundamentalmente totalitaria del *AT* y del Sal 8, 6.

Contra las visiones dualistas o maniqueas de la persona humana, la noción de imagen afecta a todo el ser humano, tanto en su dimensión exterior como en su dimensión interior. No sólo el espíritu es imagen y semejanza de Dios, sino también su exterioridad, esto es, su corporeidad, lo que significa que el cuerpo humano es epifanía de la Realidad de Dios, es su lugar de manifestación, puesto que, en el plano material, es imagen plástica de la Realidad Invisible de Dios.

A pesar de que en algunas interpretaciones sesgadas por el platonismo, el cuerpo es contemplado como el elemento negativo, como la cárcel del alma, el caso es que en la antropología bíblica todo el ser humano, globalmente considerado, es definido como imagen de Dios. El ser imagen no es consecuencia de una decisión autónoma del ser humano, sino una característica previa que va de suyo con su condición. El ser humano puede vivir conforme a esta imagen, puede desarrollarla y

---

420. Cf. *Gn* 1, 26s; 5, 1. 3; 9, 6.
421. Cf. *Sap* 2, 23; *Eclo* 17, 3.

hacerse más próximo a su Fuente, pero aun en el caso de que viviera en la antítesis del amor no dejaría de ser imagen, porque este elemento es estructural en Él.

Del mismo modo que en Gn 1, 26 y Sal 8, 6 Dios aparece obrando como soberano y por su propio poder, la dignidad específica del hombre se basa en el hecho de que ha sido llamado a participar del dominio y de los derechos soberanos de Dios en el mundo. La persona es, en cierto sentido, la que realiza el poder de Dios, su lugarteniente y signo de su alteza, y como tal es una persona libre dotada de espíritu.

La semejanza divina consiste en la referencia esencial y permanente de la persona a Dios como fundamento y figura de su ser. No es una propiedad neutra frente a la relación con Dios, sino que incluye en sí el estar referido a Dios como centro de su esencia. La persona, por su misma naturaleza, está orientada hacia Dios y sólo puede ser verdadera persona en unión con Dios. Por eso la persona no encuentra su esencia más íntima cuando pretende definirse solamente desde abajo, a partir de su relación con el mundo de la naturaleza y del reino animal.

Desde un principio es un ser responsable ante Dios y creado para Él, y, gracias a esa semejanza divina que constituye su verdadera dignidad, se diferencia fundamentalmente de todo el mundo infrahumano. Al ser imagen de Dios supera a todos los demás seres terrenos y no puede ser situado en un mismo plano de igualdad con ellos. Esa semejanza le convierte en el representante soberano de Dios y le declara centro y fuente de sentido de todas las cosas visibles que existen por causa de Él y que quieren ser modeladas por Él.

El profesor José Bullón lo expresa de este modo: «En la mentalidad bíblica y, por consiguiente, cristiana, encontramos algo realmente diverso. La dignidad humana proviene de la intervención de Dios en la creación y la redención. De ahí nace la dignidad del ser humano; no hay, pues, ni más ni menos dignos e indignos. Se invierte así el orden establecido en el mundo romano. La dignidad humana se funda en la *creación*, en la *redención* y en la *escatología* (parusía)».[422]

La dignidad del ser humano proviene de haber sido creado semejante a Dios, de su capacidad para elegir, de su poder sobre la realidad creada y su autodeterminación de la propia existencia, de haber sido restaurado, por la obra redentora de Cristo, en la nueva existencia y estar destinado al encuentro total y pleno con Dios como realización definitiva. De ahí, Bullón llega a la conclusión de que en la tradición bíblica se nos presenta al ser humano como «una realidad persona que ha de ser conocida, respetada, venerada y ayudada por sí misma; inteligente y libre para contemplar, discernir, retocar, transformar, para indagar y buscar la verdad y el bien, para adentrarse en lo más profundo de su ser y elegir y decidir desde sí misma, para orientar responsablemente su existencia y la del mundo».[423]

Esa referencia a Dios que va incluida en la semejanza divina es algo más que un atributo estático. Es una fuerza vital que le hace preguntarse al hombre por su origen trascendente y le impulsa a buscarlo, y que incluso le levanta por encima de todos los valores terrenos, como lo entendió adecuadamente la patrística griega con su idea de *homoiosis*.

El espíritu humano rebasa todos los objetos que pertenecen al mundo y no halla su plenitud sino en la unión con su prototipo divino. Gracias a su semejanza divina está esencialmente dentro del ámbito de lo religioso y no puede encontrarse a sí mismo si no es en el encuentro con Dios. La realización fundamental de su esencia, en la que decide sobre sí mismo y sobre su destino, y que determina también toda su visión del mundo, es, por tanto, un acto religioso.

El hombre, semejante a Dios, es manifestación y revelación de Dios de una manera que supera a toda la creación visible. Mientras que las demás cosas se encuentran solamente en una relación de dependencia

---

422. J. BULLÓN HERNÁNDEZ, *Liberación cristiana y dignidad humana*, en Moralia XXVI (2003) 477.
423. Ibídem, p. 478.

causal de Dios, y por eso todo lo más nos revelan su poder, pero no su esencia, el hombre es un reflejo del misterio divino mismo, y en el rasgo esencial más profundo de su espíritu nos permite ver quién y cómo es Dios, esto es, pura persona en amor y libertad perfectos.

La persona es, en este sentido, *locus theologicus*. Es el único lugar en el mundo visible en el que se puede conocer a Dios como espíritu personal, porque nos remite a Dios no sólo en su existencia, sino también en su esencia. La autonomía relativa del espíritu humano semejante a Dios es la forma suprema de la revelación natural de Dios, aunque siga siendo una forma encubierta e inadecuada.

Como Dios es espíritu personal, la semejanza consiste en la dignidad personal, que en el hombre abarca el cuerpo y el espíritu. Por tanto, no lleva en sí la imagen divina como una propiedad, sino que él mismo es imagen. El hombre es imagen de Dios como un yo que se posee a sí mismo en el conocimiento y el amor, que no es ya un fin para otros, sino que tiene su sentido propio y se realiza en la libertad como tal ser personal.

La semejanza afecta a la totalidad corporal y anímica del hombre. Se extiende también al cuerpo en la medida en que se hace visible en él la dignidad de la persona humana. Puesto que el cuerpo no es el recipiente de un alma que en el fondo le sea extraña, sino la encarnación del espíritu, y en ese sentido un cuerpo específicamente humano formado por el espíritu como modo de aparecer él mismo ha sido creado también, en cierta forma, a la imagen de la semejanza divina.

La semejanza divina de la persona apunta desde siempre a la comunidad con el Dios trinitario, de manera que el hombre no alcanza la misma plenitud de su semejanza natural si se opone a esta llamada divina.

Según la filósofa judía Edith Stein, la tesis teológica de que el ser humano sea imagen de Dios constituye el fundamento de una correcta comprensión del hombre. Uno de los elementos que resulta de esta afirmación es la bondad del hombre, cuya única razón de ser radica en su origen. Y aunque esa bondad aparecerá después pervertida por el pecado, no desaparece radicalmente. Sigue estando presente, al igual que la imagen. Ser imagen significa, desde su punto de vista, tener en Dios el prototipo del propio ser. La persona lleva en sí la imagen del Dios uno y trino.

Edith Stein, como otros grandes teólogos del siglo XX, descubre en el ser humano una imagen de la Trinidad de Dios. Reflexionando sobre el sentido de las palabras del Gn 2, 18, escribe: «Y el motivo por el cual no era bueno para él estar solo, lo tenemos que deducir de la misma palabra de Dios. Él hizo al hombre a su imagen. Pero Dios es uno y trino: como el Hijo procede del Espíritu, así la mujer procede del hombre y de los dos la descendencia. Es más: Dios es amor. El amor no es posible si no existen al menos dos».[424]

En relación al versículo «los dos serán una sola carne» (Gn 2, 24), Stein subraya la unidad presente en la estructura de la persona en cuanto correspondiente a la imagen del Dios uno: «Esto quiere decir —escribe— que la vida de los dos primeros seres humanos tiene que ser considerada como la más íntima comunidad de amor, que ambos colaboran en perfecta armonía de fuerzas en un único ser, tal como sucedía en el individuo antes del pecado, la perfecta armonía de las potencias; espíritu y sentido estaban en la justa relación sin posibilidad de contraste».[425]

Desde esta concepción antropológica, la persona está llamada a reproducir la imagen de Dios a lo largo de su periplo vital. Este carácter dinámico, que implicará en el ser humano un esfuerzo especial que ha de ir acompañado de la gracia divina, aparece después del pecado. De la idea de que la persona es imagen y semejanza de Dios, Stein llega a la conclusión de que la persona debe amarse a sí misma. Lejos de parecer un principio egocéntrico, manifiesta en sí mismo lo que es la vida intratrinitaria. Por otra parte, ayuda a comprender el mandamiento del amor en una auténtica clave antropológica: Amar al prójimo como a uno mismo.

---

424. E. STEIN, *Obras selectas*, Monte Carmelo, Burgos, 1997, p. 123.
425. Ibídem.

Junto a la vocación de ser imagen y como especificación de la misma, la persona recibe la vocación de ser «co-creadora» y «co-señora», es decir, está llamada a colaborar con Dios en su proyecto de creación y de señorío del mundo.

### 2.3. Expresiones antropológicas de la *imagen de Dios*

La condición teomórfica se expresa en la persona de distintos modos. Desde una perspectiva teológica, la cualidad de la persona, tanto en el plano exterior como el plano interior, es reveladora de su origen divino y de su orientación hacia Dios.

Desde esta disciplina, el carácter teomórfico constituye la raíz y la razón de ser de la dignidad humana. Dicho llanamente: se la debe respetar, no por lo que *hace*, por lo que *tiene* o por lo que *dice*, sino por *ser imagen* de Dios. El motivo último de tal respeto no radica en el ser del ser humano, sino en que dicho *ser* tiene un origen trascendente, proviene de una fuente que no pertenece al orden temporal y espacial.

Desde la perspectiva teológica, lo que hace al ser humano digno de respeto y de protección es el postulado de ser imagen de Dios. Aunque su ser no tuviere el grado de excelencia y de perfección que los metafísicos atribuyen al ser humano, éste debería ser objeto de respeto por el mero hecho de ser imagen de Dios. El teólogo trata de mostrar que la excelencia del ser humano tiene un origen trascendente y que no es una insensatez postular la primacía de la persona humana en el cosmos. Desde esta concepción, Dios crea la naturaleza, pero, en el conjunto de ésta, crea al ser humano a su imagen y semejanza. El teólogo se siente llamado a explorar qué hay en la entraña de este misterioso ser que le sitúe en un plano superior, no sólo en el orden ontológico, sino también ético y jurídico.

Como resulta evidente desde perspectivas empiristas, materialistas y positivistas, esta afirmación es insostenible filosóficamente, pues no existen razones de orden empírico para poder verificar el carácter teomórfico del ser humano. En el caso de que se deseare llevar a cabo, resultaría imposible, desde un punto de vista metafísico, dicha contrastación, porque el referente *Dios*, fuente del ser personal, en el caso que fuere, no estaría dentro del marco perceptual. Como se expresa en el cuarto *Evangelio*, a Dios nadie le ha visto nunca.

Desde la perspectiva teológica, tampoco puede verificarse empíricamente una tesis de esta naturaleza, pero sí que es posible, como mínimo, tratar de abordar la condición humana con toda su complejidad, señalar sus *notas* específicas y mostrar que no es una insensatez afirmar que el ser humano ha sido creado a imagen y semejanza de Dios.

De hecho, en el ser humano se observan unos rasgos que guardan una relación analógica con la naturaleza de Dios y que permiten al teólogo abordar, desde un uso responsable de la razón, la naturaleza humana como icono de Dios. Es evidente que, desde un punto de vista meramente racional, dichas notas no son reveladoras de su carácter teomórfico, pero no excluyen la posibilidad de un origen trascendente. Para decirlo de un modo claro: las notas de la *condición humana*, interpretadas a la luz de la experiencia de fe, indican una perspectiva que no puede ser abordada desde los límites de la «mera razón» *(blosse Vernunft)*. Pueden ser interpretadas como signos que apuntan hacia una Realidad última cuya naturaleza sólo se puede vislumbrar analógicamente en «este mundo».

De lo dicho aquí se desprende que la afirmación, según la cual, el ser humano ha sido creado a imagen y semejanza de Dios, no es un axioma puramente fideísta, sino que tiene una cierta lógica y razonabilidad. Contra lo que opina Hugo Tristram Engelhardt, la antropología latente en la comunidad moral cristiana no es un puro grito, ni un discurso carente de sentido en la sociedad secular, sino que tiene su lógica y su razón de ser, aunque, naturalmente, no tiene el mismo estatuto epistemológico de las ciencias experimentales que se desarrollan a partir de hipótesis verificables empíricamente.

Resulta impertinente e inadecuado ubicar las afirmaciones de la antropología teológica en el mismo plano de estos otros discursos, puesto que ella parte de unos *presupuestos* que no son ni universalmente evidentes, ni claramente aceptados por todos los miembros de la sociedad secular. Sin embargo, a pesar de que el teólogo parta de unos *presupuestos* extraños al sentir común de la sociedad secular, no significa que éstos sean absurdos o carentes de sentido.

Al leer el *Génesis*, uno se percata que Dios no crea a imagen y semejanza suya cualquier ser, sino un ser dotado de vida, de razón, de emoción, de creatividad, de memoria y de sensibilidad; en definitiva, un ser con unas cualidades, con unas *aretai*, que no demuestran la existencia de un Dios, pero pueden interpretarse como *vestigia Dei* en su obra de creación. Cabe la posibilidad de que el ser humano, ya sea por indisposición fisiológica o por un grave deterioro físico o mental, no pueda expresar empíricamente ese conjunto de rasgos excelentes, pero el *ser imagen* no depende de dicha expresión empírica, sino que es una condición previa, dada de antemano, predeterminada en todo ente humano.

Uno de los teólogos que ha explorado más profundamente los rasgos de la persona, en tanto que imagen y semejanza de Dios, en sus *Escritos de Teología* es Karl Rahner. En esta obra, elabora seis rasgos de la persona que merece la pena retener para clarificar la visión teológica de la misma y sus concomitancias con otras aproximaciones. Los caracteres esenciales del ser persona son, a su juicio: 1. Ser espíritu, 2. Ser libertad, 3. Ser individuo, 4. Ser persona que forma comunidad, 5. Ser persona corpórea de índole mundana y 6. Ser que dice relación a Cristo.

El carácter teomórfico que tiene el hombre se manifiesta, de entrada, en su *naturaleza espiritual*. Desde la tradición teológica, el ser humano es constitutivamente una realidad que tiene dos dimensiones: una dimensión visible y una dimensión invisible.[426] Aunque en el esquema judeocristiano, el ser humano es concebido como una unidad sustanti-

---

426. He desarrollado esta cuestión en *Antropología del cuidar*, op. cit.

va, esto no excluye la doble bidimensionalidad de su ser. En sentido estricto, no puede calificarse esta tradición de monista, puesto que el hombre no es concebido como puramente material, pero tampoco se le puede etiquetar de dualista en el sentido platónico-órfico del término, porque el ser humano no está configurado a partir de la unión de dos sustancias diferentes. El ser humano es concebido como una totalidad orgánica, como una única realidad, histórica y mortal, abierta a la eternidad, carnal y espiritual simultáneamente.

Desde perspectivas monistas o crasamente materialistas, esta concepción resulta inaceptable, puesto que en ella el ser humano se concibe como una pura materialidad, como una organización celular, compleja y rica. Sin embargo, desde la tradición teológica, lo que hace que el ser humano pueda ser considerado imagen y semejanza de Dios radica, primeramente, en su condición de espíritu.

En este punto, se detecta una clara confrontación de planteamientos. Desde la perspectiva de Peter Singer, de John Harris o Hugo Tristram Engelhardt, la pretendida dimensión espiritual del ser humano no es otra cosa que un residuo de platonismo y de cristianismo que todavía está presente en algunos sectores de las sociedades tardomodernas, pero que no puede considerarse una tesis antropológica digna de aprecio.

Este punto de vista no puede considerarse como el propio de la sociedad secular tardomoderna, pero sí es cierto que miembros de esa sociedad se ubican en esta tesis. La posición materialista, según la cual el ser humano debe reducirse única y exclusivamente al elemento material, ha sido muy criticada por pensadores que la consideran, a pesar de su aparente cientificidad, indemostrable.

Esta idea materialista del hombre se confronta directamente con la antropología teológica, no sólo del ámbito estrictamente católico, sino también ortodoxo y protestante. En ella, el ser humano es, sustantivamente, espíritu, más concretamente, espíritu encarnado. No es preciso citar ejemplos históricos de ello, pues en toda la tradición occidental, desde san Agustín de Hipona hasta las especulaciones fenomenológicas de Michel Henry,[427] el ser humano es concebido como un ente de naturaleza espiritual encarnado en una corporeidad. Desde la perspectiva teológica, el ser imagen no depende, originariamente, de elementos externos, de atributos que pueden adquirirse o perderse a lo largo del periplo vital, sino que el ser imagen se expresa, primariamente, en el espíritu. El espíritu es la dimensión más oculta del ser humano que, como tal, puede exteriorizarse en el obrar, en el actuar, en las manifestaciones artísticas, pero que también puede permanecer encerrado como consecuencia de una corporeidad opaca, que no permita la expresión de dicha dimensión.

Karl Rahner expresa de este modo la naturaleza espiritual del ser humano: «El hombre *es espíritu;* en el conocimiento de lo espacio-temporal depende siempre, aun conociéndose (implícitamente) como sujeto contrapuesto al objeto, de la unidad total de la realidad, que fundamenta la multitud de los objetos inmediatamente dados, es decir, de Dios».[428] En tanto que ser espiritual, es capaz de cultura, de multiplicidad de comunidades personales, de historia.

La identificación de la persona con el espíritu no resuelve la compleja cuestión de la *animación*. Desde la perspectiva teológica tradicional, perspectiva que ha sido criticada por muchos teólogos modernos y contemporáneos, la creación de la naturaleza espiritual del ser humano acontece en el mismo acto de la concepción. Como resulta evidente, esta tesis no es verificable, como tampoco se puede verificar el hecho de tener espíritu. Desde el punto de vista científico, la tesis es sumamente discutible. Lo que se puede deducir es que el espíritu está en el ser humano desde el principio, aunque no logre expresarse en sus operaciones hasta que llegue a un determinado nivel de su desarrollo filogenético.

Cabe insinuar otra cuestión. Desde la perspectiva teológica, la dignidad se argumenta a partir de la naturaleza teomórfica del ser huma-

---

427. Cf. M. HENRY, *Encarnación*, Sígueme, Salamanca, 1999.
428. K. KAHNER, *Escritos de Teología II*, op. cit., p. 249.

no y una de sus notas características es la espiritualidad. No es correcto afirmar, sin más, que quienes niegan la dimensión espiritual del ser humano niegan su dignidad. Según algunos pensadores materialistas o monistas, la dignidad del ser humano no depende de su naturaleza espiritual, puesto que ésta no existe, sino de la complejidad y de la organización de su materia que es, precisamente, lo que le permite desarrollar ciertas actividades y funciones que ningún otro ser en el conjunto de la naturaleza es capaz de llevar a cabo. En este caso, la excelencia de lo humano no depende de su naturaleza espiritual, sino del grado de complejidad que adquiere en él la materia viva.

Un segundo rasgo que manifiesta la naturaleza del ser humano como imagen y semejanza de Dios es la libertad. En la perspectiva teológica cristiana, Dios es absolutamente libre, pero crea a un ser, el hombre, analógicamente libre, capaz de articular opciones fundamentales y de autodeterminarse en el tiempo. «La persona –afirma Rahner– *es libertad*.»[429]

La libertad es la posibilidad que tiene la persona de disponer de sí de tal manera que esta posibilidad, en su concreción, no se puede resolver completamente en algo anterior. La libertad es la posibilidad de una toma de posición respecto a Dios mismo realizada personalmente y bajo la propia responsabilidad. Libertad es autorrealización de la persona en un material finito ante el Dios infinito.

La libertad humana, en tanto que finita y limitada, está marcada por unos prerrequisitos. Éstos, que son constitutivos para una actuación finita de la libertad, son en sí mismos finitos y limitan así las posibilidades de la libertad. No tienen en cada caso la misma magnitud y son variables. Como resulta evidente, la libertad para poder ser expresada requiere de una determinada corporeidad y un desarrollo del ser humano. Dios crea un ser libre, pero esta libertad no siempre puede expresarse, ya sea por carencias del cuerpo o por un estado evolutivo muy inicial. En cualquier caso, la dignidad no depende del gra-

---
429. Ibídem, p. 249.

do de expresión de dicha libertad, sino del hecho de ser libertad y el ser libertad se relaciona directamente con el espíritu. Lo que permite al ser humano tomar distancia respecto a su especie, tener perspectiva frente al medio y desarrollar opciones fundamentales es su naturaleza espiritual.

La tercera tesis que se desprende de la antropología teológica de Karl Rahner es que la persona es un individuo. En esta particularidad también se manifiesta su ser imagen de Dios. «*Es individuo* –dice–, no es un puro caso de lo universal; es cada vez inédito y, a la postre, nunca derivable o deducible; su individualidad en la esencia y en el obrar no es sólo la aplicación –(...)– de lo universal, de una idea universal. Como individuo que es, tiene una existencia valedera, que en cuanto real no perece con su existencia espacial y temporal; es *inmortal* y sujeto de un destino eterno y de una suerte eterna. De ahí proviene que el hombre particular, que existe ahora, no puede ser violentamente sacrificado, en una manera que lo destruya, al futuro de la humanidad, a los otros que vendrán detrás de él. El presente no es nunca mera materia para un futuro utópico intramundano.»[430]

Ésta es una de las tesis fundamentales de la antropología cristiana de todos los tiempos. El ser humano tiene el rasgo de la unicidad y de la irrepetibilidad. El filósofo danés Peter Kemp afirma, textualmente, que el ser humano es irreemplazable.[431] Este rasgo confiere una dignidad especial al hombre y le hace merecedor de una protección superior a cualquier otro ser. El hecho de que ningún ser humano vuelva a repetirse jamás en la historia significa que no sólo es un ente en el mundo, sino que es *un mundo* y que, como tal, debe preservarse y respetarse.

El Dios-único crea a su imagen un ser que también es único, aunque, obviamente, en un sentido analógico. Esta unicidad no sólo se refiere a los rasgos externos de carácter corporal, sino sobre todo a su

---

430. Ibídem, p. 249.
431. Cf. P. KEMP, *L'irremplaçable*, op. cit.

naturaleza espiritual. Lo que convierte al ser humano en un ser único es su espíritu, su universo interior. Como se ha señalado en los rasgos anteriores, puede ocurrir que el nivel de autoconsciencia de esta unicidad sea muy limitado en algunos seres humanos o, inclusive, totalmente inexistente. Sin embargo, su dignidad no depende del grado de reconocimiento de la unidad, ni de la consciencia que uno pueda tomar de ello, sino que depende del hecho de tenerla y ésta depende, en último término, de la espiritualidad.

El carácter teomórfico del ser humano se manifiesta en su capacidad y su voluntad de crear comunidad, de forjar relaciones de afectividad con sus semejantes. El ser humano, en tanto que animal político, establece lazos con sus coetáneos. En este punto, el ser humano también expresa su naturaleza teomórfica, porque Dios, lejos de lo que pudiere pensarse desde la tradición aristotélica, es un Dios-comunidad, una comunidad de personas en el amor. El ser humano, forjado a imagen y semejanza de Dios, también tiene esta naturaleza trinitaria, que le predispone a abrirse constitutivamente al otro para forjar con éste una auténtica comunidad de amor.

Según Karl Rahner, la «*persona forma comunidad*. Persona no se opone a comunidad, sino que ambas son realidades correlativas; es decir, el hombre, en cuanto persona, está orientado a la comunidad con otras personas (Dios, los hombres), y comunidad sólo existe donde hay personas y se conservan tales. Él es persona cabal en la medida en que se abre al amor y servicio de otras personas».[432]

La naturaleza comunitaria de la persona se expresa en las primeras etapas de su desarrollo evolutivo, aunque naturalmente no de un modo consciente. A lo largo del periplo vital, el ser humano establece vínculos con sus semejantes y, de este modo, se desarrolla y se plenifica en todos los sentidos. En la perspectiva teológica, la construcción total de la persona no acontece al margen de los otros, sino en íntima interac-

---

432. K. RAHNER, *Escritos de Teología II*, op. cit., p. 249.

ción con los otros. En este dato fundamental, también se revela su condición de imagen de Dios.

Desde la antropología rahneriana, la persona «*es* (en cuanto persona humana) *persona corpórea, de índole mundana*, que en su último núcleo sólo se realiza en una expansión pluralística y espacio-temporal, en la solicitud por una existencia corpórea (economía) y en una comunidad con que se pone en contacto corporalmente (...). La personalidad del hombre no se puede, pues, relegar a una interioridad absoluta. Necesita imprescindiblemente un espacio de realización que, aunque en cierto modo le es *exterior* (...), es esencialmente indispensable, y por eso debe ser configurado de tal modo que permita la autorrealización personal».[433]

La corporeidad, desde la perspectiva teológica, es también una expresión de su naturaleza teomórfica. A priori, esta afirmación puede resultar una contradicción, puesto que si Dios es incorpóreo, ¿cómo puede ser la corporeidad expresión de Dios? ¿Cómo puede ser lugar de manifestación de Dios? Tradicionalmente, como consecuencia del sesgo espiritualista que ha padecido la teología occidental a lo largo de su historia, el único rasgo teomórfico del hombre era el espíritu, sin embargo, en las denominadas teologías de la corporeidad, la dimensión corporal de la persona también es concebida como *vestigium Dei*. Ya sea por su grado de perfección, de belleza o de complejidad, es posible ver en el cuerpo humano rasgos divinos. Dios crea a un ser que es capaz de procrear, en unión con otro, a un ser único e irrepetible en la historia. Esta dimensión de la corporeidad humana es expresiva de su raíz teomórfica.[434]

La persona es, según Karl Rahner, «un ser *que dice relación a Cristo;* es decir, su esencia se halla en posibilidad óntica y personal espiritual de comunicación con Jesucristo, en quien Dios ha adoptado para siempre como propia la figura de un hombre y ha abierto definitivamente

---

433. Ibídem, pp. 249-250.
434. Ver el excelente libro: C. M. MARTINI, *Elogi del cos*, Claret, Barcelona, 2000.

hacia sí mismo en manera insuperable la realidad de un hombre, con lo cual ha quedado establecida la posibilidad real de comunión inmediata de todos los hombres con Dios».[435]

El ser humano no sólo es capaz de establecer una relación horizontal con sus semejantes, sino que es capaz de abrirse a la perspectiva del Tú eterno de Dios. La apertura a la trascendencia, la búsqueda de un último fundamento expresa un rasgo teomórfico del ser humano. Como es bien sabido, la búsqueda de dicho fundamento no es ninguna prueba concluyente de que éste exista independientemente de la consciencia del hombre, pero no es absurdo considerar que este deseo ha sido instalado en el corazón de finitud por Aquél que es Infinito. El icono se pregunta por su origen y es capaz de ser receptivo a la manifestación del Dios-creador en la historia.

Esta relación con el Fundamento puede articularse cultural y religiosamente de distintos modos, pero en todos ellos se expresa que el ser humano no es una imagen estática, sino una imagen dinámica, que busca su fundamento, que tiende hacia lo que no es. Esta inquietud puede ser interpretada como un dato teomórfico, aunque, desde una perspectiva materialista, puede, simplemente, explicarse como un desequilibrio estructural o como una manifestación de su grado de complejidad.

### 3. Perspectiva ontológica. La persona como *substantia*

Después de tratar los aspectos generales del concepto de dignidad desde la tradición teológica occidental, nos disponemos, a continuación, a abordar la noción de persona desde la perspectiva ontológica, representada, fundamentalmente, por las figuras de Boecio y de santo

---

435. K. Rahner, *Escritos de Teología II*, op. cit., p. 251.

Tomás de Aquino. Desde esta perspectiva, la persona es un ser que tiene una dignidad intrínseca por el hecho de ser una sustancia individual de naturaleza racional.

Boecio, el último filósofo romano, desarrolla la primera definición formal y ontológica de persona, que ha tenido una importancia decisiva en el pensamiento occidental: «*Persona est rationalibis naturae individua substantia*», una sustancia individual de naturaleza racional.[436]

Esta concepción del ser personal nace de la exigencia de definir no sólo la particularidad de Dios, sino la de todos los seres dotados de espíritu, incluido el hombre, frente a las demás criaturas. La definición ve en la autonomía y posesión propia, indisoluble y única en cada caso, de la criatura dotada de razón el rasgo que caracteriza a la persona, reduciendo conceptualmente a un denominador común dos realidades que experimentamos como opuestas: el carácter espiritual común a todos los hombres y su realización singular e intransferible.

Si se presta atención a la definición de Boecio, uno se percata de que Boecio define la persona como sustancia individual, precisamente para subrayar que, en ningún caso, se trata de una sustancia universal. Para determinar los seres denominados *personas*, Boecio utiliza el árbol de Porfirio, pero toma como género supremo la categoría de la naturaleza, definida como todo lo que puede ser inteligido. Esto le permite excluir los accidentes. Además, esta definición de persona se fundamenta sobre otra acepción del término *naturaleza*. Según este concepto, naturaleza se identifica con la diferencia específica que da la posibilidad de determinar el género o la especie de las sustancias. Así pues, la persona es el nombre dado a todos los individuos de la especie humana, constituidos por la razón.

La crítica y las correcciones que hicieron los teólogos de la Edad Media a esta definición de persona nacían del esfuerzo por preservar su

---

436. BOECIO, *Liber contra Eutychen et Nestorium*, cap. 3.

posible utilización y su elasticidad con vistas a una formulación del dogma trinitario. Ricardo de san Víctor sustituye el *individua substantia* por *incommunicabilis et singularis existentia*,[437] y para el caso de las personas divinas añade la diversa relación de origen.

La crítica de Ricardo se dirige únicamente contra la *individua substantia* de Boecio. Admite la definición de Boecio solamente para las *personas creadas*, y, al mismo tiempo, con su explicación de la *existentia*, caracterizada según él por la *qualitas* y el *origo*, pretende conseguir un concepto lo suficientemente amplio como para abarcar el ser personal de Dios, los ángeles y los hombres.[438] Al eliminar de su definición la palabra *substancia*, Ricardo rompe con la equivalencia boeciana, según la cual una persona es lo mismo que una sustancia.

Santo Tomás de Aquino recupera la definición de Boecio y sustituye la expresión *substantia* por el concepto *subsistentia* y entiende la persona como subsistencia espiritual.[439] Según el autor de la *Suma Teológica*, persona designa ese modo y manera inmediatos en que el ser real posee su esencia plenamente y dispone libremente de ella. No cabe duda de que esta formulación del concepto de persona, ya clásica, expresa un aspecto esencial de la experiencia de la persona al acentuar la incomunicabilidad y subsistencia del propio ser.

En la línea de Boecio, santo Tomás considera la persona en el plano metafísico como una sustancia que no se apoya en ningún otro ente, que está debajo de los accidentes a los que sostiene y que es portadora o expresión individual de una naturaleza general, y como una subsistencia espiritual autónoma que existe en sí y por sí. La persona es sustancia al modo de un relacionarse cualificado, y esa relación no puede ser sólo una relación accidental, sino sustancial y subsistente.

---

437. RICARDO DE SAN VÍCTOR, *De Trinitate*, IV, caps. 22-23.
438. Cf. Ibídem, caps. 6-24.
439. *In Sent.*, I, d. 6, q. 2, a. 1; d. 7, q. 1, a. 2; d. 23, a. 2; *S. Th.*, I, q. 29, a. 1.

De manera semejante, Duns Scoto llega al misterio de la persona a partir del ser. Pero, puesto que según él el ser es siempre una relación trascendental, no es de extrañar que conciba el ser persona como una relación con Dios.[440] Duns Scoto subraya la independencia total *(ultima solitudo sive negatio dependentiae)* de una persona en relación a la otra. Esta independencia se fundamenta en la singularidad y en la incomunicabilidad de cada persona.

El concepto de persona no es ningún concepto de esencia, como deben serlo los conceptos unívocos en el pensamiento escolástico: *conceptus personae pertinet non ad essentiam sive naturam, sed ad subsistentiam essentiae*. El concepto de persona no se refiere a una esencia, sino a la manera como lo universal del ser y de la esencia, sin perder su universalidad, es actual como «este» ente. Persona es el estar en sí de la esencia del ser y del ente, es la realización singular como recepción de la esencia y del ser comunes.

La constitución ontológica de la persona, tal como se expresa en la definición escolástica, se define como una identidad entre los constitutivos reales y diferentes del ente (que se llaman principio del ser, principio del acto, principio de subsistencia e individuación) y como la identidad de los fundamentos o principios reales y diferentes con lo fundado por ellos. Se la concibe como una identidad también en la diferencia básica de fundado y fundamento, de ente y ser: identidad como diferencia.

Peter Singer interpreta la definición de Boecio en un sentido que, a nuestro parecer, omite el valor fundamental del concepto boeciano de persona. «La conexión con la capacidad de razonar —afirma— que ya hemos visto en Boecio fue adoptada por Tomás de Aquino (...) y después de él por una serie de diferentes autores de escuelas diversas. Pero la racionalidad parece ser un elemento que está siempre presente en el aspecto más básico de la relación».[441] «*Persona* —dice el pensador austra-

---

440. *In Sent.*, I, a. 23, a. 1.
441. P. SINGER, *Desacralizar la vida humana...*, op. cit., p. 179.

liano– es un término emblemático. Está conectado con el engarce de dos nociones clave de la ética premoderna: la noción de *papel* y la noción de *relación*.»[442]

Un mínimo análisis del concepto medieval de persona nos permite observar que el término se relaciona íntimamente con la noción de sustancia y de subsistencia. Sin embargo, Peter Singer, sintetiza esta idea de persona a partir del concepto de papel y de relación. Es evidente que el uso primitivo del término *persona* alude, como hemos visto, a la idea de máscara y de actor, pero, en la filosofía medieval, la persona es concebida como *relación* y como *substantia*. He aquí una de las grandes aportaciones del pensamiento medieval que Singer no reconoce en su interpretación de las mismas.

Para comprender correctamente la definición boeciana de persona, resulta esencial explorar cada uno de los términos que se emplea en ella: sustancia, individualidad, racionalidad, potencialidad y alma.

3.1. Idea de sustancia como esencia

Según la definición de Boecio, recogida más arriba, la persona es *sustancia* y posee una naturaleza racional. En la filosofía antigua, la palabra *sustancia (ousia, hypostasis)* alude a aquel ente que es autónomo en sí mismo y que jamás puede ser concebido como un simple aspecto o como una característica de otra cosa.

Sustancia es un ente autónomo que subsiste en sí. Al definir la persona como sustancia, se afirma que la persona subsiste en el ser en sí misma. El hecho de que la persona sea sustancia significa que es una realidad independiente. Esto puede inducir a ciertas contradicciones, porque, de hecho, observamos en la vida práctica que la persona depende esencialmente de los otros y del entorno para llegar a desarrollarse correctamente. Desde la perspectiva fenomenológica, la

---

442. Ibídem, p. 177.

persona se revela, en esencia, como un ser heterónomo, que puede adquirir ciertos grados de autonomía física, psicológica, intelectual y moral a lo largo de su vida, pero que es constitutivamente heterónomo.

La idea de sustancia no puede contrastarse empíricamente, ni entra necesariamente en contradicción con esta perspectiva fenomenológica. Afirmar que el ser humano es heterónomo y vulnerable, no significa afirmar que en él *todo* es vulnerable y heterónomo. Podría tener un elemento de tipo sustancial, un principio de vida eterna en su misma naturaleza. Naturalmente, un principio de esta naturaleza no puede contrastarse empíricamente, pero tampoco puede hacerse con respecto a su no existencia. Ese elemento invulnerable y autónomo que subsiste por sí mismo y que es ajeno a las transformaciones es lo que, en un lenguaje aristotélico, se podría denominar *substantia*.

La sustancia, pues, se refiere a aquella dimensión del ser persona que subsiste más allá de los cambios y de las transformaciones que padece su ser. Desde este planteamiento, toda persona es sustancia, porque en ella hay algo que subsiste en sí y por sí. Esa sustancia no sólo está presente en la persona adulta, sino también en la persona enferma y en la persona en sus primeras etapas de formación. Desde la perspectiva filosófica que representan los tres autores estudiados, la idea de sustancia, como la de espíritu o la de alma, es insostenible e injustificable filosóficamente. A su juicio, es un remilgo metafísico de una época pretérita que nada tiene que ver con el presente. Según su criterio, en la discusión de la bioética secular, el concepto *substantia* resulta completamente improcedente, porque no tiene un correlato empírico, ni es un principio claro y evidente por sí mismo.

En la visión boeciana, la persona no es lo aparente del ser humano, no es lo visible, sino lo que subsiste o permanece más allá de los cambios y transformaciones. Eso que subsiste es, con propiedad, la persona y, a su juicio, se trata de una realidad autónoma. El ser humano puede ser heterónomo en sus formas externas, puede no tener autonomía racional, física o moral, pero en el núcleo de su ser hay algo que subsiste más allá de todos los cambios, y esto, que permanece igual y que en cada ser humano es único, es lo que Boecio denomina *persona*.

Sustancia, como manifiesta su misma etimología *(sub-iectum, substratum)* indica generalmente lo que está debajo, lo que permanece bajo el cambio de los accidentes. En la filosofía de Aristóteles, la sustancia indica el *hypokeimenon*, el sujeto como sostén de todas las propiedades, como aquello en que se insertan y a lo que se refieren las determinaciones. Sustancia es lo que no se inserta en otro, sino que existe en sí y por sí, lo que subsiste, lo que tiene consistencia y suficiencia de la realidad. Decir que la persona es sustancia significa afirmar que no es nada en cualquier otra cosa, ni siquiera en Dios, sino algo subsistente en sí mismo. Es algo en sí y posee ser y no meramente *in-esse*. Es la *inseitas* de la persona.

La inseidad indica el *esse in se*, el *non esse in alio* de la persona, o sea, su no ser un atributo o un modo de ser o una excrecencia de la realidad del otro. El concepto de persona se distingue ciertamente del individuo, pero implica la individuación. La inseidad implica la sustancialidad de la persona, que no ha de entenderse como cosa, sino como una subjetividad que es principio de sus actos y que permanece como tal sin ser reducible a los diversos momentos de su experiencia.

«Toda filosofía –dice Josef Seifert– que niegue el ser autónomo sustancial de la persona como *siendo en sí*, niega por ello a la persona humana. Al menos esto podemos aprender de la definición esencial de persona ofrecida por Boecio.»[443] Desde la tradición que representa Seifert, la persona se disuelve en la nada cuando se disuelve la idea de sustancia. A su juicio, la persona no puede, ni debe ser valorada como tal a partir de sus actos externos, de sus propiedades y habilidades, sino a

---

443. J. Seifert, *El hombre como persona en el cuerpo*, Espíritu 300 (1995) 137. Joseph Seifert es rector de la Academia Internacional de Filosofía en el Principado de Liechtenstein.

partir de su ser sustancial. Todo ser humano es persona y toda persona es sustancia, aunque el ser humano se manifieste en su más radical vulnerabilidad. Más allá de las apariencias, subsiste un principio autónoma que es la sustancia que convierte a ese ser humano en un ser dotado de dignidad intrínseca.

Sustancia no significa aquello de lo que algo se compone, sino aquello de lo que se predica todo lo demás, es decir, los accidentes. Definir a la persona como sustancia significa afirmar la posibilidad de predicar de ella todos los atributos posibles: tamaño, peso, aspecto, inteligencia, conocimiento, lugar de nacimiento... La posibilidad de todo ello reside en el hecho de que la persona es un sujeto. La imagen sustancial de la persona no ignora que la persona es también un ser natural, social y económico, ni tampoco olvida su condición de contribuyente o de usuario de la carretera.

Desde esta perspectiva, la dignidad es el equivalente de la sustancia. La diferencia entre valor y dignidad reside en que, como sujeto de cálculo, la persona precede a cualquier cómputo de valor. Existen, ciertamente, tasaciones. La persona puede y debe ser considerada también como titular de funciones. En ocasiones es usada, incluso, como medio. La limitación formulada en el imperativo categórico kantiano establece que el hombre no debe ser considerado nunca exclusivamente como medio, sino que ha de ser respetado en todos los casos también como un fin.

La sustancia es la esencia, es el ser propio de lo que existe, la determinación imprescindible de lo que existe, en cuanto que da razón de que una cosa sea «tal cosa». También puede entenderse como lo que tiene el ser en sí, lo que existe sin suponer un ser diferente del que sea un atributo o una relación, lo que existe en sí y por sí, en donde el por sí no tiene un significado lógico en contraposición a *per accidens*, sino que es un modo de ser.

En el pensamiento moderno, la palabra *sustancia* cambia radicalmente de contenido. Para John Locke, la sustancia es inaccesible al hombre, sea cual fuere el modo de concebirla, bien como substrato, bien como esencia, bien como razón de ser. La idea de sustancia es, según su punto de vista, una compilación de ideas, pero no algo que tenga existencia *per se*. David Hume da un paso más y en el *Tratado de la Naturaleza del Hombre* reduce la sustancia a la nada. A su juicio, la idea de sustancia no es más que una colección de datos sensibles unidos por la imaginación.

Immanuel Kant que, en algunos aspectos, está muy influido por el pensamiento de David Hume describe la sustancia como *«forma priori»*. Según el filósofo de Königsberg, la sustancia es una categoría del entendimiento *(Verstand)*, una función unificante en el ámbito de la relación. No es algo que se predica del ser, sino algo que está en el sujeto que conoce y se aplica a la realidad que conoce.

No cabe duda de que, en el proceso de la filosofía moderna se lleva a cabo una descomposición de la idea aristotélico-boeciana de sustancia. Desde la perspectiva de Engelhardt, Harris y Singer, esta idea resulta un anacronismo insostenible, no sólo porque el término, según su juicio, ha dejado de ser significativo en el escenario cultural de las sociedades secularizadas, sino porque la idea de sustancia se convierte en un *nonsens*, en una idea sin correlato, que no puede ser verificada empíricamente.

3.2. Idea de individualidad

En la visión medieval de la persona, se introducen dos elementos claves: por un lado, la individualidad, que expresa la definición de Boecio y, por otro lado, la incomunicabilidad, que está presente en la conceptualización de Ricardo de san Víctor. Como pone de manifiesto el profesor Eudaldo Forment, «todos los autores medievales, que tratan la temática de la persona, coinciden en relacionarla con la singularidad o individualidad. Precisan que la persona, en el hombre, se referiría a toda su individualidad humana. La persona expresaría la individualidad espiritual o substancial del alma, que se manifiesta en sus facultades incorpóreas, el entendimiento y la voluntad, y también la individualidad del cuerpo».[444]

Según santo Tomás, una de las funciones básicas del espíritu, en el compuesto humano, es la de proporcionarle una mayor individualidad. Por ella, se distingue de las otras almas no espirituales. El alma humana, en cuanto es forma del cuerpo, es un principio especificador del hombre. En este sentido, se comporta igual que las formas sensitivas, vegetativas y de los entes inertes, que hacen que los animales, plantas y entes inanimados pertenezcan a una determinada especie, y que, por eso, en su individualidad material posean características comunes específicas, propias de toda la especie a la que pertenecen. Sin embargo, en cuanto a sustancia inmaterial que ya es individual, el alma humana comunica su propia individualidad espiritual al cuerpo. A diferencia de las otras almas, el alma de cada hombre es un individuo de la especie alma humana. Es individual por ser un espíritu, una sustancia inmaterial subsistente y que ha sido creada por Dios.

Desde esta concepción ontológica, persona significa «lo más individual, lo más propio que es cada hombre, lo más incomunicable, o lo menos común, lo más singular».[445] Se trata de una individualidad única, que no se transmite por generación, porque no pertenece a la naturaleza humana ni a ciertos accidentes suyos, a los que está predispuesta la misma naturaleza, que es transmitida con ellos de los padres a los hijos.

Así lo expresa santo Tomás: «El hombre engendra seres iguales a sí específicamente, pero no numéricamente. Por tanto, las notas que pertenecen a un individuo en cuanto singular, como los actos personales y las cosas que le son propias, no se transmiten de los padres a los hijos.

---

444. E. FORMENT, *La «trascendentalidad» de la persona en santo Tomás de Aquino*, en Espíritu LII (2003) 272. Sobre esta cuestión de la persona, ver E. FORMENT, *Persona y modo sustancial*, PPU, Barcelona; *Lecciones de Metafísica*, Eunsa, Pamplona, e *Introducción a la metafísica*, PPU, Barcelona.

445. Ibídem, p. 273.

No hay gramático que engendre hijos conocedores de la gramática que él aprendió. En cambio, los elementos que pertenecen a la naturaleza pasan de los padres a los hijos, a no ser que la naturaleza esté defectuosa. Por ejemplo, el hombre de buena vista no engendra hijos ciegos si no es por defecto especial de la naturaleza. Y si la naturaleza es fuerte, incluso se comunica a los hijos algunos accidentes individuales que pertenecen a la disposición de la naturaleza, como son la velocidad del cuerpo, la agudeza de ingenio y otros semejantes. Pero no las cosas puramente personales».[446] De ahí que lo estrictamente personal no se transmita.

Desde la perspectiva ontológica tradicional, el ser humano, en tanto que sustancia individual, es un ser único en el mundo, una realidad que no puede ser reemplazada por nada, ni por nadie. Uno de los argumentos de la dignidad humana se funda precisamente en el carácter único de este ser. Desde la perspectiva singeriana, este rasgo que la antropología metafísica atribuye a la persona, no es un patrimonio exclusivo de la especie humana. A su juicio, los animales también son únicos y diferentes entre sí, aunque no lleguen a tener consciencia de esta unicidad. También hay seres humanos que, como consecuencia de una indisposición orgánica, no llegan jamás a tener consciencia de su unicidad.

En la perspectiva ontológica, lo que confiere unicidad al ser humano no son rasgos empíricamente verificables, sino el ser sustancial, el hecho de tener un alma individual, creada directamente por Dios. Desde una antropología de corte empirista o utilitarista, esta afirmación resulta improcedente y, por lo tanto, también el argumento que se deduce de ella en que se funda la dignidad de la persona humana. Desde la perspectiva de santo Tomás, lo que realmente nos hace singulares, únicos en la existencia, no es sólo o exclusivamente nuestros rasgos externos, sino lo que no se puede captar con los sentidos externos, la interioridad, en un lenguaje filosófico moderno.

---

446. SANTO TOMÁS DE AQUINO, *Suma Teológica*, I-II, q. 81, a. 2, in c.

Otro rasgo distintivo de la persona, según la metafísica medieval, es la incomunicabilidad de su ser. «La persona –afirma Duns Scoto– es la existencia incomunicable de una naturaleza intelectual *(persona es intellectualis naturae incommunicabilis existentia)*. La persona es existente por (en) sí según un modo singular de existencia racional *(existens per se solum juxta singularem quendam rationalis existentiae modum)*.»[447]

La cuestión de la incomunicabilidad se ha esgrimido, también, como argumento de la dignidad de la persona humana. Decir que la persona es incomunicable no significa, ni mucho menos, que no pueda comunicarse con sus semejantes. El ser humano, en tanto que *zoón politikón*, establece vínculos y relaciones afectivas con sus semejantes, porque es *animal communicans*. Al considerar que la incomunicabilidad es un rasgo esencial de su ser, se está afirmando que hay un núcleo interior en el ser humano que no puede ser comunicado, que no puede ser expresado, una suerte de misterio que no puede ser revelado *ad extra*.

«La incomunicabilidad de la persona, como carácter constitutivo de su dignidad única, –sostiene L. Medina– no significa la clausura solipsista a la comunicación con las otras personas. Al contrario: es precisamente la original singularidad de cada uno, irreductible al género común, la que establece la posibilidad y la riqueza del diálogo. Sólo cuando existe una singularidad personal en cada ser humano es interesante entrar en relación precisamente con él. Así el valor relacional del ser persona presupone su valor ontológico irreductible, y no viceversa.»[448]

No se debe interpretar inadecuadamente el rasgo de la incomunicabilidad. No es una contradicción afirmar que el ser humano es, simultáneamente, *homo communicans* y *homo incommunicans*. Tendemos a salir fuera del ámbito de la consciencia y establecer relaciones con los

---

447. Ricardo de San Victor, *De Trinitate*, op. cit., caps. 22 y 25.
448. L. Medina, *Cuestiones epistemológicas relativas al estatuto del embrión humano*, en VV. AA., *Identidad y estatuto del embrión humano*, p. 97.

otros, pero, a pesar de esta apertura, el yo jamás se puede comunicar totalmente al tú, ni el tú puede ser totalmente comprendido por el yo, porque la realidad última es incomunicable. Nunca acabamos de entendernos totalmente, aunque tratemos de expresarnos con claridad.

Esta incomunicabilidad salvaguarda la esencia del yo. El yo no puede ser reducido a una idea, ni puede ser substituido por otra entidad humana, porque en él hay un ámbito misterioso, desconocido para los otros, que es ese poso incomunicable de cada cual.

3.3. Idea de racionalidad

Un rasgo claro y evidente en la definición de persona que propone Boecio y que recoge la tradición medieval es el elemento de la racionalidad. La persona es sustancia individual, pero de naturaleza racional. Ya nos hemos referido al concepto de sustancia y al de individualidad, pero todavía no hemos explorado el de racionalidad.

No cabe duda de que la racionalidad es un concepto polisémico que puede ser interpretado de distintos modos. Peter Singer y Hugo Tristram Engelhardt consideran que uno de los rasgos que definen a la persona es su naturaleza racional, aunque el modo como entienden este vocablo no puede extenderse a la mentalidad medieval. Además, para estos autores, la racionalidad no es un rasgo exclusivo de la *condición humana*, sino que ésta se muestra de muchas maneras y, en grados y formas distintas, también puede hallarse en personas no humanas. Ambos constatan que hay seres humanos incapaces de actividad racional y que, precisamente por ello, no pueden ser considerados, en sentido estricto, personas.

Desde la perspectiva ontológica, la racionalidad es apertura al conocimiento de lo otro distinto de uno, de la totalidad del ser, pero también de la persona a sí misma; es lo que permite la autoposesión del sujeto como sujeto. La racionalidad es expresión del alma racional que tiene el ser humano, de un alma que le permite la tarea del conocimiento y la elaboración de la ciencia. Tal y como se expresa ya en el *Del alma* de Aristóteles, el ser humano, a diferencia de los otros seres, tiene un alma racional. Mientras la planta tiene alma vegetativa y el animal alma irracional, el ser humano está facultado para pensar, por eso Aristóteles le define como el *zoon logikón*. Existen seres humanos que no pueden expresar esta naturaleza racional en su propia vida por un grave defecto de su corporeidad, pero ello no significa que no exista ese alma racional.

En la antropología de corte ontológico, se debe distinguir entre lo que *es* el ser humano y lo que *aparece*, su fenómeno. Puede existir un ser humano aparentemente irracional, porque su conducta no responda a lógica alguna, pero ello no significa que ese individuo no tenga un alma racional. Puede existir un ser humano incapaz de reconocerse como singular en el mundo, pero ello no significa que no sea, en tanto que persona, un ente singular. En la comprensión utilitarista y materialista de la persona, ésta se mide única y exclusivamente por su apariencia y en ella no se admite la idea de un substrato más allá de lo que se manifiesta empíricamente.

Según santo Tomás la persona está abierta al horizonte ilimitado del ser, tiene en sí la capacidad de trascender realidades y perspectivas particulares y por tanto de conocer y valorar en el horizonte de la totalidad. Según santo Tomás, la persona «es lo más digno de toda la naturaleza».[449] La apertura de la persona a la totalidad no puede hacernos olvidar su finitud que, aunque reconocida en el pensamiento cristiano y medieval, ha sido particularmente analizada y subrayada en las filosofías de la existencia.

«La racionalidad de la persona –dice Josef Seifert– muestra que ésta ha de ser no sólo esencialmente sustancia, y ciertamente sustancia singular-individual, sino también sustancia espiritual y que, por ello, se diferencia fundamentalmente de todas las cosas y sustancias vivas como, por ejemplos, las plantas, las cuales carecen de un centro singular, indi-

---

449. SANTO TOMÁS DE AQUINO, *De Potentia*, I, q. 9, a. 3, in c.

visible e individual y cuya individualidad se deshace en un conjunto de sustancias parciales no idénticas, como sucede en los seres vivos pluricelulares».[450]

«Ser persona —concluye Josef Seifert— es también ser consciente, despierto, dotado de razón o, al menos, que en principio es capaz de usar la razón aunque ello se vea impedido por el sueño u otras circunstancias. No obstante, para poder ser sujeto de una vida consciente y espiritual, relacionada intencionalmente con los objetos de la consciencia, se ha de ser una sustancial espiritual, no extensa en el espacio y no compuesta por partes no-idénticas, existentes en el espacio unas al lado de otras como es el caso en la materia. Por ello, la persona es esencialmente espíritu y el hombre en cuanto persona es ante todo alma, aunque el cuerpo pertenece a la totalidad del ser persona humana.»[451]

3.4. Idea de potencialidad

Uno de los puntos de colisión entre el concepto ontológico de persona y el concepto materialista y utilitarista del mismo radica en la noción de potencialidad. Desde la perspectiva aristotélico-tomista, la potencia es un concepto nuclear, no sólo de la física sino también de la metafísica, y no sólo aplicable al campo de la antropología sino aplicable a todo ente. En el planteamiento empirista y utilitarista, en cambio, la idea de potencialidad es ampliamente rehusada y no se admite como argumento para salvaguardar la dignidad de los seres humanos en potencia, justificando que, con el tiempo, se convertirán en personas.

Tal y como pusimos de manifiesto en los capítulos anteriores, Engelhardt, Singer y Harris mantienen ciertas diferencias respecto al concepto de persona, pero los tres convergen en la crítica de la idea de

---

450. J. SEIFERT, *El hombre como persona en el cuerpo*, op. cit., p. 139.
451. Ibídem, p. 142.

potencialidad. Para ninguno de ellos, la potencialidad puede esgrimirse como argumento para la defensa de la dignidad ontológica de cualquier ser humano.

Desde la tradición ontológica, la persona, en tanto que sustancia, es una realidad subsistente por sí misma, desde el momento de la concepción hasta su muerte, lo que significa que no tiene sentido la expresión *persona potencial* aplicada al ser humano. Desde esta perspectiva, el embrión es persona, porque es sustancia, aunque potencialmente desarrollará un conjunto de rasgos externos y de habilidades que en aquel momento evolutivo es incapaz de manifestar. El enfermo que sufre demencia senil también es persona, porque no deja de ser sustancia, pero pierde determinadas potencias como el razonar, el imaginar y el pensar por causa de la enfermedad. Desde esta perspectiva filosófica, no tiene sentido afirmar que hay seres humanos que son *pre*personas y seres humanos que son *ex*personas, porque el ser persona depende del ser sustancia y este elemento que subsiste por sí mismo es ajeno al desarrollo potencial de las facultades humanas.

La potencia es un concepto que alude a las capacidades de desarrollo de un ente. Es un concepto que anticipa el conjunto de posibilidades que todo ente puede llegar desarrollar por sí mismo, si tiene un ámbito idóneo de realización. Toda persona es potencialmente capaz de leer, de escribir, de cantar o de conducir un vehículo, pero para poder desarrollar dichas capacidades requiere de una educación. La persona, por lo tanto, tiene potencias, aunque cada cual tiene *sus propias* potencias, que van relacionadas con su particular naturaleza. Pero el ser humano no puede considerarse una *persona en potencia*, porque en tanto que ser humano ya es persona, puesto que es sustancia y este rasgo ya no lo puede perder jamás mientras viva. Puede llegar a ejercer actividades muy distintas si es correctamente educada, pero lo que no puede dejar de ser es persona, porque, aunque quisiere, esto no depende de ella.

La sustancia de la persona no se altera en función de los cambios que experimenta el cuerpo o los estados patológicos por los que pasa la mente de una persona. Josef Seifert critica en este sentido el concepto de persona de Peter Singer y de H. T. Engelhardt por considerar que según éstos dicho concepto depende de los actos externos que es capaz de hacer la persona y no de algo más profundo e intangible que es su sustancia.

«La dignidad de la persona humana –sostiene Seifert– , que se funda en la *persona en el cuerpo* no conoce gradación ni puede ser perdida por la persona mientras viva, y ésta no posee grados en el interior del hombre y no se puede perder, mientras el hombre exista. En principio, esta dignidad no puede ser suspendida ni aniquilada, es indestructible. Esta dignidad inalienable de la persona se basa a su vez en la unión entre el ser sujeto y la potencialidad; subsiste, por tanto, mientras la persona existe. De ningún modo depende de la realización de las capacidades de la persona; se conserva, por consiguiente, también en los estados de coma. Esto es lo que niegan P. Singer y H. T. Engelhardt cuando niegan el ser persona y la dignidad humana a los embriones y niños antes del despertar de la consciencia personal y de las relaciones sociales, considerando justificada su matanza, como en el caso de los animales.»[452]

«Es un malentendido muy difundido hoy –añade Seifert– y expuesto, por ejemplo, por Engelhardt en su *Bioética*, el pensar que existe dignidad humana y derecho a la vida sólo en cuanto el hombre está despierto como persona (...) Después de haber reconocido más arriba el carácter subsistente, sustancial e intelectual del ser personal, hemos de rechazar por completo esta tesis.»[453]

Otra filósofa que entiende la noción de persona a partir de la categoría de *substantia* es la profesora Laura Palazzani. En la línea de Seifert, la profesora italiana afirma que «el ser persona pertenece al orden ontológico: la posesión de un estatuto sustancial personal no se adquiere o se disminuye gradualmente, sino que es una condición radical (no se es más o menos persona, sino que se es persona o no se es persona).

---

452. Ibídem, p. 151.
453. Ibídem, p. 152.

La ausencia (entendida como no actuación o privación) de las propiedades o funciones no niega la existencia de la referencia ontológica, que permanece tal por naturaleza, en cuanto que preexiste ontológicamente a sus cualidades».[454]

La presencia de un principio sustancial permite reconocer el estatuto actual de la persona en el ser humano aunque en condiciones de «potencialidad» o de «privación», es decir, de no actuación momentánea o permanente de ciertas funciones, debida a lo incompleto del desarrollo o a la presencia de factores, externos o internos, que impiden su manifestación. Desde esta perspectiva, la dignidad persona es idéntica e inmutable.

«Quienes desean separar las nociones de *hombre* y *persona* —afirma el filósofo alemán Robert Spaemann— todavía no han ponderado realmente, a fondo y hasta el final, las consecuencias de ello. De acuerdo con una concepción bien fundada filosóficamente desde el punto de vista de la tradición, es persona todo aquel ser de una especie cuyos miembros poseen la capacidad para alcanzar la autoconsciencia y la racionalidad. Por tanto, si sólo fueran personas aquellos seres que, en efecto, poseen dichas cualidades en acto, en ese caso a cualquier hombre dormido podría serle impedido despertar vivo, pues mientras duerme claramente no es persona.».[455]

El ser propio que expresa la persona explica su máxima perfección. Todos los atributos de la persona humana cambian en sí mismos o en diferentes aspectos en el transcurso de la vida. Pueden incluso considerarse en algún momento en potencia y no siempre en acto. Además, son poseídos en distintos grados, según los individuos y las diferentes circunstancias de cada uno. Pero esto no ocurre con el elemento sustancial.

---

454. L. PALAZZANI, *Significados del concepto filosófico de persona y sus implicaciones en el debate bioético y biojurídico actual sobre el estatuto del embrión humano*, en VV. AA., *Identidad y estatuto del embrión humano*, Eiunsa S.A., Madrid, 2000, p. 77.

455. R. SPAEMANN, *¿Son todos los hombres personas?*, en Cuadernos de Bioética 31 (1997) 1.030.

Según esta perspectiva, desde la concepción hasta la muerte, el hombre siempre es persona y en el mismo grado. No hay categorías de hombres en cuanto personas. Todo hombre es persona en el mismo grado que los demás. En cuanto personas, todos los hombres son iguales entre sí, aun con las mayores diferencias en su naturaleza individual. La igualdad humana se basa en la idéntica perfección personal, porque con respecto a las perfecciones de su naturaleza individual las personas son distintas.

«*Persona* se aplica a todo ser humano vivo –sostiene también Roberto Andorno–, aun cuando no haya desarrollado aún todas sus potencialidades (como en el feto, en el recién nacido o en el niño), o que las haya perdido irremediablemente (como ciertos casos de demencia especialmente graves).»[456]

3.5. Idea de alma

Otro argumento que se utiliza para defender la dignidad de la persona humana es el argumento de que tiene un alma racional. Desde la perspectiva ontológica, la persona no es un núcleo espiritual aislado del cuerpo, ni una manifestación del mundo de las ideas, sino una totalidad humana, animada por un principio espiritual. Cada persona es un «yo», que es al mismo tiempo espiritual y corporal, siendo espíritu por el mismo título que es cuerpo.

«El hombre –sostiene Livio Melina– es más que el propio cuerpo, es más que lo físico y lo biológico de un organismo. La antropología *fuerte* de la tradición del pensamiento cristiano afirma que el hombre es *persona*, dotada de un alma espiritual, por la cual él trasciende la materia y sus límites y alcanza el mundo del espíritu. Ahora bien, el status de persona de un individuo humano no es constatable por los métodos de las ciencias empíricas y, en particular, por la biología. Para reco-

---

456. R. ANDORNO, *Bioética y dignidad de la persona*, op. cit., p. 63.

nocer el valor y la especificidad de la reflexión decisiva de la filosofía que llega a tales afirmaciones, hay que superar el reduccionismo del concepto de razón verificado en el ámbito del racionalismo iluminístico y del positivismo cientificista, para el cual todo el saber verdaderamente *científico* sobre el hombre pertenece a las ciencias empíricas y, en el caso particular, a la biología».[457]

No cabe duda de que la reducción de la persona a un puro hecho positivo es una opción antropológica, representada por distintas figuras a lo largo de la historia, que subsiste en el presente. Desde la antropología metafísica, se reivindica una idea de persona que incluye su naturaleza espiritual, su alma, pero esta tesis pierde fuerza y sentido en el conjunto de la sociedad secular y resulta casi irrelevante traerla a colación en las discusiones de carácter bioético sobre el estatuto ético y jurídico del ser humano en determinadas etapas de su desarrollo. Sin embargo, el reduccionismo antropológico de signo positivista, propio de las visiones del hombre que se plantean en la sociedad secular postmoderna tienen sus consecuencias de orden práctico.

«La reducción de persona —dice Robert Spaemann— a determinadas situaciones actuales, como son la autoconsciencia y la racionalidad, deshace, en fin, la noción general de persona. No hay, en absoluto personas, sino sólo algo parecido a *situaciones personales* de unos organismos.»[458]

«La personalidad —añade Robert Spaemann— es, por tanto, el elemento constitutivo del ser humano, no una cualidad suya y, desde luego, en ningún caso, una cualidad adquirida gradualmente. Puesto que por determinadas características se reconoce como personas a los individuos normales de la especie *homo sapiens*, hemos de considerar personas a todos los individuos de esa especie, incluso a aquéllos que todavía no están en condiciones de manifestarlas.»[459]

---

457. L. MEDINA, *Cuestiones epistemológicas relativas al estatuto del embrión humano*, en VV.AA., *Identidad y estatuto del embrión humano*, p. 87.
458. R. SPAEMANN, *¿Son todos los hombres personas?*, op. cit., p. 1.030.
459. Ibídem, pp. 1.030-1.031.

Es posible que el vocablo *alma* sea poco significativo como argumento en la discusión bioética, pero no por ello se debe cuestionar esta tesis antropológica. Con todo, parece más eficaz y sensato, en las discusiones seculares, esgrimir otros argumentos que resulten más significativos para el interlocutor. Si, como se ha dicho anteriormente, la bioética es esencialmente un diálogo interdisciplinar y plural, se impone la tarea de articular de un modo significativo y competente la propia disciplina, de otro modo, el diálogo queda frustrado fácilmente.

Sin negar la veracidad de la tesis del alma, es evidente que en un contexto materialista y utilitarista, donde el ser humano se mide por sus rasgos y habilidades externas, resulta esencial buscar otros argumentos para justificar el respeto y la protección que merece toda persona humana. Esto sólo es posible si se reelabora el concepto de persona con una terminología que sea significativa en el conjunto del pensamiento contemporáneo.

4. Perspectiva personalista. La persona como *relación*

Además de la concepción sustancialista de la persona que se ha desarrollado en el capítulo precedente, a lo largo de la historia del pensamiento occidental se ha articulado también una concepción relacional de la misma, según la cual la persona es constitutivamente una relación.

Esta comprensión de la persona que, como veremos, modernamente ha sido desarrollada por Ludwig Feuerbach y Soeren Kierkegaard y posteriormente por los personalistas franceses y germanos del siglo XX tiene sus raíces en la filosofía medieval y en una comprensión de la persona como relación con Dios. Desde esta perspectiva, lo que hace de la persona el ser más digno en el conjunto del mundo, lo que le confiere un valor especial en el orden de lo creado no es su ser, sino su capacidad relacional, su estructura esencialmente abierta, por medio de la cual no sólo es capaz de establecer relaciones con las entidades exteriores, sino también consigo misma, y llegar, de este modo, a ser consciente de sí.

### 4.1. Los antecedentes filosóficos

Ludwig Feuerbach y Soeren Kierkegaard elaboran una concepción de la persona fundada en una «relacionalidad» radical. Desde esta perspectiva contemporánea, ser persona significa relación vital entre el *yo* y el *tú*. Ambos filósofos preparan el camino al personalismo del diálogo que aparecerá en el primer tercio del siglo XX, a pesar de que, según Feuerbach, la interacción entre estos dos polos no supera los límites de la comunidad concreta, sensible y vital.

Esa comprensión del ser personal a partir de la relación *(relación)* fue finalmente completada y profundizada en nuestro siglo gracias a los resultados y métodos de la fenomenología (E. Husserl, M. Scheler) y también gracias al descubrimiento del horizonte bíblico de experiencia (F. Rosenzweig, F. Ebner, M. Buber, Th. Haecker, P. Wust, R. Guardini...). También se enriqueció de manera muy notable con los estímulos recibidos de parte de la filosofía de la existencia (G. Marcel, K. Jaspers, M. Heidegger).

La concepción de la persona como *relación* se halla expresada, tal y como hemos visto, en un autor medieval: Duns Scoto. Según Scoto, la persona se define por su «relación inmediata con Dios», que se realiza en el ser en sí o en la *ultima solitudo* o en la apertura a Dios y a los otros.

En la obra de Duns Scoto, la raíz de la personalidad humana está profundamente arraigada en la relación trascendental con Dios o *ens totum* y se explica como una apertura a Dios a través de la apertura y la comunión con el prójimo. Este acto es, según su punto de vista, el rasgo que determina la superioridad ontológica del hombre en relación con los otros seres y cosas. En virtud de esta capacidad de apertura y de relación vertical y horizontal, el hombre se ubica en la existencia de un modo absolutamente único y concreto.

Esta idea de persona tiene su eco en la filosofía contemporánea y, especialmente, en el personalismo filosófico del siglo XX. Para Duns Scoto, la persona es una existencia incomunicable de naturaleza intelectual, lo que implica alguna característica óntica o fenomenológica como sinónimo de sujeto autoconsciente. Esta definición scotiana sintetiza los rasgos fundamentales y las características principales de la persona: la singularidad, la individualidad, la irrepetibilidad y, especialmente, la capacidad intelectiva, con la cual viene reconocida la posibilidad etimológica de *intus-legere*, es decir, de leer dentro de las cosas y descubrir el elemento sutil y delicado que une todo al origen ontológico, esto es, a Dios. Esta capacidad de autoconsciencia viene desarrollada, particularmente, por Descartes.

Según la perspectiva de Duns Scoto, el hombre se convierte en persona cuando se acepta a sí mismo como dependiente de Dios, o sea, cuando reconoce en sí mismo la dependencia potencial del fundamento Dios. Esta dependencia viene expresada como *relación transcendentalis*. La persona se constituye en función de este origen, es decir, de ser *imagen de Dios*. Cuando el hombre toma consciencia de su origen ontológico, se constituye la persona *pleno iure*. La autoconciencia del propio origen ontológico constituye el secreto de la personalidad humana.

En la definición de Duns Scoto se recoge también la de Ricardo de San Víctor. Duns Scoto amplía esta idea refiriéndose a la persona como *ultima solitudo* y *relación transcendentalis*. Vincula el concepto de persona al de dependencia potencial o potencial obediente. Contra las tesis de que la persona es un ser humano autónomo, capaz de pensar, decidir y actuar por sí mismo, Scoto sostiene que la persona es un ser esencialmente heterónomo, que depende sustantivamente de Dios y que la consciencia de esta dependencia es, precisamente, lo que le otorga la dignidad de persona.

Desde la perspectiva del personalismo moderno y contemporáneo, la persona es *relación*, apertura a Dios a través de la relación con los otros. La tendencia a establecer comunidad es propia de la persona. Esta concepción relacional de la persona humana es la que se encuentra también en Martín Lutero. Según su perspectiva antropológica, el hombre no es persona por existir en sí y por sí, ni por ser señor de sí mismo que se realiza en sus obras, sino que lo es como pecador liberado y justificado por Dios para un amor operativo.

Desde la concepción luterana, la fe hace a la persona: *fides facit personam*. Dios fundamenta el ser personal del hombre por cuanto le hace superar la condición de pecado de su ser en sí, encerrado en sí mismo, y le abre al don de la justificación, constitutivo de la persona y anterior a todas las obras. El hombre se convierte, entonces, en una persona *coram Deo*, vuelto a Dios, que con su clemencia salvadora lo constituye en persona, y vuelto hacia el prójimo necesitado al que ayudan las buenas obras que son posibles gracias a la justificación divina.

El concepto de persona que Lutero elabora desde su teología, anteponiendo claramente la persona a sus obras y estableciendo firmemente la acción de Dios sobre la misma al justificarla, permitió también una valoración filosófica del mismo: el hombre es persona no por lo que hace y para qué se hace, sino por lo que es y por lo que ha de ser respetado por todos sus semejantes, con independencia de las cualidades morales de su obrar. Es persona, según Kant, como el individuo que representa de una manera singular la especie «hombre», cual expresión insustituible de lo humano, que en razón de ese no poder ser suplantado es fin de sí mismo y nunca debe ser manejado como un simple medio.

Desde esta perspectiva, cada persona es la concreción individual e irreemplazable de lo humano en general; hay que respetarla por sí misma, porque en la convivencia y comunicación con otras personas representa lo humano universal de una forma individualizada. También para el filósofo idealista alemán, Fichte, la persona es simplemente impensable, si no comporta la limitación y finitud. Supone siempre a la otra persona, que yo no soy ni puedo ser, pero gracias a la cual alcanzo mi consciencia del yo.

También el filósofo alemán Martin Heidegger, rehusa el concepto sustancialista de persona y desarrolla una ontología fundamental de la persona a partir del método fenomenológico que aprendió de su maestro Edmund Husserl. «Persona –dice Martin Heidegger– no es un ser cosa, un ser sustancial. El ser de la persona tampoco puede reducirse a ser un sujeto de actos racionales sometidos a ciertas leyes. La persona no es una cosa, no es una sustancia, no es un objeto. (...) La persona se da siempre como ejecutora de actos intencionales ligados por la unidad de un sentido. Los actos se ejecutan, la persona es ejecutora de actos.»[460]

Desde esta concepción, la persona es, esencialmente, una relación. No se concibe como una realidad sustantiva que existe en sí y por sí, sino como un ser que se configura a partir de la relación, ya sea una relación *ad intra* o relación reflexiva, ya sea una relación *ad extra*, interpersonal. En ambos casos, el núcleo de la persona no es la *substantia*, sino la *relación*. De hecho, el ser humano emerge como consecuencia de una relación, crece en íntima relación con los otros y desarrolla su existencia estableciendo vínculos de naturaleza muy distinta con los demás.

Los autores explorados en este libro no desarrollan una crítica a la noción de persona que se desprende del pensamiento personalista contemporáneo. Ninguno de ellos se refiere, explícita o implícitamente, a los grandes hitos del personalismo franco o germano. Se limitan a explorar y a criticar el concepto sustancialista de persona que se desprende de la tradición canónica medieval y pasan a proponer el concepto de persona que parte de la filosofía del empirista inglés John Locke. Sin embargo, la idea de persona que se propone en el personalismo contemporáneo que, como se ha dicho, hunde sus raíces en la obra de Ludwig Feuerbach y Soeren Kierkegaard, no se contempla, ni se discute.

---

460. M. Heidegger, *Ser y tiempo*, FCE, Madrid, 1993, pp. 59-60.

La afirmación de que la persona es una relación *ad intra* y una relación *ad extra* tiene, naturalmente, sus consecuencias en el diálogo bioético. De hecho, la persona es relación desde el principio, aunque, obviamente, ella no tiene consciencia de serlo, pero ser persona es *ser-en-relación* y ello no requiere ser consciente de la misma. Inclusive en el caso de un sujeto que padeciera una grave enfermedad de orden mental, como, por ejemplo, el autismo, no dejaría de ser *relación*, no dejaría de ser persona, aunque no pudiera manifestar esta naturaleza relacional.

Peter Singer afirmaría que también el animal tiene una naturaleza relacional, tanto en el origen como a lo largo de su desarrollo vital, y que el ser relacional de la persona no constituye un hecho diferencial que permita justificar su pretendida dignidad superior. Los pensadores personalistas afirmarán que la diferencia entre el hombre y el animal no radica en el hecho de ser relación, sino en el tipo y la calidad de relaciones que pueden establecer consigo mismos, con los otros, con la naturaleza y con Dios.

4.2. La persona como relación *ad intra*

4.2.1. Soeren Kierkegaard: la persona es relación consigo misma

Uno de los textos más emblemáticos donde se prefigura el concepto relacional de persona que se expresará, posteriormente, en el personalismo contemporáneo se halla en obra filosófica de Soeren Kierkegaard titulada *La enfermedad mortal*, publicada en Copenhague en 1849.

En este texto, que reproducimos a continuación, se define al ser humano o a la persona (Kierkegaard no distingue entre el uno y el otro) como un ser espiritual. Para el filósofo danés, lo sustantivo en el ser humano es el espíritu, el elemento intangible que hay en él. No niega el factor corporal, pero considera que lo más esencial de él, lo que le constituye como un yo, lo que le separa cualitativamente del universo natural, es el hecho de ser espíritu. Kierkegaard admitiría, con Peter Singer, que el animal tiene unas habilidades y unas capacidades externas iguales o incluso superiores al ser humano, pero que este hecho no negaría valor ni dignidad al mismo, porque, según el pensador danés, el valor eminente de éste no radica en sus habilidades, ni en sus manifestaciones externas, sino en su naturaleza espiritual. Compara el espíritu a un océano infinito que abre unas posibilidades únicas en la existencia humana. Kierkegaard no pretende mostrar empíricamente la presencia de tal elemento en el hombre, pero se le hace imposible comprender el fenómeno humano en toda su complejidad, sin invocar la idea de espíritu *(Aand)*.

En esta línea argumental se sitúan otros grandes pensadores del siglo XX. Tanto Max Scheler como Gabriel Marcel, desde perspectivas distintas, afirman la naturaleza espiritual del ser humano. El espíritu está presente en todo ser humano, aunque, en ocasiones, puede hallarse en tal situación que no pueda expresarse hacia fuera. En estos casos, el espíritu está, pero no se manifiesta en las obras que le son propias.

Kierkegaard también define al ser humano como una relación *(Forhold)* que se relaciona consigo misma *(med sig selv)*, es decir, como un ser que es capaz de establecer una relación con su propio yo, lo que significa que puede llegar a ser autoconsciente, conocedor del propio yo. Según la antropología kierkegaardiana, el ser humano tiene la posibilidad de llegar a ser un yo a lo largo de su existencia, pero, para ello, necesita establecer una relación reflexiva, le resulta indispensable entrar en relación consigo mismo, pues sólo de esta manera puede llegar a conocerse y ser un yo en plenitud de facultades. La posibilidad de entrar en relación reflexiva consigo mismo es lo que le define, aunque esta posibilidad, como resulta evidente, puede no actualizarse jamás por insuperables obstáculos de la corporeidad.

Todo ser humano está llamado a ser un yo, pero sólo puede alcanzar el yo si establece una relación consigo mismo. En la medida en que el ser humano vive conforme a su yo se convierte en un individuo singular en la historia *(Enkelte)*, se pone de manifiesto su carácter único e irrepetible. El ser humano tiene la capacidad de convertirse en un yo y esta capacidad es la que le distingue del animal, pero, como indica Kierkegaard, no todos llegan a la consciencia del yo, porque en este itinerario hacia el uno mismo se interponen múltiples obstáculos.

«El hombre –afirma Soeren Kierkegaard– es espíritu. Mas, ¿qué es el espíritu? El espíritu es el yo. Pero, ¿qué es el yo? El yo es una relación que se relaciona consigo misma, o dicho de otra manera: es lo que en la relación hace que ésta se relacione consigo misma. El yo no es la relación, sino el hecho de que la relación se relacione consigo misma. El hombre es una síntesis de infinitud y finitud, de lo temporal y lo eterno, de libertad y necesidad, en una palabra: es una síntesis. Y una síntesis es la relación entre dos términos. El hombre, considerado de esta manera, no es todavía un yo.»[461]

No es fácil interpretar este texto que Kierkegaard firma con el pseudónimo de *Johannes Anticlimacus*. Aunque no pretendemos ser exhaustivos en la interpretación, sí que merece la pena señalar, como mínimo, dos tesis latentes en este fragmento kierkegaardiano: primera, el ser humano está llamado a ser un yo y el yo sólo existe cuando el ser humano se relaciona consigo mismo, y segunda: el ser humano es una síntesis de necesidad y libertad, de finitud y de infinitud, de temporalidad y de eternidad.

Según Kierkegaard, el horizonte del ser humano es existir en el mundo como un yo frente a los otros y frente a Dios *(Selvet-for-Gud)*. Todo ser humano es potencialmente un yo, pero sólo el que entra en relación consigo mismo actualiza dicha posibilidad. Aunque Kierkegaard no se refiere explícitamente al concepto de dignidad ontológica, ni entra formalmente en el debate en torno al respeto y protección que

---

461. S. Kierkegaard, *La enfermedad mortal*, Guadarrama, Madrid, 1967, p. 47. He estudiado a este autor en *Punt d'inflexió. Lectura de Kierkegaard*, Pagès Editors, Lleida, 1993; en *Poética de la libertad. Lectura de Kierkegaard*, Caparrós Editores, Madrid, 1997, y en *Kierkegaard en el laberinto de las máscaras*, Persona, Madrid, 2003.

merece toda vida humana, no cabe duda de que, desde su punto de vista, el ser humano debe ser respetado en tanto que ser humano, no en tanto que yo, porque el proceso de convertirse en yo es largo y difícil y sólo algunos alcanzan la categoría del *Enkelte*.

Para Kierkegaard, el ser humano es una síntesis de necesidad y de posibilidad. No es un ser determinado por las directrices de la especie, ni delimitado por las leyes de la naturaleza, sino que es un ser con posibilidades, con la capacidad para obrar libremente. Lo que le hace digno de respeto no es el hecho de ser libre, sino la capacidad para serlo, es decir, la posibilidad. En tanto que animal de posibilidades, el ser humano es capaz de alcanzar horizontes que, de entrada, se le presentan muy arduos. El horizonte último de realización del ser humano consiste en ser un yo, en tener una relación armónica consigo mismo. Para ello, es fundamental el cultivo de la relación *ad intra*. A juicio de Kierkegaard, el animal es incapaz de este cultivo, es incapaz de caer en la desesperación y en la angustia frente al «vértigo de las posibilidades». Esta angustia, que es la premisa existencial de la libertad, nos revela a un ser cualitativamente distinto, a un ser que debe forjar su existencia solitariamente y en interacción consigo mismo.[462]

### 4.2.2. *Ludwig Feuerbach: la persona es consciencia del infinito*

La comprensión de la persona como relación se halla también elaborada por otro autor del siglo XIX, contemporáneo de Soeren Kierkegaard, cuyo nombre es muy célebre en la historia de la filosofía: Ludwig Feuerbach (1804-1872). En la antropología que desarrolla el autor de *La esencia del cristianismo* (1841), se plantea una visión del hombre como relación *(Der Mensch als Verhältnis)*. Para Feuerbach, la diferencia fundamental entre el hombre y el animal radica en el hecho de que el primero es capaz de relacionarse consigo mismo *(mit*

---

462. Cf. S. KIERKEGAARD, *El concepto de la angustia*, Espasa-Calpe, Madrid, 1980.

*sich selbst)*, lo que significa que es capaz de tener cosnciencia *(Bewusstsein)* de sí.

En este punto el autor de *La esencia del cristianismo* coincide plenamente con su coetáneo Kierkegaard, aunque Ludwig Feuerbach nunca le leyó. Kierkegaard, en cambio, se interesó por la obra capital de Feuerbach y la criticó en sus *Papirer*. A pesar de las diferencias explícitas en materia de religión y de teología que mantienen ambos pensadores, respecto a la comprensión del hombre se detectan algunas afinidades muy notables, como, por ejemplo, la idea del ser humano como una relación autoreflexiva, como autoconsciencia.

«¿En qué consiste —se pregunta Feuerbach— esa diferencia esencial que existe entre el hombre y el animal? La respuesta más simple, más general y también más popular a esta cuestión es: en la consciencia, pero consciencia entendida en sentido estricto; puesto que la consciencia entendida como sentimiento de sí mismo, como facultad de distinción de lo sensible, de la percepción e incluso del juicio sobre las cosas externas, según determinadas características sensibles, no puede negarse a los animales. La consciencia, en sentido estricto, sólo existe allí donde un ser tiene como objeto su propio género, su propia esencialidad. El animal puede devenir objeto de sí mismo en cuanto individuo (...), pero no en cuanto a género (...). Por eso, donde hay consciencia, hay también aptitud para la ciencia.»[463]

Y añade: «El animal, por consiguiente, tiene una única vida, el hombre una vida doble: en el animal la vida interior y exterior se identifican; el hombre, sin embargo, posee una vida interior y otra exterior. La vida interior del hombre es la vida en relación a su especie, a su esencia. El hombre piensa, es decir, conversa, habla consigo mismo. El animal no puede realizar ninguna función genérica sin otro individuo exterior a él; el hombre, sin embargo, puede realizar las funciones genéricas del pensar y hablar, que son verdaderas funciones genéricas, independientemente de otro individuo. El hombre es, al mismo tiempo, para

---

463. L. FEUERBACH, *La esencia del cristianismo*, Sígueme, Salamanca, 1975, p. 51.

sí mismo el yo y el tú; él puede ponerse en el lugar del otro, precisamente porque su objeto no es solamente su individualidad, sino también su especie genérica».[464]

Hubiera sido interesante un diálogo filosófico entre Peter Singer y Ludwig Feuerbach a propósito de la diferencia entre el hombre y el animal. Desde nuestro punto de vista, Feuerbach toca aspectos esenciales de la relación que ni siquiera se plantean en las perspectivas homogeneizadoras. El hecho es que, a lo largo de la bibliografía singeriana, se sugieren muchas afinidades entre hombre y animal, especialmente en relación con determinadas habilidades, pero en ningún texto aparece la cuestión de la consciencia o de la capacidad del ser humano de duplicarse a sí mismo, de convertirse en actor y en espectador de su propio ser.

«En modo alguno –añade Feuerbach– se distingue al hombre del animal sólo por el pensamiento. Más bien podríamos decir que su diferencia con respecto al animal está en todo su ser. Ciertamente que aquél que no piensa no es hombre; mas eso no porque el pensamiento sea la causa del ser hombre, sino sólo porque constituye una consecuencia y una propiedad necesarias del mismo. Es por eso que, para reconocer que el hombre es un ser superior al animal, no tenemos aquí necesidad alguna de salirnos del ámbito de la sensibilidad. El hombre no es un ser particular como lo es el animal, sino un ser universal, y por eso no es un ser limitado y falto de libertad, sino exento de limitación y libre, dado que universalidad, no-limitación y libertad son cosas inseparables unas de otras. Y no se piense que esa libertad existe en una facultad especial, la voluntad, de igual modo que tampoco esa universalidad se da en una facultad determinada como es el intelecto, la razón; pues esa libertad y esa universalidad se extienden a todo el ser del hombre. Sin duda que los sentidos animales son más agudos que los humanos, pero sólo con relación a determinadas cosas que tienen una conexión necesaria con las apetencias del animal, siendo más agudos precisamente a

---

464. Ibídem, pp. 51-52

causa de esta determinación, de esta limitación exclusiva a algo concreto. El hombre no tiene el olfato de un perro de caza o de un cuervo; mas el hecho de que su olfato se refiera a toda clase de olores es cabalmente la única causa de que sea un sentido libre, por ser indiferente a ciertos olores especiales. Ahora bien, cuando un sentido se eleva por encima de los límites de la particularidad y supera su vinculación a la necesidad, se eleva a una significación y a una dignidad autónomas, teóricas: un sentido universal es entendimiento, una sensibilidad universal es espiritualidad.»[465]

En muchos textos de su antropología, Feuerbach reitera esta diferencia sustantiva entre el ser humano y el animal. El dato de la consciencia y de la capacidad para obrar libremente, sin la limitación que impone la especie, son rasgos que, a su juicio, determinan una diferencia cualitativa. Según el autor de *La esencia del cristianismo*, la diferencia entre hombre y animal no se funda en las habilidades externas o en algunos rasgos manifiestos, sino en la constitución y en la capacidad del ser humano. En tanto que ser de consciencia, el ser humano es capaz de tener consciencia de lo infinito que hay en él y esta consciencia es precisamente la religión según el esquema feuerbachiano.

«La religión —escribe Feuerbach— es la consciencia de lo infinito; es y sólo puede ser la consciencia que el hombre tiene de su esencia, no finita y limitada, sino infinita. Un ser realmente finito no tiene ni el más remoto presentimiento ni, por supuesto, consciencia, de un ser infinito, pues la limitación del ser implica la limitación de la consciencia».[466]

La persona es un animal religioso. «La religión —dice Feuerbach— se funda en la diferencia esencial que existe entre el hombre y el animal; los animales no tienen religión.»[467]

---

465. L. FEUERBACH, *Principios de la filosofía del futuro*, PPU, Barcelona, 1989, p. 144.
466. L. FEUERBACH, *La esencia del cristianismo*, op. cit., p. 52.
467. Ibídem, p. 51.

¿De qué está hecha la persona según Feuerbach? De razón, voluntad y corazón. «El hombre perfecto debe poseer la facultad del pensamiento, la facultad de la voluntad, la facultad del corazón. La facultad del pensamiento es la luz del conocimiento, la facultad de la voluntad es la energía del carácter y la facultad del corazón es el amor. Razón, amor y voluntad son perfecciones, son facultades supremas, constituyen la esencia absoluta del hombre en cuanto hombre y el fin de su existencia.»[468]

La conciencia del límite es, según Ludwig Feuerbach, el rasgo esencial de la condición humana. «El individuo humano puede y debe conocerse y sentirse como limitado: en esto consiste su diferencia con el animal; pero puede ser consciente de su limitación, de su finitud, porque tiene como objeto la perfección y la infinitud del género, bien sea como objeto del sentimiento, de la consciencia moral o de la consciencia intelectual».[469]

«El hombre individual –dice Feuerbach– no tiene en sí la esencia del hombre, ni como ser moral ni como ser pensante. El ser del hombre se halla sólo en la comunidad, en la unidad del hombre con el hombre, una unidad que se apoya únicamente en la realidad de la diferencia entre el yo y el tú.»[470] Este pasaje de Feuerbach ha sido calificado por algunos historiadores de la filosofía contemporánea como la revolución copernicana del pensamiento contemporáneo, porque en él se dejan atrás concepciones individualistas del hombre, para considerar el «ser-con» como un existenciario fundamental de la persona humana. Esta idea se halla en la matriz de la filosofía personalista de Martin Buber, de Romano Guardini, de Gabriel Marcel, de Lavelle, y en otros.

---

468. Ibídem, p. 52.
469. Ibídem, p. 56.
470. Ibídem, p. 300.

4.3. La persona como relación *ad extra*

En la noción de persona que se desprende del personalismo filosófico contemporáneo, la persona es, además de relación *ad intra*, relación *ad extra*. Esta relación *ad extra* es lo que hace posible el encuentro con el tú y con el otro. En este sentido, la persona puede concebirse también como un ser-con *(mitsein)*, según Martin Heidegger, como un encuentro con el otro.

Desde el personalismo dialógico se protesta contra la tentativa de derivar la personalidad de la autofundamentación o del autodesarrollo del sujeto humano. Nunca es persona el hombre para sí y por sí, sino que, como dice Buber, la persona aparece cuando entra en relación con otras personas.

El encuentro opera la personalidad de los que se encuentran entre sí, por cuanto que los saca de su intencionalidad, del proyecto mundano en el que se adueñan del otro, y por cuanto que hace valer al otro como un tú inderivable y al que hay que interpelar directamente. Cuando el otro con su autopresencia viene a mí, entonces me convierto en persona, como yo hago que se haga persona y tú al que sale de sí y viene a mí. La mutua generación del yo por el tú y del tú por el yo apunta a la esfera de la interrelación, que permite que los que se encuentran existan como personas unos para otros, apunta también a Dios, el tú verdadero y eterno, cuya solicitud por nosotros aparece en los encuentros momentáneos de los hombres y en ellos se deja experimentar como la eterna promesa del encuentro que se cumple de continuo.[471]

Según la tesis personalista, las personas se constituyen unas para otras como los otros inderivables, cuya alteridad apunta a la plenitud de un ser humano vivido en el reconocimiento mutuo y sin reducciones. La destinación del hombre a la autopresencia en el reconocimien-

---

471. Sobre el personalismo dialógico de Martin Buber, ver: C. Díaz, *El personalismo hebreo de Martin Buber*, Persona, Madrid, 2004.

to mutuo y recíproco de unos por otros constituye el núcleo del concepto de persona. Según esta tesis, la persona, lo más íntimo de mí mismo, significa ser en relación con el tú. No es un ser previo, es un ser en relación con el tú, que no se da antes ni fuera de este terreno. Se trata de una relación inconfundible: tú, el que llevas este nombre, me llamas por mi nombre. Solamente existe la persona en el ritmo del movimiento hacia fuera de la llamada amorosa, de la autoentrega y del movimiento hacia dentro de la respuesta amorosa, de la entrega del otro. El acto persona es don y tarea, vida y exigencia al mismo tiempo.

Esta relación entre el yo y el tú es en sí misma no disponible, porque se forma en la libertad y no en la orden conminatoria, en la respuesta libre a la llamada del amor; no como una carga que se nos viene encima, sino como un regalo que se acepta y al que se corresponde libremente. A pesar de que toda entrega es una revelación de uno mismo, mi persona, como mi núcleo más íntimo, sigue siendo un misterio; su carácter misterioso crece al revelarse.

### 4.3.1. Martin Buber: la persona como encuentro yo-tú

Uno de los pensadores que más ha ahondado en el carácter relacional de la persona es el filósofo judío Martin Buber. «El principio del ser humano –afirma– no es simple, sino doble, y se constituye en dos movimientos, uno de ellos presupuesto del otro. Al primero se lo podría nombrar *distanciamiento originario* y al segundo *entrar-en-relación*. Que el primero sea presupuesto del segundo se debe a que sólo el existente distanciado o, más concretamente, devenido hacia un Enfrente independiente puede entrar en relación. Pero un Enfrente independiente se da sólo para el hombre.»[472]

---

472. M. BUBER, *Distancia originaria y relación. Contribuciones para una antropología filosófica*, Riopiedras, Barcelona, 1997, pp. 94-99. Citado en C. DÍAZ, *El humanismo hebreo de Martin Buber*, Persona, Madrid, 2004.

Desde la perspectiva personalista, la persona es un *ser-con-otro*, y no meramente *co-existiendo*, lo que exige dar respuesta, es decir, afrontar la relación con el otro, que por ser otro es pregunta. Tal apertura sólo resulta humana si es solícita, nunca destitutiva ni destructiva. Desde esta concepción, el ser humano es apertura radical al mundo y a las demás personas, y como tal su ser consiste en estar siendo, en estar en permanente estado de constitución, y por eso más que de integración del hombre en el mundo, al modo como se integran las cosas desde fuera, cabría hablar de interrelación.

En el personalismo buberiano se define a la persona como un *mitsein*, es decir, como un *ser-con*. «Toda vida verdadera –afirma– es encuentro... Relación es reciprocidad. Mi tú me afecta a mí como yo le afecto a él. Vivimos inescrutablemente incluidos en la fluyente reciprocidad universal... Al principio está la relación...»[473] «La persona –constata– aparece cuando entra en relación con otras personas...»[474]

En la persona, ser relacional, su existencia profunda discurre en el torrente vital que va del yo al nosotros y del nosotros al yo, pasando por el tú mío que me acompaña desde el interior y por el tú ajeno que va conmigo por fuera como si de mi propia sombra se tratase.

«El hecho fundamental de la existencia humana –afirma Martin Buber– no es el individuo en cuanto tal, ni la colectividad en cuanto tal. Ambas cosas, consideradas en sí mismas, no son más que formidables abstracciones. El individuo es un hecho de existencia en la medida en que entra en relaciones vivas con otros individuos; la colectividad es un hecho de la existencia en la medida en que edifica comunidades vivas de relación. El hecho fundamental de la existencia humana es el hombre con el hombre. Lo que singulariza al mundo humano es, por encima de todo, que en él ocurre entre ser y ser algo, que no encuentra par en ningún otro rincón de la naturaleza. El lenguaje no es más que

---

473. M. Buber, *Yo y Tú*, op. cit., p. 89.
474. Ibídem, p. 91.

signo y su medio, toda obra espiritual ha sido provocada por ese algo. Es lo que hace del hombre un hombre.»[475]

Según algunos personalistas, no existe antinomia entre el concepto sustantivo y el concepto relacional de persona, sino todo lo contrario: una íntima y total coimplicación. Buber, como otros autores personalistas, afirma que la persona es encuentro y se construye a partir del encuentro con los otros. Evidentemente, el encuentro sólo es posible si existen realidades distintas que interaccionan entre sí. La pregunta que se debería formular a Buber es si estas realidades que se encuentran y que configuran a la persona son ya personas, porque en el caso de que lo fueren, entonces el encuentro no es configurador de la persona, sino un elemento adyacente de la misma, pero en el caso de que no lo fueren, uno se ve obligado a preguntar: ¿qué tipo de seres son y qué estatuto ético y jurídico tienen?

No cabe duda de que el debate bioético en torno a la dignidad del *nasciturus* es extraño a los teóricos del personalismo. Su horizonte de interpretación y de comprensión no está puesto en problemas de tipo bioético. Por lo tanto, no se debe esperar que respondan a preguntas que no se formularon. En sentido estricto, muchos de ellos no se pronuncian respecto al estatuto ético y jurídico del ser humano en las etapas iniciales, pero tampoco se les puede imputar la responsabilidad de elaborar un concepto excluyente de persona que avala determinadas prácticas discriminatorias.

No cabe duda de que el ser humano se configura a partir de la interacción entre dos seres humanos que se unen íntimamente. En sentido estricto, el ser humano nace de una relación; es, de hecho, el resultado de una relación, un resultado único y singular en la historia que está llamado a desarrollar su propio proyecto existencial. Para que este proyecto pueda desenvolverse plenamente necesita del otro, además de sí mismo, necesita de estructuras de acogida para poder hacerse y crecer en todos los sentidos.

---

475. M. BUBER, *¿Qué es el hombre?*, FCE, México, 1949, p. 146.

En este sentido, discrepamos explícitamente de Laura Palazzani cuando afirma: «Si es verdad que la relación es un elemento indispensable para ser persona, también es cierto que ella no *constituye* ontológicamente el ser, ni tampoco *presupone* la existencia. La relación no constituye original y estructuralmente al sujeto, sino viceversa, es la realidad del sujeto la que hace posible (o también, es la condición de posibilidad) la relación: no hay relación (ni fisiológica, ni mucho menos física o social) si no existe un ser que se relaciona con otro fuera de él».[476]

Contrariamente a lo que defiende esta filósofa, creemos que lo que constituye ontológicamente al sujeto es la relación y que sin ella no existiría. Esto no significa que los elementos que entran en interacción y que hacen posible la configuración del nuevo ser no merezcan ningún tipo de protección.

4.4. La persona como *tendencia hacia*

Desde la perspectiva personalista, el ser humano tiende, por naturaleza, hacia algo que no es. La persona no es algo acabado, sino una realidad dinámica, un proceso que jamás concluye de manera definitiva.

En toda llamada que me llega de otros hombres y a la que yo respondo me hago más y más profundamente persona, me hago más yo, porque me comprendo más orientado hacia el tú. Eso implica un crecimiento real cualitativo: el hacerse persona tiene lugar gracias a una constante autosuperación, a la autotrascendencia, que supone un aumento real.

Desde la perspectiva sustancialista, la persona es algo dado previamente al desarrollo de la existencia, mientras que desde la versión per-

---

476. L. Palazzani, *Significados del concepto filosófico de persona y sus implicaciones en el debate bioético y biojurídico actual sobre el estatuto del embrión humano*, op. cit., p. 69.

sonalista, la persona se hace a lo largo del periplo vital, por ello siempre está *in fieri* y jamás puede decirse totalmente que está *in acto*. Si se contempla al ser humano en su faz dinámica, a través del tiempo, se ve como él se va dando una conformación: es capaz de modelarse a sí mismo tanto en su realidad corporal como en su realidad espiritual.

El proceso de construcción de la persona se realiza a través de sus anhelos, de sus proyectos y de sus capacidades, en la medida en que éstos constituyen en sí verdaderos valores y son asumidos y aplicados a la vida concreta por el mismo hombre en el esfuerzo de la tarea diaria.

Esta comprensión de la persona como tendencia-hacia queda bellamente expresada en los textos del filósofo y médico alemán Karl Jaspers. Según el autor de *Filosofía* (1932), el ser humano es constitutivamente finito, pero no se siente perfectamente instalado en esta finitud, sino que tiende hacia lo infinito, hacia lo que está más allá de los límites de su naturaleza.

«La finitud como estigma de la condición de criatura es –según el filósofo alemán– nota que el hombre tiene en común con todas las existencias que él ve en derredor suyo. Mas su finitud humana *no es susceptible de cerrarse* como llega a cerrarse toda existencia animal. Todo animal es logrado (acabado), tiene en su limitación también su consumación con el ciclo siempre repetido de lo viviente. Sólo es entregado al acaecer natural que todo vuelve a fundirlo y todo vuelve a reproducirlo. Únicamente la finitud del hombre es inacabable. Sólo al hombre lleva su finitud a la historia, y sólo en ella requiere devenir lo que él puede ser. La imposibilidad de cerrarse es un signo de su libertad.»[477]

«Esa imposibilidad de consumarse –añade–, con su consecuencia de ilimitado buscar e intentar (en vez de la vida tranquila supeditada, inconsciente, en ciclos que se repiten), es inseparable de su saber de ella. De todo lo viviente, el hombre es el único ser que sabe su finitud. A título de imposibilidad de consumarse, su finitud resulta para él más

---

477. K. JASPERS, *La fe filosófica*, Losada, Buenos Aires, 1968, p. 59.

de lo que se pone de manifiesto en el mero conocer lo finito. Hay en el hombre un perderse del cual surgen para él un problema y una posibilidad.»[478]

Karl Jaspers se refiere a la igualdad radical de todo ser humano. «La igualdad esencial de todos los hombres se halla –según él– únicamente en aquella hondura donde cada cual, partiendo de la libertad, tiene abierto el camino para llegar a Dios mediante su vida moral. Es la igualdad del valor que ningún saber humano puede fijar ni objetivar, del individuo como alma eterna. Es la igualdad de aspiraciones y de la sentencia eterna en virtud de la cual se le asigna algo así como un sitio en el cielo o en el infierno. Esta igualdad significa: respeto a todo hombre, un respeto que prohíbe que ningún hombre pueda ser tratado solamente como medio y no al propio tiempo como fin en sí mismo.»[479]

Desde la antropología jasperiana, el ser humano no se resuelve, ni se agota en su mismo ser, sino que, desde su interioridad, apunta hacia un horizonte que está más allá de él y que se presenta como lo inabarcable *(das Unbegreiflich)*, lo que trasciende a su capacidad de conceptualización *(begreifen)*. El ser humano puede ser o no ser consciente de ser *tendencia-hacia*, pero, tanto en un caso como en el otro, no puede dejar de ser lo que es. Este rasgo abre, a su juicio, un abismo fundamental entre el animal y el ser humano y convierten al ser humano en un perfecto extraño en el gran Escenario del Mundo.

---

478. Ibídem, p. 59.
479. Ibídem, p. 62.

## 5. Nuevas articulaciones filosóficas

### 5.1. Xabier Zubiri: personeidad y personalidad

Entre los filósofos contemporáneos de raíz hispánica que han reflexionado expresamente sobre el tema de la persona desde una perspectiva estrictamente filosófica, se debe destacar la egregia figura de Xabier Zubiri.[480] A lo largo de su antropología metafísica, Zubiri distingue entre la *personeidad*, la *persona* y la *personalidad* y, de este modo, proyecta luz sobre el reconocimiento que merece el ser humano tanto en sus fases iniciales como en las terminales.

A pesar de que la terminología zubiriana ha sido calificada, en muchas ocasiones, como una terminología críptica e ininteligible, esta triple distinción zubiriana aclara significativamente la cuestión en torno a la dignidad de la persona humana y, en sus textos, se plantea una idea de persona que se opone radicalmente a las concepciones de Peter Singer, Hugo Tristram Engelhardt y John Harris.

Ninguno de estos tres autores parece conocer las especulaciones zubirianas en torno a la naturaleza humana, ni su propuesta formal del concepto de persona y, por ello, no pueden posicionarse frente a él. Este desconocimiento de la bibliografía en lengua hispánica no es extraño entre los bioeticistas anglófonos, pero ello no constituye un mérito, sino un descuido que limita el alcance de sus reflexiones. A nuestro juicio, los tres parten de una visión reduccionista de la persona humana que no se coteja, en ningún caso, con las últimas formulaciones conceptuales que se han forjado desde la más estricta seriedad metodológica y desde el rigor filosófico como, por ejemplo, la propuesta de Xabier Zubiri.

---

480. Sobre la filosofía de X. Zubiri, véase: A. Savignano, *Realtà personale ed intelligenza senziente in Zubiri*, KOS 6 (1989) 39-41; J. Muguerza et al., *Del sentido a la realidad: estudios sobre la filosofía de Xabier Zubiri*, Trotta, Madrid, 1995; J. Cercós, *La esencia de la metafísica: Xabier Zubiri y Tomás de Aquino*, PPU, Barcelona, 1994 y P. Laín Entralgo, *Esperanza en tiempo de crisis*, Galaxia Gutenberg, Barcelona, 1993.

Debemos destacar que en las consideraciones de Zubiri se introducen algunas novedades en el lenguaje filosófico que pueden resolver algunos de los dilemas éticos que dejaban abiertos las propuestas exploradas anteriormente.

La personeidad, según la terminología de Zubiri, refleja la dimensión última de la estructura del ser personal. Designa la conformación de la individualidad viva, en cuanto determinada por el espíritu. La personeidad lleva consigo la interioridad, una interioridad de autoconsciencia, y la autoposesión. Esta interioridad y esta autoposesión hacen de la persona un ser inconmensurable y un ser que escapa a todo dominio. En el camino de desenvolvimiento de la personalidad es absolutamente decisivo el «encuentro» del yo con el tú.

Xabier Zubiri cuida escrupulosamente la expresión al referirse a lo que puede afirmarse respecto a los primeros estadios del desarrollo humano. La personeidad sería el fondo real que hay que suponer para poder dar por válidas la capacidad de autodeterminación y la dignidad axiológica (de fin en sí), por las que hemos visto definida a la persona en su redescubrimiento ético moderno.

El profesor José Gómez Caffarena, comentando a Zubiri, lo formula de este modo: «Así definida en el orden de lo real preconsciente, la *personeidad* no es aún la *personalidad*. Esta última es la figura del ser que cada persona –con base en lo recibido tanto hereditariamente como en la gestación y socialización– va cobrando a través del ejercicio de su vida consciente. La personeidad precede; y ello permite resolver, entre otros, el delicado problema de la dignidad atribuible a la vida humana en los primeros estadios, aún no conscientes, de su desarrollo».[481]

El modo de realidad de la sustantividad humana es *personeidad*. Personeidad es suidad. La personeidad no es un acto ni un sistema de

---

481. J. Gómez Caffarena, *Persona y ética teológica*, en F. Abel, C. Cañón (eds.), *La mediación de la filosofía en la construcción de la bioética*, Universidad de Comillas, Madrid, 1993, p. 204.

actos, y en todo caso es «anterior» a su ejecución. La persona es el ser que tiene la personeidad y la personeidad es esa base fundamental que permitirá el desarrollo de una personalidad en el tiempo. Dice Xabier Zubiri: «Se es persona, en el sentido de personeidad, por el mero hecho de ser realidad humana, esto es, de tener inteligencia. Ciertamente el embrión humano adquiere inteligencia y por tanto personeidad en un momento casi imposible de definir; pero llegado ese momento ese embrión tiene personeidad. Todo el proceso genético anterior a este momento es por esto tan sólo un proceso de humanización. Al tener, llegado ese momento, esta forma de realidad, ciertamente el embrión no ejecuta todavía actos personales; y podría pensarse entonces que esa personeidad carece aún de personalidad. Pero no es así, porque la personalidad no se configura tan sólo ejecutando actos, sino también recibiendo pasivamente la figura que en esa personeidad decanta los procesos genéticos que se ejecutan por el viviente humano en su proceso de hominización».[482]

El desenvolvimiento de la personalidad debe quizá entenderse como proceso de maduración. Constituye un paso importante en él, lo que suele denominarse como llegada al uso de razón, en el que podemos pensar que la persona se hace cargo de su condición de tal, de su libertad y del sistema de fines y valores que se propone seguir con ella. Xabier Zubiri afirma que «la personalidad es una cosa que se va configurando a lo largo de la vida. Constituye no un punto de partida sino un término progresivo del desarrollo vital. La personalidad se va haciendo o deshaciendo, e incluso rehaciendo. No es algo de que se parte».[483]

Desde el punto de vista zubiriano, todo ser humano es persona y toda persona es un ser humano. Lo que hace que la persona sea persona es el tener personeidad. La personeidad es la mínima base, la mínima estructura para el desarrollo de la personalidad, de la cons-

---

482. X. ZUBIRI, *El hombre y Dios*, Alianza Editorial, Madrid, 1984, p. 50.
483. X. ZUBIRI, *Sobre el hombre*, Alianza Editorial, Madrid, 1986, p. 113.

ciencia, de la razón, de la vida emotiva. Es posible que este desarrollo se vea truncado por una indisposición corporal, pero ello no niega el ser persona, sino que lo que genera es un ser que no tiene personalidad. Desde la perspectiva zubiriana, su dignidad no depende de que tenga o no tenga personalidad, sino que depende de la personeidad, y todo ser humano, en tanto que miembro de la especie humana, tiene esta personeidad.

«El oligofrénico —dice Xabier Zubiri— es persona; el concebido, antes de nacer, es persona. Son tan personas como cualquiera de nosotros. En este sentido, la palabra persona no significa personalidad. Significa un carácter de sus estructuras, y como tal es un punto de partida. Porque sería imposible que tuviera personalidad quien no fuera ya estructuralmente persona. Y, sin embargo, no deja de ser persona porque ésta hubiera dejado de tener tales o cuales vicisitudes y haya tenido otras distintas. A este carácter estructural de la persona lo denomino *personeidad*, a diferencia de la *personalidad*.»[484]

La personalidad es la modulación de la personeidad.[485] «La personalidad —escribe Zubiri— es la figura real y efectiva que una persona subsistente, en el decurso de sus actos, ha ido cobrando a lo largo de su vida: es la figura de lo que el subsistente ha hecho de sí mismo. Es una *figura animi* más que una *forma mentis*.»[486]

La personalidad se va desarrollando a lo largo del periplo vital. Lo que subsiste en el fondo de la persona son un conjunto de estructuras que tienen expresiones distintas a lo largo de la biografía. Lo que subsiste es la personeidad. «El yo —afirma Zubiri— no es mi personeidad, sino mi personalidad.»[487]

Se podría decir que persona es un concepto estático y personalidad una noción dinámica. Lo cual implica que persona es lo más profundo

---

484. Ibídem, p. 113.
485. Ibídem, p. 127
486. Ibídem, p. 128.
487. Ibídem, p. 159.

metafísicamente y a ella ha de referirse la personalidad, como ocurre siempre que tropezamos con lo estático y lo dinámico. Se podría hablar de persona-raíz y de persona-término. Al morir, cada persona-raíz ha desarrollado su propia historia axiológica, que es precisamente lo que solemos llamar personalidad. Ha realizado valores y contravalores, los cuales se han incorporado a su persona-raíz para dar como resultado la persona-término. Sólo con la muerte podemos medir la estatura axiológica de cada hombre. Entre la persona-raíz y la persona-término, se desenvuelve un proceso que llamamos personalidad.

Según Diego Gracia, «el último Zubiri admite que la constitución de la sustantividad humana requiere tiempo y no puede considerarse lograda desde el primer momento. Y se ve también cómo Zubiri atribuye tras ese logro personeidad al ser humano. Antes no puede hablarse de personeidad ni de personalidad; después, sí. Al tratarse de una sustantividad constituida, el ser humano es desde ese momento un *de suyo*, y un yo de suyo constitucionalmente capaz de actualizar su propio de suyo como suyo; es decir, a partir de ese momento el ser humano es *suidad formal*, y por tanto *personeidad*. No importa que durante bastante tiempo sea incapaz de actualizar, por ejemplo, su inteligencia, o su capacidad moral. Esto no significa que carezca de personeidad; significa sólo que la actualización moral de esa personeidad, es decir, lo que Zubiri llama *personalidad*, es distinta de la del hombre adulto, hasta el punto de que en ella todas las notas psíquicas están de modo *pasivo*».[488]

«Para el último Zubiri —concluye Diego Gracia, uno de sus discípulos más aventajados— la suficiencia constitucional se adquiere en un momento del desarrollo embrionario, que bien puede situarse, de acuerdo con los recientes datos de la literatura, en torno a las ocho semanas. A partir de ese momento el feto tendría personeidad, sería una

---

488. D. GRACIA, *Problemas filosóficos en genética y en embriología*, en F. ABEL, C. CAÑÓN (eds.), *La mediación de la filosofía en la construcción de la bioética*, op. cit., p. 250.

persona. Lo que pasa es que esa realidad personal del hombre la va actualizando a lo largo de toda su vida de *modos* muy distintos, que son los que se expresan bajo forma de *personalidad*. En este sentido hay que decir que a partir de la octava semana el hombre tiene personeidad, la misma que conservará a lo largo de toda su vida, pero que su personalidad será muy distinta a la que exhibe, por ejemplo, un hombre adulto».[489]

No cabe duda de que en este punto, la perspectiva de Zubiri se contrapone a determinadas visiones sustancialistas o esencialistas de la persona, para las cuales la persona ya está constituida a partir de la concepción. Según las palabras de Diego Gracia, parece que el último Zubiri situaba la suficiencia constitutiva en un tiempo posterior a la concepción, en torno a las ocho semanas. Antes de este tiempo, todavía no estaría configurada una estructura mínima que hiciera posible el desarrollo de una personalidad en el tiempo.

Este límite sitúa el planteamiento de Zubiri en una posición muy singular, porque de un lado se mantiene lejos de las propuestas sustancialistas de corte tradicional, pero, por otro lado, también se separa claramente de la idea de persona como ser autónomo (H. T. Engelhardt), como ser capaz de valorar su propia existencia (J. Harris), o como ser reflexivo, capaz de tener consciencia del yo (P. Singer). En el planteamiento de Zubiri, el *nasciturus* posterior a las ocho semanas, tiene ya la personeidad y, en la medida en que está en posesión de ella, es ya *persona*, aunque no ha desarrollado todavía su personalidad, es decir, su yo, su consciencia moral, su autonomía. En aquel momento, no puede ser consciente de lo que es, pero el hecho de que todavía no tenga consciencia de ello no significa ni mucho menos que no pueda ser considerado como una persona.

En los textos publicados de Zubiri, no hemos sido capaces de ver qué estatuto y qué grado de protección merecen los seres de origen humano que todavía no tienen la suficiencia constitutiva, es decir, la

---

489. Ibídem, pp. 250-251.

personeidad. Diego Gracia plantea la siguiente propuesta ética: «Sólo las personas ya constituidas –afirma– son sujetos morales, y por tanto deben ser tratados como fines y no como medios, con total consideración y respeto. Esto es evidente, y debe ser afirmado sin ningún tipo de restricciones. Lo cual no significa que no tengamos obligaciones morales con todas esas realidades biológicas, pero esas obligaciones no pueden ser, no son de no-maleficencia. Como he expuesto ampliamente en otros lugares, las obligaciones de no-maleficencia son siempre correlativas a las condiciones biológicas de los seres humanos vivos; así, por ejemplo, nuestras obligaciones de no-maleficencia no son iguales en el caso de las personas que padecen enfermedades agudas o crónicas convencionales, que con las que se hallan en estado vegetativo permanente. En todos esos casos se trata de personas vivas, sobre las que tenemos obligaciones morales, y concretamente obligaciones de no-maleficencia; pero se trata de personas en condiciones biológicas muy distintas, que definen también obligaciones distintas de no-maleficencia».[490]

Según el autor de *Fundamentos de bioética* (1989), tenemos obligaciones morales de distinto tipo respecto a los seres humanos que tienen la suficiencia constitutiva, la personeidad, que con respecto a los que

---

490. Ibídem, p. 253. Expresamos aquí nuestro disenso respecto a este párrafo de Diego Gracia. Desde la perspectiva zubiriana, también los seres humanos que padecen enfermedades en estados vegetativos crónicos son personas, puesto que tiene la personeidad, la suficiencia constitutiva, sin embargo, por razones de su patología son incapaces de expresar una personalidad humana. La dignidad de estas personas depende de la personeidad y no de sus manifestaciones externas. Luego, si la dignidad depende de la personeidad, no comprendemos porque afirma Gracia que estas personas merecen un tipo de trato distinto de aquéllas que padecen una enfermedad crónica o aguda. Es evidente que las primeras no puede ejercer su autonomía, mientras que las segundas sí, pero en el caso de las personas en estados vegetativos también es esencial considerar su autonomía, expresada a través de alguno de sus allegados que represente los intereses del paciente. No creemos que se puedan legitimar éticamente obligaciones de no-maleficencia de carácter diferencial entre sujetos que tienen la misma dignidad intrínseca.

todavía no poseen la estructura mínima para su desarrollo total. Diego Gracia denomina este tipo de obligaciones del nivel 2: que sólo puede exigírselas cada uno a sí mismo; mientras que las obligaciones con respecto a las personas, las llama del nivel 1, que son exigibles a todos por igual, aun coactivamente. A partir de la suficiencia constitucional, tenemos obligaciones del nivel 1, mientras que con anterioridad a ella, sólo tenemos obligaciones del nivel 2.

### 5.2. María Zambrano: persona como horizonte del ser humano

En el panorama filosófico hispánico, debe considerarse, con sumo respeto, la figura y la obra de María Zambrano por sus aportaciones en el campo de la antropología filosófica, la ética, la estética y la filosofía de la religión en particular. A lo largo de su obra, desarrolla una visión de la persona que, aunque tiene elementos prestados de sus referentes, Xabier Zubiri y José Ortega y Gasset, entre otros, posee gran originalidad y difiere sustantivamente de la idea de persona que propone el autor de *Historia, Naturaleza, Dios*.

La afirmación de que el hombre es persona no significa para María Zambrano un *status*, como puede ser el que es rubio o moreno, sino una tarea a realizar que es esencialmente constitutiva de lo humano. El ser persona desde un punto de vista metafísico, no simplemente ético o jurídico, significa que el hombre está en vía de ser persona, que se está realizando como persona, que tiene una misión a realizar mientras viva: la tarea esencial de encontrar un puesto y situarse en el conjunto de la sociedad; y ello gracias al diálogo libre y responsable con los demás, intentando imponer de una manera noble y leal su punto de vista y exigiendo sus derechos, pero, al mismo tiempo, aceptando con amplitud de miras los puntos de vista de los demás y reconociendo sus derechos.

«La historia –afirma María Zambrano– no tendría sentido si no fuera la revelación progresiva del hombre. Si el hombre no fuera un ser escondido que ha de irse revelando.»[491] María Zambrano piensa que la gran revelación de nuestro tiempo es la de que el hombre es persona, «la revelación de la persona humana, como algo original, nuevo; realidad radical irreductible a ninguna otra».[492] Dice la filósofa de Vélez: «Mas, aunque lenta y trabajosamente, se ha ido abriendo paso esta revelación de la persona humana, de que constituye no sólo el valor más alto, sino la finalidad de la historia misma. De que el día venturoso en que todos los hombres hayan llegado a vivir plenamente como personas, en una sociedad que sea su receptáculo, su medio adecuado, el hombre habrá encontrado su casa, su *lugar natural* en el universo».[493] Porque como dice en otra parte María Zambrano, la «suprema grandeza del hombre (...) no estriba en función alguna, sino en ser enteramente persona».[494]

¿Qué es la persona para María Zambrano? Frente a la sustancia individual de naturaleza racional de Boecio, la persona es, para la escritora malagueña, la función social del individuo humano, su «ser-con», su proyección pública, su ser en sociedad. «Cada hombre –afirma Zambrano– está formado por un yo y una persona. La persona incluye el yo y lo trasciende, pues el yo es vigilia, atención; inmóvil, es una especie de guardián. La persona, como su mismo nombre indica, es una forma, una máscara con la cual aportamos la vida, la relación y el trato con los demás, con las cosas divinas y humanas.»[495] Desde esta concepción de la persona, se deduce que ésta está amenazada por dos polos opuestos: un socialismo exagerado y un individualismo egoísta.

La dialéctica de la persona supone la doble realidad de no darse sino siendo con los demás, pero al mismo tiempo no poder ser con los demás sin ser en sí mismo. El ser humano se da a sí mismo en el desdoblamiento de su propia realidad, haciéndose con ello eco de sí y diá-

---

491. M. ZAMBRANO, *Persona y democracia*, Siruela, Madrid, 1996, p. 23.
492. Ibídem, p. 77.
493. Ibídem, p. 60.
494. Ibídem, pp. 59-60.
495. Ibídem, p. 101.

logo con los otros. De esta forma el ser-con-el-otro, que constituye el ser personal, se da en la medida en que soy conmigo mismo, en que se produce mi ensimismamiento.

María Zambrano lo expresa bellamente: «Solemos tener una imagen inmediata de nuestra persona como una fortaleza en cuyo interior estamos encerrados, nos sentimos ser un *sí mismo* incomunicable, hermético, del que a veces querríamos escapar o abrir a alguien: al amigo, a la persona a quien se ama, a la comunidad. La persona vive en soledad y, por lo mismo, a mayor intensidad de vida personal, mayor es el anhelo de abrirse y aun de vaciarse en algo; es lo que se llama amor, sea a una persona, sea a la patria, al arte o al pensamiento. Esencial es a la persona el ansia de comunicación y aun algo más a lo que no sabríamos dar nombre. Pues este recinto cerrado que parece constituir la persona lo podemos pensar como lo más viviente; allá, en el fondo último de nuestra soledad reside como un punto, algo simple, pero solidario, de todo el resto y desde ese mismo lugar nunca nos sentimos enteramente solos. Sabemos que existen otros *alguien* como nosotros, otros *uno* como nosotros».[496]

Zambrano distingue entre persona e individuo. El individuo humano tiene un horizonte de realización, una meta a la que tiende todo su proceso vital. «La persona –afirma– es algo más que el individuo; es el individuo dotado de consciencia, que se sabe a sí mismo como valor supremo, como última finalidad terrestre, y en este sentido era así desde el principio, mas como futuro a descubrir, no como realidad presente, en forma explícita. Que el individuo en su plenitud de ser persona sea la finalidad de la historia indica que sólo muy tardíamente el individuo ha sido visible, teniendo en cuenta que sólo en época relativamente moderna ha comenzado a actuar como tal.»[497]

En su obra *Persona y democracia*, Zambrano lleva a cabo un recorrido por la historia, analizando las diversas etapas de concienciación del

---

496. Ibídem, p. 26.
497. Ibídem, p. 130.

hombre como individuo, desde su aparición en Grecia con la democracia hasta la emergencia del concepto de persona en nuestra época.[498]

5.3. Adela Cortina: persona como *interlocutor válido*

La profesora Adela Cortina, una de las filósofas más competentes y prolijas del panorama filosófico actual,[499] desarrolla un supuesto «nuevo» concepto de persona a partir de la noción de *interlocutor válido*.[500] Inspirándose en la filosofía moral de Immanuel Kant y en la ética del diálogo de Karl Otto Apel y de Jürgen Habermas, reelabora el concepto de persona a partir de conceptos propios de la Modernidad. A su juicio, el concepto «tradicional» de persona resulta inadecuado para el diálogo bioético y, muy frecuentemente, se convierte en un obstáculo para la resolución de dilemas. Compartimos plenamente esta consideración de la profesora Cortina, aunque su concepto renovado también plantea algunas dificultades que ella misma reconoce.

Desde su perspectiva, la persona se identifica con el hablante competente en la comunidad de diálogo. En este sentido, la persona es un

---

498. Sobre esta cuestión, ver: J. FERNANDO ORTEGA, *Persona y sociedad*, en Contrastes V (2000) 133-144.

499. He aquí algunas de sus obras más relevantes: *Ciudadanos del mundo: hacia una teoría de la ciudadanía*, Alianza, Madrid, 1997; *Contracte i aliança: ètica, política i religió*, Cruïlla, Barcelona, 2001; *Ética mínima: introducción a la filosofía práctica*, Tecnos, Madrid, 1992; *Ética sin moral*, Tecnos, Madrid, 1990; *Hacer reforma: la ética de la sociedad civil*, Grupo Anaya, Madrid, 1994; *Hasta un pueblo de demonios: ética pública y sociedad*, Grupo Santillana, Madrid, 1998; *El quehacer ético: guía para la educación moral*, Santillana, Madrid, 1996; *La moral del camaleón: ética política para nuestro fin de siglo*, Espasa-Calpe, Madrid, 1991; *Por una ética del consumo: la ciudadanía del consumidor en un mundo global*, Santillana, Madrid, 2002, y *Ética de la empresa: claves para una nueva cultura empresarial*, Trotta, Madrid, 1994.

500. A. CORTINA, *La persona como interlocutor válido. Virtualidad de un concepto «transformado» de persona para la bioética*, en F. ABEL, C. CAÑÓN (ed.), *La mediación de la filosofía en la construcción de la bioética*, op. cit., pp. 143-158.

interlocutor válido, un ser capaz de expresar de un modo racional y claro argumentos y exponer sus puntos de vista desde la racionalidad. La categoría básica en el paradigma comunicativo no es la de sujeto, sino la de comunidad. La persona es un actor competente y válido en esa comunidad de diálogo. De hecho, sólo es posible la articulación de la comunidad ideal de diálogo si los miembros que toman parte en ella son interlocutores válidos, seres capaces de emitir palabras y de crear un discurso significativo.

Según Adela Cortina, esta transformación del concepto de persona tiene consecuencias positivas en el plano del diálogo bioético. «En el ámbito de la bioética –afirma– (...) el *nuevo* concepto de persona resulta rentable en dos respectos: en cuanto dota de sentido a la idea de dignidad del paciente, mostrando que, como interlocutor válido, tiene derecho a ser escuchado en la toma de decisiones que le afectan, lo cual comporta un buen número de implicaciones; y en cuanto es una exigencia la creación de comités éticos, tanto clínicos –sea consultivo o sea de investigación clínica–, como comités de investigación biotecnológica, en los que los afectados por las decisiones tengan la oportunidad de defender intereses generalizables.»[501]

En su libro *Ética aplicada y democracia radical*, reelabora el artículo de 1993 e incluye un ámbito más en el que su propuesta conceptual puede ser rentable: «En cuanto a la justicia médica ha de tener por referentes a los afectados por las decisiones, que no son sólo los pacientes actuales, sino también los virtuales, lo cual obliga a establecer sistemas sanitarios públicos que hagan accesible a todos al menos un *mínimo decente*».[502]

La profesora de ética transforma el concepto de autonomía kantiano y lo reelabora en un sentido dialógico. «La autonomía, por la que nos reconocemos como personas –afirma–, es, pues, descubierta en las situaciones concretas de habla, inmanente a la praxis vital, pero tras-

---

501. Ibídem, pp. 156-157.
502. A. CORTINA, *Ética aplicada y democracia radical*, Tecnos, Madrid, 1993, p. 236.

ciende tales contextos concretos en la medida en que las pretensiones de validez los desbordan en su aspiración universalizadora.»[503] Desde este sentido de autonomía dialógicamente entendida, el paciente «es digno de», tiene el derecho a ser tratado como un interlocutor válido.

Después de este desarrollo conceptual, la máxima representante de la denominada ética mínima en nuestro país, reconoce que este concepto de persona, aunque resulta muy relevante en determinados problemas de la relación asistencial, no sirve para resolver otras cuestiones de índole bioética.

«Si esta concepción *transformada* de persona –reconoce Cortina– no *sirve* para tomar decisiones ante problemas como el del aborto, porque no indica cuándo se puede empezar a hablar de persona, no es menos cierto que sí aclara qué se entiende por *persona*, cómo se debe tratar a las personas, a qué son acreedoras, de qué son dignas en un buen número de campos, entre ellos, el de la bioética.»[504]

En *Ética aplicada y democracia radical* también parece advertir algunos problemas de su concepto transformado de persona. De hecho, admite la necesidad de complementar su teoría con otras propuestas morales, sin especificar cuáles. Admite el carácter limitado de su propuesta ética y, en este sentido, su autocrítica es honesta y merecedora de respeto. «No queda sino reconocer –afirma– que cualquier propuesta ética que aceptemos por racional es limitada en su capacidad de respuesta a los retos morales, lo cual no exige descartarla por inválida, sino trazar cuidadosamente sus límites de suerte que no se propase en sus atribuciones ni deje de cumplir las tareas para las que sí está capacitada.»[505]

En efecto, en el diálogo bioético se producen discusiones en torno al destino de entidades humanas que, siguiendo el concepto de Adela Cortina, no pueden considerarse, en sentido estricto, personas, puesto que no son interlocutores válidos en el seno de la comunidad de diálo-

---

503. A. CORTINA, *La persona como interlocutor válido*..., op. cit., p. 155.
504. Ibídem, p. 158.
505. A. CORTINA, *Ética aplicada y democracia radical*, op. cit., p. 240.

go. La vida del *nasciturus*, los enfermos mentales severos, las personas que sufren la enfermedad de Alzheimer en un estado muy avanzado son algunos ejemplos paradigmáticos. Si persona es un hablante competente, un ser capaz de razonar, de entrar en diálogo, de exponer sus puntos de vista con argumentos, estos seres humanos difícilmente pueden ser considerados como personas.

Al final del artículo, Adela Cortina parece advertir esta dificultad y admite que el concepto no sirve para tomar decisiones respecto al aborto. Después de leer sus consideraciones, el lector tiene la impresión de que la profesora valenciana parece resistirse a admitir las consecuencias que puede tener dicho concepto.

En *Ética aplicada y democracia radical* afirma que cuando «el paciente se encuentre en esta situación de incompetencia en virtud de su enfermedad, el respeto a su ideal de autorrealización exige tomar decisiones teniendo en cuenta la jerarquía de valores que ha presidido el decurso de su vida. Si esta actitud dialógica con las opciones vitales del paciente se generaliza, se irá creciendo en una cultura médica, que es lo que a fin de cuentas importa, porque la moral y la cultural son cosa de actitudes».[506] ¿Y si nos hallamos frente a una entidad humana que no ha podido expresar su ideal de autorrealización porque simplemente es incapaz de ello o porque todavía no ha llegado a un desarrollo psicológico que le permita una tarea de este tipo? ¿Estamos, entonces, frente a un interlocutor válido?

Los autores que hemos tratado en la primera parte del libro no definen a la persona como interlocutor válido, pero sí como un ser autónomo, reflexivo, capaz de valorar su propia existencia. Dado que hay seres humanos incapaces de estas actividades, se rehúye en ellos la condición de persona. En este sentido, dichos autores son consecuentes con sus *presupuestos*. Adela Cortina no llega a tal conclusión y no es correcto aplicar a su pensamiento la diferencia entre ser humano y persona, puesto que en ningún caso elabora formalmente esta distinción.

---

506. Ibídem, pp. 238-239.

Quizás un modo de contemplar positivamente la definición de persona que propone la profesora valenciana, debería incluir el concepto de potencialidad. En este sentido, la persona sería definida como aquel ser capaz de convertirse en un interlocutor válido. Este concepto resultaría menos problemático, porque integraría a aquellos seres humanos que, por las razones que fuere, no son interlocutores válidos *de facto*, pero tienen la *potentia* para llegar a serlo o lo han sido a lo largo de sus vidas.

Epílogo

# HACIA UN CONCEPTO INCLUSIVO DE PERSONA

Después de este recorrido por el concepto de persona y por la idea de dignidad, llega la hora de apuntar, a modo de síntesis, algunas conclusiones de carácter general.

## 1. Es fundamental reelaborar filosóficamente el concepto de persona

A nuestro juicio, es esencial reelaborar el concepto de *persona* a partir de la noción de vulnerabilidad (E. Levinas) y de posibilidad (S. Kierkegaard). Partimos de la idea de que cualquier separación entre la noción de ser humano y de persona es temeraria intelectualmente y puede ser el origen de una discriminación de orden ético y jurídico. Por ello, pensamos que, en lugar de definir a la persona a partir de uno de sus rasgos o habilidades externas, como el pensar, el hablar, el amar, el valorar la propia existencia o el crear objetos tecnológicos, se le debe definir como un *ser radicalmente vulnerable* con unas posibilidades singulares en el conjunto de la naturaleza.

Este ser radicalmente vulnerable tiene una génesis, un desarrollo y un fin, pero a lo largo de todo este proceso debe ser respetado y contemplado como persona humana. El debate en torno al origen de esta estructura vulnerable que denominamos persona es complejo y arduo de resolver, pero, a nuestro juicio, el ser persona requiere de un substrato biológico mínimo, como base para un desarrollo futuro. Requiere de lo que Xabier Zubiri denomina una suficiencia constitucional.

En este punto coincidimos plenamente con el profesor Francesc Abel cuando afirma: «El beneficio de las protecciones morales, que se otorgan a aquéllos que se cree que son personas, exige un substrato biológico mínimo, como base para un desarrollo futuro. En ausencia de las condiciones estructurales biológicas mínimas indispensables, que hagan posible que surja una capacidad de establecer relaciones o de llegar a la consciencia propia, no hay persona humana o ya ha dejado de serlo».[507]

Esta idea de persona, entendida como una estructura vulnerable con unas posibilidades singulares en la historia que no pretendemos desarrollar ahora y aquí, sino que exploraremos en otro lugar, es un concepto inclusivo y universal que integra a personas en distintas etapas evolutivas y en distintos estados de salud. En nuestro esquema filosófico, no existen *pre*personas, ni *ex*personas, sino sólo personas con distintos grados de vulnerabilidad y con posibilidades singulares en cada caso. Pensamos con Soeren Kierkegaard y Ludwig Feuerbach que las posibilidades singulares de este ser vulnerable, *homo mendicans* (le llama María Zambrano), que es la persona no pueden homologarse a las del animal, a pesar de compartir con él muchos elementos.

Creemos que es posible justificar una diferencia de derechos y una asimetría de reconocimiento moral y jurídico entre seres humanos y no humanos, una asimetría que no se funde en un especieísmo de tipo interesado, sino en argumentos de peso. Algunos de estos argumentos han sido ya esbozados en el capítulo dedicado a Kierkegaard, a Feuerbach y al personalismo contemporáneo.

---

507. F. ABEL, *Diagnóstico prenatal y aborto selectivo: la decisión ética*, en J. GAFO (ed.), *Consejo genético: aspectos biomédicos y éticos*, Universidad Pontificia de Comillas, Madrid, 1994, p. 158.

Desde nuestro punto de vista, la persona discapacitada, incluso cuando resulta afectada en la mente o en sus capacidades sensoriales e intelectivas, es un sujeto plenamente humano, con los derechos inalienables propios de todo ente humano. La persona, independientemente de las condiciones en las que se desarrolle su vida y de las capacidades que pueda expresar, posee una dignidad única y un valor singular desde el inicio de su existencia hasta el momento de su muerte.

En este sentido, compartimos la tesis de Julián Marías, según la cual, «se es persona desde el comienzo, desde la primera *realidad recibida*, de la que uno no es autor y con la cual se encuentra. Pero esa persona ha de hacerse a lo largo de la vida. Y no basta con la serie de los actos o haceres, hay que entender la realidad *hecha*, la persona como *resultado* siempre inacabado, inconcluso, como el *quién* que se posee y se vuelve sobre sí mismo».[508]

La calidad en el seno de una comunidad se mide principalmente con arreglo a su dedicación a la asistencia a los más vulnerables y a los más débiles y por su respeto a la dignidad de hombres y mujeres. Una sociedad que sólo hiciera sitio a sus miembros plenamente funcionales, totalmente autónomos e independientes, no podría considerarse una sociedad moralmente digna. En este sentido, nos parece esencial reconocer la dignidad ontológica, pero no fundada en el ser, sino en la relación. El ser humano, desde su génesis hasta su muerte, es, como hemos visto, un ser constitutivamente relacional, capaz de una relación interna y de una relación externa. Esta capacidad le otorga una dignidad especial en el conjunto del cosmos.

La discriminación sobre la base de la eficiencia no resulta menos reprobable que la realizada con arreglo a la raza, al sexo o a la religión. Una forma sutil de discriminación también está presente en las políticas y en los proyectos de educación que tratan de ocultar y negar las deficiencias de la persona discapacitada, proponiéndole estilos de vida y objetivos que no se corresponden con su situación y que, al final, se

---

508. J. Marías, *Persona*, op. cit., p. 38.

revelan frustrantes e injustos. La justicia, tal y como la concebimos nosotros, exige, de hecho, ponerse a la escucha atenta y amorosa de la vida del otro y responder a las necesidades individuales y diferenciadas de cada uno teniendo en cuenta sus capacidades y límites.

2. El reconocimiento de la dignidad ontológica de la persona tiene consecuencias de orden ético, político y social

Si se reconoce que toda persona es digna *per se*, de ahí se desprende que la comunidad, las instituciones y el Estado deben velar por su protección y por su promoción.

Al reconocimiento de los derechos ha de seguirle, por lo tanto, un compromiso sincero por parte de todos con vistas a crear condiciones concretas de vida, estructuras de apoyo, mecanismos de tutela jurídica capaces de responder a las necesidades y a las dinámicas de las personas que sufren una grave vulnerabilidad. Demostrar a la persona vulnerable que la amamos significa revelarle que tiene valor ante nuestros ojos. La escucha atenta, la comprensión de sus necesidades, el compartir sus sufrimientos, la paciencia en el acompañamiento, constituyen caminos para introducir a la persona vulnerable en una relación humana de comunión, para hacer que perciba su valor.

«La dignidad humana –afirma Jürgen Moltmann– no es posible sin la liberación económica, como tampoco ésta lo es sin la realidad de los derechos humanos. Ambos factores se sitúan en correlación mutua: paralelo a la prioridad de lo económico está el primado del humanismo. No existe dignidad humana sin una superación de la indigencia, como tampoco existe una felicidad adecuada al hombre sin los derechos de libertad propios de un ser *de marcha erguida* y de *cabeza alzada*. Por ello, el futuro del hombre libre de sus alienaciones deberá venir, en el plano histórico, a través de la superación de la pobreza económica y política.»[509]

### 3. Existe una íntima relación entre la dignidad humana y la aceptación incondicional

La afirmación de que la persona humana, de que *toda* persona humana tiene una dignidad inherente significa que debe ser aceptada incondicionalmente, no por lo que dice o por lo que hace, sino, simplemente, por el mero hecho de ser.

El teólogo católico Dietmar Mieth pone un ejemplo muy ilustrativo de lo que significa acoger incondicionalmente: «Supongamos una muchacha –dice– de doce años. Una noche (...) se pone a charlar con sus padres. Conversan sobre cómo ha venido ella al mundo y por qué sus padres la quieren tanto. La chica les escucha con agradecimiento y atención. Es un diálogo agradable y los padres explican a la muchacha que la quieren de manera especial, porque antes de su nacimiento se sometieron a un test y averiguaron que ella no tenía la enfermedad de la tía Emma. Este ejemplo toca realidad; no es algo que tengamos próximo. Lo que constituye manifiestamente una señal de que hemos perdido de vista la idea de la aceptación incondicional. Esta muchacha tiene dos posibilidades. Puede decir: ¡así es el mundo! Y acaso hubiese sido mejor no haber nacido, si había de ser como tía Emma. Tales reacciones de gente joven me son familiares. Pero la muchacha también puede pensar: mis padres estarán esperando, por ejemplo, que toque maravillosamente un instrumento musical, para ser especialmente escogida por ellos, si lo hago. Es decir, el sentimiento que de sí misma tiene una persona se cambiaría así en indiferencia o en dismi-

---

509. J. Moltmann, *¿Esperanza sin fe?,* en Concilium 16 (1966) 219.

nución, en el sentido de depender de la apreciación que otros le tengan».[510]

## 4. LA DIGNIDAD ONTOLÓGICA DE LA PERSONA ES, EN ÚLTIMO TÉRMINO, UN MISTERIO

Puede ser que el lector interprete esta cuarta conclusión como una salida por la tangente, como una especie de *fuga* de la razón, pero consideramos, honestamente, que los distintos itinerarios racionales para fundamentar el valor intrínseco de la persona, ya sea entendida al modo sustancialista o al modo relacional, no son totalmente concluyentes. A través de estos itinerarios, se pueden dar razones de su excelsa dignidad, se esgrimen argumentos de viabilidad, pero no hay argumentos apodícticos que puedan convencer al filósofo que rehusa el reconocimiento de la dignidad intrínseca.

Creemos que la dignidad ontológica de la persona humana es, en último término, un *misterio*. Empleamos la palabra *misterio* en el sentido más genuino del término. Entendemos misterio como lo que está oculto, lo que no se ve, lo que está escondido tras el fenómeno. La dignidad ontológica no puede demostrarse empíricamente, tampoco puede deducirse lógicamente de unas premisas. Se puede afirmar que la persona, que *toda* persona, tiene una dignidad intrínseca, pero, en último término, no se puede demostrar con pruebas evidentes, claras y apodícticas.

La filósofa francesa Simone Weil ha expresado nítidamente el misterio inherente a la persona. La autora de *La gravedad y la gracia* narra su comprensión del ser humano, entendido como una realidad sacra.

---

510. D. MIETH, *Imagen del hombre y dignidad humana ante el progreso de la biotécnica*, op. cit., p. 596.

No explica qué es lo que hay en él, ni qué le hace merecedor de un respeto sublime, pero afirma que *todo* en él, desde su corporeidad hasta su más íntimo pensamiento, es sagrado y que es digno de la máxima consideración.

Ponemos punto final a esta obra con estas palabras de Simone Weil que expresan bellamente lo que hemos balbuceado a lo largo de estas páginas.

«En cada hombre –afirma la filósofa francesa– hay algo sagrado. Pero no es su persona. Tampoco es la persona humana. Es él, ese hombre, simplemente.

Ahí va un transeúnte por la calle, tiene los brazos largos, los ojos azules, un espíritu por el que pasan pensamientos que ignoro, pero que quizás sean mediocres.

Ni su persona, ni la persona humana en él, es lo que para mí es sagrado. Es él. Él por entero. Los brazos, los ojos, los pensamientos, todo. No atentaré contra ninguna de esas cosas sin escrúpulos infinitos.

Si la persona humana fuera en él lo que hay de sagrado para mí, podría fácilmente sacarle los ojos. Una vez ciego, sería una persona humana exactamente igual que antes. No habría tocado en absoluto la persona humana en él. Solo habría destrozado sus ojos.

Es imposible definir el respeto a la persona humana (...).

¿Qué es lo que exactamente me impide sacarle los ojos a ese hombre, si tengo licencia para ello y además me divierte?

Aun cuando me resulte enteramente sagrado, no me resulta sagrado bajo cualquier tipo de relación, bajo cualquier circunstancia. No me resulta sagrado en tanto sus brazos son largos, en tanto sus ojos son azules, en tanto sus pensamientos son mediocres. Tampoco, si fuera duque, en tanto duque. Tampoco, si fuera trapero, en tanto trapero. Ninguna de todas esas cosas retendría mi mano.

Lo que la retendría es saber que si alguien le saca los ojos, se le desgarraría el alma al pensar que se le hace daño.

Desde la más tierna infancia y hasta la tumba hay, en el fondo del corazón de todo ser humano, algo que, a pesar de toda la experiencia de los crímenes cometidos, sufridos y observados, espera invenciblemente que se le haga el bien y no el mal. Ante todo es eso lo sagrado en cualquier ser humano.

El bien es la única fuente de lo sagrado. Únicamente es sagrado el bien y lo que está relacionado con el bien».[511]

---

511. SIMONE WEIL, *Escritos de Londres y últimas cartas*, Ed. Trotta, Madrid, 2000, pp. 17-18.

# BIBLIOGRAFÍA

ABBAGNANO, N., *Persona*, en: *Dizionario de filosofia*, Utet, Turín, 1984, pp. 665-667.
ABE, M., *Dignidad y respeto de la vida humana en la religión budista*, en: Dolentium Hominum 28 (1995) 179-180.
ABEL, F., *Bioética: orígenes, presente y futuro*, Mapfre Medicina-Institut Borja de Bioètica, Barcelona, 2001.
— *Diagnóstico prenatal y aborto selectivo: la decisión ética*, en: J. GAFO (ed.), *Consejo genético: aspectos biomédicos y éticos*, Universidad Pontificia de Comillas, Madrid, 1994.
ABEL, F., CAÑÓN, C. (eds.), *La mediación de la filosofía en la construcción de la bioética*, Universidad Pontificia de Comillas, Madrid, 1993.
AGAZZI, E., *Antropocentrismo etico e tutela del mondo animale*, en: KOS 12 (1995) 45-49.
ALEGRE MARTÍNEZ, M. A., *La dignidad de la persona como fundamento del ordenamiento constitucional español*, Universidad de León, León, 1996.
ANDORNO, R., *Bioética y dignidad de la persona*, Tecnos, Madrid, 1998.
— *La dignidad humana como noción clave en la Declaración de la UNESCO sobre el genoma humano*, en: Revista de Derecho y Genoma Humano 14 (2001) 41-53.
AMMICHT-QUINN, R., JUNKER-KENNY, M., TAMEZ, E. (eds.), *El debate sobre la dignidad humana*, en: Concilium 300 (2003).
BASAVE, A., *Meditación sobre la pena de muerte*, Fondo de Cultura Económica, México, 1997.

BAYERTZ, K., *Sanctity of life and human dignity*, Kluwer, Boston, 1996.
BELLINO, F., *Trattato di Bioetica*, Levante, Bari, 1992.
BERTI, E., *Il concetto di persona nella storia del pensamiento filosofico*, en: VV. AA., *Persona e personalismo. Aspetti filosofici e teologici*, Gregoriana, Padova, 1992, pp. 43-47.
BILBENY, N., *Humana dignidad*, Tecnos, Madrid, 1990.
BOLADERAS, M., *Bioética*, Síntesis, Madrid, 1988.
BOUCAND, M. H., *La dignité de la personne handicapée*, en: Laennec 45 (1997) 10-30.
BOYLE, J. M., *The basic question*, en: Ethics & Medics 13 (1988) 2-3.
BREUVART, J. M., *Le concept philosophique de dignité humaine*, en: Revue d'Éthique et Théologie Morale 191 (1994) 102-107.
BRUAIRE, C., *L'être et l'esprit*, PUF, París, 1983.
BULLÓN HERNÁNDEZ, J., *Liberación cristiana y dignidad humana*, en: XXVI (2003) 475-494.
CAMPS, V., *Una vida de calidad. Reflexiones sobre bioética*, Ares y Mares, Barcelona, 2001.
CARRERA, J., *Una ètica per a la bioètica*, Mapfre Medicina-Institut Borja de Bioètica, Barcelona, 1999.
COLOMER, E., *Hombre y Dios al encuentro. Antropología y teología en Teilhard de Chardin*, Herder, Barcelona, 1974.
CONILL, J., *El enigma del animal fantástico*, Tecnos, Madrid, 1991.
CUYÁS, M., *Cuestiones de bioética*, Mapfre Medicina-Institut Borja de Bioètica, Barcelona, 1997.
DARWIN, CH., *El origen de las especies*, 2 vols., Planeta, Madrid, 1985.
DÍAZ, C., *Horizontes del hombre*, CCS, Madrid, 1990.
— *Persona*, en: A. CORTINA, *Ética*, Verbo Divino, Pamplona, 2000, pp. 289-325.
— *La persona como presencia comunicada*, CCS, Madrid, 1991.
DÍAZ, C. y MACEIRAS, M., *Introducción al personalismo contemporáneo*, Gredos, Madrid, 1975.
DUMORTIER, F. X., *Penser la dignité de tout humain*, en: Laennec 41 (1993) 20-23.

DWORKIN, R., *Taking rights seriously*, Harvard University Press, Cambridge, 1977.

EGONSSON, D., *Dimensions of dignity. The moral importance of being human*, Kluwer, Dordrecht, 1999.

ENDERS, C., *La dignidad humana en el orden constitucional*, Tubinga, 1997.

ENGELHARDT, H. T., *Los fundamentos de la bioética*, Paidós, Barcelona, 1995.

— *Bioethics and secular humanism*, SCM Press, Londres, 1991.

— *Bioetica: laica e religiosa*, en: Bioetica Rivista interdisciplinare 2 (1993) 346-350.

— *The foundations of bioethics and secular humanism: why is there no canonical moral content?*, en: VV. AA., *Reading Engelhardt: essays on the thought of H. Tristram Engelhardt*, Kluwer Academic, Dordrecht, 1997.

— *Moral puzzles concerning the human genome: western taboos, intuitions and beliefs at the end of the christian era*, en: K. HOSHINO (ed.), *Japanese and western bioethics*, Kluwer Academic, Nueva York, 1994.

— *La naturaleza humana tecnológicamente reconsiderada*, en: J. SANMARTÍN (ed.), *Gen-ética: el impacto social de la ingeniería genética humana*, CSIC, Madrid, 1991.

— *Persons and humans: refashioning ourselves in a better image and likeness*, en: Zygon 19 (1984) 281-296.

— *Towards a christian bioethics*, en: Christian Bioethics 1 (1995) 1-10.

— *Moral content, tradition and grace: rethinking the possibility of a christian bioethics*, en: Christian Bioethics 1 (1995) 29-47.

— *Looking for God and finding the abyss*, en: E. E. SHELP (ed.), *Theology and bioethics*, Reidel, Boston, 1985.

— *The ontoloy of abortion*, en: S. GOROVITZ et al., (eds.), *Moral problems in medicine*, Englewood-Cliffs, Nueva Jersey, 1976.

ENGELHARDT, H. T., *Some persons are humans, some humans are persons, and the world is what the person make of it*, en: H. T. ENGELHARDT, S. F. SPICKER (eds.), *Philosophical medical ethics: its nature and significance*, Dordrecht, Boston, 1977.

— *Suffering, meaning and bioethics*, en: Christian Bioethics 2 (1996) 129-153.

ENGELHARDT, H. T. et al., *Abortion and the status of the fetus*, Dordrecht, Boston, 1983.

ENGELHARDT, H. T., CALLAHAN, D. (eds.), *Knowledge, value and belief*, The Hastings Center, Nueva York, 1977.

ENGELHARDT, H. T. et al. (eds.), *Persons and their bodies*, Kluwer Academic, Dordrecht, 1999.

ERIN, CH. A., *Some reflections on the harrisian concept of personhood*, en: *Working papers*, vol. I, Center for Ethics and Law, Copenhague, 1997.

FABBRI, E., *Alegría y trabajo de hacerse hombre. Ser persona*, Latinoamérica Libros, Argentina, 1979.

FERRER, J. J., ÁLVAREZ, J. C., *Para fundamentar la bioética*, Desclée de Brouwer, Madrid, 2003.

FERRER, U., *¿Qué significa ser persona?*, Ediciones Palabra, Madrid, 2002.

FUCHS, C., WINTERF, F., *El concepto del hombre y de la dignidad humana en la investigación médica y en la clínica*, conferencia en 10.º Congreso Europeo de Teólogos, 26-30 de septiembre, 1999.

FUKUYAMA, F., *El fin del hombre. Consecuencias de la revolución tecnológica*, Ediciones B, Barcelona, 2002.

GALANTINO, N., *Dire «uomo» oggi. Nuove vie dell'antropologia filosofica*, Paulinas, Milán, 1993.

GAUTHIER, P. A., *Vivre dans la dignité jusqu'à la fin*, en: Candian Nurse 93 (1997) 38-42.

GIRARDI, J., *Ateísmo y teísmo ante el problema del valor absoluto del hombre: diálogo, revolución y ateísmo*, Sígueme, Salamanca, 1971, pp. 171-194.

— *La dignidad de la persona*, en: Moralia 2 (1980) 319-437.

GÓMEZ BOSQUE, P., *La naturaleza espiritual del ser humano como fundamento de la conducta ética*, en: Folia Humanística 34 (1996) 469-490.

GÓMEZ PIN, V., *La Dignidad: lamento de la razón repudiado*, Paidós, Barcelona, 1995.

GONZÁLEZ, A. M., *Naturaleza y dignidad. Un estudio desde Robert Spaemann*, Eunsa, Pamplona, 1996.

GRACIA, D., *Fundamentos de bioética*, Eudema, Madrid, 1989.

— «Primum non nocere». *El principio de no-maleficencia como fundamento de la ética médica*, Real Academia Nacional de Medicina, Madrid, 1990.

GRISEZ, G., SHAW, R., *Ser persona. Curso de ética*, Ed. Rialp, Madrid, 1993.
GUIX, J. M., *Fundamentos filosófico-teológicos de la dignidad de la persona*, en: VV. AA., *Comentarios a la «Pacem in terris»*, BAC, Madrid, 1963, pp. 127-159.
HABERMAS, J., *El futuro de la naturaleza humana*, Paidós, Barcelona, 2002.
HARRIS, J., *Supermán y la mujer maravillosa*, Tecnos, Madrid, 1998.
— *The value of life*, Routledge, London, 1985.
— *La bioetica nel 2000*, en: Bioetica Rivista interdisciplinare (1993) 25-39.
— *Diritti individuali e responsabilità sociali*, en: P. CATTORINI (ed.), *AIDS*, Paoline, Milán, 1993, pp. 115-122.
— *Should we experiment on embryons?*, en: R. LEE, D. MORGAN (eds.), *Birthrights: law and ethics at the begining of life*, Routledge, Londres, 1990.
— *The survival lottery*, en: Philosophy 50 (1975) 81-87.
— *Embryos and hedgehogs: on the moral status of the embryo*, en: J. HARRIS (ed.), A. DYSON (ed.), *Experiments on embryos*, Routledge, Londres, 1990.
HARRIS, J., GIORDANO, S., *Tra obiezioni e fraintendimenti. Risposta alle critiche*, en: Bioetica. Rivista interdisciplinare 3 (2000) 405-416.
HOLDEREGGER, A. et al. (eds.), *De dignitate hominis*, Universitätsverlag-Herder, Friburgo-Viena, 1987, pp. 265-278.
HONNEFELDER, L., *Genética humana y dignidad humana*, en: HONNEFELDER, L., RAGER, G. (eds.), *Juicio y actuación médicas*, Fráncfort, 1999, pp. 214-238.
HOTTOIS G., *Dignity of the human body. A philosophical and critical approach*, en: VV. AA., Bioethics and Biolaw, vol. II, Copenhage, 2000, p. 87-102.
KASS, R. L., *Eutanasia y autonomía de la persona: vivir y morir con dignidad*, en: Cuadernos de Bioética 4 (1990) 24-29.
P. KEMP, *L'irremplaçable. Une éthique de la technologie*, Le Cerf, París, 1997.
LAMAU, M. L., *Le concept de personne chez T. Engelhardt*, en: Laennec 41 (1993) 19-19.
LECOMTE DU NOÜY, M., *La dignité humaine*, Brentano's, Nueva York, 1944.
LEÓN CORREA, F. J., *Dignidad humana, libertad y bioética*, en: Ars Brevis 1 (1996) 103-124.

LOBATO, A., *La dignidad del hombre en santo Tomás de Aquino*, en: Carthaginensia 6 (1990) 139-153.

LOTZ, J. B., *Person*, W. BRUGGER VON (coordinador), *Philosophisches Wöterbuch*, Friburgo, 1963, pp. 230-231.

LUCAS LUCAS, R., *L'essere sostanziale dell'uomo: la persona*, en: R. LUCAS LUCAS, *L'uomo spirito incarnato. Compendio de filosofia dell'uomo*, Paoline, Milán, 1993.

MARCEL, G., *The existentialist background of human dignity*, Nueva York, 1970.

MARDOMINGO SIERRA, J., *La doble dimensión natural de la dignidad humana*, en: Cuadernos de Bioética 17/18 (1994) 80-87.

MARÍAS, J., *Persona*, Alianza Editorial, Madrid, 1996.

MARTÍNEZ, J., *Metafísica de la persona*, PPU, Barcelona, 1992.

MARTÍNEZ BARRERA, J., *Los fundamentos de la bioética de H. Tristram Engelhardt*, en: Sapientia 201 (1997) 99-115 y en: Sapientia 202 (1997) 307-323.

MAURER, B., *Le principe de respect de la dignité humaine et la Convention européenne des droits de l'homme*, La documentation française, París, 1992.

MAY, E., *Human dignity: what and whence? The two-fold source of intrinsic human dignity*, Ethics & Medics 12 (1987) 3-4.

MEAD, G. H., *Espíritu, persona y sociedad desde el punto de vista del conductismo social*, Paidós, Barcelona, 1986.

MELENDO, T., *Más sobre la dignidad humana*, en: Cuadernos de Bioética 32 (1997) 148-149.

— *Dignidad humana y libertad en la bioética*, en: Cuadernos de Bioética 17/18 (1994) 63-79.

— *Fecundació in vitro y dignitat humana*, Casals, Barcelona, 1987.

MIETH, D., *Imagen del hombre y dignidad humana ante el progreso de la biotécnica*, en: VV. AA., *La ética cristiana hoy. Horizonte de sentido*, Instituto de Ciencias Morales, Madrid, 2004, pp. 579-597.

— *La dittadura dei geni. La biotecnia tra fattibilità e dignità umana*, Queriniana, Brescia, 2003.

MINOGUE, P. B. (ed.), *Reading Engelhardt*, Dordrecht, Boston, 1997.

MONDIN, B., *L'uomo: chi è? Elementi di antropologia filosofica*, Massimo, Milán, 1989.

MORACZEWSKI, A., *Animals, intelligence and morals: are animals subject of rights?*, en: Ethics & Medics 18 (1993) 1-2.

— *The Divine Image: the foundation of human dignity: Creations, Redemption and destination as the ground of human dignity*, en: Ethics & Medics 20 (1995) 1-2.

NATAL, D., *Sloterdijk versus Habermas. Humanismo, patria y metafísica*, en: Estudio Agustiniano XXXVI/2 (2001) 347-377.

NEIRINCK, C., *La dignité humaine ou le mauvais usage juridique d'une notion philosophique*, en: P. PEDROT (ed.), *Éthique, droit e dignité de la personne*, Economica, París, 1999, pp. 39-50.

NEPI, P., *Persona, personalità, personalismo*, en: A. RIGOBELLO (ed.), *Lessico de la persona humana*, Studium, Roma, 1986, pp. 177-210.

NOZICK, R., *Anarquía, Estado y Utopía*, Fondo de Cultura Económica, México, 1988.

OROZCO DELCLÓS, A., *Fundamentos antropológicos de ética racional: qué la persona y cuál su dignidad*, en: Cuadernos de Bioética 13 (1993) 40-51.

PARENT, J. M., *La dignidad del ser humano, presupuesto bioético*, en: Medicina y Ética XI/1 (2000) 21-42.

PEDROT, P., *La dignité de la personne humaine à l'épreuve des technologies biomédicales*, en: P. PEDROT (ed.), *Éthique, droit et dignité de la personne*, Economia, París, 1999, pp. 51-64.

RAHNER, K., *Dignidad y libertad del hombre*, en: *Escritos de Teología II*, Taurus, Madrid, 1962, pp. 245-247.

RAINERI, P., *La riconoscibilità scientifica della persona humana*, en: KOS 9 (1992) 16-17.

RENDTORFF, J. D., KEMP, P. (eds.), *Basic ethical principles in european bioethics and biolaw*, Center for Ethics and Law-Institut Borja de Bioètica, Copenhague-Barcelona, 2000, vol. I, pp. 37-38.

RODRÍGUEZ YUNTA, E., *La persona del zigoto*, en: Cuadernos de Bioética 21 (1995) 30-34.

RUBIO, M., *Persona y quehacer ético*, en: Moralia 2 (1980) 337-364.

RUIZ DE LA PEÑA, J. L., *Las nuevas antropologías*, Sal Terrae, Santander, 1983.

— *Imagen de Dios. Antropología teológica fundamental*, Sal Terrae, Santander, 1988.
— *El don de Dios. Antropología teológica especial*, Sal Terrae, Santander, 1991.
RUSSO, G., *Fondamenti di metabioetica cattolica*, Edizioni Dehoniane, Roma, 1993.
SEIFERT, J., *El hombre como persona en el cuerpo. Qué significa «ser una persona»*, en: Espíritu 112 (1995) 129-157.
— *Essere e Persona. Verso una fondazione fenomenologica di una metafisica classica*, Vita et Pensiero, Milán, 1989.
— *Leib und Seele. Ein Beitrag zur philosophischen Anthropologie*, Salzburgo, 1973.
SÈVE, L., *La personne, concepte éthique d'interêt public*, en: Laennec 44 (1996) 2-5.
— *Critique de la raison bioéthique*, Le Cerf, París, 1996.
SGRECCIA, E., *La persona humana*, en: C. ROMANO, C. GRASSANI (eds.), *Bioetica*, Utet, Turín, 1995, pp. 190-195.
— *La persona y la vida*, en: Dolentium Hominum 1 (1986) 38-41.
SIMON, J., *La dignidad del hombre como principio regulador de la bioética*, en: Revista de Derecho y Genoma Humano 13 (2000) 25-39.
SINGER, P. (ed.), *Compendio de ética*, Alianza, Madrid, 1995.
SINGER, P. et al. (ed.), *Embryo experimentation*, Cambridge University Press, Nueva York, 1990.
SINGER, P., *Ética para vivir mejor*, Ariel, Barcelona, 1995.
— *Ética práctica*, Ariel, Barcelona, 1984.
— *Repensar la vida y la muerte: el derrumbe de la ética tradicional*, Paidós, Barcelona, 1997.
— *Liberación animal*, Trotta, Madrid, 1999.
— *Una izquierda darwiniana: política, evolución y cooperación*, Crítica, Barcelona, 2000.
— *Una vida ética: escritos*, Santillana, Madrid, 2000.
— *Un solo mundo. La ética de la globalización*, Paidós, Barcelona, 2003.
SINGER, P., WELLS, D., *The reproduction revolution: new ways of making babies*, Oxford University Press, Nueva York, 1984.

Singer, P., *Not for humans only; the place of nonhumans in environmental issues*, en: M. Velasquez, C. Rostankowski (ed.), *Ethics: theory and practice*, Englewood Cliffs, Nueva Jersey, 1985.

Spaemann, R., *Über den Begriff der Menschenwürde*, en: E. W.

— *¿Son todos los hombres personas?*, en: Cuadernos de Bioética 31 (1997) 1.027-1.033.

Spaemann, R., Böckenford, R., *Menschenrechte und Menschenwürde. Historische Voraussetzungen-säkulare Gestalt-christliches Verständnis*, Klett-Cotta, Stuttgart, 1987.

Spielberg, H., *Human dignity: a challenge to contemporary philosophy*, en: VV. AA., *Human dignity*, Gordon and Breach, Nueva York, 1970.

Stoeckle, B., *Dignità umana*, en: B. Stoeckle (ed.), *Dizionario di etica cristiana*, Cittadella, Assisi, 1978.

Styczen, T., *En el origen del concepto de la persona*, en: Dolentium Hominum 31 (1996) 150-153.

Suárez, A., *El embrión es una persona, si el adulto que duerme es una persona. Una demostración racional*, en: Cuadernos de Bioética 4 (1990) 38-42.

Sulmasy, D. P., *Muerte y dignidad humana*, en: Cuadernos del programa regional de bioética 4 (1997) 171-185.

Thorpe, W. H., *Naturaleza animal y naturaleza humana*, Alianza Editorial, Madrid, 1980.

Torralba, F., *Antropología del cuidar*, Mapfre Medicina, Barcelona, 1998.

— *Filosofía de la medicina. En torno a la obra de E. D. Pellegrino*, Mapfre Medicina, Barcelona, 2001.

— *Ética del cuidar*, Mapfre Medicina, Barcelona, 2002.

Vázquez, R. (comp.), *Derechos y moral*, Gedisa, Barcelona, 1998.

VV. AA., *Identidad y estatuto del embrión humano*, Ediciones internacionales universitarias, Madrid, 2000.

VV. AA., *Bioética. Consideraciones filosófico-teológicas sobre un tema actual*, Ed. Rialp, 1992.

VV. AA., *Bioética e persona*, Franco Angeli, Milán, 1993.

Vergés, S., *El valor de la dignidad de la persona en Max Scheler*, en: Espíritu LII (2003) 285-302.

VERSPIEREN, P., *Dignité, perte de dignité, déchéance*, en: Laennec 41 (1993) 9-11.
— *Le combat por la dignité*, en: Laennec 41 (1993) 27-28.
VIDAL, M., *La dignidad del hombre en cuanto «lugar» de apelación ética*, en: Moralia 2 (1980) 365-386.
WILS, J. P., *¿Fin de la «dignidad del hombre» en la ética?*, en: Concilium 223 (1989) 411-427.
ZUBIRI, X., *Sobre el hombre*, Alianza Editorial, Madrid, 1986.
— *El hombre y Dios*, Alianza Editorial, Madrid, 1984.
— *Estructura dinámica de la realidad*, Alianza Editorial, Madrid, 1989.